Histoire de l'ordre de Malte

Du même auteur

Le Deuxième Jour, La Grisière, 1969.

Dis-moi jamais, Saint-Germain-des-Prés, 1971.

Le Choix du roi des rois, J.-P. Delarge, 1977.

Les Sociétés civiles (en collaboration avec Michel Galimard), « Que sais-je ? » PUF, 1981.

Ordres et contre-ordres de chevalerie (en collaboration avec Arnaud Chaffanjon), Mercure de France, 1982 (prix Mottard de l'Académie française).

Mai 88, l'outsider (sous le pseudonyme collectif de Serge Lagarde), Belfond, 1987.

Le Livre roi, Librairie Giraud-Badin, 1989.

Neuf siècles de l'ordre souverain militaire et hospitalier de Saint-Jean de Jérusalem de Rhodes et de Malte (sous le pseudonyme de Claude de La Salles), La Tradition vivante, 1989, 2e éd., 1992.

Les Chevaliers de Malte, des hommes de fer et de foi, Découvertes Gallimard, 1998.

Des hospitaliers de Saint-Jean aux chevaliers de Malte, Narodna biblioteka Srbije, Belgrad, 1998 [édition trilingue, français, anglais, serbe].

Noblesse, mode d'emploi – dictionnaire à l'usage des nobles et des autres, Christian, 1999.

Le Bibliophile aujourd'hui, Arts & Métiers du Livre éditions, SGED Bibliophilie, 1999.

La Princesse et la Peuhl, carnets africains, illustrations de l'auteur, Séguier, 2001.

La Légion d'honneur, un ordre au service de la Nation, en collaboration avec Anne de Chefdebien, Découvertes Gallimard, 2002.

Etre bibliophile, illustré par Tipi, Séguier, 2004.

Bertrand Galimard Flavigny

Histoire de l'ordre de Malte

Perrin
www.editions-perrin.fr

ISBN 2-262-02115-5

« Seigneur Jésus, qui avez daigné m'appeler dans les rangs des chevaliers de Saint-Jean-de-Jérusalem, je vous supplie humblement par l'intercession de la très Sainte Vierge de Philerme, de saint Jean-Baptiste, du bienheureux Gérard et de tous les saints, de m'aider à rester fidèle aux traditions de notre ordre, en pratiquant la religion catholique, apostolique et romaine, en la défendant contre l'impiété et en exerçant la charité envers les prochains, avant tout envers les pauvres et les malades. Donnez-moi les forces nécessaires pour pouvoir mettre en exécution ces désirs, selon les enseignements de l'Evangile, avec un esprit désintéressé et profondément chrétien, pour la gloire de Dieu, la paix du monde et le bien de l'ordre de Saint-Jean-de-Jérusalem. Amen. »

(Prière quotidienne du chevalier de Malte.)

INTRODUCTION

A quelques mètres de la place d'Espagne à Rome, dans la via dei Condotti, un cortège précédé d'une escorte de la police italienne s'engouffre sous le porche d'un palais. Dans la cour, les véhicules s'immobilisent devant une fontaine surmontée d'une grande croix blanche à huit pointes. Un petit groupe vêtu d'uniformes rouges aux épaulettes dorées accueille des personnalités en habit. Nous sommes au grand magistère de l'Ordre souverain de Malte. Un ministre plénipotentiaire, ambassadeur de l'un des quatre-vingt-seize pays qui entretiennent des relations diplomatiques avec l'Ordre souverain de Malte, vient remettre ses lettres de créance entre les mains du prince et grand maître.

Quelques instants plus tard, dans un salon orné de portraits, le diplomate présente, selon un protocole parfaitement réglé, ses lettres au souverain du plus petit Etat du monde. L'habit sombre du ministre et de ses collaborateurs contraste singulièrement avec l'uniforme des chevaliers. Un témoin non averti songerait qu'il a été transporté dans un autre âge. Ce serait une erreur de le croire. L'Ordre souverain, militaire et Hospitalier de Saint-Jean-de-Jérusalem dit de Rhodes dit de Malte – c'est son nom officiel –, est l'héritier d'un passé millénaire et, grâce à lui, il incarne la tradition qui se jette dans l'avenir.

La mission principale de l'Ordre souverain est désormais d'assister toute humanité en détresse. Partout où les hommes sont victimes de conflits ou de calamités, ses membres et ceux qu'il mandate apportent aide, soins, médicaments, nourriture, abris et vêtements. Dispensaires et centres de soins sont marqués sur les continents de l'emblème de l'ordre : la croix blanche à huit pointes. Cette institution règne ainsi sur le monde, non par la force, mais par une seule action : la charité. Un mot qui n'est plus guère en usage, remplacé dans le langage courant et médiatique par celui d'« humanitaire », qui désigne sèchement ce qui est propre à l'homme, alors que *caritas* se traduit par « amour du prochain ». La charité chez les catholiques, on l'a oublié, est l'une des trois vertus théologales, selon laquelle ils aiment Dieu comme leur souverain bien, et leur prochain comme eux-mêmes. Cet esprit charitable est dans la tradition solidement ancrée de l'ordre.

L'ordre souverain de Malte est avant tout un ordre religieux catholique romain. Le grand maître est lui-même religieux au sens canonique du terme et jouit des privilèges cardinalices dans l'Eglise : la formation spirituelle et religieuse va de pair avec la préparation spécifique – presque professionnelle – qui est de la plus haute nécessité pour l'exercice des œuvres de charité. La supranationalité est le second de ses caractères. La grande majorité des Etats qui l'ont reconnu ne se sont jamais fondés sur sa prestigieuse tradition diplomatique ou l'éventuel apparat de la puissance politique, économique et militaire d'un Etat moderne mais bien plutôt sur la dimension humanitaire des chevaliers et de ceux qu'ils mandatent, à travers ses œuvres hospitalières disséminées dans le monde. Ce caractère supranational est très important, il lui permet de se mettre à la disposition des nations pour servir d'agent de liaison dans l'accomplissement d'un plan de soutien commun, et de rassembleur de bonnes volontés dans le cadre de vastes actions humanitaires. Désormais, le caractère militaire de l'ordre n'existe plus que dans le sens de la discipline et du courage. Il est parfois, en effet, plus difficile d'approcher les malades que de faire la guerre.

L'admission dans l'ordre souverain n'est pas un droit. Qu'ils soient princes ou brancardiers, les candidats doivent solliciter leur entrée, quels que soient leur âge, leur activité dans la vie privée ou leur position dans la société. Unique en son genre, l'ordre souverain de Malte fut présent à Budapest, au Biafra, au Vietnam, au Rwanda, comme il l'est toujours au Liban, ou encore après les tremblements de terre de Sicile, du Frioul, d'Agadir, du Nicaragua, de la région de Naples, lors des inondations en Inde, au Pakistan et au Honduras, après le gigantesque raz de marée en Asie du Sud-Est, ou au Sahel et en Ouganda victimes, eux, de la sécheresse. Il était là pour accueillir les réfugiés d'Angola et du Cambodge. Une litanie presque insoutenable. A côté des simples actions ponctuelles, les centres d'accueil de personnes handicapées, d'autistes, de personnes atteintes de la maladie d'Alzheimer, des maternités, des écoles d'ambulanciers, sont installés dans le monde entier et fonctionnent grâce au financement de l'Ordre lui-même. L'ampleur de cette action hospitalière est mal connue ; elle est pourtant, aujourd'hui, la seule justification de l'existence de l'Ordre souverain.

Nous avons choisi d'aborder l'histoire de l'Ordre d'une manière thématique et chronologique, remettant en place, quand cela était possible, certaines idées reçues. Elle montre comment l'Ordre est intrinsèquement lié à l'évolution de l'histoire de l'Occident, tant religieuse, maritime, artistique que politique.

1

LA FONDATION

« Pascal, évêque, serviteur des serviteurs de Dieu, à son vénérable fils Gérard, fondateur et directeur de l'Hôtellerie de Jérusalem, et aux légitimes successeurs de celui-ci, tant qu'il y en aura. Votre pieuse demande doit être satisfaite pratiquement par une mesure favorable, attendu que votre zèle a demandé que l'Hôtellerie fondée par vous dans la ville de Jérusalem, près de l'église de Saint-Jean-Baptiste, fût assurée de la garantie du Siège apostolique et secourue par le patronage de l'apôtre saint Pierre. Ainsi donc, Nous, que comblent de joie les services rendus par votre pieuse Hôtellerie, nous accueillons votre demande avec une bienveillance toute paternelle et prescrivons que cette Hôtellerie, véritable Maison de Dieu, demeure à la fois sous la tutelle du Siège apostolique et sous la protection de saint Pierre, en application du présent décret... »

Par ces mots, le pape Pascal II consacrait la congrégation de l'Hôpital de Saint-Jean-de-Jérusalem comme un ordre religieux exempt de l'Eglise, c'est-à-dire soustrait à l'autorité des évêques. Cette bulle promulguée en 1113 précisait encore que tous les biens, toutes les charges ou possessions de l'ordre, de l'un ou l'autre côté de la mer, en Asie ou en Europe, anciens et à venir lui étaient définitivement acquis. Elle assurait aussi à son supérieur, le frère Gérard, le droit de désigner de façon indépendante et autonome ses successeurs sans l'intervention d'aucune autre autorité ecclésiastique ou laïque. Ce document est aujourd'hui conservé à la Bibliothèque nationale de Malte. On peut y lire qu'il fut « donné à Bénévent, par la main de Jean, cardinal et bibliothécaire de la Sainte Eglise romaine, le XV des calendes de Mars, indiction VI, l'an MCXIII de l'incarnation du Seigneur et l'an XIV du Pontificat de Pascal II » (qui venait de Cluny). Outre le paraphe du Saint-Père, ce texte est contresigné par Richard, évêque d'Albano, Landolphe, archevêque de Bénévent, Conon, évêque de Prénestine, Grégoire, évêque de Terracine, Jean, évêque de Mélitène, Romuald, cardinal-diacre de l'Eglise romaine, Grégoire, cardinal-prêtre de Saint-Chrysogone, et Anastase, cardinal-prêtre du titre de Saint-Clément.

La publication de cette bulle suscita un afflux de donations en faveur de l'ordre qui put ainsi créer de nouveaux hospices en Terre sainte, alors dépourvue d'institutions sanitaires. Les pèlerins comme les habitants du pays y étaient accueillis sans aucune distinction. Il faut remonter quelques années en arrière pour trouver une première mention des Hospitaliers qui allaient prendre une telle importance à travers les siècles.

Nous connaissons l'aspect qu'avait alors Jérusalem grâce à un voyageur du nom de Nasir-i-Khusrau, qui en laissa une description après avoir visité la Ville sainte en 1047. La ville était enfermée dans des murailles de pierre et de mortier, écrivait-il. Les portes, au nombre de quinze, étaient en fer et on ne voyait aucun arbre, car la ville avait été construite sur la roche. Pour le voyageur arabe, la cité était très grande et comptait au moins vingt mille hommes. Toutes les rues étaient pavées ; les artisans étaient nombreux. Outre les mosquées, le voyageur décrit de nombreux bâtiments destinés à accueillir les pauvres et les souffrants, et notamment un « excellent Bimaristan », autrement dit un hôpital richement doté. « Un grand nombre de malades sont soignés avec des breuvages magiques et des lotions », explique-t-il. Nasir-i-Khusrau n'indique pas l'origine des médecins ni des infirmiers.

Peu auparavant, des marchands d'Amalfi [1], dont la cité, voisine de Naples, était l'un des principaux centres de commerce avec l'Orient, étaient parvenus à s'introduire auprès du calife Ma'ad al-Mustansir Billah (règne de 1035 à 1094), de la dynastie des Fatimides d'Egypte, également souverains de Jérusalem : ils avaient obtenu de lui une concession dans la partie chrétienne de la ville, afin d'y établir une église et une auberge. Les chrétiens pouvaient, en effet, se rendre en pèlerinage sur le tombeau du Christ sans aucune difficulté. Les trois religions se côtoyaient et l'on disait même que la plaine de Sahirah, face à la Mosquée, serait le lieu de la Résurrection où toute l'humanité serait recueillie. Avant de donner la pièce d'or qui leur permettrait de franchir les portes de Jérusalem, les pèlerins venus de l'Europe entière avaient, on l'imagine, vécu toutes sortes d'aventures plus ou moins agréables dont la plus bénigne avait été de se faire détrousser par les bandits de grand ou de petit chemin. Les Amalfitains ne furent pas les premiers à installer un lieu d'accueil à Jérusalem. Jean le Diacre, auteur d'une *Vie du pape Grégoire* – Grégoire le Grand, né vers 540, pape de 590 à 604 –, rapporte que ce pontife chargea, vers 600, le moine Probus d'y construire un hôpital. Celui-ci fut détruit à peine quinze ans plus tard, en même temps que le Saint-Sépulcre et la plupart des édifices chrétiens, lors du sac de la ville par le roi de Perse Chosroês II (590-628), de la dynastie des Sassanides. Deux siècles plus tard, Charlemagne obtint du calife Haroun al-Rashid, cinquième calife abbasside (766-809), un droit de regard sur les chrétiens de Terre sainte et leurs établissements. Il en profita pour faire édifier, notamment, un hôpital, une église et une bibliothèque, desservis par des bénédictins. Cet ensemble fonctionna jusqu'à ce que le jeune calife al-Hakem Biamrillah (996-1021) se déchaîne contre tous ceux qui n'étaient pas de confession chiite, y compris les sunnites, et particulièrement les chrétiens. Le Saint-Sépulcre et tout ce qui l'entourait, ainsi que l'hôpital carolingien, furent, en avril de l'an 1000, à nouveau livrés au pillage et jetés à bas. Nous avons vu que le dialogue reprit ensuite entre les chrétiens et les chiites, grâce à la clémence du calife al-Mustansir Billah.

Tout se gâta avec la prise de Jérusalem en 1076 par les Seldjoukides, cette dynastie turque venue du Turkistan.

Elle avait conquis la Perse en 1055, puis Bagdad cinq ans plus tard, avant d'envahir la plus grande partie de l'Asie Mineure. Les Seldjoukides commencèrent à persécuter les chrétiens, et les pèlerinages cessèrent. Le pape Urbain II prit ce prétexte pour convoquer le concile de Clermont et prêcher la croisade. Ceux qui y participeraient verraient tous leurs péchés rachetés, ce qui, à l'époque, était très incitatif. Le temps que la croisade se mette en branle, les Fatimides d'Egypte reprenaient possession de Jérusalem. Le calife al-Hakim (996-1021), qui fit démolir l'église du Saint-Sépulcre, était issu de la dynastie chiite descendant de Fatima, la fille du prophète Mahomet, qui régna en Afrique du Nord (de 910 à 969), puis sur l'Egypte (de 969 à 1171). De toute manière, pour les chrétiens, toutes ces dynasties se confondaient en un seul groupe qu'ils nommaient les Sarrasins, du nom d'une ancienne tribu arabe dont certains auteurs occidentaux s'étaient inspirés pour désigner Arabes et musulmans.

Aucun texte ne nous est parvenu pour nous indiquer comment survécurent les responsables de la fondation d'Amalfi. Nous savons en revanche que la concession sur laquelle elle fut construite correspondait à l'emplacement de la maison de Zacharie, le père de Jean le Baptiste, considéré comme un prophète secondaire par les musulmans et donc respecté par eux. Les Amalfitains y avaient, d'abord, fait bâtir une église, Sainte-Marie Latine, un monastère et deux hospices – *xenodochium*, ou maison des étrangers, comme l'on disait à l'époque – destinés à recevoir les pèlerins sains ou malades de l'un et l'autre sexe. Celui des femmes était dédié à sainte Magdeleine ; celui des hommes fut placé d'abord sous la protection du bienheureux Jean Eleymon, appelé aussi saint Jean l'Aumônier ou le Miséricordieux, puis sous celle de saint Jean-Baptiste, dit le Précurseur. L'administration de ces centres fut confiée à des séculiers et, affirment certains auteurs, à des bénédictins. Sans doute à cause du fameux « habit noir » qui aurait servi à désigner les bénédictins. Cette affirmation ne paraît pas fondée. Quoique, si l'on considère l'hypothèse de l'historien belge Alain Bletjens, qui a examiné de près les origines des Hospitaliers, selon laquelle il y aurait eu deux hôpitaux, la mention de deux saints protecteurs et celle de deux administrations pourrait être plausible. Bletjens suggère que les moines de Sainte-Marie Latine, face à l'afflux de pèlerins malades, firent construire, vers 1060-1061, en dehors de l'hostellerie, un hôpital ainsi qu'une chapelle en l'honneur du bienheureux Jean Eleymon pour les accueillir, et, ne pouvant s'en occuper à plein temps, firent appel à un laïc, Gérard, pour remplir la fonction de recteur et d'administrateur. Après 1099, ce dernier aurait fait agrandir et transformer l'hôpital d'origine, en même temps qu'il faisait bâtir une église consacrée à saint Jean le Baptiste. Cette nouvelle fondation aurait permis à Gérard de prendre son autonomie vis-à-vis des « moines noirs » et de fonder cette congrégation qui sera reconnue comme ordre religieux une dizaine d'années plus tard. « ... S'étant adjoint quelques hommes honnêtes et religieux, il prit l'habit régulier, mit sur ses vêtements une croix blanche qu'il porta en dehors et devant sa poitrine, fit solennellement profession et s'engagea à vivre selon une règle et des institutions honorables », écrivait en substance le chroniqueur Jacques de Vitry au XIIe siècle.

Il reste que les chroniques de l'ordre de saint Benoît n'ont, à notre connaissance, pas mentionné sa participation à la création au XIe siècle d'un hôpital à Jérusalem. On ne voit pas comment des moines dont la vocation est essentiellement contemplative auraient pu fonder une communauté à l'image de celle du Mont-Cassin. On n'imagine pas non plus des bénédictins, dont la règle est la plus achevée de toutes les règles monastiques, l'abandonner pour une dissidence dont nous n'avons nulle trace. On n'évoque, par ailleurs, nullement la présence de moniales. Des femmes, en revanche, conduites par une certaine Agnès, étaient présentes aux côtés des hommes sous la direction de celui que l'on appellera bientôt le « Vénérable Gérard », et il est dit, dans de nombreuses chroniques anciennes consacrées à l'ordre, notamment celle de Jacques de Vitry, l'une des plus détaillées, qu'après l'approbation du pape et du patriarche de Jérusalem, Agnès et

Gérard « furent reçus dans l'ordre de saint Augustin et firent les mêmes vœux ».

En 1099, à l'arrivée des croisés devant Jérusalem, Gérard aurait été accusé de complicité avec eux, torturé. Il ne fut pas, curieusement, exécuté, mais chassé de la ville. Il gagna, naturellement, l'armée chrétienne. Il est vraisemblable qu'il lui a fourni des informations sur la situation à l'intérieur de la Ville sainte... et également sur les soins à donner aux blessés. Les croisés, au pied de Jérusalem dès le 7 juin, ne lancèrent véritablement l'assaut que le 15 juillet. Entre-temps, les armées, à la suite des prêtres, firent le tour des murailles en chantant et priant, comme à Jéricho ! Finalement, munies de hautes échelles, de catapultes et de deux énormes tours de bois, les troupes se lancèrent. Les combats furent acharnés. Les croisés ne laissèrent aucune chance aux habitants de Jérusalem, qu'ils fussent juifs ou musulmans : « ... tous les défenseurs s'enfuirent des murs à travers la cité, et les nôtres les suivirent et les pourchassèrent en les tuant et en les sabrant jusqu'au temple de Salomon, où il y eut un tel carnage que les nôtres marchaient dans leur sang jusqu'aux chevilles », rapporte l'auteur de l'*Histoire anonyme de la première croisade*, sans doute un chevalier de l'entourage de Bohémond de Tarente. « La ville présentait en spectacle un tel carnage d'ennemis, une telle effusion de sang que les vainqueurs eux-mêmes en furent frappés d'horreur et de dégoût », devait écrire le premier historien des croisades, Guillaume, archevêque de Tyr. Et l'on raconte encore que le soir de ce 15 juillet, dans « Jérusalem libérée », tandis que les combattants chrétiens « lavaient leurs mains et leurs pieds, quittaient leurs vêtements ensanglantés pour des robes neuves et, pieds nus, se rendaient aux Lieux saints », à quelques pas de là, en face du Saint-Sépulcre, des frères religieux habillés de noir s'activaient encore auprès des blessés. C'est la première fois que les chroniques mentionnent ces frères, sans pour autant donner plus d'explications. En signe de reconnaissance pour cette action, Godefroy de Bouillon, avoué du Saint-Sépulcre, fit don aux futurs Hospitaliers de Saint-Jean du casal – un village fortifié – Hessilia en Palestine ainsi que de l'un de ses fiefs en Brabant, celui de Montboon, et enfin de deux fours. L'acte de donation d'Hessilia, aujourd'hui conservé par la Bibliothèque nationale de Malte, est le document le plus ancien concernant le futur ordre. Un premier pas pour cette fondation qui allait connaître un développement unique.

Un bienheureux fondateur

L'origine du frère Gérard, probablement né vers 1040, serait italienne ou française. Cette dernière thèse semble l'emporter, bien qu'aucune preuve réelle n'ait pu l'étayer. Hugues, un chartreux auteur de chroniques sur l'histoire de son temps, rédigées vers 1140, évoque la naissance de Gérard à Martigues. Jean de Hagen, un autre chartreux né en 1415, grand compilateur des manuscrits composés à partir des croisades, confirme lui aussi l'origine française du frère Gérard. Une lettre du grand maître Manoel de Vilhena, datée de 1727 et découverte il y a quelques années dans les archives de Martigues, donne son accord à la municipalité de cette ville pour lui faire parvenir des reliques du bienheureux, « n'ignorant pas que ce grand homme est originaire de votre ville et voyant avec satisfaction que sa naissance vous paraît la plus glorieuse pour votre patrie ». Auguste Donnadieu, un autre historien, découvrit, dans les archives des Bouches-du-Rhône, que Gérard retourna en France. L'évêque Isoard Ier, dont l'épiscopat se termine à la fin du XIe siècle, et le vicomte de Gap, « l'accueillirent avec bonté ». Ils lui firent donation, dès 1112, de l'église de Saint-Martin-hors-les-Murs avec toutes ses dépendances. Peu après, Gérard créa à Gap la première maison des Frères de Saint-Jean-de-Jérusalem. Bien avant 1222, affirme l'abbé Expilly, l'historien provençal, se fondant sur un acte d'échange entre l'archevêque d'Arles et Raymond Béranger Ier, comte de Provence, les Hospitaliers avaient depuis longtemps une église et un hôpital à Martigues. Cette ville « était alors trop peu conséquente pour qu'un fondateur qui n'en aurait pas été natif eût pensé à y créer un hôpital dès les premières années de l'établissement de l'Ordre ».

Une troisième hypothèse avance que Gérard serait membre des familles d'Alsace et Lorraine dont sont issus le pape saint Léon IX – son plus proche collaborateur était l'évêque d'Amalfi – et la comtesse Mathilde de Toscane, dont la famille possédait Manosque. Ce chemin généalogique le conduirait à une parenté avec Hugues Capet, roi de France, avec sainte Odile dont le sarcophage porte la croix à huit pointes et plus directement avec Geoffroy de Bouillon, duc de Lorraine. Une série de coïncidences assez séduisantes établie par Guy Perny, mais qui laisse toutefois sceptique.

De nombreux ouvrages et même des plaques en marbre donnent comme nom de famille à Gérard celui de « Tunc », « Tenque » voire « Thonc ». Cette fausse identité a pour origine l'ouvrage de Pierre-Joseph de Haitze (Cavaillon, 1648-Tretz, 1736), *Histoire de la vie et du culte du bienheureux Gérard Tenque (ou Thonc) de Martigues, fondateur de l'ordre de Saint Jean de Jérusalem*, publié à Aix en 1730. L'auteur, en effectuant ses recherches, a mal lu, dans un manuscrit, la phrase : « Fr. Gerardus tunc Hospitalis praefectus cum a Christianis duce Godefredo Hyerusalem capta est anno domini MLXXXIX », « (Frère Gérard, à l'époque administrateur des Hospitaliers »...) et l'erreur est devenue vérité jusqu'à ce que le bibliographe Ferdinand de Hellwald la signalât. Son ouvrage parut en 1885, mais il semblerait que peu d'historiens l'aient lu, car la faute s'est perpétuée jusque dans les années 1990 et poursuit allègrement sa carrière sur un grand nombre de sites Internet.

La dépouille mortelle du frère Gérard, proclamé bienheureux par la ferveur populaire, fut déposée vers 1283, avant la prise d'Acre, au château de Manosque, donné aux Hospitaliers en 1149 par le comte Guigues et qui resta leur propriété jusqu'à la Révolution. Ces restes furent exhumés et détruits par les révolutionnaires. Au XVIIe siècle, deux bustes en argent du frère Gérard furent commandés pour la chapelle de Manosque. Le premier par le bailli Jean-François de Puget-Chasteuil. Le second fut exécuté en 1675 par Pierre Puget pour le compte de Jean-Jacques d'Esparbès-Lussan. L'un a disparu en 1792, l'autre est conservé à l'hôtel de ville de Manosque. Le 18 août 1749, le grand maître Emmanuel Pinto de Fonseca ordonna que le crâne du bienheureux fondateur fût prélevé pour être transporté à Malte. Dans la chapelle du grand magistère, à Rome, près de l'autel, une châsse conserve encore aujourd'hui ces reliques.

La croix blanche à huit pointes

L'apparition de la croix blanche à huit pointes que l'on désignera plus tard sous le nom de « croix de Malte », cousue « au droit du cœur » sur une robe noire et un manteau noir à « capuce pointu », date du règne de Gérard. On signale sa présence gravée sur l'une des tours du krak des Chevaliers qui fut confié aux Hospitaliers dès 1142. Quelques auteurs assurent que ce fut Raymond du Puy qui donna en premier le manteau « à pointe » et la croix de toile blanche à huit pointes. Simplement car l'article 19 de la règle prescrit que les frères doivent porter la croix sur leurs habits en l'honneur de Dieu et de la Sainte Croix, et que Dieu par ce gonfanon [de la Croix], par leurs foi, œuvres et obéissance, protégera du diable leurs âmes et leurs corps. Cette même règle donne en même temps le cérémonial de la réception des chevaliers. Celle-là fut approuvée par le pape Callixte II qui régna de 1119 à 1124. Il ne faut pas oublier que ce manteau permettait de distinguer l'Hospitalier du commun des mortels, mais aussi des autres religieux. La « prise d'habit » est toujours un acte solennel pour les futurs religieux. La plus grande sanction qu'ils puissent d'ailleurs recevoir est la « perte de l'habit ».

Selon la tradition, lorsque les croisés pénétrèrent dans Jérusalem, les « moines habillés de noir » qui soignaient les malades ne portaient pas encore la fameuse croix à huit pointes. Elle pourrait, selon l'historienne Claire-Eliane Engel, venir d'un ensemble de sculptures formant le signe de Tanit, la grande divinité phénicienne. L'un de ces dessins, relevé en Mésopotamie, est connu des archéologues sous le nom de « croix de Malte » : un losange dont chaque pointe est sommée d'un triangle équilatéral. Les deux branches bifides auraient été complétées par deux autres branches identiques, perpendiculaires, donnant ainsi la croix à huit pointes. Nous ne croyons plus guère à cette interprétation pour le moins alambiquée, d'autant que le type de croix à huit pointes existait déjà, comme de nombreuses autres formes de croix. Le trésor de la cathédrale de Maastricht aux Pays-Bas conserve, par exemple, un modèle daté du VIe siècle. Nous venons aussi de citer le décor du sarcophage de sainte Odile.

D'autres auteurs se fondent sur les armoiries de la ville italienne d'Amalfi qui possèdent en écartelé, sur champ d'azur, une croix de Malte d'argent. Ceux-là assurent simplement que les Hospitaliers choisirent cette croix en souvenir des marchands de cette ville qui financèrent le premier dispensaire et Sainte-Marie Latine. Pour séduisante qu'elle soit, cette interprétation ne suit pas la chronologie. Les règles héraldiques ne furent réellement codifiées qu'au XIIe-XIIIe siècle, bien après le choix des Hospitaliers. L'une des premières armes individuelles serait celle de Geoffroy d'Anjou, datée d'environ 1090 et que l'on peut voir dans la cathédrale du Mans. Selon l'héraldiste Adrian Strickland, ces signes de reconnaissance seraient apparus après la bataille d'Hastings qui vit, en 1066, s'opposer les Saxons et les Normands, incapables de se reconnaître sous leur accoutrement guerrier.

Quant à la forme même de la croix, elle a évolué avant de prendre l'aspect que nous lui connaissons, vers la fin du XVe siècle, comme nous pouvons le constater grâce aux bois et miniatures illustrant les ouvrages de Caoursin (notamment *Le Livre des establissements et statuts des chevaliers rhodiens*, 1499). C'est, en effet, dans l'édition princeps de la règle en 1496 qu'il fut pour la première fois question des huit pointes de la croix et de leur signification spirituelle. Les plus anciennes représentations des Hospitaliers montrent une croix qui fait autant songer à une croix potencée qu'à une croix à huit pointes. « Je ne serais pas surpris que la croix potencée soit le premier symbole de l'ordre », écrit le spécialiste Adrian Strickland pour qui la croix potencée – de potence ou béquille – est semblable à la croix de Jérusalem moins les crosselets (petites croix potencées placées à l'angle de chaque partie extérieure de la croix), un symbole parfait pour une confrérie hospitalière. L'héraldiste Hervé Pinoteau a essayé de donner presque toutes les représentations utiles des armes de Jérusalem au XIIIe siècle et même au début du XIVe. « Il est manifeste qu'il s'agissait là d'une croix un peu potencée et au pied fiché pour être sans doute plantée en haut d'une lance : il existe des croix métalliques de ce genre au XIIe siècle », note-t-il. Avec le temps, la croix utilisée par les Hospitaliers a évolué jusqu'à ce que ses sommets s'incurvent et présentent huit pointes. Il est vrai que dans l'iconographie ancienne, les croix, sur les habits, apparaissent aussi bien pattées, ancrées que simples. Dans sa *Chronique*, Ernoul donne une explication qui rejoint, d'une certaine manière, celle d'Adrien Strickland. Les Hospitaliers comme les Templiers auraient emprunté les uns comme les autres une partie de l'insigne de l'habit des chanoines du Saint-Sépulcre : « L'ensegne de l'abit del Sépulcre est une crois vermelle a deux bras (tel le porte li Ospitaus). Et cil del Temple le portent toute single viermelle. »

En fait, les Hospitaliers ignoraient certainement Tanit. Les croisés arboraient une croix latine cousue sur leur habit. Les Hospitaliers choisirent-ils comme signe de reconnaissance une croix différente, potencée ou bifide, qui pouvait éventuellement rappeler celle qu'ils auraient pu apercevoir sur des stèles anciennes qu'ils pensaient être chrétiennes avant que la Terre sainte soit occupée par les Arabes musulmans ? Ce symbole était très facilement reconnaissable par les populations locales. « La croix à huit pointes possède, en outre, une signification plus religieuse et est portée sur les habits de chœur, comme dans d'autres ordres religieux, par exemple la croix en T ou Tau des pères augustins », ajoute Adrian Strickland.

Un ouvrage paru en 1620, *Le Théâtre d'honneur et de chevalerie*, décrit la signification de la croix remise lors de la réception des frères : « Cette croix nous a été donnée blanche, en signifiance de Pureté, que nous devons porter autant dedans le cœur, que dehors sans macule et tache quelconque. Les huit pointes que vous voyez ici en ladite croix signifient, et sont en remembrance des huit Béatitudes que nous devons toujours avoir en nous, dont la première sera le contentement spirituel ; la seconde, vivre simplement sans malice ; la troisième, vivre en humilité ; la quatrième, pleurer ses fautes et péchés ; la cinquième, aimer la justice ; la sixième, être miséricordieux ; la septième, être net et sincère de cœur et de pensée ; et la huitième, endurer les afflictions, et les persécutions pour la justice ; lesquelles vertus tu te dois efforcer de graver et ficher dans ton cœur pour la conservation de ton âme... » L'article 19 de la règle de Raymond du Puy précise : « En outre, tous les frères de toutes les obédiences qui dorénavant se consacreront à Dieu et au saint Hôpital de Jérusalem devront porter devant leur poitrine la croix sur leurs chapes et sur leurs manteaux en l'honneur de Dieu et de la sainte Croix. De cette manière, Dieu nous protégera par cet étendard ainsi que par la foi, les œuvres et l'obéissance et défendra notre âme et notre corps ainsi que les âmes et les corps de tous nos bienfaiteurs chrétiens contre la puissance du diable en ce siècle et dans l'autre... » Les hospitaliers ne devaient « l'abandonner jamais d'autant que c'est la vraie bannière de notre religion ».

L'Hospitalier : moine, médecin, soldat

Pour tous les historiens, ce fut Raymond du Puy, un Dauphinois, qui succéda à frère Gérard, après avoir été élu premier maître de l'ordre. Notons que le titre de grand maître ne fut accordé aux maîtres qu'en 1267. Selon Alain Beltjens qui s'appuie sur la convention du 19 septembre 1121, relative aux privilèges des Hospitaliers dans le diocèse de Toulouse, ce fut un certain frère Roger ou Boyant Roger qui lui succéda ensuite. Cet historien belge va même plus loin en démontrant qu'il subsiste un vide à la tête de l'Hôpital entre le 3 septembre 1120, jour du décès du bienheureux Gérard, et le moment où le frère Roger est cité comme maître. Ce vide aurait été occupé par Pierre de Barcelone : « Un acte du 30 décembre 1120 démontre que ce religieux est considéré comme le représentant le plus éminent de l'Ordre à ce moment-là. » Ce frère Pierre aurait été maître par intérim, sorte de lieutenant de grand magistère avant la lettre, jusqu'à la nomination du frère Roger. Le nom de Raymond du Puy est mentionné pour la première fois en tant que maître dans un acte daté du 9 décembre 1125. Il semblerait qu'il ait été élu – et non nommé – en 1123. Le frère Roger n'a pas été comptabilisé dans la liste des maîtres de l'Hôpital. Il aurait été complètement oublié sans la perspicacité d'Alain Beltjens. Il existe encore une autre hypothèse que ce dernier n'a pas soulevée, celle d'un second intérim.

Quoi qu'il en soit, le frère Raymond composa, rédigea et appliqua la première règle de l'ordre, modelée sur celle de saint Augustin, « règle normale à l'époque, pour les institutions pies, créées et opérant selon les types de chanoines réguliers qui avaient des caractéristiques Hospitalières ». Une règle n'est pas un code. Elle exprime d'abord l'orientation spirituelle que se donne le groupe décidé à la vivre. Celle de saint Augustin, la plus communautaire d'entre toutes, insiste sur le partage plus que sur le détachement, sur la communion fraternelle et l'harmonie davantage que sur la chasteté et l'obéissance. Sans pour autant rejeter ces deux promesses religieuses. Cette règle fut approuvée par le pape Eugène III, avant 1153, et certainement reconnue par ses prédécesseurs, ce qui la daterait d'environ 1130. Rédigée d'abord en latin, elle fut ensuite traduite en français médiéval et se compose de dix-neuf chapitres dont le numéro 16 traite spécialement de la réception des malades [2].

Cette règle évolua naturellement avec le temps et fut enrichie par des coutumes, remaniée et améliorée, toutes modifications chaque fois approuvées par le Saint-Père. Au XXe siècle, la dernière règle, intitulée « Charte constitutionnelle et code », promulguée le 27 juin 1961, a été modifiée, notamment par le Chapitre général extraordinaire des 28-30 avril 1997. Elle est composée de trente-sept chapitres répartis dans huit titres, auxquels s'ajoute la Règle générale.

Mais l'Ordre allait subir une transformation qui devait le marquer pour le reste de son histoire. La nécessité d'une protection armée pour les malades et les pèlerins, et plus tard la défense des Etats chrétiens au Levant contre les attaques des Sarrasins, incita la confraternité de l'Hôpital à assurer des fonctions militaires en plus des tâches religieuses et Hospitalières.

A peine une vingtaine d'années après la prise de Jérusalem, une protection armée pour les malades et les pèlerins, et contre les attaques des Sarrasins, devint absolument nécessaire en Terre sainte. Bien sûr, il y avait des soldats postés dans la ville et ses environs, mais en vingt ans, les dispensaires avaient été multipliés et se trouvaient sans défense contre les attaques des bandes locales. On ne se déplaçait qu'en groupe et les patrouilles étaient limitées. Les hommes n'étaient pas si nombreux à être demeurés en Palestine : la plupart des croisés, après la délivrance du tombeau du Christ, avaient repris le chemin de leur royaume.

C'est la raison pour laquelle l'initiative, en 1118, d'un certain Hugues de Payns, un baron champenois, fut accueillie avec intérêt par Baudouin II, roi de Jérusalem. Sa communauté, « les Pauvres chevaliers du Christ », aurait eu pour vocation d'assurer la police des routes afin de protéger les pèlerins. On ignore tout de son origine. Plusieurs hypothèses circulent parmi les historiens. La *Chronique d'Ernoul*, datée du XIIe siècle, qui nous est parvenue un siècle plus tard, laisse penser que ses membres auraient été recrutés par les chanoines du Saint-Sépulcre, parmi les chevaliers venus de toute l'Europe. Mais Ernoul n'évoque pas Hugues de Payns, cité dans la règle de l'ordre elle-même. Guillaume de Tyr raconte que neuf chevaliers auraient prononcé leurs vœux devant le patriarche de Jérusalem qui leur aurait imposé, pour le pardon de leurs péchés, d'assurer la police des routes et de protéger les pèlerins contre toute agression. Cette hypothèse est celle que l'on retient le plus souvent. Michel le Syrien assure quant à lui que trente chevaliers, sous la conduite d'Hugues de Payns, firent le vœu de ne plus retourner dans leur pays, de terminer leur vie à Jérusalem et de se faire moines. Pressenti par Baudouin II, le frère Hugues aurait accepté de servir dans la milice.

En 1120, sans doute à l'occasion du concile de Naplouse, à la demande de Baudouin II, ces « chanoines-chevaliers » furent invités à reprendre les armes pour escorter les pèlerins sur les routes. On sait que cette nouvelle confrérie reçut des donations tant du patriarche de Jérusalem que du roi Baudouin. Notamment l'ancienne mosquée d'al-Aqsa que l'on appelait alors le temple de Salomon. D'où l'appellation *miles Templii*, chevaliers du Temple, et plus tard « Templiers ». Très vite, cette milice religieuse, destinée à escorter les pèlerins, participa à tous les combats contre les Infidèles. Ce transfert d'autorité ne se fit pas sans heurts, car les religieux ne pouvaient pas combattre. Les Templiers prononçaient les trois vœux de religion, c'est-à-dire l'obéissance, la pauvreté et la chasteté. Bien que garants de la défense de la foi, les Templiers, au regard de la loi de l'Eglise, étaient en état de péché car ils maniaient les armes.

Il semblerait que Hugues de Payns, parent de Bernard, l'abbé de Clairvaux, l'ait sollicité pour lui demander d'intercéder auprès du pape pour reconnaître son ordre et établir une règle de vie explicitement destinée à ses frères « que Dieu a suscités pour la défense de la religion ». Par ce moyen et ces protections, le reproche d'être en état de péché pour cause de maniement des armes serait tombé de lui-même. Bernard de Clairvaux composa pour l'occasion un éloge de la nouvelle chevalerie, *De laude nove militie*, qui remporta un certain succès et donna quelques idées aux gens de l'époque. L'abbé de Clairvaux y soutenait la démonstration selon laquelle il était permis de tuer son ennemi, car, dans l'exception, on était *malicidi*, non homicide. On tuait le mal et non l'homme. Hugues de Payns, relayant les propos de Bernard, affirma dans sa lettre *Christi militibus* que le chevalier qui tuait l'ennemi du Christ n'était pas dans le péché tant que, durant le combat, son cœur n'était pas pris par la haine. Ces arguments furent soumis au concile de Troyes du 13 janvier 1129, et le nouvel ordre fut approuvé. Pour la première fois, les Templiers réunissaient deux fonctions réputées antinomiques : la prière et le combat. C'était une révolution. Reprenant la formule de saint Bernard, « moine ou chevalier », Alain

Demurger répond : « Non, moine et chevalier. Là est le problème. »

Nécessité faisant loi, de leur côté, les Hospitaliers s'armèrent aussi. Or parmi ces « moines noirs » subsistaient d'anciens compagnons d'armes de Godefroy de Bouillon qui, tout en demeurant religieux, retrouvèrent leur épée et... leur état de chevaliers.

Raymond du Puy, le successeur du fondateur, le frère Gérard, ajouta un quatrième vœu dans la promesse des frères, celui de défendre les pèlerins et du même coup la religion. Il résolut de constituer trois classes dans le corps des Hospitaliers : ceux qui, par leur naissance et le rang qu'ils avaient tenu autrefois dans les armées, étaient destinés à prendre les armes ; dans une deuxième classe, les prêtres et les chapelains destinés à assurer à tour de rôle l'aumônerie auprès des malades ou à la guerre ; et enfin ceux qui n'étaient ni ecclésiastiques ni de maison noble, les frères servants. Chacun, quelle que fût sa catégorie, devait à tour de rôle effectuer son service auprès des malades ou au combat. Cette notion des trois ordres rejoint celle mise en évidence par Georges Duby : *bellatores* (les guerriers), *sacerdotes* (les religieux) et *laboratores* (ceux qui travaillent). L'Eglise, malgré tout, éprouva quelque difficulté à accepter cet état de fait. Elle protesta contre la militarisation de l'Hôpital en lui rappelant que son premier devoir était de secourir les pauvres et les malades. Après le désastre d'Hattin et l'effondrement du royaume latin de Jérusalem, en 1187, elle s'accommodera de cette évolution.

A leur tour, les Templiers puis les Teutoniques adoptèrent cette hiérarchie. Nous pourrions en conclure que le religieux soumis à une règle, l'*ordre*, et le militaire relevant d'un état, la *chevalerie*, furent réunis au sein du même ordre. C'est pour cette raison, le militaire ayant pris apparemment le pas sur le religieux, que les ordres Hospitaliers furent communément appelés « ordres de chevalerie ».

Le chevalier était chevalier en soi. Il appartenait comme chevalier à une fraternité liée au-dessus des nations et des clans. Il n'était l'homme de personne et en même temps l'homme de tous les autres chevaliers à travers l'Europe chrétienne. Le membre d'un ordre de chevalerie était quant à lui un « agent d'exécution », c'est-à-dire un religieux au service d'une communauté et un militaire, selon le principe en vigueur à l'époque, c'est-à-dire un « chevalier ». Ce qui permettait à l'historiographe de l'ordre de Malte, l'abbé de Vertot, d'écrire : « Un chevalier Hospitalier n'était soldat que de Jésus-Christ, et quand les intérêts de la religion ne lui faisaient pas prendre les armes, on ne le voyait occupé que du soin des pauvres et des malades : c'était là l'esprit de cet ordre et la pratique uniforme de tous les Hospitaliers. »

Dans l'interprétation que l'on fait de la chevalerie aujourd'hui, il y a ainsi un quiproquo. La chevalerie est une institution et l'ordre de chevalerie une autre. Ce malentendu provient en fait de plusieurs éléments. Les premiers membres de l'Hôpital de Saint-Jean, déjà reçus chevaliers, ne furent pas adoubés[3]. Ensuite, les chevaliers de justice en prenant leurs vœux solennels furent, et sont encore aujourd'hui, adoubés. Les autres classes sont reçues dans l'ordre en prononçant une promesse à caractère religieux. Les autres ordres de chevalerie recrutèrent, en revanche, des hommes qui furent reçus chevaliers (ou adoubés) parce que l'état militaire l'exigeait. Le caractère militaire des ordres Hospitaliers n'était qu'accessoire – et néanmoins obligatoire – dans leur fonctionnement. Le concept de noblesse intervient aussi dans ce malentendu. Dès le XIIIe siècle, chevaliers et membres de la haute aristocratie commencèrent à adopter des pratiques successorales distinctes, qui cristallisèrent leur conscience de classe. C'est en effet cette « classe » qui prit la part la plus active aux croisades. C'est elle aussi qui en éprouva les suites les plus importantes. Elle y perdit de son influence politique, puisque l'autorité des souverains s'y accrut aux dépens de la sienne. Pour un certain temps du moins, car quelques membres de cette classe acquirent des principautés ou montèrent sur des trônes. Mais pour quelques succès, combien de familles entières anéanties ! Les ordres hospitaliers devenus militaires offrirent des dédommagements à cette noblesse dépouillée, amputée et dépolitisée. Ils exigèrent en effet peu après leur fondation des preuves de noblesse de ceux qui voulaient les rejoindre, contribuant ainsi à donner à la noblesse devenue héréditaire une forme plus stable et une existence plus réelle.

Il est à noter que ni la règle de Raymond du Puy ni celle de 1182, sous le règne de Roger des Moulins, ne font mention du nouvel état militaire. Il ne sera confirmé que sous le magistère d'Alphonse de Portugal, vers 1205, après le chapitre général qui se tint dans la forteresse de Margat.

Très vite, après la prise de Jérusalem, plusieurs jeunes chevaliers avaient quitté l'armée pour la vocation d'hospitalier. Arnaud de Comps, un Dauphinois compagnon de Raymond du Puy, puis un Auvergnat, Conon de Montaigu, rejoignirent les premiers frères de l'Hôpital. Ils furent suivis par les fils des croisés nés en Terre sainte, ceux à qui on donnait le nom de « poulains » comme, bien plus tard, on appela « pieds noirs » les Français nés en Algérie. La conception de moine-soldat, pleine de nouveauté, à l'antithèse de celle du moine cloîtré, connut un succès immédiat et les frères affluèrent de toute la chrétienté. Ils devaient vivre « sans avoir rien en propre » et prononçaient les trois vœux de pauvreté, de chasteté et d'obéissance. A propos de pauvreté, la règle émise par le grand maître Hugues de Revel (1258-1277) souligne, par exemple : « Le vœu de pauvreté demande que nous soyons privés de la liberté de disposer de nos biens ; ainsi, il n'est nullement permis aux prieurs, châtelains d'Emposte, baillis, commandeurs, autres frères de l'Ordre de faire ni testament, ni institution d'héritier, ni legs ; donner ou laisser chose quelconque à leurs domestiques ou autres, si ce n'est les salaires et appointements qui leur sont dus ; ils peuvent cependant déclarer quels sont leurs débiteurs ou leurs créanciers ; et s'ils ont obtenu la permission du maître, disposer avec modération d'une partie de leurs biens. » Une bulle du pape avait pourtant autorisé en 1243 les Hospitaliers à posséder les biens qu'ils auraient eus en restant dans le siècle. Comme le souligne Claire-Eliane Engel, « c'était sans doute aux testaments que se limitait le vœu de pauvreté, car les chevaliers Hospitaliers, tout comme les laïcs, fonçaient sur le butin glané sur les Infidèles lors des batailles ». Ce qui pourrait choquer nos mentalités contemporaines n'était pas de mise à l'époque. Les Hospitaliers étaient certes des moines, mais aussi des combattants soumis à des pressions exceptionnelles. Le vœu de chasteté a, lui aussi, laissé à désirer. Plusieurs bulles pontificales stigmatisèrent les Hospitaliers qui avaient quitté l'habit pour se marier, mais sans représailles particulières. Là encore, à situation exceptionnelle, règle exceptionnelle : « Il fallait encourager les vocations et entraver le moins possible la vie des chevaliers qui acceptaient la vie très dure de l'Ordre : on avait un urgent besoin de ce contingent résolu, énergique et enthousiaste. Il constituait la principale défense des royaumes d'outre-mer, et l'on pouvait, officieusement tout au moins, tolérer certains manquements chez les hommes d'une indiscutable valeur », note encore C.-E. Engel. Il convient de ne pas oublier que les quelque deux siècles de présence franque en Terre sainte ne furent qu'une série de luttes incessantes contre les Sarrasins et que les Hospitaliers, comme les Templiers, étaient toujours en première ligne.

Les Hospitaliers n'observaient en revanche ni jeûne ni abstinence, afin d'être bien nourris pour être prêts dans leur service. Comme ils se baignaient rarement, on les tenait pour assez négligés. Du moins à l'origine, car ils devinrent vite adeptes de l'usage local des bains. Ils portaient, néanmoins, les cheveux ras, la barbe courte « pour pouvoir regarder devant et derrière » et des armes « solides » mais nettes d'ornements et de dorures. Ils combattaient le plus souvent à pied, maniant l'esponton ou la pique. Les chevaliers, seuls, revêtaient pour la bataille, par-dessus leur cote d'armes, une soubreveste en forme de dalmatique écarlate meublée d'une croix blanche de laine. C'est une bulle d'Alexandre IV, en date du 11 août 1259, qui décida que les Hospitaliers devaient porter un habit distinctif lors d'une bataille, et qu'il serait rouge à croix blanche comme l'était leur étendard, ce qui est confirmé pour le *jupell vermeil avec la creis blanche* des frères d'armes par l'article 5 des statuts de Nicolas de Lorgne (1277-1284), établis au chapitre général du 8 août 1278. Selon la *Chronique des maîtres décédés* (vers 1354), on se mit, à cette époque, à utiliser les écus rouges à croix blanche.

Dans la mêlée, ces insignes étaient « comme un drapeau ». Les Hospitaliers s'engageaient solennellement à ne jamais tirer l'épée contre une nation chrétienne, ne pas faire de dettes ou s'adonner à des jeux de hasard, accepter en toute circonstance le combat, ne jamais « abaisser la bannière », demander quartier, reculer ou se rendre. Serments qu'ils tinrent avec une héroïque fidélité. Leur cri de guerre était « Saint-Jean, Saint-Jean ! ».

Les Hospitaliers furent à l'origine divisés en trois classes : les *frères clercs*, les *frères laïcs* et les *frères convers*. Cette distinction préludait celle qui serait définie à Margat vers 1205, sous le magistère d'Alphonse de Portugal (1202-1206) : les *frères chevaliers*, les *chapelains* et les *frères servants*. Les premiers furent appelés plus tard *chevaliers de justice*. Cette classe regroupait, entre 1130 et 1250, « ceux qui, par leur naissance et le rang qu'ils avaient tenu autrefois dans les armées, étaient destinés à porter les armes », précisait l'abbé de Vertot. Ceux-là, au moment de prononcer leurs vœux solennels – les vœux simples n'existaient pas –, devenaient des chevaliers de Saint-Jean et étaient par le fait même adoubés. On pourrait penser que les chevaliers – plus tard appelés *profès* – n'accédèrent pas au sacerdoce parce qu'ils devaient porter les armes. Rares étaient les religieux qui devenaient prêtres à l'époque. La règle de saint Benoît en souligne l'exception : « Si l'abbé désire ordonner un prêtre ou un diacre pour son monastère, il choisira parmi ses moines, quelqu'un qui soit digne du sacerdoce. » Les *chapelains* remplissaient dès l'origine leur rôle de directeurs spirituels, et devaient célébrer les offices, tout en étant membres à part entière de l'ordre. Comme les *frères servants d'armes* qui, sans obligation de noblesse, prononçaient eux aussi des vœux. Dès l'origine puis à Rhodes, ces derniers étaient sur le même pied que les chevaliers, mais n'avaient pas accès aux principales charges. Cette organisation – « trois classes » sans subdivision – resta longtemps inchangée. La fonction de chevalier était bien distincte de celle de chapelain, comme celle de servant, bien que les trois se réunissent au chevet des malades.

Il convient de ne pas oublier l'existence des dames Hospitalières qui constituaient un ordre indépendant, quoique soumis à celui des Hospitaliers. Ces dames assistaient les chevaliers dans leurs prières et pratiquaient l'Hospitalité, notamment vis-à-vis des femmes. On note leur présence en Terre sainte, à Rhodes et dans des établissements en Europe. Une autre catégorie de membres furent admis dans l'ordre, dès l'origine. Ceux-là étaient des laïcs, dits « de dévotion » car ils ne prononçaient pas de vœux religieux. On les appela d'abord *confratres* puis *donats*, parce qu'ils faisaient la donation ou l'oblation d'eux-mêmes et de leurs biens à l'ordre. Ces *donats*, avec ou sans noblesse, étaient et sont encore des personnes qui s'engagent à participer dans une certaine limite aux œuvres humanitaires et d'assistance de l'ordre. Le premier connu fut un certain Guillaume de Cireza qui donna, par acte du 4 janvier 1111, aux Hospitaliers l'église de Sainte-Marie de Cireza. Certains souverains demandèrent à être admis donats, on laisse parfois entendre que les rois étaient reçus ainsi dans l'ordre, mais nous n'avons rencontré aucun document en ce sens, à l'exception de la nomination d'André II de Hongrie (règne de 1205 à 1235). On peut voir dans le palais des grands maîtres à Malte une fresque, réalisée par Matteo Perez d'Aessio, montrant la scène de sa réception dans l'ordre, et l'on y distingue le manteau marqué de la croix à la branche manquante, insigne des donats. Ce roi fut frappé par la charité et le courage des Hospitaliers qu'il avait rencontrés à Saint-Jean-d'Acre, durant le règne du grand maître Garin de Montaigu (1207-1227/28). Il leur fit don de plusieurs terres et de sept cents marcs d'argent à prendre tous les ans sur les revenus des salines de Saloch en Hongrie. Le pape Honoré III confirma ces donations à l'Hôpital de Saint-Jean. L'un des plus illustres poètes lombards du XIIIe siècle, Buonvicino Della Riva, fut reçu *confrater* le 9 septembre 1296. L'insigne distinctif des donats est une croix à trois branches. On rapporte qu'un chevalier frappé par la valeur de son écuyer saisit sa propre croix blanche à huit pointes, qu'il en détacha une branche et la lui offrit. Bien plus tard, les membres laïcs devinrent des « chevaliers honoraires à la croix de dévotion ». Catégorie que l'on retrouve aujourd'hui dans les chevaliers d'honneur et dévotion. Des personnes non nobles furent également reçues, sans preuves, « par la grâce du grand maître », ce furent les chevaliers de « grâce magistrale » que l'on rencontra dès le XVIIe siècle.

Pour entrer dans l'ordre, les postulants devaient – et doivent toujours – apporter des preuves de leur qualité. A l'origine, ils étaient présentés par leur famille. Vers 1270, il fut décidé que pour être reçu dans l'ordre, le postulant devait « prouver par des titres incontestés qu'il est bien né de parents nobles de nom et d'armes ». Le grand maître devait « avoir été frère chevalier, né en légitime mariage de père et de mère nobles ». Les bâtards ne pouvaient être reçus dans l'ordre, à l'exception de ceux des souverains et princes du sang. Vers la fin du XIIIe siècle et le début du XIVe siècle, la noblesse requise fut fixée à huit quartiers dans les trois langues de France, à seize dans la langue d'Allemagne. Ces preuves, jusqu'au XVIe siècle, se faisaient par enquête de notoriété. A Malte, les preuves par titre furent exigées, sans préjudice des preuves orales ou testimoniales. Il s'agissait de véritables procès au cours desquels les moindres pièces étaient examinées et vérifiées.

Aucun membre d'un autre ordre ne pouvait faire partie des Hospitaliers. Après acceptation, le postulant devait payer un « droit de passage ». Il prononçait ses vœux après plusieurs années d'un noviciat commencé à l'âge de seize ans, période durant laquelle il recevait une formation religieuse. Certains d'entre eux entraient dans l'ordre dès leur plus jeune âge, « de minorité », mais prononçaient leurs vœux comme les autres à l'âge de vingt ans. Quelques-uns de ces « chevaliers de minorité » étaient admis au service du grand maître comme pages, entre douze et quinze ans. Le chevalier devait résider au moins cinq ans dans un couvent et y assurer régulièrement le service des malades. A Malte, le grand maître Martin Garzès (1595-1601) décida que tout chevalier devrait accomplir un service effectif de « quatre caravanes », c'est-à-dire quatre embarquements, quatre années de suite, sur l'une des sept galères de l'ordre.

Avant d'être reçus à la profession, les futurs chevaliers, qui devaient savoir qu'ils allaient « se revêtir d'un nouvel homme », se confessaient humblement de tous leurs péchés. Après avoir reçu l'absolution, ils se présentaient en habit séculier, sans ceinture afin de paraître libres, tenant un cierge allumé représentant la charité. Ils entendaient la messe et communiaient. « Ils se présenteront ensuite, avec respect à celui qui fera la cérémonie, pour lui demander d'être reçus en la compagnie des frères, et en la sainte religion de l'hôpital de Jérusalem. Il leur fera un petit discours, pour les confirmer dans leur pieux dessein, pour leur faire comprendre combien il est salutaire et avantageux de se consacrer au service des pauvres de Jésus-Christ, de vaquer aux œuvres de miséricorde, de se dévouer au service et à la défense de la foi : faveur que plusieurs avaient souhaitée, et qu'ils n'avaient pu obtenir. Il leur marquera les engagements de l'obéissance, et la sévérité des règles qui ne leur permettront plus de se gouverner à leur volonté, qui les obligeront d'y renoncer pour ne suivre dorénavant que celle de leurs supérieurs : en sorte que, quand ils auront envie de faire une chose, le lien de l'obéissance les obligera d'en faire une autre... » On dit souvent que les Hospitaliers de Saint-Jean devaient se dépouiller de leur volonté et être comme cire entre les mains de leurs chefs. Formule qui sera reprise plus énergiquement pour la Compagnie de Jésus par Ignace de Loyola.

La mission militaire des Hospitaliers commença réellement lorsqu'en 1137 Foulques Ier, roi de Jérusalem, leur remit le castel Bath-Gibelin à l'est de Gaza. Elle ne cessera plus. Les Hospitaliers auront à intervenir, à tout instant et partout, contre tous les assaillants, Ottomans, Kurdes, Arabes d'Egypte et du Liban, Mongols. On les reconnaissait sur les champs de bataille grâce à leur oriflamme rouge à croix blanche (de gueules à la croix latine d'argent). Cette bannière avait été approuvée en 1130, à la demande de Raymond du Puy, par le pape Innocent II. Elle deviendra l'étendard de l'ordre sur terre comme sur mer, et constitue le premier de tous les pavillons nationaux. Dans l'article 6 des statuts du maître Roger des Moulins (1177-1187), décidés au chapitre général de 1181, il était prévu que les cercueils des membres de l'ordre devaient être recouverts d'un *drap rouge à croix blanche*. « Ce qui est le plus ancien texte connu sur la question », fait remarquer Hervé Pinoteau.

On confond souvent ce drapeau avec celui, également rouge, frappé de la croix blanche à huit pointes, qui, lui, est l'emblème de l'ordre. L'héraldiste Hervé Pinoteau explique que « cette combinaison rouge à croix blanche (...) est identique à la bannière de l'Empire telle qu'on la découvre aux obsèques de l'empereur des Romains, roi de Bohême, Charles IV en 1378 ; d'où l'origine du drapeau de Danemark (marche de l'Empire), des armes des comtes puis ducs de Savoie (autre marche) ».

Les forteresses devinrent des points d'appui importants dans la défense du royaume latin d'Orient. Les Hospitaliers avaient déjà, donc, reçu le Bath-Gibelin et construit en 1140 Margat au nord de Tripoli, Belvoir, au nord de Naplouse leur fut vendu la même année. Ils possédaient aussi les forteresses du Sare, Chastel Rouge, Akkar, Belmont, et d'autres en Arménie. Ils élevèrent des palais fortifiés à Jérusalem, Acre, Tortosa et Antioche. En 1142, Raymond II, comte de Tripoli, céda aux Hospitaliers tous les territoires perdus, à charge pour eux de les reconquérir, ainsi que deux forteresses défendant la trouée d'Homs dont le fameux krak des Chevaliers. Celui-ci avait été construit en 1031 par l'émir d'Homs qui l'avait confié à des Kurdes que l'on nommait *akrad*, d'où vraisemblablement le nom de *krak* ou *crac*. Raymond de Saint-Gilles s'en empara, en 1099, sur le chemin de Jérusalem. Le comte de Tripoli décida, dix ans plus tard, de faire construire sur ce château une puissante forteresse. Cette place forte enfermant deux hectares et demi pouvait abriter une garnison de deux mille hommes dont soixante Hospitaliers. Autour d'eux vivait une foule exerçant des petits métiers multiples, sans compter les animaux destinés à nourrir tout ce monde. Le krak était une ville à lui tout seul, posé sur la terre aride dominant la plaine de la Boquée, contrôlant cette trouée d'Homs. La grande salle du krak est longue de 120 mètres, comme certaines salles capitulaires des monastères cisterciens. La chambre du grand maître était dans la tour sud-ouest de la deuxième enceinte. En plus des chambres pour les hommes et des écuries, le krak possédait des puits (27 mètres de profondeur pour le principal) et neuf citernes alimentant un abreuvoir de 72 mètres de long sur 8 à 16 de large, qui servait aussi de piscine pour les hommes. Des moulins à vent broyaient le blé. Le four avait une surface de vingt et un mètres carrés. Un système d'égouts évacuait au-dehors le produit de douze latrines. Cette structure permettait au krak de résister très longtemps. Il ne fut pris que par trahison après avoir été attaqué treize fois de 1115 à 1271, date à laquelle il succomba.

En 1144, la chute d'Edesse détermina, en France, la prédication de la deuxième croisade. Après le succès d'Ascalon remporté par Baudouin III et surtout par les Hospitaliers, en 1153, le royaume connut quelque répit. Raymond du Puy, déjà très âgé, en profita pour réorganiser les finances de l'ordre et parcourir l'Europe. Il mourut en 1160, après quarante ans de grand magistère et non sans avoir fixé le rôle que devait tenir l'Ordre : défendre partout et à tout prix les royaumes latins.

2

UN MODÈLE D'ORGANISATION

Dans la société chrétienne du XIIe siècle, très pieuse, le pauvre et le malade étaient identifiés au Christ. Toute offrande faite aux déshérités était considérée comme un don au Seigneur. Il suffit de relire l'évangile de saint Matthieu, au chapitre 25, verset 35 et suivants, à propos du Jugement dernier. Jésus dit : « Car j'ai eu faim et vous m'avez donné à manger ; j'ai eu soif et vous m'avez donné à boire [...] En vérité, je vous le dis, chaque fois que vous l'avez fait à l'un de ces plus petits de mes frères, c'est à moi que vous l'avez fait. » Le moyen le plus sûr d'obtenir le pardon de ses péchés et le salut de son âme était donc de faire des dons aux pauvres et plus particulièrement à ceux qui s'en occupaient. Les dons affluèrent, sous la forme de casaux – villages fortifiés –, de fours, de terres, de celliers, de potagers, de maisons, d'animaux, d'églises, de sel, de fermes, etc., et naturellement d'argent, sans compter des privilèges accordés par le pape lui-même et bon nombre de princes et de souverains.

Grâce à ses possessions au Levant et en Occident, l'Ordre eut la possibilité d'étendre le long des routes son réseau d'hospices. Un certain nombre d'entre eux formaient un bailliage, placé sous la direction d'un bailli. « Le terme de *bailli* dans l'ancienne langue française signifiait le préfet ou l'administrateur des maisons et autres héritages : de là vient que nos anciens donnèrent aux commanderies le nom de *baillie* ou de *bailliage* », rappelle Vertot. Quant aux grands domaines, parfois considérables, reçus en dons, ils ne furent pas transformés, comme l'a soutenu le même abbé de Vertot, en hospices. Nous l'avons vu à propos d'André II de Hongrie, l'importance des dons était variable. Les rois de France Louis VIII et Louis IX, comme Richard Ier d'Angleterre, contribuèrent aussi à la survie de l'Ordre grâce à de nouvelles donations qui devaient toutes être approuvées par le pape. Ces dons provenaient d'abord des revenus de leurs villes ; puis, après avoir accordé aux Hospitaliers de nombreux privilèges, et notamment l'exemption de toute taille et autres contributions, ils leur concédèrent des terres dans diverses provinces pour qu'ils y forment leurs établissements (les futures commanderies). De leur côté, les évêques leur accordèrent des prébendes dans leurs églises ainsi que le patronage et la collation d'un grand nombre de cures avec les dîmes qui en dépendaient. Les Hospitaliers assuraient aussi le fonctionnement de leurs activités avec le butin pris aux Sarrasins au cours des batailles, en toute indépendance d'autres puissances temporelles.

Il fallait gérer tous ces biens fonciers, source de revenus. Les grands maîtres installèrent des représentants. Une véritable administration se développa ainsi au sein de l'Ordre, entraînant l'établissement de sa propre hiérarchie. On « recommanda » ces biens dans une région à un chevalier qui y résidait. « Nous ordonnons que les commanderies et les biens de l'Ordre soyent administrés par des frères anciens, gens de mérite et de probité », indique le titre XIV des Statuts de l'ordre. Le terme « commanderie » ne s'imposa qu'à la fin du XIIIe siècle ; certains textes plus anciens les désignaient sous celui de *preceptorerie des Hospitaliers*. Le *commandeur*, que l'on appelait à l'origine *magister* ou *praeceptor*, était un frère qui s'était particulièrement distingué au cours de ses campagnes. Il était entouré par des invalides à la charge de la communauté, recevait les frères revenant de Terre sainte ou se préparant à y aller. Il surveillait l'exploitation des domaines, notamment les bois, activité très lucrative à l'époque, distribuait les aumônes, assistait les pèlerins pauvres ou malades. Chaque année, il envoyait au grand maître le *responsions*, ou *impositions*, le reliquat des fonds de la commanderie. Cela correspondait à peu près à 15 pour cent des revenus de la commanderie. L'institution des commanderies fut, en effet, un rouage essentiel dans le fonctionnement de l'Ordre. Une commanderie recouvrait un ensemble de domaines (fonciers, paroissiaux, seigneuriaux, fermes, etc.) pas forcément d'un seul tenant et qui pouvaient être dispersés sur un territoire d'une dizaine de kilomètres. La commanderie était ainsi composée d'un « chef de résidence » sous l'autorité théorique du commandeur, et de « membres » ou « filleules ». Certaines commanderies pouvaient en compter jusqu'à sept, notamment dans la langue d'Auvergne. C'est la raison pour laquelle, aujourd'hui, certains propriétaires de maisons anciennes s'imaginent demeurer dans une ancienne commanderie, alors qu'il s'agit d'une ancienne « filleule ». L'Ordre comptait environ deux cent cinquante commanderies au XIIIe siècle pour arriver à six cent quatre au début du XVIe siècle, notamment grâce à la dévolution des biens des Templiers aux Hospitaliers, qui doubla le nombre de ses possessions. Plusieurs commanderies d'origine Templière furent regroupées ou supprimées ; sous la Réforme d'autres passèrent sous l'autorité du bailliage de Brandebourg. A la veille de la Révolution, leur nombre était remonté à six cent soixante et onze, dont treize protestantes (à la veille de la Révolution). En France, ces commanderies étaient surtout concentrées dans le Nord, l'Est, le Sud et le Sud-Est, dans le Massif central, en Savoie et Haute-Savoie. Il n'en existait, en revanche, que deux en Bretagne (Nantes et Carbentoir), trois dans le Bordelais (dont Artigue-Longué), quatre dans les Landes et le Pays basque, une seule dans l'Orléanais (Saint-Marc d'Orléans). En Espagne, la présence des Hospitaliers se concentrait en Catalogne, et au Portugal dans le nord du pays. Quant à l'Italie, elles semblent avoir couvert quasiment toute la botte avec deux points importants en Lombardie et en Toscane, et dans une moindre mesure autour de Naples. En Angleterre et en Irlande, les établissement étaient également répartis sur tout le territoire. De même dans la langue d'Allemagne, avec toutefois une plus grande densité le long du Rhin. Dans cette région, dépendant du grand prieuré de Bohême, subsiste la seule commanderie toujours en activité depuis le XIIe siècle, celle de Mailberg, en Autriche, située à environ cent kilomètres au nord de Vienne. Elle est dirigée par un commandeur, chevalier profès. La commanderie cultive des vignes sur quarante-trois hectares et produit un vin renommé, mais en quantité limitée et dont chaque bouteille est numérotée.

Plusieurs types de commanderies coexistaient et obéissaient chacun à une hiérarchie particulière. Les commanderies régulières étaient attribuées aux chevaliers comme aux chapelains et aux servants d'armes, avant leur suppression de fait par une ordonnance de 1775, interdisant leur nomination dans les langues de France, d'Aragon et d'Italie ; les commanderies de *Jus patronat*, fondées par des familles nobles ou cédées à ces mêmes familles, étaient administrées par elles, mais payaient *responsions* à l'ordre. Ces dernières existèrent notamment au moment de la guerre de Cent Ans, afin de permettre à certaines familles éprouvées de vivre correctement. Elles étaient relativement nombreuses en Italie. Plus tard, lors de la fondation de la langue anglo-bavaroise, « pour admettre dans l'ordre des chevaliers qu'on ne savait où placer », selon l'expression de Claire-Eliane Engel, il fut créé des commanderies de ce type pour des familles nobles polonaises. Les commandeurs héréditaires de l'éphémère grand prieuré russe orthodoxe, au début du XIXe siècle, bénéficièrent de ce statut, avant qu'Alexandre Ier ne les supprimât en 1812. Mais cela est une autre histoire.

Le grand maître de l'Ordre se réservait aussi la disposition de certaines commanderies. « Il s'en trouvait une qu'on nommait la *Chambre magistrale* ; c'était celle que le grand-maître de l'Hôpital avait le droit d'avoir dans chaque prieuré. La chambre magistrale du grand prieuré de France était la commanderie du Piéton », précise Eugène Mannier. Dans son *Manuscrit trouvé à Saragosse*, Jean Potocki raconte que lorsque le grand maître examinait les attributions des commanderies, il « entrait en donnaison ». La *Chambre prieurale* était attachée à la dignité de grand prieur. Les commanderies étaient données par le grand maître aux frères à qui l'âge ou la santé ne permettaient plus de se livrer aux exercices de la guerre.

Toutefois il lui était permis, comme au prieur, de disposer, chacun de leur côté, d'une commanderie tous les cinq ans et de la donner à qui bon leur semblait. Aucun frère ne pouvait être nommé commandeur si, étant devenu veuf, il lui restait des enfants vivants de son mariage ; si, après avoir pris l'habit, il n'avait résidé au moins cinq ans au couvent de Rhodes ou de Malte ; ou bien encore si, en qualité de chevalier ou de servant d'armes, il n'avait fait trois caravanes, c'est-à-dire trois campagnes sur les galères et vaisseaux de la Religion, nom que l'on donnait, rappelons-le, à l'Ordre.

A chaque changement de commandeur, un nouveau terrier, registre foncier dans lequel étaient relevés les terres relevant d'une seigneurie et tous leurs droits, devait être dressé, ce qui permettait de suivre l'état et la progression de ses biens. Jusqu'à la fin du XVIIIe siècle qui vit leur disparition, les commanderies assurèrent, grâce à leurs revenus, l'entretien des garnisons, en Terre sainte, à Rhodes, puis à Malte, et des œuvres Hospitalières. Elles eurent, dans les pays où elles étaient installées, d'autres rôles. En France, notamment, ces établissements jouèrent un rôle important dans la vie économique et parfois politique, notamment à la fin de la guerre de Cent Ans (1338-1453). Les commanderies ont contribué au repeuplement des campagnes et au regroupement des populations rurales. « Infirmiers-gendarmes » des grandes routes, selon le mot de René Deguiral, les Hospitaliers de Saint-Jean assurèrent aussi une certaine sécurité collective par la création des sauvetés ou de salvats, lieux d'asile où chacun pouvait se réfugier. Bon nombre de noms de lieux de communes ou de hameaux ont conservé aujourd'hui cette appellation. Citons la commanderie Saint-Jean-de-la-Salvetat, à Saint-Mamet, en haute Auvergne. De même en va-t-il d'un certain nombre de lieux dont le nom se décline aussi à partir d'« hôpital » : Hopitault, Hopitot, Hospitalet, Hostalet, Espitet, etc. La démonétisation des pièces, sous Philippe le Bel, avait ruiné les populations. Les Hospitaliers procédèrent alors à de nouvelles répartitions de leurs biens fonciers, en concédant – pour une longue durée, voire à perpétuité et pour des redevances faibles – des terres à de nombreuses familles.

La figure du « commandeur » est entrée dans la légende. Il apparaissait auréolé de gloire grâce aux campagnes qui l'avaient conduit sur des mers lointaines. « Elément important de l'agriculture régionale et provinciale », il recevait de cinq ans en cinq ans la visite de son prieur ou de deux chevaliers délégués par le chapitre du grand prieuré. Celui-ci ou ceux-ci constataient l'état de la commanderie, ordonnaient, s'il y avait lieu, des réparations à bref délai, ou constataient des *améliorissements* qui donnaient droit, pour le titulaire, à une commanderie plus avantageuse *per miglioramente*. Outre le *responsions* versé au Commun Trésor de l'Ordre, le commandeur devait acquitter les droits du roi. Payer la portion congrue des curés, les gages des officiers de justice, des gardes, etc. Toutes ces charges excédaient parfois le revenu, et certains commandeurs étaient dans une misère relative, tandis que d'autres, mieux lotis et pourvus de charges importantes, menaient grand train.

Grâce aux rapports établis par les grands prieurs ou les chevaliers délégués, nous connaissons l'état des biens de certaines commanderies. Comme celle-ci, en Auvergne, où l'on dénombrait en 1642 « huict cuillères et deux forchettes aussy d'argent avec les armoiries dudict commandeur... ». Ailleurs, on fit remarquer au « visiteur » le mauvais état de l'argenterie. Autorisation fut demandée de la vendre pour en faire deux *cuillées* et deux fourchettes qui seraient frappées aux armes de l'ordre et devraient rester à perpétuité à la commanderie. Celle d'Espinay, en Charolais, était construite sur le modèle d'une maison forte, composée d'un château – bien rustique –, d'une chapelle et de communs comprenant granges, écuries, celliers, pressoirs, fournil avec une cour et un jardin en terrasse. Le logis du commandeur comprenait deux pièces, la cuisine et la salle où il travaillait et dormait. Le dimanche, il tenait chapitre dans la grange. Au XVIIIe siècle, certains cadets de famille, entrés dans l'ordre sans vocation religieuse particulière, sinon celle d'un état né de l'organisation sociale de l'époque, voyaient dans l'obtention d'une commanderie un moyen de vivre selon leur rang. Après leur caravane, ils surveillaient l'attribution des commanderies, « un travail d'art et de patience », qui avait lieu tous les cinq ans.

Les grands prieurs et le grand maître pouvaient en effet affecter une commanderie par « grâce prieurale » sans respecter l'ancienneté. Dans une longue lettre, au moins quatre-vingts pages, le chevalier Félicien de Mons-Savasse écrivait en 1731, à « Madame, ma très chère mère », afin de lui demander, d'abord, de l'argent, de lui faire part de ses ennuis de santé, puis de lui dire que lui était enfin parvenue depuis Paris « une canne du prix de 400 écus que j'ay fait travailler pour en faire présent au Grand Maître ». Un présent destiné à attirer son attention et ses faveurs. Le chevalier de Savasse assure encore à sa mère que lorsqu'il aura obtenu une commanderie, il ne lui réclamera plus d'argent et que les membres de la famille se réuniront autour de lui, car il en tirera les revenus suffisants. Originaire du Dauphiné, situé dans la langue d'Auvergne, Félicien de Mons-Savasse, entré dans l'ordre le 6 mars 1720, avait donc attendu une dizaine d'années avant d'obtenir sa commanderie. Il acheva sa « carrière » dans l'Ordre avec la charge de major général de l'île de Malte.

Les inventaires après décès sont aussi sources de renseignements. Examinant les commanderies en Berry, le comte de Toulgöet-Treanna décrit celui du maréchal de Caissac : « On voit un mobilier de grand luxe conforme à l'importance de sa charge, et surtout une riche argenterie de table [...] On voit figurer encore : dix flambeaux d'argent, deux paires de pistolets garnis d'argent, une épée à garde d'argent, un sabre dit escaline, six croix de Malte de différentes grandeurs, en or, pesant 5 onces, un chapelet de corail avec une croix de Malte, une tabatière d'or pesant 4 onces, une canne à pomme d'or, etc. » Le contraste est saisissant lorsque l'on lit l'inventaire après décès du commandeur de Pradal (un chapelain), mort en 1688 : « ... Aux commissaires qui disaient que difficilement peut-on croire que le dit défunt fut si mal en habits et sans linge, il fut répondu que pendant sa maladie qui a été très longue, le peu de linge qu'il avait s'était usé et pourri, et quant à ses habits qu'il n'en avait point d'autres que ceux du présent inventaire, à la réserve d'une robe longue, des bas et hault-de-chausses, une paire de pantoufles, une aube, une étoile, manuple. Chasuble et bonnet carré, et ses bas qu'on lui a laissés quand on l'a mis dans la fosse, avec son bréviaire. »

A moins de suivre les événements qui se déroulèrent dans une commanderie depuis sa fondation jusqu'à sa suppression, en France, au moment de la Révolution, il n'existe pas d'histoire proprement dite des commanderies dans leur ensemble. Chacune a la sienne. La *Bibliographie de l'Ordre de Saint-Jean* parue en 1885 et complétée en 1924 montre la rareté des études sur les commanderies. Tout au plus trouve-t-on pour certains établissements quelques articles ou au mieux des communications dans les revues des sociétés savantes régionales. Depuis quelques années, les « histoires de commanderie » se sont multipliées, essentiellement tournées vers l'histoire des bâtiments, sans pour autant raconter leur vie quotidienne. Grâce à des chercheurs, notamment au XIXe siècle, nous connaissons les noms et les emplacements de ces établissements, ainsi que de leurs dépendances qui ont disparu pour la plupart. « Cependant beaucoup de noms, tels que l'*Hôpital*, le *Temple*, la *Commanderie* nous les rappellent encore, souligne Eugène Mannier, auteur des *Commanderies du grand prieuré de France*. Ils ont été donnés dans nos campagnes à des sections de territoire, à des hameaux, des villages même, et dans nos villes à des rues, à des places publiques, à des quartiers entiers. Mais ces noms ne nous disent pas l'espèce d'établissement qui existait là autrefois. Etait-ce une chapelle, une église, une maison religieuse ou un domaine féodal, un château, une forteresse, ou encore quelque établissement agricole ou industriel : une ferme, des moulins, des forges, des mines... ? » Il suffit de se rendre dans le quartier de la place de la République, à Paris, pour nous en rendre compte. Il existe là une rue de Malte, totalement anodine, pour nous rappeler que le grand prieuré de la langue de France se tenait dans ce quartier.

La maison de l'Hôpital

Sources de revenus pour l'ordre, les commanderies servaient aussi, dans une France médiévale peu sûre, de relais pour les voyageurs. Le hasard n'a pas présidé au choix de leur emplacement comme on pourrait le croire de prime abord. Il fut le résultat d'une « combinaison commandée par la force des choses », selon l'expression de Lavirotte qui étudia les établissements Hospitaliers en Bourgogne. « Le moment de la plus grande activité du service des hospitaliers, dans l'intérieur de la France, a été celui de la fréquence des mouvements militaires des croisades et des allées et venues incessantes des croisés isolés et des pèlerins de tous pays. L'absence de toute irisation régulière de police armée, rendait alors le parcours des routes, à travers des campagnes peu peuplées et couvertes de forêts, parfois, très dangereux, et imposait aux chevaliers la mission de protéger les pieux voyageurs et de les héberger... », notait-il avant d'affirmer que ces établissements avaient été installés souvent à la même place que les maisons d'asile, élevées sur les ruines des anciennes *mansions* romaines, élevées sous le règne de Charlemagne. Celles-ci étaient réparties de distance en distance, de telle manière que les voyageurs trouvaient là un refuge. Toutes les commanderies ne furent pas, bien évidemment, construites sur les grands chemins romains, d'autant plus que de nouvelles furent créées au cours des siècles et que les besoins changeaient, sans omettre les convenances personnelles des commandeurs qui modifiaient leurs résidences.

La première commanderie de ce qui deviendra la Langue de France serait celle de Villedieu-les-Poêles, une petite ville située aux confins de la Normandie, dans la Manche. Elle était encore au carrefour des routes qui mènent vers Avranches et par là en Bretagne, Granville ou Cherbourg en Normandie. Le premier document provenant de ses archives date de 1147. C'est-à-dire trente-cinq ans à peine après la promulgation de la bulle du pape Pascal II. Nous savons grâce à un terrier de Villedieu, daté de 1743, qui cite l'*Histoire de Normandie* de Guillaume de Jumièges, contemporain d'Henri Ier, roi d'Angleterre et duc de Normandie, que c'est ce souverain qui fit don d'un domaine, nommé Siennêtre, à Villedieu-lez-Sauchevreuil. Henri que l'on surnommait Beauclerc, c'est-à-dire savant, était le quatrième fils de Guillaume le Conquérant. Il naquit sans doute à Selby, dans le Yorkshire, en 1068 et mourut en 1135, dans la forêt de Lyons. La donation fut donc antérieure à cette date. Dans son *Histoire du Cotentin*, Toustain de Billy fixe l'érection de la maison de l'Hospital vers 1170, maison à laquelle on donna le nom de *Villa Dei* – la ville de Dieu. Elle était située près de l'église et séparée par la rivière de Sienne. Les biens de la commanderie s'accrurent grâce à d'autres dons comme ceux d'un certain Richard de Grisy, en 1185, puis en 1233. La cité de Villedieu, à qui on n'avait pas encore donné le surnom des « Poêles » afin de marquer l'établissement des dinandiers, fut fortifiée au XIVe siècle ; mais, dit-on, les murs étaient en si mauvais état que les Anglais auraient pu les mettre à bas sans combattre. Le grand prieur de France, Gérard de Vienne, duquel dépendait la commanderie de Villedieu, rétablit à ses frais les fortifications. La commanderie possédait la halle de Villedieu et percevait des droits sur les marchés et foires, et au bout de cette halle, dans l'« auditoire », le commandeur rendait la justice. Les biens complémentaires de cette commanderie n'étaient pas considérables, elle tirait davantage ses revenus de rentes foncières sur des maisons et héritages dans la ville et dans certaines paroisses voisines. La guerre de Cent Ans lui porta un coup fatal. Villedieu, pillée par les Anglais, fut en partie détruite. C'est alors qu'il fut décidé de supprimer cette commanderie et d'en réunir les biens à celle de Villedieu-les-Bailleul, près d'Argentan. Nous étions à la toute la fin du XVe siècle. Ces guerres dans le nord de la France avaient entraîné, en 1458, une réforme administrative visant à réduire le nombre des commanderies. Celles dont les bâtiments avaient été détruits ou endommagés devaient supporter de lourdes charges pour reconstruire leur exploitation, aussi réunissait-on une commanderie à une autre pour la rendre viable.

Parmi les établissements les plus anciens de l'Ordre en France, il y eut celle de la « maison de l'Hôpital » à Paris. Le premier document qui la concerne, une concession de privilèges accordée par Louis VII, remonte à 1158. Le texte d'une charte de Maurice, évêque de Paris, datée de 1174, relative à sa constitution trois ans plus tôt dans la vigne du clos Bruneau, permet de situer cette maison en contrebas de la montagne Sainte-Geneviève, sur un espace qui fait face aujourd'hui au Collège de France, limité en partie par l'actuelle rue Jean-de-Beauvais, une portion de la rue des Ecoles, autrefois rue Saint-Jean-de-l'Hôpital, en partie par la rue Saint-Jacques qui portait autrefois le nom de la rue Saint-Benoît. Il existe toujours un passage du clos Bruneau, et la petite rue de Latran rappelle cette « maison ». Après le transfert du grand prieuré de la Langue de France dans l'enclos du Temple, après 1312, elle fut dite « de l'Hôpital ancien » pour éviter la confusion entre les deux établissements. Elle devait perdre cette appellation au XVe siècle et recevoir alors le titre de Saint-Jean-de-Latran, lui-même troqué depuis le milieu du XVIIe siècle contre celui de bailliage de Morée qui subsistera jusqu'à 1791. Pourquoi Saint-Jean-de-Latran ? On l'ignore. Les auteurs y ont vu une relation spirituelle avec la basilique romaine du Saint-Sauveur, considérée depuis 324 comme la cathédrale de Rome et la mère de toutes les églises de la chrétienté.

Selon Bernard Sevestre, auteur d'une série d'articles sur l'histoire de la commanderie de Saint-Jean-de-Latran, « l'application de la nouvelle titulature de Saint-Jean-de-Latran ne fut sans doute qu'une extension parisienne de la piété romaine à l'égard du Précurseur si cher aux Johannistes ». Quant au « bailliage de Morée », il vient de l'apanage constitué au XVIIe siècle – entre 1644 et 1647 – pour le bailli de Morée privé de ses possessions en Achaïe à la suite de l'invasion ottomane, mais dont le titre restait maintenu en raison de son importance dans la langue de France à Malte. Outre l'enclos de Saint-Jean-de-Latran, cette commanderie possédait en 1783 le fief de Lourcines, celui de la Tombe-Issoire et seigneurie du Petit-Montrouge, celui des Loges, attenant au parc du château de Versailles, la seigneurie et ferme de Saclay, la terre et seigneurie de Chauffeur, entre Etampes, Etrechy et Brétigny, une partie de la terre et seigneurie de Cuiry-Housse dans le Soissonnais, l'autre partie ayant été démembrée au profit du bailliage de Morée. La présence des Hospitaliers à Paris était loin d'être négligeable, d'autant plus que leurs domaines comme les membres bénéficiaient du privilège de l'exemption de juridiction. L'indépendance de la commanderie s'exerçait aussi à l'égard des autorités civiles et judiciaires – voire corporatives – du royaume. Ainsi, les immeubles de l'Ordre échappaient à la fiscalité royale ou seigneuriale, les taxes et les impôts. Ce qui n'a pas manqué d'entraîner un nombre important de frictions avec les autorités civiles et même religieuses. On cite des procès intentés par des monastères.

Construite antérieurement à l'enceinte de Philippe Auguste, cette maison de l'Hôpital ancien fut et resta fortifiée, son donjon constituait une défense autant qu'un signe noble. Son architecture quadrangulaire était inspirée de celle du krak des Chevaliers au Liban. Peu après 1210, elle fut protégée par le tracé de la muraille mais ses propres fortifications subsistèrent encore longtemps. Après le 19 septembre 1792 qui décréta la saisie des biens français de l'ordre (tout en reconnaissant son existence et clamant son utilité en Méditerranée), les bâtiments de la commanderie furent envahis par des sans-logis. Devenu magasin, le donjon abrita François-Xavier Bichat (1771-1802) qui y poursuivit ses expériences anatomiques jusqu'en 1802. La grosse tour, que l'on appela désormais « tour Bichat », fut abattue en 1854, malgré les protestations d'Emile de Girardin, afin de procéder à l'alignement de la nouvelle rue des Ecoles. Quant à l'église, mutilée dès 1823, elle fut démolie vers 1880, pour dégager les abords du Collège de France. A l'exception de quelques maisons de la rue Saint-Jacques, rien ne rappelle la présence multiséculaire de l'ordre dans ce quartier parisien. En souvenir de cette commanderie, les chevaliers prennent part, depuis 1818, aux cérémonies et aux processions de la neuvaine de sainte Geneviève, à Saint-Etienne-du-Mont, qui se déroulent le dimanche le plus proche du 3 janvier.

Le nombre des commanderies augmentant avec le temps – jusqu'à six cent cinquante au XVe siècle –, on créa le *prieuré*, sous l'autorité d'un frère supérieur en grade. Il regroupait plusieurs commanderies et centralisait les sommes destinées au Trésor central. On en vint ensuite à installer des *grands prieurés* qui réunirent donc les prieurés qui réunissaient eux-mêmes les commanderies. Cette composition administrative, un « modèle de sagesse et de prudence », avait inspiré la hiérarchie de l'Ordre mise en place le 28 octobre 1302, dix ans avant son établissement à Rhodes.

Des nations nommées langues

Le titre de grand maître avait été décerné au supérieur des Hospitaliers de Saint-Jean-de-Jérusalem en 1267, par un bref du pape Clément IV. Il était élu à vie par les chevaliers de justice âgés de plus de dix-huit ans résidant depuis trois ans au couvent et ayant effectué au moins trois caravanes contre les Infidèles. Le scrutin était relativement compliqué. Le collège électoral se réunissait trois jours après le décès du grand maître en exercice. Un court délai destiné à éviter toute ingérence du pape dans l'élection[1].

Le chapitre de Montpellier, tenu en 1327 par le grand maître Hélion de Villeneuve, confirma la division de l'ordre en langues. Un moyen pour éviter les frictions provoquées par des chevaliers appartenant à des nations différentes, d'autant plus que tous ne parlaient pas le latin. Ces langues, inexistantes en tant qu'entités administratives en Terre sainte, furent constituées au nombre de sept par décret capitulaire, en 1301, au cours du séjour à Chypre ; elles seront huit en 1462, avant la fin de la période rhodienne. Ces entités correspondaient plus ou moins à des zones linguistiques homogènes. Les Polonais et les Slaves dépendaient en effet de la langue d'Allemagne, sans parler l'allemand. Elles étaient placées sous l'autorité d'un *pilier*, ou *bailli conventuel*, « comme les colonnes de chaque Nation », selon le mot de Vertot. Il était choisi par les frères de sa langue, à l'ancienneté (quinze ans, dont dix de résidence au couvent, donc à Rhodes, ensuite à Malte). Chaque langue, à Rhodes puis à Malte, disposait d'une « auberge », un bâtiment commun qui servait aux réunions et aux repas – en principe obligatoires – pris en commun. Le pilier recevait une somme forfaitaire annuelle assortie d'un stock de denrées alimentaires.

Trois de ces langues occupaient hiérarchiquement les premières places, celles de Provence, « en considération du pieux Gérard, Fondateur de l'Ordre » qui en était sans doute originaire, d'Auvergne et de France. On les appelait et les nomme encore les « vénérables ». Ce ne fut pas tant à cause du nombre des chevaliers originaires du royaume de France qu'ils furent divisés en trois entités. Ceux originaires du Nord parlaient la langue d'oïl, ceux du Sud-Ouest la langue d'oc et enfin ceux du Sud le provençal. Les Français ne pouvaient pas se comprendre entre eux. La longue marche de l'unification de la langue française ne s'achèvera vraiment qu'au XXe siècle.

Les langues suivaient un ordre hiérarchique. La langue de Provence, la plus ancienne de toutes, fut toujours la plus représentée dans l'ordre. Son patron était saint Michel archange. Les commanderies qui furent à l'origine du grand prieuré de Provence furent mises en place dès 1117. La langue possédait deux grands prieurés, Saint-Gilles et Toulouse – vingt-neuf commanderies en 1315 –, avec le bailliage de Manosque. Au XVe siècle, le prieuré de Saint-Gilles – plus tard transporté à Arles – s'étendait sur toute la Provence. La langue de Provence regroupait à la fin du XVIIIe siècle près de quatre-vingt-dix commanderies.

On ignore la date de fondation du grand prieuré d'Auvergne, sinon qu'elle est postérieure à 1229. Le siège de la langue d'Auvergne, placée sous la protection de saint Sébastien, fut d'abord installé à Olloix, près de Saint-Amant-Tallende, actuellement dans le Puy-de-Dôme, puis au XIVe siècle à Lureuil en Poitou, au siècle suivant à Bourganeuf, avec le bailliage de Lyon, appelé anciennement *bailliage de Lureul*, qui réunissait aussi près de soixante commanderies.

Les commanderies qui furent à l'origine du grand prieuré de France furent fondées en 1178 ou 1179. Le saint patron de la langue de France était Paul apôtre. Cette langue comprenait le grand prieuré de France, celui d'Aquitaine et celui de Champagne, et le bailliage de Morée à Paris, et réunissait plus d'une centaine de commanderies.

Les six grands prieurés dans le royaume de France réunirent, au début du XIVe siècle, jusqu'à deux cent soixante-six commanderies, soit plus du tiers du nombre total des commanderies de l'ordre. Ce nombre fut réduit à la fin du même siècle à cent quinze, plusieurs commanderies Templières ayant été supprimées ou regroupées. Elles n'étaient plus que cinquante-trois au XVIIIe siècle. Mais celles-ci renfermaient encore près de cinq cents établissements : un grand nombre de fiefs et de seigneuries, et plus de deux cents églises paroissiales dont les curés étaient à la collation du grand prieur de France.

La langue d'Italie était placée sous la protection de sainte Catherine d'Alexandrie. Elle était composée du prieuré de Lombardie, fondé en 1186, qui regroupait trente-six commanderies ; de celui de Venise, en 1180, avec vingt-neuf commanderies ; de celui de Pise, créé en 1236 et qui fut exproprié vers 1800, avec douze commanderies ; de celui de Rome, daté de 1214, exproprié en 1808 et restauré en 1816, avec dix-neuf commanderies ; de celui de Capoue, en 1223, avec dix-sept commanderies ; de celui de Barletta, en 1170, avec onze commanderies et enfin de celui de Messine, en 1136. Ces trois derniers prieurés furent réunis en 1839 dans un seul prieuré de Naples et de Sicile.

La langue d'Aragon, placée sous la protection de saint Georges, avec les grands prieurés de Catalogne en 1319, et Navarre, en 1185, regroupait cent cinquante-quatre commanderies. A l'origine, l'Espagne et le Portugal ne constituaient qu'une langue. En 1462, le grand maître Zacosta la divisa afin de constituer la langue de Castille, y incluant le Portugal. Certains voient dans cette décision l'influence de la Reconquista. Citons encore dans cette langue la châtellenie d'Emposte, en fait un grand prieuré. A propos des saints patrons dans cette langue, il convient de souligner que chaque maison ou couvent avait ses dévotions particulières. La chapelle du siège du grand prieuré de Castille et León, au château de Consuegra, était dédiée à Notre-Dame la Blanche. Le cri des Hospitaliers espagnols était : *San Juan y Santiago !* Sans doute davantage en référence au saint patron du royaume.

La langue d'Angleterre, placée sans doute aussi sous la protection de saint George, avec les grands prieurés d'Angleterre, créée en 1144, regroupait cinquante-neuf commanderies, nombre réduit à dix-neuf au XVIe siècle. Les prieurés d'Ecosse et d'Irlande vers 1202, qui comportaient dix-huit commanderies au XVIe siècle. Henri VIII fit disparaître cette langue, davantage *de facto* que *de jure*. Le roi confisqua en 1540, purement et simplement, les propriétés de l'ordre, tant en Angleterre qu'en Irlande. Le prieuré d'Angleterre fut restauré en 1557, avec le bailliage d'Eagle et neuf commanderies, puis de nouveau supprimé deux ans plus tard. L'Ordre maintint toutefois, d'une manière fictive, cette langue, en continuant à nommer des titulaires, catholiques en exil, au priorat d'Angleterre. Aujourd'hui, l'association des chevaliers anglais est placée sous la protection du bienheureux Adrian Fortescue.

La langue d'Allemagne fut placée sous la protection de la sainte Epiphanie, avec les grands prieurés d'Allemagne, créé en 1187, de Hongrie, en 1217, supprimé en 1538 de Bohême, en 1182, de Pologne, Danemark et Suède avec le grand prieuré de Dacie fondé en 1268 et qui resta sans titulaire à partir du XVIIIe siècle. La langue d'Allemagne regroupait ainsi une quarantaine de commanderies. Le grand bailliage de Brandebourg, créé en 1332, devint aussitôt autonome, sous l'influence de Gebhart von Bortfeld qui prit le titre de *Herrenmeister*. Son successeur Hermann von Wereberg se plaça sous la protection du margrave de Brandebourg. En 1382, le grand maître Juan Fernandez de Heredia fut contraint de reconnaître un état de fait. Il accepta l'élection du *Herrenmeister*, sous réserve de l'approbation, qui fut toujours consentie, du grand prieur d'Allemagne. Au moment de la Réforme, en 1538, sept des treize commanderies du grand bailliage embrassèrent la nouvelle confession. Ces commanderies furent reconnues en 1555 par la paix d'Augsbourg établissant la tolérance religieuse. En 1648, le traité de Westphalie régla la situation du grand bailliage vis-à-vis de l'Ordre. Il acquérait sa liberté, moyennant une redevance de deux mille cinq cents florins d'or, reportait son allégeance sur les margraves de Brandebourg et prenait la dénomination d'Ordre évangélique de Saint-Jean ou *Johanniterorden*. Il choisira par la suite ses maîtres, *Herrenmeister*, parmi les princes de la maison de Hohenzollern dont la nomination doit être courtoisement approuvée par le grand maître. Les commanderies ne seront plus que huit au XVIIe siècle.

La langue de Castille, placée sous la protection de saint Jacques le Majeur, avec les grands prieurés de Castille, de León, de Galice et d'Andalousie, regroupait une soixantaine de commanderies. Cette dernière langue de Castille et du Portugal fut ajoutée à celle d'Aragon à la place de la langue d'Angleterre supprimée sous le règne d'Henri VIII.

La langue anglo-bavaroise fut érigée en 1784 et placée sous la protection de saint Charles Borromée. L'ordre avait déjà approuvé la nécessité de reconstituer la langue d'Angleterre, ne serait-ce que pour pourvoir en dignités les jacobites exilés. L'occasion fut donnée au grand maître de Rohan qui cherchait à reconstituer les commanderies polonaises créées en 1175, dans le cadre de la langue d'Allemagne et... de l'empire de Russie. En 1781, l'électeur de Bavière céda des biens, qui avaient appartenu aux jésuites, à l'Ordre afin de permettre la constitution du grand prieuré de Bavière. Il restait à obtenir le consentement du roi George III d'Angleterre, pour incorporer la langue anglaise à ce grand prieuré et former la langue anglo-bavaroise[2].

Les biens du prieuré de Pologne furent expropriés en 1810, comme l'avaient été deux ans plus tôt ceux du prieuré de Bavière. Le prieuré russe eut une existence éphémère. Nous y reviendrons plus loin.

LES RÈGLES ET LES STATUTS

L'idée de subdiviser l'ordre en Langues permit la création de charges et la répartition des tâches, dans un souci de plus grande efficacité. Le grand maître, élu à vie, était et demeure souverain. Il gouvernait assisté par un conseil ordinaire siégeant en permanence, composé de piliers, baillis et prieurs. Le conseil était complet lorsqu'il comprenait en outre deux représentants de chaque langue. Les chevaliers étaient régulièrement convoqués pour un « chapitre général » traitant des questions financières et d'administration générale, et seul habilité à réformer les statuts, ce qui survint assez fréquemment tout au long de l'histoire de l'ordre.

Une fois édictée la règle raymondienne, ces statuts se sont peu à peu forgés. « De fait, chaque règle destinée à suivre l'évolution progressive d'une institution véritable doit rester élastique et capable d'être adaptée et interprétée à travers des compilations ultérieures qui préciseront, allégeront, compléteront, modifieront et retrancheront », note l'historien italien de l'Ordre, Emilio Nasalli Rocca di Corneliano. Tout cela s'est fait progressivement, au moyen des « ordonnances capitulaires ». Des normes non écrites, puis consignées ; les « coutumes », ont été ainsi ajoutées à la règle première dans différents manuscrits qui se multiplieront tout au long des XIIIe, XIVe siècles et même au XVe. La plus ancienne des compilations officielles date de 1292 et forme l'objet du *Code vatican latin* (n. 4852) de Guillaume de San Stefano, alors commandeur de Chypre. Les tribulations politiques n'ont pas toujours permis de conserver les documents, surtout durant la première période en Terre sainte. Delaville Le Roux rapporte qu'à la fin du XIIIe siècle, les textes originaux ayant disparu, les hautes instances de l'ordre demandèrent et obtinrent du pape Boniface VIII (1235-1303) confirmation de la règle recopiée. Contrairement à l'ordre du Temple, dont la règle fut largement diffusée dans les commanderies, peu d'exemplaires de celle des Hospitaliers ont été retrouvés dans les prieurés.

Le commandeur San Stefano composa un second recueil des « normes coutumières ». Celui-ci contient, outre la règle raymondienne, les « usages » de l'Hôpital de Jérusalem (1177-1181), un règlement du culte, les Statuts du grand maître Roger des Moulins (1177-1187) de 1181, ceux que l'on pourrait définir comme les véritables premiers statuts ; et ceux de 1204 et 1206 d'Alphonse de Portugal (1202-1206) ; de 1262 (cinquante et un articles), 1265, 1266 et ceux de 1270 du grand maître Hugues de Revel (1258-1277) ; de 1278 et 1283 (vingt-quatre articles) du grand maître Nicolas de Lorgne (1277-1284), de 1287 (vingt-deux articles) du grand maître Jean de Villiers (1284-1294), et une relation de ce qu'on nomme les « esgards », qui traite du contentieux concernant les membres de l'ordre coupables d'infractions à la règle. Ce texte est précieux car il est resté à la base de tous les recueils successifs des Statuts de l'Ordre jusqu'à leur réforme, entreprise au XVe siècle par le grand maître d'Aubusson. Entre-temps, le grand maître Guillaume de Villaret (1296-1305) avait ajouté trente-huit articles en 1301, vingt en 1302 et dix-huit en 1304. « La base formelle et extérieure de ces statuts, usages, règlements d'émanation capitulaire-collégiale et magistrale-individuelle, complétés infailliblement par une approbation des supérieurs ou une confirmation des papes, restera toujours stable dans son caractère de succession chronologique, partant de la règle de Raymond du Puy, véritable règle religieuse qui se dilue et se transforme peu à peu en statuts propres à une organisation complexe et originale comme l'est devenu l'Ordre hospitalier hiérosolymitain... », explique Emilio Nasalli Rocca di Corneliano.

En 1357, le grand maître Roger de Pins (1355-1365) fit traduire les Statuts du latin en français, avec quelques modifications en vue d'une plus grande homogénéité, et en envoya copie à chacun des prieurés d'Europe. Après lui, les grands maîtres Dieudonné de Gozon (1346-1353), Pierre de Corneillan (1353-1355), Raymond Bérenger (1365-1374), Juan Fernandez de Heredia (1376-1396), Philibert de Naillac (1396-1421), Antoine de Fluvian (1421-1437) et Jean de Lastic (1437-1454) promulguèrent des lois spéciales en accord avec les vœux des chapitres. Après le Schisme d'Occident, le chapitre général qui se tint à Rome, en 1445, confirma les anciennes règles et en établit de nouvelles, visant, selon le mot de Nasalli Rocca, « à une consolidation plus moderne ». Toutefois, ce n'est qu'à partir du chapitre général de Rome qui s'ouvrit en 1462 et se termina en 1483, que l'on peut parler véritablement d'une grande réforme statuaire de l'Ordre. Il était, à l'époque, certes religieux, mais doté de pouvoirs civils, gouvernementaux, souverains, tant envers ses membres qu'envers les habitants de Rhodes.

La première révision précise des Statuts, sous le règne du grand maître Pierre d'Aubusson (1476-1503), en 1489, a été inspirée par le vice-chancelier de l'ordre, Guillaume

Caoursin (1430-1501). Plus méthodiques et organisés, ces Statuts seront réunis aux « égards » et divisés en quatre grandes sections : I – origine, règle, admission ; II – Conseil, organes ; III – devoirs des membres ; IV – administration, élection, élévation aux différents grades. Approuvés par une bulle du 4 juillet 1492 du pape Innocent VIII, ils furent aussi les premiers à être imprimés, en 1493 ; l'édition la plus connue, celle dite d'Ulm, en caractères gothiques, qui date de 1496, ne comporte que seize titres et est illustrée par trente-six gravures sur bois, familières à tous ceux qui ont approché l'Ordre, tellement elles ont été reproduites. Cette édition a été traduite en français par Caoursin lui-même, sous le titre : *Le Livre des establissements et statuts des chevaliers Rhodiens*, et date de 1499. Elle a été réimprimée en 1507.

La perte de Rhodes, l'exil puis l'installation à Malte ne modifièrent en rien la mission navale guerrière, la politique diplomatique et encore moins la structure interne de l'ordre, ni surtout ses activités Hospitalières. Le grand maître Claude de La Sengle (1553-1557) sentit toutefois en 1555 la nécessité de « consolider », selon le mot de Nasalli Rocca, les Statuts. A ces derniers, comme le précise Jacques Bosio, le premier historien de l'ordre, est adjointe une rubrique intitulée « De la signification des paroles » : « Ce qui prouve que la précision verbale pour exprimer les termes médiévaux était devenue nécessaire si l'on voulait conserver cet esprit de tradition qui anime et perpétue les vieilles institutions, mais que le changement des temps rendait moins compréhensibles aux membres et aux "sujets" de l'Ordre », souligne toujours Nasalli Rocca. Ces Statuts furent imprimés (en latin) par Antoine Bladio à Rome, en 1556, et sont ornés, outre des armoiries du grand maître, d'une page de titre qui s'inscrit dans une grande composition architecturale gravée sur bois avec médaillon héraldique central où le fond de gueules est colorié, avec « toute sorte d'emblèmes de l'hôpital ». La Bibliothèque nationale de France conserve un exemplaire de cette édition aux armes du grand maître de La Sengle.

Nous donnons ces précisions bibliographiques, voire bibliophiliques, car, l'esprit Renaissance aidant, les impressions des Statuts de l'ordre qui vont se succéder vont rivaliser d'élégance dans leur typographie et leurs illustrations. C'est également durant cette période que les premières traductions et impressions en italien survinrent, afin de pallier la méconnaissance croissante du latin chez bon nombre de chevaliers. Les *Statuti della religione de cavalieri Gierosolmitani...*, imprimés à Florence par Giunti, en 1567, soit deux ans après le « grand siège » de Malte, sont ornés d'une carte dépliante de la nouvelle ville et d'un portrait du grand maître Jean de La Valette Parisot (1557-1568). Cette édition, traduite par le chevalier Paolo del Rosso (reçu en 1551, † 1569), fut rééditée à Florence en 1567 et 1570, et plusieurs fois encore jusqu'en 1609.

Le grand maître Loubens de Verdalle (1581-1595) s'inspira du même esprit en obtenant, après le chapitre général de 1583, que les Statuts – approuvés par une bulle du 23 juillet 1586 du pape Sixte Quint – fussent rédigés en « une meilleure forme » et expliqués « dans un style plus net, en langue latine ». Imprimés à Rome, en 1588, ils sont ornés de trente-neuf planches gravées à l'eau-forte par Phil. Th. Gall, et par de nombreuses figures sur cuivre dans le texte avec encadrement gravé sur bois représentant les portraits des grands maîtres et diverses scènes relatives à la vie de l'ordre, par le frère Ptolémée Veltronium. Cette édition est également renommée et connue grâce aux nombreuses reproductions de ses gravures.

En fait, chaque grand maître apporta des modifications et des petites réformes de circonstance. Le grand maître Antoine de Paule (1623-1636) souhaita élaborer un nouveau texte des Statuts, en éliminant des termes anciens. On envisagea, par ailleurs, d'effectuer une nouvelle traduction des Statuts en italien, celle du chevalier del Rosso étant devenue obsolète, d'autant plus que, depuis la souveraineté de Malte, la langue italienne était devenue la langue administrative officielle de l'Ordre. Ce texte qui réunit les Statuts de 1584 et les Ordonnances de 1631 fut imprimé à Rocca Forte, en Lombardie, en 1674 et en 1719.

Par la suite, les chapitres généraux subirent une longue interruption, et l'évolution des Statuts se ralentit, jusqu'à ce que le grand maître Emmanuel de Rohan-Polduc (1775-

1797) ressentît la nécessité, face aux pressions tant extérieures qu'intérieures, de doter l'Ordre d'un code. Celui-ci, approuvé par une bulle du pape Pie VI, en 1779, marqua une étape importante dans l'évolution de l'Ordre. Le *Codice del sacro ordine Gerosolimitano Riordonato per commandamento del sacro generale capitolo cellebrato Nell'anno 1776* fut imprimé à Malte, par Giovanni Mallia, en 1782. Quoique toujours en vigueur au XIXe siècle, ses principales dispositions, réunies dans vingt-huit chapitres, ne furent en fait que peu appliquées.

Après la longue période de lieutenance puis le renouvellement de la grande maîtrise, il fallut attendre 1921, sous le grand maître Galeas von Thun (1905-1931), pour entrevoir une nouvelle réforme des Statuts, approuvés par le pape Pie XI en 1936. Il s'agissait, en fait, des règlements liés à la diminution des chevaliers religieux et à l'augmentation des membres laïcs, à la modification des activités Hospitalières, liée en partie à la Grande Guerre. En 1936, des Constitutions émanant du conseil du grand maître Lodovico Chigi Della Rovere (1931-1951) traitèrent de tous les aspects de la vie de l'ordre, sous une forme très différente du Code, quoique tout en faisant référence aux sources traditionnelles. Ces *constitutions* étaient conformes au *Code du droit canonique des religieux* promulgué en mai 1917 ; or « l'ordre de Malte, malgré ses franchises, immunités et privilèges, n'ayant pas été nommément exclu des dispositions de ce code et étant considéré comme étant un ordre religieux du fait de sa classe minoritaire de membres novices et profès (2 %), qui relevaient, par définition même, de la sacrée Congrégation vaticane des religieux, le grand maître de Thun et le souverain conseil de l'Ordre craignirent que, malgré ses 98 % d'éléments laïcs, la susdite Congrégation ne cherche à s'approprier les gloires quasi millénaires de l'Ordre en se le subordonnant », explique le bailli de Pierredon. Cette omission provoqua dans l'ordre un séisme qui intervint en novembre 1951, lorsque le cardinal Canali, grand prieur de Rome et cardinal grand maître de l'ordre du Saint-Sépulcre, placé à la tête d'une commission nommée par la Congrégation des religieux, intenta un procès à l'Ordre, entraînant celui-ci dans une querelle avec la hiérarchie ecclésiastique du Vatican. Le but du cardinal Canali était de subordonner l'ordre de Malte à celui du Saint-Sépulcre, et ainsi de contrôler une fortune considérable... dans un but charitable, naturellement. La lutte fut serrée, sournoise. Canali menaça d'excommunication majeure le grand maître Chigi qui en mourut presque sur le coup d'une thrombose cardiaque. Le pape Pie XII interdit alors l'élection d'un nouveau grand maître avant la révision complète des Statuts de l'ordre. En 1956, enfin, après une sentence du Tribunal cardinalice, l'Ordre publiait une Charte régissant la hiérarchie des charges, le corps électoral et le corps des membres selon leurs différentes catégories, avec ou sans caractéristiques ou qualificatifs religieux ou nobiliaires, et présentait un tableau complet de l'organisation territoriale de l'Ordre par prieurés et associations nationales sur tous les continents. Le bailli Angelo de Mojana di Cologna fut élu grand maître en 1962. Aujourd'hui, l'Ordre est régi par une Charte constitutionnelle et un Code promulgués le 27 juin 1961, et modifiés par le chapitre général extraordinaire des 28-30 avril 1997.

Dans la hiérarchie mise en place dans les Statuts au XIVe siècle, le *grand commandeur* ou *grand précepteur* prenait rang après le grand maître et le remplaçait en cas d'absence ou de maladie. Ce titre fut attribué après la création des Langues au pilier de la langue de Provence. Il s'occupait de la gestion financière et de la logistique.

Le *grand maréchal* était préposé aux affaires militaires et commandait les troupes en campagne. Cette fonction revenait au pilier de la langue d'Auvergne.

Le *grand Hospitalier*, titre accordé au pilier de la langue de France, était le surintendant des soins à donner aux malades et par conséquent de l'hôpital.

Le titre de *drapier*, chargé de l'habillement, qui alla d'abord au pilier de la langue d'Espagne puis, après sa subdivision en 1462 par le grand maître Zacosta, à celle d'Aragon bien que celle-ci occupât la cinquième place dans l'ordre des préséances, fut changé ensuite en celui de *grande conservateur* dont la fonction était de signer les billets de solde anticipée.

L'*Amiral*, surintendant de la marine de guerre de l'Ordre, allait au grand prieur de la langue d'Italie, devenue la quatrième après que la langue d'Aragon eut remplacé celle d'Espagne.

Le *turcopolier*, commandant les troupes auxiliaires de cavalerie légère, était choisi primitivement parmi les servants, puis attribué au grand prieur de la langue d'Angleterre, dissoute en 1540 par Henri VIII, on l'a vu, réorganisée par Marie Tudor et dont les possessions furent de nouveau confisquées en 1582 par Elisabeth Ire. Cette charge fut ensuite attribuée à des Français, des Espagnols, des Italiens, puis de nouveau au grand prieur de la langue anglo-bavaroise à la fin du XVIIIe siècle. Lorsque, dans les îles, la cavalerie perdra de son importance, le *turcopolier* sera chargé des flottilles de bâtiments légers. L'origine de ce terme vient des Turcomans qui nommaient « turcopoliers » les enfants nés d'une mère grecque et d'un père turcoman et qui étaient destinés à la milice, une compagnie de chevau-légers. L'Ordre emprunta ce terme à une dignité militaire en usage dans le royaume de Chypre. Les Hospitaliers désignaient uniquement le colonel général d'infanterie sous cette appellation. Au XVIe siècle, cette dignité fut intégrée à celle de sénéchal du grand maître.

Le *grand bailli*, qui avait juridiction sur les fortifications, revenait à la langue d'Allemagne à la tête de laquelle le grand prieur était un prince du Saint Empire.

Le *grand chancelier*, enfin, était l'administrateur, il signait les actes du Conseil. Cette charge était attribuée au grand prieur de la langue de Castille, la huitième et dernière de l'ordre.

De cette hiérarchie complexe, subsistent encore aujourd'hui les principales charges qui administrent l'ordre : *grand commandeur, grand chancelier, grand Hospitalier* et *receveur du commun trésor*, et forment le Souverain Conseil qui siège au palais magistral, dans Rome.

3

UN ROYAUME EN ORIENT

Quoique voués à la défense des pèlerins et aux soins donnés aux malades, les ordres militaires prirent rapidement une très grande importance dans l'organisation des royaumes latins d'Orient. Face à l'incurie de certains princes, Hospitaliers comme Templiers menèrent chacun de leur côté leur politique. Indépendants des pouvoirs religieux et laïcs, ils ne constituaient pas seulement une « Eglise dans l'Eglise », mais aussi un « Etat dans l'Etat ». Les deux ordres avaient les mêmes objectifs, malgré leur rivalité ils savaient s'accorder et se rapprocher devant le danger. Les visites étaient autorisées entre leurs camps, ils pouvaient, dans les combats, joindre leurs efforts ; mais il était interdit aux frères exclus de l'un des ordres d'entrer dans l'autre. Dans les faits, la rivalité l'emportait, et le religieux cédait plus souvent la place au militaire. Au milieu du XIIIe siècle, les trois ordres militaires, Hospitalier, Templier et Teutonique, mirent au point des procédures d'arbitrage pour prévenir les conflits ou les régler. Les Templiers avaient un avantage sur les Hospitaliers, leur nombre, bien que leurs possessions fussent moins importantes (neuf mille manoirs contre dix-neuf mille pour les Hospitaliers, dans toute la Chrétienté). Etaient-ils plus arrogants ? Sans doute, car, en 1166, le roi Amaury fit pendre douze Templiers après les avoir accusés d'avoir livré une forteresse aux Sarrasins. Quelques années plus tard, nouvelle affaire : les Ismaéliens, venus signer, en

1173, un traité d'alliance avec Amaury furent massacrés à leur retour par les Templiers de Chastel-Blanc. Les Templiers, essentiellement militaires, revendiquaient la prééminence dans la défense de la Terre sainte. Primauté qui n'alla pas sans provoquer ce que nous appellerions aujourd'hui des dommages collatéraux.

Après la mort, prématurée et sans postérité, de Baudouin III, ce fut son frère Amaury (1162) qui lui succéda. Mais la cour n'appréciait pas sa femme, Agnès de Courtenay ; il la sacrifia à sa couronne. Le maître Auger de Balben (1158/1160-1162/1163) tenta de faire comprendre aux « grands » que ces querelles pourraient leur devenir fatales. L'histoire du royaume latin d'Orient, tant à Jérusalem que dans la principauté d'Antioche, le comté de Tripoli et le comté d'Edesse, se résume, en fait, à une succession d'intrigues, de querelles et de traîtrises. Tout vola en éclats ou presque après la mort, sans descendance, de Baudouin IV, le jeune roi lépreux. Sa disparition allait provoquer une cascade de successions et conduire peu à peu à la catastrophe de la prise de Jérusalem, le 2 octobre 1187, jour de la fête des Anges.

Guy de Lusignan, cadet d'une maison poitevine et époux de Sibylle, sœur de Baudouin IV, parvint à se faire élire roi de Jérusalem. Personnage pusillanime et intéressé, il montra surtout son incapacité à gouverner et sa forte inclination à comploter. La désagrégation du royaume latin, divisé en plusieurs « partis » concurrents qui se disputaient le pouvoir, permit à Saladin (Salah ed-Din), le neveu de l'émir kurde Shirkuh, le plus dangereux adversaire des Francs, de parvenir à ses fins. Renaud de Châtillon, prince d'Antioche, multipliant les brigandages, déclencha la guerre générale. Capturé en 1160 par Nur ed-Din, il fut retenu prisonnier durant seize ans à Alep. Il devint ensuite, par mariage, seigneur de Transjordanie. Grâce au château de Montréal et au krak de Moab, il pouvait contrôler la route de Damas à La Mecque, en passant par l'Egypte. En 1181, sans dénoncer la trêve signée entre l'émir et les chrétiens, il marcha sur l'oasis de Taima, non loin de Médine, lieu de l'islam sacré entre tous, qu'il comptait attaquer. Une diversion l'obligea à rebrousser chemin ; il en profita pour piller une riche caravane, ramassant un butin de deux cent mille pièces d'or. Ayant reçu de Baudouin IV l'ordre de le restituer à Saladin, il refusa.

Saladin se lança à l'attaque de la Galilée et de la Samarie, défaisant au passage les Zengides qu'il accusait de collusion avec les Francs. En 1183, il s'emparait d'Alep, réalisant l'unité syro-égyptienne. Une coalition qui sera fatale aux royaumes chrétiens. Entre-temps, Châtillon avait commis l'irréparable, prenant Eilat et descendant la côte d'Arabie à la voile, dans le but avoué de prendre Médine puis La Mecque. Une insulte insupportable à tout musulman, surtout à Saladin qui en profita pour s'ériger en vengeur de l'islam. Cette incursion au cœur de la terre d'islam est restée vivace dans les souvenirs des musulmans. Ce n'est pas tant la présence des croisés en Palestine aux XIIe et XIIIe siècles qu'ils reprochent aux Occidentaux, mais le souvenir de cette opération, sacrilège à leurs yeux. Tous les membres de l'expédition furent tués ou capturés, à l'exception de Châtillon qui réussit à s'échapper. Saladin imposa, en 1185, une trêve de quatre ans aux Francs, ce qui lui permit d'affermir son empire et de constituer une nouvelle armée.

Saladin, ce prince subtil était, en défendant Alexandrie, devenu chef de guerre ; au Caire, il s'était fait homme politique, bâtisseur de fortifications, de medersa (écoles religieuses) et d'hôpitaux ; à Damas, il accéda au rang de sultan. Il allait devenir le libérateur de Jérusalem. L'islamologue Michel Orcel a étudié la véritable signification du nom de ce prince : « On traduit souvent Salâh-ad-Dîn par "Pureté-de-la-Religion" ou "Bon-ordre-de-la-Religion". Oublions la traduction de "dîn", sur laquelle il y aurait déjà beaucoup à dire ("foi", "religion", "allégeance", "jugement", "rétribution", et même à l'origine "dette"...). Mais ces traductions ignorent surtout le radical trilitère "S L H" qui dénote l'idée de "réparation", ou de "rassemblement". "Réparateur-de-la-Religion", voilà un nom bien plus merveilleux pour qui devait un beau jour abolir le califat hérétique du Caire et réparer les fragments éparpillés du sunnisme en rassemblant les petits princes musulmans contre l'envahisseur chrétien. »

Saladin avait juré de châtier Châtillon, ce pillard parjure. Devant le danger, Lusignan et Raymond III comte de Tripoli se réconcilièrent. Le grand maître du Temple s'interposa, et ce fut la bataille de Hattin (1187). Une catastrophe. Lusignan, Châtillon et Rideford, le grand maître du Temple, furent capturés. Saladin les fit approcher de sa tente et tendit à Lusignan une coupe remplie d'eau afin qu'il se désaltérât. Ce qui signifiait qu'il lui laissait la vie sauve. Après avoir bu, le roi de Jérusalem tendit la coupe à Châtillon. L'émir se leva, dans un geste violent, écarta la coupe de la bouche de Châtillon et lui fit trancher la tête. Parmi les milliers de prisonniers, Saladin fit exécuter deux cent trente Templiers et Hospitaliers, ainsi que les turcopoles qu'il assimilait à des renégats. Pis encore, les musulmans s'emparèrent de la Vraie Croix. Lusignan obtint sa libération contre la promesse de ne plus combattre les musulmans. Il ne la tint naturellement pas. Les troupes de Saladin pénétrèrent dans Jérusalem le 2 octobre 1187. Le grand maître Roger des Moulins avait été tué au cours de la bataille. Il s'était violemment opposé au couronnement de Lusignan qui sera le principal responsable de la chute de la Ville sainte. Saladin déclara les Templiers et les Hospitaliers ennemis jurés de l'islam. La population fut épargnée, mais soumise à rançon. Les deux ordres militaires éprouvèrent quelque difficulté à puiser dans leur trésor et racheter les prisonniers. Saladin autorisa le départ général de la population et permit à dix Hospitaliers de rester un an dans la ville pour soigner les blessés. La citadelle occupée, le Saint-Sépulcre fermé, les mosquées ouvertes, du royaume de Jérusalem, il ne restait qu'un lambeau de territoire le long de la côte de Palestine, avec Saint-Jean-d'Acre comme capitale, et plus loin Tyr où Conrad de Montferrat avait pris le pouvoir. Tripoli et Antioche étaient isolés. Les Hospitaliers conservaient le krak et Margat. Ils durent pendant un siècle faire front, entre les coups de main des musulmans et les luttes intestines des princes.

Le nouveau grand maître, Ermengard d'Aspe, ne fut élu qu'en 1188. On n'avait pas eu le temps de s'en occuper plus tôt. L'un de ses successeurs, Alphonse de Portugal (1202-1206), tenta de réformer l'ordre, d'une manière brutale et hautaine. Le Conseil le contraignit à se démettre. Durant les deux règnes suivants, ceux de Geoffroy le Rat (1206-1207) puis de Garin de Montaigu (1207-1227), les querelles étant apaisées, l'Ordre mena une vie relativement paisible. Mais sa rivalité avec le Temple provoqua de nombreux incidents. L'un d'eux faillit être fatal aux deux ordres. Non loin de Margat, un vassal des Hospitaliers, nommé Robert, fut, vers 1206, chassé de son château par les Templiers. L'homme vint, naturellement, se plaindre auprès des Hospitaliers qui, sur-le-champ, investirent le fameux château et en délogèrent les intrus. L'affaire, somme toute assez vénielle, dégénéra. Les deux ordres, soutenus par leurs partisans, en vinrent aux coups de main, créant une situation de guerre civile dans un État dont le souverain avait assez peu d'autorité. Le patriarche et les évêques parvinrent à faire respecter une trêve et en appelèrent à l'arbitrage du pape. Innocent III (1198-1216) rendit une sentence préliminaire ordonnant aux Hospitaliers de remettre le château litigieux aux Templiers. Le propriétaire pourrait, au bout d'un mois, porter le litige devant les officiers de justice de Margat. Pour éviter tout soupçon de partialité, les Hospitaliers pourraient s'adresser à des juges étrangers. Le souverain pontife ne manqua pas, au passage, d'exhorter les deux grands maîtres à plus de modération dans leurs rapports et à renoncer à leurs jalousies et à leurs querelles, « si dangereuses pour la Chrétienté et si agréables aux Turcs et à leurs autres ennemis ». Ils devaient l'un et l'autre se soumettre à la décision des juges, sous peine d'excommunication. L'affaire, finalement, se régla en faveur des Hospitaliers ; le propriétaire rentra en possession de son château et le calme revint entre les deux ordres. En apparence seulement, disent les chroniqueurs. Lors de la septième croisade, Saint Louis parvint à arranger une réconciliation entre les Templiers et les Hospitaliers, qui dura jusqu'à l'assaut final où les deux ordres combattirent côte à côte à Saint-Jean-d'Acre. En fait, et cette ultime bataille le confirme, les deux ordres savaient jusqu'où aller dans leurs dissensions. Comme le rappelle Jonathan Riley-Smith, « ils coopérèrent sur les champs de bataille comme dans les conseils et ils agirent comme réconciliateurs et négociateurs ».

La fin des États latins

Entre-temps, les Francs avaient repris Acre – le 11 juillet 1191 – lors de la troisième croisade à laquelle participèrent Frédéric Barberousse, Philippe Auguste et Richard Cœur de Lion. La *Chronique d'Amboise* précise qu'au cours du siège d'Acre, les Hospitaliers avaient des machines de guerre qui « font des coups qui plaisent bien à tous ». On n'avait pas abandonné l'idée de retrouver Jérusalem, surtout après la reconquête de Jaffa et d'Ascalon. Richard Cœur de Lion, impatient, bon soldat mais mauvais politique, fut sans doute la cause de la prise de Jérusalem. L'historienne Claire-Eliane Engel cite les souvenirs de l'Hospitalier Roman de Bruges, extraits de la *Chronique d'Amboise* : « Lors d'une attaque turque contre le camp, il s'était malgré l'ordre du grand maître lancé sur l'assaillant avec une telle ardeur qu'il avait dépassé tout le monde. Il avait abattu un Turc aux armes superbes. » Le grand maître Garnier de Naplouse (1190-1192), surnommé le « chevalier courtois », le rattrapa et lui cria :

« Descendez de votre cheval et apprenez comment vous devez observer votre ordre. » Il l'obligea à rentrer à pied au camp et le laissa debout à la porte de sa tente. Imaginons le supplice, sous le soleil de Syrie. Finalement, sous la pression de ses proches, il libéra le chevalier, en ajoutant seulement : « Mais qu'il ne s'en avise plus ! »

Au moment de l'élection de Bertrand de Thessy (1228-1231), la Palestine n'était plus qu'un vaisseau sans pilote. Jean de Brienne, nommé roi de Jérusalem, qui conduisait la cinquième croisade, venait d'abdiquer. Frédéric II, qui avait promis d'envoyer de nouvelles troupes, ne respecta pas ses engagements. Thessy, accompagné du prieur de Saint-Gilles, Bertrand de Barres, tenta de rappeler à l'empereur ses promesses ; en vain. Les Hospitaliers reçurent, en revanche, confirmation de leurs privilèges et immunités, et quelques autres nouveaux. Quelques mois plus tard, le pape Grégoire IX promulgua une bulle en faveur des Hospitaliers, par laquelle il ordonnait à tous les patriarches et les prélats de la Chrétienté d'excommunier tous ceux qui inquiéteraient ou molesteraient les chevaliers en leur personne et leurs biens. Nous pouvons imaginer que ce texte avait essentiellement pour but de protéger l'Ordre dont la Chrétienté avait, en effet, grand besoin en Terre sainte. Frédéric II avait pourtant conclu le 11 février 1229, avec le sultan Malik al-Kamil, le traité de Jaffa qui lui livrait Jérusalem dans des conditions de « reconnaissance réciproque » : les mosquées d'Omar, le Dôme et le Rocher ainsi qu'al-Aqsa revenaient aux musulmans, tandis que le Saint-Sépulcre restaient aux chrétiens. Traiter avec les païens ! Inconcevable, la papauté ne pouvait l'accepter, Frédéric II fut excommunié. Il restait que le traité était valable, et surtout la rétrocession de Jérusalem aux chrétiens. Même s'il ne fut en fait jamais vraiment appliqué, car les héritiers d'al-Kamil se divisèrent et furent aidés par les fugitifs du royaume de Kwarizim, situé à l'est de la mer Caspienne, envahi par les Mongols, ce traité n'a jamais été dénoncé. Ce qui a permis en 2003, au moment de la seconde guerre d'Irak, à certains groupes de réflexion politique de le ressortir. Ceux-ci considéraient que l'ordre de Malte et le président de la République française, en tant qu'héritiers des rois de France, tous deux successeurs légitimes du royaume de Jérusalem, pourraient unir leurs efforts et intervenir, avec l'aide des Nations unies, dans les conflits israélo-palestien et irakien. Ce vœu pieux ne dépassa pas le stade de la pure spéculation intellectuelle. Il démontre néanmoins que les relations entre musulmans et chrétiens ne furent pas seulement belliqueuses. Les Hospitaliers et les Ottomans seront plus tard amenés, de temps à autre, à conclure des traités de paix, officiels ou non.

C'est peu après cette période que se situe l'épisode du grand maître perdu ou inconnu, Guérin ou Guarin Lebrun (1231-1236), dont on a longtemps ignoré le nom et la nationalité et qui fut même omis dans la liste des grands maîtres, jusqu'à ce qu'il soit identifié par J. Raybaud au début du xxe siècle. Cette histoire tient sans doute au fait que l'on n'a jamais su ce qu'il était devenu après la bataille de Corasmin, en 1236, au cours de laquelle le grand maître des Templiers fut tué, et lui aussi peut-être. Certains auteurs prétendent qu'il fut fait prisonnier et emmené en Egypte. Il y serait mort sans avoir été racheté.

Guillaume de Châteauneuf (1242-1258) fut le grand maître qui eut à accueillir la septième croisade dirigée par Saint Louis, dont on connaît l'issue désastreuse avec le massacre de Mansoura et la longue captivité du roi avec sa suite. Ils ne furent libérés que le 6 avril 1250, contre le paiement d'une rançon. Louis IX demeura encore quatre ans en Terre sainte, veillant à consolider les places, fortifier Saint-Jean-d'Acre, rebâtir et mettre en défense Jaffa, Césarée et d'autres places. Lui aussi laissa la défense de la Palestine aux Hospitaliers, comme le pape Innocent IV le fit, en confirmant tous leurs privilèges afin de les y engager.

Pendant que la puissance mongole s'affirmait, avec la prise de Bagdad, en 1258, les Etats latins étaient la proie de nouvelles divisions : Génois contre Vénitiens, puis contre Pisans, Philippe de Montfort, seigneur de Tyr, contre Jean d'Ibelin, comte de Jaffa, sans compter les querelles dynastiques entre Charles d'Anjou et Henri III de Lusignan. Face à la montée des Mongols, les Francs se montrèrent pourtant favorables – ne parlons pas d'alliance – aux Mamelouks qui les arrêtèrent à Aïn Jalout, en 1260. Fort de son succès, le sultan mamelouk, Baïbars, put s'emparer de la Syrie musulmane, sans oublier de faire massacrer toute la parentèle de Saladin, et des établissements latins de l'intérieur. De 1265 à 1268, Césarée, Arsuf, la forteresse des Templiers Saphet, Jaffa, Beaufort, toujours aux Templiers, puis Antioche tombèrent les uns après les autres par la force ou la traîtrise. L'unité de la Syrie et de l'Egypte était de nouveau réalisée. La huitième croisade ne se dirigea pas vers Acre, comme on l'espérait, mais vers Tunis, où Louis IX devait mourir le 25 août 1270. Baïbars, voyant que les secours ne parviendraient pas en Palestine, reprit les armes, enleva le Chastel-Blanc aux Templiers, et s'empara, après trahison, du krak des Hospitaliers. Nous étions le 8 avril 1271. Le prince Edouard d'Angleterre, le futur Edouard Ier, arrivé quelques mois plus tard, réussit à en imposer à Baïbars et à obtenir la signature, en 1272, d'une trêve de dix ans.

Baïbars et le grand maître de Revel moururent la même année, en 1277, avant la fin de cette trêve. Le nouveau grand maître, Nicolas de Lorgne (1277-1284), tenta d'apaiser les divisions qui régnaient autant entre les Hospitaliers et les Templiers qu'entre les différentes nations qui résidaient, chacune dans leur quartier, à Saint-Jean-d'Acre, dernier bastion chrétien. Margat venait de tomber, après la rupture de la trêve par le successeur de Baïbars. Les Mamelouks accentuèrent leur pression. Après la victoire d'Homs, le nouveau sultan d'Egypte, Kalaoun, décida d'en finir avec les Etats latins. Il commença, en 1289, par mettre le siège devant Tripoli. Les Génois préférèrent quitter la partie, laissant les Francs seuls face aux Mamelouks. Tous les hommes furent massacrés, les femmes et les enfants réduits en esclavage.

Le 5 avril 1291, le nouveau sultan d'Egypte, El Ashraf-Khalil, mettait, avec des forces considérables, plus de deux cent mille hommes, le siège devant Saint-Jean-d'Acre, dernier bastion du royaume chrétien. La ville comptait en mai 1291 trente-cinq mille habitants, quatorze mille combattants et huit cents chevaliers. Une partie de la population et des combattants survivants parvinrent à s'embarquer et à gagner Chypre. Le grand maître Jean de Villiers (1285-1294), conjointement avec son confrère du Temple Guillaume de Beaujeu (1273-1291), organisa la défense. Ils disposaient de trois cents chevaliers et quatre mille combattants. Ils tinrent dix jours. Villiers et Beaujeu marchèrent ensemble à l'ennemi, le premier fut grièvement blessé, le second tué. La citadelle tomba le 28 mai. Il ne restait des chevaliers engagés que dix-sept survivants, sept Hospitaliers, dix Templiers. Les dernières places, celles de Tyr, Sidon et Tartous, furent évacuées sans combat. « Outremer était perdu corps et biens. »

Après le départ des Hospitaliers de la Palestine, les musulmans utilisèrent de la même manière qu'eux l'hôpital de Saint-Jean. On raconte que Saladin lui-même s'était fait passer pour malade à l'hôpital de Saint-Jean-d'Acre. Il avait été très satisfait des soins reçus. Après sa victoire de 1187, il donna au clergé musulman la maison des Hospitaliers et transforma en hôpital le palais de l'évêque.

CHYPRE, UNE SIMPLE ÉTAPE

Les Hospitaliers possédaient des commanderies à Chypre, notamment celle de Kolossi. Le roi Henri de Lusignan leur octroya la ville de Limassol comme quartier général. Leur première initiative fut d'établir un hôpital ; on imagine qu'il était de toute manière nécessaire pour soigner les blessés rescapés du siège et aussi les réfugiés civils d'Acre, parmi lesquels certains avaient besoin d'assistance. Le grand maître Villiers convoqua un chapitre général « afin de prévenir l'extinction de son ordre », disent les chroniqueurs. « Il eut la consolation de voir accourir les Hospitaliers de toutes les nations ; ils se rendirent tous, dans l'île de Chypre, sans chercher d'excuse pour s'en dispenser. » Il fut décidé que la mission des Hospitaliers resterait, en attendant de délivrer les Lieux saints, la défense de la Chrétienté et surtout les soins donnés aux malades. L'idée de repartir à la conquête de la Terre sainte perdue était dans tous les esprits. Mais comment ? Divers souverains (l'anglais et le portugais) bloquaient les fonds des possessions de l'ordre dans leur pays. Giacomo Bosio (1594-1602), le premier grand historien de l'ordre, indique que faute de logements suffisants pour tous les chevaliers à Limassol, « il fut arrêté qu'on armerait incessamment les vaisseaux de l'Ordre, qui avaient passé les chevaliers, soit de Palestine ou de l'Europe dans l'île de Chypre, qu'ils s'en serviraient pour escorter les pèlerins qui visitaient les Lieux saints. Bientôt on vit sortir des différents ports des villes de l'île, plusieurs petits bâtiments de différentes grandeurs, qui revenaient souvent avec des prises considérables, faites sur les corsaires infidèles, qui croisaient pour enlever les pèlerins... ». Ce court passage, présenté d'une manière anodine, fait allusion à deux activités qui allaient donner à l'ordre les moyens de sa puissance : la marine et la course, et annonce un changement de stratégie. Réfugiés dans une île, les Hospitaliers n'avaient d'autre moyen pour se déplacer et aller combattre les Sarrasins que la marine. Or, à l'époque, le combat naval avait aussi une finalité économique. N'oublions pas que le pillage était le moyen de se payer ; l'ennemi vaincu en faisait les frais. Le pillage ne fut officiellement aboli et interdit qu'après la guerre de 1914-1918.

Le prétexte était parfait ; des « corsaires infidèles » croisaient pour enlever les pèlerins, les Hospitaliers dont la vocation était de défendre ces derniers allaient les attaquer et saisir leur cargaison. Cette guerre de course en Méditerranée se poursuivit jusqu'au XIXe siècle. Elle influença d'une manière déterminante l'économie de cette région. Ce qui fait dire à Michel Fontenay : « En un certain sens, la conquête ottomane fut aussi une revanche économique de l'Orient sur l'Occident. » Nous n'en étions pas encore là en cette fin du XIIIe siècle. Les Hospitaliers devaient se réformer. Forts de leur vocation hospitalière qu'ils poursuivraient, ils pouvaient s'appuyer financièrement sur les revenus de leurs commanderies en Occident, et retrouver d'autres bases que celles qui leur avaient été enlevées après la perte catastrophique des royaumes latins d'Orient.

Le pape Célestin V (1294) ayant abdiqué, son successeur Boniface VIII (1294-1303) se montra lui aussi favorable aux Hospitaliers, mais avec plus de moyens, et engagea vivement les rois d'Angleterre et du Portugal à débloquer leurs biens. Sans doute en retour de ses bons services, il songea à s'appuyer sur les Hospitaliers afin de pratiquer une politique de prestige, d'autant plus qu'il était en conflit avec Philippe le Bel. Il accueillit le nouveau grand maître, Guillaume de Villaret (1296-1305), qui avait entre-temps succédé à Odon de Pins (1294-1296) et donna à l'Ordre l'abbaye de la Sainte-Trinité de Venouse, site stratégique près de Naples.

Les Hospitaliers tentèrent quelques coups de main sur les côtes syro-égyptiennes, mais sans cohérence politique.

En 1299, un groupe d'Hospitaliers se rendit à Jérusalem, à la demande du khan Gazan, souverain des Mongols, pour l'aider dans ses entreprises contre l'Egypte. Ce contact fut sans suite. L'idée de s'allier à nouveau, comme l'avait fait Frédéric II, avec « les Infidèles », sans garantie, les fit sans doute renoncer. Les Hospitaliers comprirent que la Ville sainte était définitivement perdue. Cependant, les rapports de l'Ordre avec le roi de Chypre étaient déjà tendus. L'île était trop petite pour les abriter tous les deux. Lusignan, jaloux de son autorité, ne pouvait supporter les Hospitaliers, indépendants de toute autre puissance que celle du souverain pontife. Le roi exigea le paiement d'une capitation de la part de ses hôtes. Ils durent s'y soumettre. Le pape Boniface VIII, considérant les Hospitaliers comme ses alliés, leur assura son soutien.

C'était d'importance car l'opinion, en Occident, ne leur était guère favorable. On leur reprochait, comme aux Templiers, leurs privilèges, leur richesse, d'ailleurs surestimée, et la perte de la Terre sainte. Les Templiers étaient davantage exposés qu'eux, car ils constituaient un ordre purement militaire et revendiquaient bien haut, comme le rappelle Alain Demurger, leur prééminence dans la défense de cette Terre sainte. L'idée de fusionner les deux ordres était dans l'air. Le concile de Lyon l'avait déjà évoquée en 1274 ; on en parla encore en 1295. Dix ans plus tard, en 1306, le pape Clément V (1305-1314) convoqua les grands maîtres de l'Hôpital, Foulques de Villaret (1305-1319), et du Temple, Jacques de Molay (1292-1314), afin d'évoquer cette éventualité, en même temps que l'organisation d'une nouvelle « croisade ». Il est à noter, au passage, que le terme croisade n'existait pas à l'époque, il s'agit d'une invention linguistique récente. Les Francs utilisaient l'expression *passagium generale*, passage général ou grand passage, c'est-à-dire une expédition importante, contrairement au *passagium particulare*, sorte d'expédition d'éclairage.

Les deux maîtres consentirent à envisager un « passage général », évoquant à peine la fusion, si ce n'est comme une condition à la réussite de la croisade. Les Hospitaliers envisageaient une défense maritime de Chypre et un blocus de l'Egypte, pendant que le pape préparait et finançait la croisade ; tandis que les Templiers prévoyaient de bloquer en masse l'Egypte. Pendant ce temps, Villaret lançait ses troupes sur Rhodes et les Templiers subissaient les pressions qui devaient conduire à leur procès.

RHODES, NOUVELLE BASE

Non loin de Chypre, Rhodes n'était sous influence byzantine que sur le papier. Elle était davantage une base turque et arabe. Les princes de la maison de Gualla s'y étaient érigés en souverains, et pour s'y maintenir l'avaient peuplée d'un grand nombre de marchands ottomans. Les navires de course turcs y trouvaient un asile sûr dans le port, après avoir attaqué les flottes chrétiennes. La proximité des côtes de la Turquie et le chapelet d'îles qui l'entoure faisaient de Rhodes un endroit idéal pour constituer une nouvelle base à l'Ordre, qui n'avait pas renoncé à reconquérir la Palestine. Le grand maître Guillaume de Villaret (1296-1305), qui avait parfaitement préparé la conquête de l'île, mourut trop tôt pour la voir se réaliser. Son neveu Foulques de Villaret (1305-1319), élu grand maître, prit la suite mais dut se rendre, comme nous l'indiquions plus haut, en Occident près du pape. Ce qui lui permit de feindre l'ignorance lorsqu'il apprit le débarquement. Celui-ci eut lieu le 11 novembre 1307, à l'aide de trente-cinq chevaliers et quelques troupes embarqués sur deux galères et quatre vaisseaux, plus quelques galères génoises. Le château de Philermos devint le quartier général des chevaliers qui, de là, organisèrent la prise du château de Rhodes. Il capitula le 15 août 1310. Le siège fut long et se transforma rapidement en blocus, car les assiégeants furent à leur tour assiégés par les Grecs et les Ottomans. Finalement, Villaret choisit l'assaut, qui fut couronné de succès malgré la perte d'un certain nombre de chevaliers. A l'île de Rhodes, les Hospitaliers ajoutèrent le fort de Cos, définitivement acquis en 1337, et aussi Castellorizo ou Megisti, perdu en 1450, l'îlot d'Alimnia ou Limonia, abandonné en 1479 en raison du manque d'eau, Halki, qui produisait des figues et des faucons, Simi, Tilos, Nissiros qui exportait du soufre, Cos ou Langos – située face au continent où se situait à Bodrum le château Saint-Pierre, elle permettait de contrôler la zone maritime –, Calimnos où l'on fabriquait des chapelets, Leros, très agricole, et enfin le port de Smyrne. Lorsque l'on examine la carte et ces positions, on s'aperçoit que ces « îles des Rhodiens » forment une véritable barrière, à la fois nécessaire à sa propre défense et à la pénétration en Méditerranée des vaisseaux ottomans.

L'Occident ne s'opposa pas à la prise de Rhodes que d'aucuns considéraient comme un coup de force. Le pape Clément confirma même la possession d'une île qui ne relevait pas de son autorité ! Les Hospitaliers s'empressèrent de fortifier l'île et l'archipel qu'ils avaient conquis. La ville de Rhodes fut ceinte d'une impressionnante muraille. Les chevaliers s'installèrent dans la partie basse, le *collachium*, où ils firent édifier le palais des grands maîtres, l'hôpital, l'hospice Sainte-Catherine, l'arsenal, la châtellenie, plusieurs églises et les auberges des langues de part et d'autre d'une artère centrale, la rue des Chevaliers. Désormais maître des lieux, l'Ordre instaura une république aristocratique dirigée par le grand maître, assisté du Conseil, qui régnait « avec bienveillance » sur les Grecs autochtones et autres colons, frappant monnaie et entretenant des relations diplomatiques avec d'autres Etats : organisme religieux et militaire, l'Ordre était devenu un gouvernement et mettait en place sa nouvelle forme administrative.

4

« NOS SEIGNEURS, LES MALADES »

La vocation première des Hospitaliers était de soigner : « Quand un malade viendra, qu'il soit porté au lit, et là, comme s'il était le Seigneur reçu, donnez ce que la maison peut fournir de mieux », précisent les Statuts de l'ordre. L'appellation « nos seigneurs les malades », toujours utilisée aujourd'hui à l'intérieur de l'Ordre, était déjà inscrite dans la première règle, celle établie par Raymond du Puy : « Comment les seigneurs malades doivent être accueillis et servis ? [...] en le nourrissant charitablement comme un seigneur. » Ces malades étaient de toute origine, y compris les « excommuniés et les interdits ». Ce dernier point sera vigoureusement reproché par les gens d'Eglise, notamment Guillaume de Tyr qui prit ce prétexte pour dénoncer les privilèges des Hospitaliers qui refusaient de « donner la dîme sur leurs biens et leurs rentes ».

L'origine de l'installation d'un hôpital dans Jérusalem, avant l'arrivée des croisés, a inspiré une abondante littérature. Faute de trouver et d'examiner des pièces probantes, les historiens se contentaient d'affirmer sans décrire. Dès 1864, un chartiste, Gustave Saige, publiait des pièces certifiant cette présence. Plus récemment, l'historien belge Alain Beltjens examinait, transcrivait et traduisait le *Récit d'une journée au grand hôpital de Saint-Jean de Jérusalem sous le règne des derniers rois latins ayant résidé à Jérusalem ou le témoignage d'un clerc anonyme*[1]. Ce texte était connu de Delaville Le Roulx qui y faisait allusion dans son *Cartulaire général de l'ordre de l'Hôpital de Saint-Jean de Jérusalem, 1100-1310*, imprimé en 1894 ; il fut redécouvert à la fin du siècle dernier par Berthold Waldstein-Wartenberg, exploité dans son *Die Vassallen Christi* (1988), et sévèrement critiqué par Alain Beltjens. Dernièrement, un autre chercheur, un universitaire israélien, Benjamin Z. Kedar, s'est attelé à la transcription des folios de ce manuscrit.

Selon certaines sources, il y aurait eu deux hôpitaux établis à Jérusalem. Le premier, créé par les marchands amalfitains, aurait été davantage un *xenodochium*, littéralement le lieu pour loger les étrangers, en l'occurrence les pèlerins, et se divisait en deux parties, l'une pour accueillir les hommes, l'autre, les femmes. Il était installé à l'intérieur de l'enclos de Sainte-Marie Latine. Un second hôpital aurait existé en dehors de l'hostellerie ; Gérard en aurait eu la charge et l'aurait fait agrandir et transformer après 1099, en même temps qu'il aurait fait bâtir une église consacrée à saint Jean-Baptiste, patron de la congrégation religieuse qu'il venait de créer. C'est ce dernier hôpital qui nous intéresse.

Comment décrire le premier hôpital de l'ordre ? En face du Saint-Sépulcre, en annexe à l'église élevée à saint Jean-Baptiste, il faut imaginer un bâtiment en pierre à un étage mélangeant les styles médiéval et oriental. Des fenêtres à double ouverture aux arceaux arrondis romans ou des ouvertures simples et carrées. On devait accéder à l'étage par un escalier extérieur. Sur le toit en terrasse, on pouvait s'étendre à l'ombre, sous de larges bandes de cotonnade protégeant du soleil ou de la fraîcheur de la nuit. A l'intérieur, plusieurs vastes salles abritaient les lits des malades. Il faut attendre 1160, plus de soixante ans après l'arrivée des croisés dans la Ville sainte, pour trouver une description de cet hôpital qui avait dû être amélioré et transformé au cours des années, surtout en 1153-1155. Le pèlerin allemand Jean de Würtzburg y dénombra près de deux mille malades, « tant hommes que femmes, chaque jour soignés et guéris à grands frais ». Ces dires sont confirmés par un autre voyageur, Rabbi Benjamin, qui s'était arrêté à Jérusalem en 1163 : « Il existe deux hôpitaux dirigés par quatre cents chevaliers qui s'occupent des soins aux malades. Ces hôpitaux sont pourvus de tout ce dont ils peuvent avoir besoin, tant vivants que morts... » Quelques années plus tard, vers 1180, un autre voyageur, un certain Théocrite, s'exclamait : « ... nul ne peut assez dire combien les bâtiments sont beaux, combien ils sont fournis en salles et en lits pour les pauvres malades, avec quelles richesses ceux-ci sont soignés... » Et il poursuivait : « En vérité, nous avons parcouru ce palais et nous n'avons pu compter combien de malades s'y trouvaient, mais il a plus de mille lits. » Le « Clerc anonyme » dont Alain Beltjens a traduit la chronique décrit l'hôpital, sans doute entre 1176 et 1187, date de la perte de Jérusalem. Ce témoignage confirme la séparation de l'hôpital en deux bâtiments, l'un réservé aux hommes, l'autre aux femmes et aux enfants, et donne une bonne idée de ce que pouvait être le fonctionnement d'un tel établissement.

Par un récit de John Mandreville, qui visita Jérusalem en 1322, cent trente-cinq ans après sa prise par Saladin, on sait que l'hôpital était encore utilisé pour soigner les blessés. Il renseigne sur l'édifice : « Il y a 124 piliers de pierre, et outre ceux-ci, contre les murs de la maison, 54 autres pour la soutenir. » Bien plus tard encore, en 1585 un certain François Ferrus se rendit à Jérusalem. Il a laissé une brève description des lieux : « De là nous sommes allés à l'hospital qui est fort beau auquel certains jours de la semaine on y faict l'aumosne généralle saux [*sic*] aux chrétiens. Auprès duquel l'ancien palais des chevaliers de St Jean de Jérusalem, qui estait beau et grand. » Quatre siècles après son édification, l'hôpital de Saint-Jean était encore en bon état et toujours en activité. Nous disposons de photographies prises en 1854 par Auguste Salzmann (1824-1872) lors de son périple en Terre sainte. Une vingtaine de vues de détail de l'ensemble du Saint-Sépulcre restituent l'édifice le plus précieux de la Ville sainte. A quelques pas du Saint-Sépulcre se dresse le portail de Sainte-Marie Latine, érigée en 1048, devenue, restaurée, le temple évangélique du Saint-Rédempteur. Sous ses murs, l'hôpital des Hospitaliers de Saint-Jean-de-Jérusalem. Il n'en reste plus rien, sinon quelques mètres de son enceinte.

Deux autres clichés contemporains, non datés et non identifiés, circulent également et présentent une façade à demi en ruine ainsi qu'une cour intérieure. Nous avons bien en face de nous un bâtiment en pierre à un étage mélangeant les styles médiéval et oriental.

Soigner faute de guérir

En Occident, les hôpitaux s'étaient réellement développés à partir du XIe siècle, sous l'influence d'une grande ferveur religieuse, liée à une plus grande urbanisation. Ils devinrent un lieu où l'on soignait, à défaut de guérir. Dans l'histoire médiévale, l'hôpital était soumis à la règle ecclésiastique. On observait le silence et on suivait les offices, récitant les prières en commun. Les établissements, qui avaient la forme d'une chapelle, une vaste nef en fait, étaient le plus souvent installés au pied des cathédrales. L'ancien Hôtel-Dieu, à Paris, jouxtait la basilique Notre-Dame et la Seine. Dans ces premiers hôpitaux « charitables » édifiés en cœur de cité, la règle monastique et les prières pour le salut de l'âme comptent plus que le soin, qui n'est cependant pas totalement exclu. Potions, herborisations, pansements des plaies sont d'un emploi courant, au point que, très vite, l'hôpital doit, à l'exemple des monastères, bénéficier d'un jardin aux simples et s'installer à proximité d'un cours d'eau pour l'approvisionnement et l'évacuation des eaux usées, mais aussi pour l'entretien du linge. La foi médiévale cependant privilégie pour la guérison le recours au sanctuaire plus qu'à l'hôpital, et donne, de ce fait, beaucoup d'importance aux pèlerinages. Les croisades en Terre sainte permirent de découvrir comment l'Orient soignait les malades, et favorisèrent aussi la création de facultés. Elles importèrent, en revanche, en Europe de nouvelles maladies inconnues jusque-là, comme la lèpre devant laquelle la médecine de toute origine était impuissante. La prophylaxie était encore sommaire. En Europe, les malades occupaient un lit à deux – une paillasse –, voire à quatre. La seule séparation existante était celle des sexes, exigée par la religion. Peu à peu les patients furent classés selon leur état, « convalescent » ou « actif » (*sic*).

Aux XIe et XIIe siècles, les médecins étaient tout aussi peu nombreux. Leur science reposait sur des commentaires oraux, reprenant sans fin les aphorismes d'Hippocrate et les œuvres de Galien de Pergame (129-210), les préceptes hygiéniques de l'Ecole de Salerne, les vers de Gilles de Corbeil sur les urines et le pouls, l'anatomie de Théophile et les traités arabes d'Avicenne, Albucasis, Rnases et Averroès. En tout une quinzaine de volumes, d'autant plus précieux qu'ils n'étaient souvent copiés qu'à un seul exemplaire.

En Orient, à la même date, on connaissait les hôpitaux depuis longtemps, et leurs compétences dépassaient de loin celles de leurs homologues occidentaux. A Bagdad, le premier hôpital fut créé au Xe siècle par Haroun al-Rachid. Les malades y étaient classés par catégories, et les médecins placés suivant leurs aptitudes. Il y avait des services de fiévreux, de blessés et d'ophtalmiques. Les médecins arabes, puisant dans la science médicale des Grecs anciens, développèrent notamment deux spécialités : l'ophtalmologie et la pharmacologie. Ce sont curieusement celles-là qui feront la renommée de la Sacrée Infirmerie à Malte. « Le IXe siècle vit donc la science grecque, non seulement importée, mais déjà naturalisée sur le sol arabe », écrit Lucien Leclerc, auteur d'une *Histoire de la médecine arabe*. Les hôpitaux arabes, comme en Grèce ancienne, conservaient des cahiers où les médecins consignaient leurs observations. Les Hospitaliers appliquèrent peu à peu les connaissances médicales des Grecs de l'Antiquité et du monde arabe, y ajoutèrent leur sens pratique et anticipèrent sur leur temps. Ils s'attachèrent, en particulier, des herboristes. L'un d'eux, Rachid ebb edin Essoury, appartenait au personnel de l'hôpital de Jérusalem où il mourut au milieu du XIIIe siècle. Il avait coutume de parcourir les montagnes du Liban, accompagné d'un peintre qui reproduisait les plantes qu'il repérait.

La première règle des Hospitaliers détaillait certains soins donnés aux malades. Quatre médecins devaient, à leur chevet, analyser les urines, une pratique apprise des Arabes, diagnostiquer diverses maladies et prescrire des médicaments appropriés, potions et onguents. Dans les établissements des Hospitaliers, les lits étaient individuels, entourés de rideaux, et assez larges pour faciliter un bon repos. Le malade recevait un drap propre trois fois par semaine et une couverture, et disposait d'une pelisse et de pantoufles. Les nouveau-nés étaient placés dans des berceaux séparés pour ne pas risquer l'étouffement par leur mère. La distribution du pain blanc n'était pas un luxe, il était à la base d'une bonne alimentation. L'utilisation de la vaisselle d'argent, à partir de la période rhodienne, présentera des avantages pour l'asepsie, les sels d'argent étant considérés comme antiseptiques. En réalité, cette vaisselle-là se nettoyait plus facilement que les plats et les écuelles en terre cuite poreuse, en usage à l'époque, dont on pressentait que l'hygiène n'était pas suffisante. Le règlement de l'infirmerie écrit sur un parchemin était suspendu en évidence dans la grande salle de l'hôpital. Le sens de la discipline commun aux religieux et aux militaires ne pouvait être plus efficace.

Cette organisation était placée sous l'autorité et le contrôle direct du grand maître qui les délégua à l'Hospitalier lui-même, assisté de deux prud'hommes. A l'origine, du moins selon le témoignage du Clerc anonyme, l'hôpital des hommes était dirigé par un frère Hospitalier qui avait sous ses ordres tout le personnel soignant, notamment les frères, chefs de salle ou non, les clients – serviteurs rémunérés –, les servants ou sergents, les médecins, les chirurgiens, les minuteurs et les clercs. On comptait onze frères chefs de salle assistés de douze clients, ce que nous appellerions aujourd'hui des « garçons de salle ». Les médecins étaient répartis par salle, afin de ne pas se gêner mutuellement ; ils visitaient les malades matin et soir, assistés par deux clients, prenant leur pouls et examinant leurs urines, avant de prescrire des potions et éventuellement un régime alimentaire particulier. Ils étaient encore assistés par des minuteurs, chargés d'effectuer des saignées à toute heure du jour ou de la nuit. Le Clerc anonyme précise aussi que des chirurgiens plus spécialement chargés des blessés étaient appelés en surnombre. La capacité de l'hôpital pouvait être augmentée au moment d'un afflux trop important de blessés, grâce à la mise à leur disposition des lits des frères Hospitaliers qui dormaient là où ils le pouvaient. De leur côté, les femmes étaient soignées selon la même organisation par des sœurs de Saint-Jean-de-Jérusalem, ou dames hospitalières.

Grâce au témoignage du Clerc anonyme nous apprenons, sans plus de précisions, en outre, que l'hôpital n'accueillait pas les lépreux, littéralement les « écailleux ». Cette maladie était endémique en Palestine et, peu à peu, des pèlerins, des croisés l'attrapèrent et revinrent en Europe porteurs du bacille. Les malheureux affligés d'un tel mal étaient rejetés par la société. L'Eglise elle-même créa un cérémonial dit « *separatio leprosorum* » par lequel on procédait à la séquestration de celui que Dieu avait frappé, dans les lieux où il n'y avait pas d'hospice spécialement consacré aux lépreux. On célébrait en sa présence la messe des morts et puis on l'isolait dans une hutte. A Pâques seulement, les lépreux pouvaient sortir de leurs « tombeaux », comme le Christ lui-même, pour participer pendant quelques jours à la joie universelle de la Chrétienté. On avait baptisé les lépreux du nom de « malades de Dieu », ou de « pauvres de Dieu », ce qui, évidemment, ne les soulageait guère.

La lèpre était, à l'époque, considérée comme une maladie très contagieuse et on ignorait comment la soigner. Il est vraisemblable que, n'ayant pas les moyens d'isoler ces lépreux, les Hospitaliers avaient laissé ce rôle à d'autres organisations qui géraient les « lazarets ». Cette appellation vient de l'ordre de Saint-Lazare dont la fondation remonterait, selon certains historiens comme Garden de Saint-Ange, aux environs de 1060. Le siège de cette institution était installé en dehors des remparts de Jérusalem, non loin de la porte Saint-Etienne. On sait qu'à son retour de Terre sainte, Louis VII, dit le Jeune, ramena avec lui plusieurs membres de cet ordre, les installa à Boigny, près d'Orléans, et leur confia l'administration de toutes les maladreries du royaume. Les autres membres de l'ordre demeurés en Palestine en furent chassés en 1253 et le plus grand nombre se réfugia en France en suivant Saint Louis. Assez vite, Saint-Lazare perdit de l'importance. Le pape Innocent IV chercha à le supprimer et à l'intégrer aux Hospitaliers, alors en pleine gloire à Rhodes, mais le Conseil royal de France s'opposa à cette mesure. Saint-Lazare aurait disparu, sans son agrégation à l'ordre de Saint-Maurice, de la maison de Savoie, et à celui de Notre-Dame-du-Mont-Carmel, spécialement créé pour l'occasion par Henri IV, en 1608. Ainsi, il paraît tout à fait vraisemblable que les lépreux aient été dirigés vers les lazarets spécialement créés pour eux, et non chez les Hospitaliers.

Elisabeth de Thuringe (1207-1231) que nous connaissons sous le nom de sainte Elisabeth de Hongrie, la fille d'André II, donat de l'ordre, ne fut sans doute pas la première à se consacrer, en Europe, aux soins des lépreux ; mais c'est elle qui, par son dévouement envers eux, permit de lever – un peu – l'opprobre dont ils étaient l'objet. Les Hospitaliers, en France, fondèrent un centre pour lépreux à Benon en Médoc, aujourd'hui rattaché à la commune de Saint-Laurent-Médoc ; puis un autre à Toulouse, et aussi à Cerisiers, l'une des dépendances de la commanderie de Launay-lez-Sens, dans l'Yonne. « Un peu plus loin [du manoir et de la chapelle] on voyait une espèce d'hôpital, qu'on nommait au XVe siècle, *Maison Soudet*, où se retiraient les frères de l'Ordre atteints de la lèpre. Tout le revenu de la commanderie était consacré à cet hospice », c'est-à-dire « à la substantation de la vie et entretiennement des frères du Grand Prieuré de France, tombés en maladie de lèpre », note Eugène Mannier en citant une visite datée de 1495. Plus de quatre siècles plus tard, les Œuvres hospitalières françaises de l'ordre de Malte finançaient le « Pavillon de Malte » à l'hôpital Saint-Louis de Paris. Cet établissement, inauguré en 1928, comptant quarante lits, était destiné aux soins donnés aux lépreux. Il a été détruit en 1982, au moment de la construction du nouvel hôpital Saint-Louis, où un étage reste consacré à cette maladie, sous la protection de l'ordre de Malte.

Les textes anciens et les chroniques sont généralement assez peu prolixes sur le sort des femmes. Le Clerc anonyme s'attarde, lui, sur celui des femmes enceintes qui accouchaient à l'hôpital et y bénéficiaient de divers avantages. Les sœurs hospitalières du XIIe siècle ne pouvaient imaginer que, près de neuf cents ans plus tard, la croix à huit pointes qui ornait leur habit protégerait encore les jeunes mères dans la maternité de la Sainte-Famille, à Bethléem, financée en partie par les Œuvres hospitalières françaises de l'ordre de Malte. Une troisième partie du récit du Clerc anonyme, commentée par Alain Beltjens, concerne les enfants abandonnés. « Enfants adoptifs de saint Jean », ceux-ci étaient confiés à des nourrices rémunérées et surveillées par les dames de l'hôpital. Un dernier détail enfin, les pèlerins de noble condition pouvaient descendre à l'hôpital et partager le repas des frères, tout en étant libres de s'occuper des malades ou non. Le Clerc anonyme n'appréciait pas que ces pèlerins se nourrissent aux frais de l'hôpital, dans l'« oisiveté ». Quant aux commerçants qui disposaient des moyens nécessaires, ils étaient accueillis, mais à condition de payer leur écot.

Contre les épidémies

Jérusalem perdue, les Hospitaliers se replièrent à Acre et reportèrent leurs efforts sur l'hôpital local, de moindres dimensions que celui de Jérusalem. Il fut construit en dehors des remparts, dans la banlieue de la ville. Chaque grand maître perfectionna les règles édictées par ses prédécesseurs. Le grand maître Lastic (1437-1454) ordonna « à l'infirmier et aux prud'hommes, de faire écrire, sur une peau de parchemin, les statuts qui concernent l'hospitalité, laquelle était attachée, sur une planche suspendue, dans le Palais des malades, et exposée à la vue de tout le monde, afin que les statuts qui sont faits pour eux, soyent exactement observés ». Tout était détaillé, jusqu'au nombre de médecins recrutés dans les universités – quatre à l'origine. Ils devaient être « aornés de science et pratique, honnestes personnes, expers et graves ». Ils étaient chargés « d'examiner l'urine et reconnaître les différentes maladies et capables d'administrer les remèdes appropriés ». Les chirurgiens, qui devaient être « prudents et discrets », selon une recommandation du grand maître Lastic, étaient au nombre de deux. Avant d'exercer, ils subissaient, de la part des médecins, une sorte d'examen d'entrée afin de vérifier leur compétence. L'apothicaire était étroitement surveillé par les médecins qui contrôlaient la qualité de ses drogues. En cas de mauvaise qualité, les apothicaires risquaient des amendes et même la prison. Tout était donc prévu, jusqu'au nombre de draps de coton teint (au nombre de cent pièces) que le grand prieur de France et le prieur de Saint-Gilles devaient faire parvenir chaque année à l'hôpital. Telle autre langue devait expédier du sucre et des sirops. A leur entrée à l'hôpital, les malades devaient prendre un bain. Une mesure pour éviter, pensait-on, la propagation des épidémies. Il existait des chambres où l'on pouvait isoler les malades, usage peu courant à l'époque. L'Ordre édicta des mesures sévères d'isolement et de quarantaine. Cette question des épidémies fut abordée la première fois sous le règne du grand maître Emery d'Amboise (1503-1512), dans un code consacré à la santé publique. Une commission, la *Domini Sanitatis*, réunit des représentants de l'Ordre et des habitants des cités de l'île de Rhodes, aux côtés de médecins et d'apothicaires de l'hôpital, afin d'organiser la santé publique. L'une des tâches parmi les plus importantes de cette commission était le contrôle des maladies contagieuses. En cas d'épidémie, toute personne susceptible d'avoir été en contact avec un malade devait être isolée durant une période de quarante jours, et dans le cas où ce contact était le résultat d'une négligence de sa part, elle était condamnée à une amende de cinquante ducats. Tout passager d'un bateau entrant dans le port, s'il était jugé suspect, avait interdiction, sous peine de mort, de débarquer. Seul le médecin en chef avait autorité pour délivrer un certificat de non-contagion constatée, après une quarantaine. La *Domini Sanitatis* avait également la responsabilité des permis d'inhumer les malades morts de maladie contagieuse. Ces dispositions ne furent jamais abandonnées, même à Malte, ce qui évita plus d'une fois la peste et le choléra.

Les malades chrétiens devaient se confesser et remettre

leur testament au prieur. Ils avaient à leur disposition au moins deux chapelains. La prière jouait un grand rôle dans la vie quotidienne des malades. Cette importance a été soulignée dans les études du chartiste Léon Le Grand – *La Prière des malades dans les Hôpitaux de Saint-Jean de Jérusalem* (1896) – et de Nasalli Rocca. Le grand maître Jacques de Milly (1454-1461) a, lui-même, ajouté dans les Statuts un article intitulé *De l'exemption du prieur de l'infirmerie* : « Le prieur de l'infirmerie doit être soigneux et attentif au service des malades, surtout pour ce qui regarde leur salut. C'est pourquoi nous lui ordonnons de n'y rien omettre, de leur dire la messe, de leur administrer les sacremens, et de s'acquitter fidèlement de tous les autres devoirs. Afin qu'il le fasse plus commodément, nous l'exemptons des caravanes et nous lui permettons d'avoir un valet, pour l'entretien duquel il recevra, du commun trésor, la même quantité de froment que reçoit un frère chevalier. » De leur côté, ces chevaliers, avant de donner des soins – deux fois par jour, en compagnie des médecins –, se dépouillaient de leurs « emblèmes » militaires. Le grand maître, lui, prince de la Chrétienté mais serviteur des pauvres, se rendait chaque semaine à l'hôpital, tête nue, l'épée au côté, pour visiter les malades. Ce n'était pas sans risque ; le grand maître Roger de Pins (1355-1365) mourut de la peste pour avoir trop soigné les malades. Le chapitre *De Hospitalitate* des Statuts de 1489 est fondé sur la *consuetudo* qui décrit l'union fondamentale de la milice armée avec la fonction d'*hospitalitas* dans ses formes effectives. Il décrit la façon d'accueillir les malades et les pèlerins dans les *xenodocheios* et de distribuer les aumônes dans les *pecettorie* ou commanderies. L'hôpital de Rhodes, dénommé « Infirmerie », suivra en cela la tradition des premiers grands hôpitaux de Jérusalem et de Saint-Jean-d'Acre. Le fonctionnement de l'hôpital de Malte ou *Sacra Infermeria* sera, lui aussi, soumis à des règles strictes.

De Jérusalem à Rhodes, l'ordre ne cessa, en effet, de bâtir et entretenir des hôpitaux chaque fois plus modernes. Dès leur installation, les Hospitaliers envisageaient ces constructions, fondement de leur vocation. A Rhodes, le premier hôpital, selon A. Gabriel, auteur d'un ouvrage sur la *Cité de Rhodes*, devait se trouver au nord-est du château, non loin de l'arsenal et de l'auberge d'Auvergne. Il existait en fait un autre bâtiment, construit par Francesco Comennico d'Alamanga, qui servit d'abord de lieu d'asile. Alors que Rhodes était complètement investie par les Hospitaliers, le grand maître de Villaret permit, dans un texte daté du 22 avril 1311, aux chevaliers – à l'époque on disait frères – qui avaient volontairement quitté la tenue de l'Ordre, de se rendre en sûreté à Rhodes, dans l'« Hospital des seigneurs les malades ». Cet établissement était provisoire. Quant au grand hôpital de Rhodes, celui que l'on appela l'« Infirmerie », il reçut une attribution de quatre-vingt mille besants pour sa construction. Une somme considérable. Des architectes français participèrent à la construction de l'édifice, décidée le 4 novembre 1314. On sait par des témoignages, notamment celui d'un certain Nicolo Martoni, que l'hôpital fonctionnait à plein en 1394, si bien qu'il fut décidé d'en construire un second.

Le grand maître Antoine Fluvian (1421-1437), profitant d'une trêve signée entre les Hospitaliers et le sultan d'Egypte, fit bâtir « une magnifique infirmerie, qu'il dota de ses propres deniers », disent les chroniques ; il légua en fait ses biens qui, de toute manière, revenaient au commun trésor. En fait, les travaux ne débutèrent qu'en 1440, sous la direction de Pierre Morel, et ne furent achevés qu'en 1478, selon les uns, 1489, selon les autres. Ce *collachium*, comme l'avaient baptisé les Rhodiens, est toujours là en partie, restauré dans le goût italien durant la première moitié du XXe siècle, dans la rue des Chevaliers. La grande salle mesurait cinquante et un mètres de long sur douze de large ; elle était divisée en deux nefs égales par une rangée de piliers octogonaux dont les chapiteaux portaient la croix de l'Ordre alternant avec les armes du grand maître d'Aubusson. Les lits, jusqu'à cent, y étaient disposés régulièrement. Les malades pouvaient y suivre la messe matinale, célébrée par les chapelains. Une abside à cinq pans située en face de la porte d'entrée faisait office de chapelle. Une autre salle contiguë, plus petite, devait servir de réfectoire, et jouxtait la cuisine et ses dépendances. On notait encore neuf chambres indépendantes dotées chacune d'une cheminée. Il y avait aussi une cour qui donnait accès à des magasins, et une galerie à l'étage.

On accueillait dans cette Infirmerie les malades des deux sexes et les enfants abandonnés. Quant aux pèlerins, ils étaient reçus à l'hospice de Sainte-Catherine. Ailleurs furent également construits des hospices, à Corinthe, Saint-Samson et Nègrepont. La chute de Constantinople, en 1453, annihila cet effort d'extension hospitalière. Soixante années plus tôt, en 1396, après la prise de Nicopolis par Bajazet Ier, qui provoqua la mort de nombreux Français dont Jean de Vienne, le grand maître Philibert de Naillac (1396-1421) avança trente mille ducats pour racheter les captifs, les amener à Rhodes et les soigner. L'hôpital dut fonctionner à plein. Il était devenu, pour un temps, l'institution la plus célèbre du genre.

Nous possédons un témoignage sur le fonctionnement de l'hôpital et les soins donnés aux malades, grâce au récit qu'en fit un certain Jacques Le Saige, marchand de drap de soie à Douai, cité par Nicolas Vatin. Il partit pour la Terre sainte le 19 mars 1518, traversa la France, franchit les Alpes par la Savoie et le Piémont et, après un passage à Rome, rejoignit Venise où il embarqua sur un navire à destination de la Terre sainte. Il en revint peu après Noël de la même année et reprit son métier à Douai, non sans avoir fait une escale à Rhodes : « Pour passer le temps allâmes voir l'Hôpital de Rhodes dont je vis que à chacun malade on baillait du vin dedans de belles tasses d'argent, et la viande [nourriture] de dedans beaux plats d'argent. Et si y a trois médecins lesquels vont visiter les dits malades trois fois le jour. Les lits sont comme un petit pavillon bien beau et le lieu a bon air et est dedans le palais et le château de Rhodes. »

Il reste que les malades étaient soumis à une discipline assez stricte. Guillaume Caoursin nous a laissé quelques traits concernant le comportement – souhaité – des malades : « [Ils] doivent user de silence et honnête exercice, et ne doivent jouer aux tables [cartes] ni aux échecs ni lire histoires ni chroniques et ne fassent aucunes choses qui soient en perturbation ou molestes des malades. Qui contrefera soit privé de l'administration des choses nécessaires soit en l'infirmerie et soit rebouté de la compagnie des malades et vive à sa volonté. Car celui n'est pas digne de médecine ni aide de médecins qui déprise les enseignements d'icelle. »

Vers 1510, devant l'affluence dans l'Infirmerie, on renonça à accueillir les incurables. Un chapitre général tenu le 20 décembre de cette année recommanda de les héberger dans d'autres lieux. Mais d'où venaient donc tous ces malades ? La population rhodienne n'était pas si considérable pour engendrer tant de malades et encombrer ainsi les hôpitaux. Mais Jérusalem, Acre, Chypre, Rhodes, et plus tard Malte, étaient non seulement des carrefours, mais encore des étapes, pour tous les chrétiens dans un monde musulman. Les pèlerins, comme les voyageurs, les marins, les membres de corps expéditionnaires, étaient assurés de trouver asile dans les établissements des hospitaliers. Prenons le cas de la défaite de Nicopolis, en 1396. Les Ottomans avaient poussé leur avance jusqu'en Hongrie. Le pape Boniface IX décida de créer contre eux une coalition européenne. Y participèrent les Français Philippe d'Artois, le comte d'Eu, l'amiral Jean de Vienne, le maréchal Boucicaut, Philippe le Hardi, duc de Bourgogne, et Jean de Nevers, son jeune fils. Les Anglais, les Flamands et les Allemands envoyèrent des contingents. Répondirent également à l'appel les Hospitaliers et les Teutoniques. Venise devait assurer la logistique et le soutien maritime pendant la descente du Danube. L'opération militaire était gigantesque : cent mille combattants devaient traverser l'Europe et rejoindre Buda, en Hongrie, où les attendaient le roi Sigismond ainsi que les troupes allemandes, valaques et transylvaines. Mais le 22 septembre, ils rencontrèrent à Nicopolis les troupes du sultan Bajazet – dont le nom signifie « la Foudre » et selon certains auteurs « l'Eclair ». Le choc fut violent. Les chrétiens manquèrent de tactique et se firent tailler en pièces. Sigismond parvint à s'enfuir en barque, en même temps que le grand maître Philibert de Naillac et des Allemands. La cavalerie européenne connut là l'une de ses pires défaites, mais les Ottomans perdirent cinquante mille hommes, dont dix mille janissaires. Le lendemain, Bajazet, furieux, fit défiler devant lui les chevaliers prisonniers, dévêtus, trois mille dit-on, en leur faisant décliner leur identité. Ceux qui étaient insolvables et non susceptibles d'être libérés contre rançon étaient aussitôt décapités. Jean de Nevers, l'héritier du duché de Bourgogne, sauva sa tête contre une rançon de deux cent mille florins, une somme énorme. Il gagna là, curieusement, le surnom de « Sans Peur », car nul ne remit en cause la mauvaise tactique des charges de cavalerie, sans préparation ni soutien des fantassins.

La Hongrie tomba sous le joug ottoman. Dans un peu moins de cinquante ans, Constantinople allait connaître le même sort. Le grand maître Philibert de Naillac mit tout en œuvre pour racheter les captifs qui n'avaient pas encore été tués. Il avança trois mille ducats, puis organisa le transport de ces malheureux, à bord de deux galères de l'Ordre commandées par Pierre de Bauffremont, vers l'Infirmerie. Quelques auteurs laissent entendre que Guy de La Trémoille y mourut d'épuisement. Il semblerait plutôt qu'il ait été tué au cours de la bataille. Sitôt remis, les rescapés furent rapatriés, toujours grâce aux galères de l'Ordre. Nous assistons, en fait, à l'élaboration d'un « véritable service de santé militaire », pour reprendre le mot du bailli Géraud de Pierredon.

UNE CHAÎNE HOSPITALIÈRE

Pendant cette période rhodienne qui vit aussi l'institution des Langues, reposant sur les commanderies et les prieurés, les Hospitaliers créèrent, bâtirent ou renforcèrent des établissements Hospitaliers. Sur le territoire de la langue de Provence, nous pouvons ainsi citer cette liste des établissements anciens rénovés établie d'après les recherches effectuées par le bailli-comte Géraud de Pierredon : l'hôpital du Saint-Esprit de Montpellier (1145) ; l'hôpital d'Ysot près de Rialp (1190) ; un hospice pour les malades, en 1112 et un hôpital pour les chevaliers en 1261, dans le grand prieuré de Saint-Gilles. Sur les chemins des pèlerinages, comme celui de Saint-Jacques-de-Compostelle, les Hospitaliers établirent des hospices en Béarn.

Sur les lieux de passage, des fleuves notamment, des maisons d'accueil placées sous la croix à huit pointes permettaient aux voyageurs de se reposer, d'être soignés et d'attendre la barque pour traverser, comme, par exemple, dans l'hospice Saint-Jean près de Nice, sur le Var. La commanderie de Bellecombe, sur le Rhône, était aussi l'une de celles-là. Située à « 4 lieues de Lyon, à 3 lieues de Vienne, près d'Esvieux, en Dauphiné, diocèse de Vienne, [elle] consiste en une chapelle, église paroissiale, château, domaine, prés, vignes, rentes, dixmes... », indique l'*Histoire du Grand Prieuré d'Auvergne*. Dans le règlement de cette langue, nous trouvons la mention d'un hospice tenu par les Hospitaliers au milieu du XIIe siècle au col de Saint-Romain, près de Mâcon. On sait, par ailleurs, que la commanderie de Bellecroix, près de Beaune, fut donnée à l'ordre en 1214, pour y recevoir les pèlerins.

Dans la langue d'Italie, les auteurs décrivent une dizaine d'hôpitaux établis dès l'origine de l'ordre jusqu'au tout début du XIVe siècle : l'hôpital de Pise en 1113 ; l'hôpital de Vérone en 1154 ; l'hostellerie pour pèlerins d'Asti en 1182 ; l'hôpital de Salice, dans le prieuré de Venise, construit en 1199 ; l'hôpital du Saint-Sépulcre près du Ponte Vecchio à Florence en 1213 ; celui de Sanquinario près d'Emilie, remis aux Hospitaliers en 1239. Brindisi, tête de pont vers le Levant, abritait un établissement dès 1300, ainsi que Bari, Tarente, Messine, Udine, Barletta et Naples.

En Espagne, la *Reconquista*, était la priorité. De ce fait, les centres de soins furent plus longs à se mettre en place. Ce rôle échut aux religieuses de l'ordre dont quelques couvents se sont maintenus de nos jours, notamment celui de Salinas de Anana. Dépendant du grand prieuré de Castille et de León, on cite, dès 1156, l'hospice de Campobello, ainsi qu'un « Lo Hospital » dans la commanderie de Olibeira Coimbra, au Portugal. En Angleterre, les chroniques décrivent longuement l'hôpital de Clerkenwell, près de Londres, fondé après 1130 par Jordain Briset. Celui-là fut détruit en 1381, à la suite d'une insurrection, puis reconstruit, tel qu'on peut le voir aujourd'hui. Le grand maître Villiers de L'Isle-Adam le visita en 1523, lors de sa rencontre avec Henri VIII. En Irlande, l'histoire de l'hôpital de Kilmainhan, à Dublin, est liée aux luttes anglo-irlandaises. Et dans la langue d'Allemagne enfin, on rapporte que le comte Albert Ier de Brandebourg, séduit par le dévouement des Hospitaliers qu'il avait vus à Jérusalem, dota, en 1160, un hôpital qui allait revenir à l'ordre. André II de Hongrie, qui avait demandé à être donat de l'ordre, fit, lui aussi, édifier un hôpital. Auparavant, les « preux de Saint-Jean » comme on les appelait dans ce royaume, avaient créé des centres de soins en utilisant les sources thermales.

Ces établissements, en règle générale, ressemblaient plus à des dispensaires qu'à de véritables hôpitaux. Rien à voir, précisément, avec les établissements de Jérusalem, Acre, Rhodes, qui furent de véritables hôpitaux, au sens médiéval du terme. Les hôpitaux de Malte seront marqués par une véritable recherche médicale et seront considérés comme les plus modernes d'Europe.

5

LES BIENS DES TEMPLIERS

La perte du royaume latin d'Orient fut ressentie en Occident comme une catastrophe. Mais comment y remédier ? Seuls des moines-soldats soumis à une discipline ascétique pouvaient, comme le soulignent les historiens Paul Alphandéry et Alphonse Dupont, entreprendre une nouvelle croisade. Ces hommes, issus de tous les ordres militaires, seraient réunis dans une seule « Religion » obéissant à un chef de haut lignage auquel échoirait le royaume de Jérusalem reconquis. En attendant, le monde chrétien s'interrogeait sur les causes de la perte de la Terre sainte. On évoquait volontiers l'influence de Satan qui avait semé la discorde entre les chefs chrétiens pour retarder la délivrance des Lieux saints. Mais il fallait aussi donner un visage plus temporel à cette influence diabolique, et les Templiers furent rapidement investis de ce rôle. « L'œuvre de la Terre sainte doit être renouvelée dans la transmutation par le sang de tout l'or et de la puissance du Temple », proclame l'ordre d'arrestation des Templiers du 14 septembre 1307. Entre cette date et la chute de Saint-Jean-d'Acre, seize années seulement se sont écoulées. La promulgation de la bulle *Vox in Excelso*, le 3 avril 1312, supprimant l'ordre du Temple, est intervenue quatre ans plus tard.

Bien des causes ont été invoquées pour expliquer la destruction de l'ordre du Temple : volonté de trouver un exutoire au mécontentement populaire, convoitise des princes, inquiétude face à la présence en Europe de troupes inoccupées et indépendantes de l'autorité royale. Alain Demurger fait la synthèse des différentes théories et conclut : « Les ordres militaires internationaux sont des obstacles au développement des monarchies centralisées ; ils n'ont pas de place dans l'Etat moderne ; ils doivent se soumettre ou disparaître. Le Temple a été un bouc émissaire ; il a payé pour tous, mais, ce faisant, il a accordé un sursis à tous, dont ils ont su profiter d'ailleurs. »

La dévolution des biens

Face à cette sinistre affaire, les Hospitaliers se sont bien gardés d'intervenir. Les rapports entre les deux ordres n'avaient, de toute façon, jamais été harmonieux. Les Hospitaliers avaient d'autres préoccupations en tête, notamment la conquête de Rhodes qui leur offrirait une base pour la reconquête de la Terre sainte. L'Ordre, dès 1309-1310, était loin des querelles occidentales. La dévolution des biens des Templiers aux Hospitaliers, ordonnée par la bulle *Ad providam Christi Vicarii* du 2 mai 1312, était fondée sur la nécessité pour le pape et la Chrétienté de s'appuyer sur l'Ordre « pour la continuation de l'œuvre sainte ». Clément V suivit d'abord la logique religieuse qui voulait qu'à l'extinction d'un ordre, ses biens passent à un autre poursuivant le même objectif. C'était aussi une manière de compenser les pertes des Hospitaliers en Terre sainte, et de soustraire les biens des Templiers à l'avidité des Couronnes. Les rois d'Aragon et du Portugal se servirent néanmoins des biens des Templiers dans leur royaume pour doter les nouveaux ordres de Calatrava (1164) et du Christ (1317) spécialement créé à cet effet, qui n'avaient plus grand-chose à voir avec les croisades. Ceux-là, avec l'ordre de Saint-Jacques-de-l'Epée, furent le refuge d'un grand nombre de Templiers qui avaient échappé au bûcher. D'autres obtinrent l'autorisation papale d'être reçus et de devenir Hospitaliers. On cite Elizien de Mondragon, de la langue de Provence. De nombreux Templiers, chevaliers ou servants, trouvèrent refuge dans les commanderies hospitalières, sans pour autant entrer dans l'Ordre. Présences discrètes, on le comprend, dont nous n'avons eu la révélation que grâce à des enquêtes sur le revenu de ces établissements effectuées par l'Hôpital lui-même. On relève ainsi un frère « jadis du Temple » à Valence. Des universitaires comme Benoît Beaucage, à Aix-en-Provence, et Valérie Bessey à la Sorbonne, étudiant les états des commanderies des Hospitaliers dans le prieuré de Saint-Gilles, en 1338 pour le premier, et du XIe au début du XIVe siècle en Picardie pour la seconde, ont mis au jour ces présences, et aussi celle de sœurs Templières.

Que n'a-t-on pas dit à propos des biens du Temple dévolus à l'Hôpital ? Ceux-ci se seraient considérablement enrichis grâce à cet apport. Les Hospitaliers ont, certes, doublé leurs biens fonciers, mais à quel prix ? Dans le royaume de France, les biens des Templiers avaient été saisis par les agents royaux, le 13 octobre 1307, alors qu'ils devaient être placés sous le contrôle de l'Eglise. Les revenus de ces biens allèrent donc à la Couronne. En Angleterre, le roi se les appropria également. Les administrateurs nommés par Philippe le Bel gérèrent les biens sous séquestre plus souvent à leur profit qu'à celui de la Couronne. Certains d'entre eux vendirent terres et immeubles. Il semblerait pourtant que, paradoxalement, cette mainmise royale ait sauvé l'ensemble du pillage. Ce qui ne fut pas le cas dans tous les royaumes. Certains souverains, notamment celui d'Ecosse, n'hésitèrent pas à donner quelques biens aux membres de leur entourage. En Allemagne, des familles alliées à des frères Templiers s'approprièrent, comme un droit, quelques commanderies. En Espagne, les Templiers, pour les protéger, les vendirent à des proches. Il y avait là un pactole que les princes et les grands ne tenaient pas à laisser échapper ; mais il leur était difficile d'en revendiquer la totalité, cela aurait été considéré comme une spoliation des biens de l'Eglise. La bulle *Ad providam...* ne pouvait guère être contestée, d'autant moins que le pape avait menacé d'excommunication les détenteurs illégaux des biens. Les Hospitaliers obtenaient la totalité des biens des Templiers, à condition qu'ils servissent à la reconquête de la Terre sainte.

Face aux protestations déguisées des princes, en particulier celles de Philippe le Bel, Clément V suspendit tous les privilèges octroyés aux Hospitaliers. Une manœuvre destinée à réformer leur Ordre. Il ordonna une enquête sur ses biens anciens et nouveaux afin d'évaluer ses disponibilités pour la reconquête de la Terre sainte. Le but était d'y maintenir continuellement un nombre déterminé de frères et de chevaliers. Il devait être établi un registre annuel des revenus et des hommes. Les privilèges suspendus seraient examinés et ceux considérés comme odieux, révoqués. Les Statuts seraient corrigés : « nous le [l'ordre] ramènerons à la norme d'un comportement vrai et juste et de l'observance régulière en recourant à la raison et à l'équité ». Afin de parer au mieux à la menace, le Conseil de l'Ordre, par acte du 17 octobre 1312, nomma procureur général en Europe Albert Lallemand de Château-Noir, alors grand commandeur, chargé d'aller prendre possession des biens cédés à l'Ordre, « et en donner bonne & valable décharge aux administrateurs ». En même temps, le frère Albert était nommé « Visiteur, Inquisiteur, Correcteur, Réformateur, Administrateur & économe général de toutes les maisons situées en deçà de la mer, avec commission de réformer pleinement tous les abus, qui, dans les derniers temps de trouble, s'étaient glissés dans l'application des revenus des commanderies ». Ce haut personnage avait aussi pouvoir d'engager des procès contre quiconque aurait abusé des biens de l'Ordre. Lallemand n'était pas seul. Cette délégation, formée en principe pour régler la question de la dévolution des biens, avait surtout pour but de contrer les tentatives de Clément V de réformer l'Ordre, et de récupérer les privilèges. Il convient de ne pas oublier que l'ordre des Hospitaliers de Saint-Jean-de-Jérusalem était exempt de l'Eglise, ce qui signifiait qu'il était soustrait à l'autorité des ordinaires, c'est-à-dire le clergé séculier, prêtres et évêques, et qu'il ne dépendait que de celle du pape. Cette situation constituait en elle-même un privilège que ne voyaient pas d'un bon œil les princes et les autorités ecclésiastiques. Les Templiers étaient dans le même cas, et cela ne les avait pas protégés pour autant. Les privilèges n'étaient pas, comme on l'entendrait aujourd'hui, des passe-droits, mais bien plutôt des actes de reconnaissance qui garantissaient leur existence et leur légitimité. Chaque fois que les Hospitaliers constataient une atteinte à leurs privilèges, ils élevaient de fermes protestations, avec envoi de légats auprès du Saint-Père qui devait trancher entre les parties. Ce fut davantage, curieusement, le Saint-Siège qui viola les privilèges ; l'histoire de l'Ordre est émaillée de ces incidents : « Lallemand et des confrères, arrivés en Europe, trouvèrent de grandes difficultés à tirer les biens des Templiers des mains des avides administrateurs, & ce ne fut qu'avec bien des peines & des fatigues qu'ils terminent enfin cette affaire en France. » Philippe le Bel obtempéra, à condition que les Hospitaliers lui versent deux cent mille livres tournois, coût, selon lui, de l'entretien des biens mis sous séquestre, plus soixante mille pour les frais du procès des Templiers. Et l'Hôpital paya. Le 28 mars 1313, Lallemand récupéra officiellement les biens des Templiers. Officiellement seulement. « La négligence et l'infidélité de certains officiers du Roi firent perdre à des commanderies beaucoup de biens. Ainsi la commanderie de Choisy-le-Temple fut dépossédée de plus de neuf cents arpents disséminés sur plusieurs territoires, et qu'on laissa usurper par des seigneurs ou propriétaires voisins », rapporte Eugène Mannier. « Il y eut même des officiers qui abusèrent de leur mandat jusqu'à disposer des biens des commanderies, comme s'ils leur avaient appartenu. Un bailli de la Brie ne se fit pas scrupule de donner en dot, à sa fille, une commanderie dont elle resta en possession pendant plusieurs années. » D'autre part, la plupart des maisons et des églises avaient été fermées. On en avait retiré les meubles et les objets de valeur pour les vendre à l'encan, ainsi que les outils agricoles, provoquant le délaissement des terres. Un acte du 14 février 1315 déclarait décharger Philippe le Bel et son successeur de tout remboursement des sommes qu'ils avaient pu toucher des biens du Temple : « Nous quittons, délaissons et octroions à mondit Seigneur le Roy, tout ce qui est rechu et levé en quelque manière que ce soit par les genz du roy Philippe, son père, ou par les siens, des biens jadis dou Temple, dors le jour que les Templiers furent pris en réaume de France jusqu'aujourd'hui, et qui seroit trouvé avoir estre conserve en l'usage et en profict dudict Philippe et de li. » Et, comme si cela ne suffisait pas, Louis le Hutin exigea qu'il lui revienne les deux tiers de la valeur du mobilier de certaines églises, qui n'avait pas été vendu. De la même manière, il recevrait les deux tiers des sommes qui restaient dues aux Templiers, au fur et à mesure que les Hospitaliers en feraient le recouvrement. Parole de roi ! Louis X mourut en 1316 ; son frère Philippe le Long, lui succédant après la mort de Jean Ier le Posthume, s'empressa de faire saisir les anciens biens du Temple, au prétexte du retard des Hospitaliers à honorer leur engagement du 14 février 1315. Inutile de dire que cette attitude excita un blâme général. Cela ne fit pas pour autant fléchir le souverain. Afin de faire lever la saisie, l'Ordre eut recours à un emprunt et offrit au roi le remboursement des parties exigibles, ce qu'il accepta, remettant les Hospitaliers en possession de leurs biens par lettres patentes du 5 mai 1317.

L'affaire de la dévolution des biens des Templiers avait-elle enfin trouvé son aboutissement ? C'était sans compter avec la cupidité et la jalousie des princes. Charles IV, surnommé comme son père Philippe, le Bel, chercha à son tour à recouvrer la totalité des sommes dues par les Hospitaliers au titre de l'accord du 14 février 1315. « Nous étions alors en 1325, raconte Eugène Mannier, l'historien de la Langue de France. Le Roi leur proposa de les tenir quittes et libérés de toutes leurs obligations, s'ils consentaient à lui constituer sur sa tête et sur celle de Mahaut de Saint-Pol, sa femme, une rente annuelle et viagère de douze cents petits tournois. Les chevaliers de l'Hôpital acceptèrent cette proposition ; et pour assurer le service de cette rente, ils déléguèrent au Roi et à la Reine les revenus de plusieurs commanderies, au nombre desquelles nous trouvons dans le Grand Prieuré de France, celles de Sennevières et de Beauvais-en-Gâtinais. »

Les Hospitaliers employèrent la plus grande partie du XIVe siècle à réparer les dommages provoqués par le semi-abandon de certaines commanderies et par les ravages provoqués, en France, par la guerre de Cent Ans, sans oublier la guerre civile. Le royaume de France ne ressemblait plus qu'à « un immense brigandage, une caverne de brigands », pour reprendre les termes employés par l'évêque du Mans d'alors, dans une lettre datée du 27 avril 1456, écrite lors du procès de réhabilitation de Jeanne d'Arc. Nous connaissons l'état des commanderies du grand prieuré de France grâce à un document appelé le *Livre vert*, conservé aux Archives nationales de France, établi, en 1373, à la demande du pape Grégoire XI qui portait le plus vif intérêt aux affaires de l'ordre. Le souverain pontife, face à la situation catastrophique dans laquelle se trouvaient les commanderies, demanda un état détaillé de leurs biens et de leur personnel. Ce document, quoique altéré, donne en effet la liste des commanderies qui existaient, à l'époque, dans le grand prieuré de France, classées par diocèse avec indication de leur origine hospitalière ou templière. Sur cent quatorze commanderies recensées, un peu moins de cinquante étaient d'origine hospitalière. La gestion de ces commanderies avait conduit, en outre, à en supprimer cinquante-quatre, dont quarante-trois provenaient du Temple et onze de l'Hôpital.

Au Portugal, tous les biens Templiers passèrent au nouvel ordre du Christ, qui fut reconnu par le pape le 14 mars 1319. En Espagne, les biens du Temple en Catalogne et en Aragon furent unis à ceux de l'Hôpital ; en Valence, ils furent remis au nouvel ordre de Montesa qui recueillit également la plus grande part des biens Hospitaliers de ce royaume. En Angleterre, les commanderies templières ne furent pas immédiatement remises à l'Hôpital, et en Ecosse, il fallut attendre le milieu du XIVe siècle. Finalement, en Allemagne, en Angleterre et en Italie, chacun se fit tirer l'oreille pour obtempérer à la bulle *Ad Providam...*, et tous s'épuisèrent en procès.

L'ENCLOS DU TEMPLE

Il avait été convenu que l'enclos du Temple à Paris deviendrait le siège du grand prieuré de France. Il y fut seulement transféré à la fin du XIVe siècle. L'état des finances de l'Hôpital ne lui avait pas permis d'effectuer plus tôt cette translation. L'ordre conservait, de toute manière, la « maison de l'Hôpital », que l'on nomma désormais, l'« Hôpital ancien », afin de ne pas la confondre avec l'enclos. Il convient d'imaginer les bouleversements provoqués par cet apport. Il semblerait que ce soit le roi Louis VII qui ait concédé vers 1140-1150 aux « défenseurs de l'Eglise d'Orient » – ainsi étaient nommés les Templiers – des terres incultes *extra muros*. On peut imaginer que les Pauvres soldats du Christ y bâtirent un logis et une chapelle. On ne parla vraiment de la « Maison du Temple » qu'au tout début du XIIIe siècle, dans un acte d'Eudes, évêque de Paris. On évoquait alors ce lieu sous le nom de la Villeneuve et c'est à cette époque qu'il fut décidé de le transformer en véritable forteresse. La tour carrée dite de César aurait été édifiée à la fin du XIIe siècle et la grosse tour, « le donjon », au début du XIIIe. Une note écrite au XIVe siècle dans un des registres du grand prieuré de France signale l'inhumation dans l'église du Temple du frère trésorier Hubert, mort le 29 mars 1222, « lequel fist faire la Tour et les logis du Temple et autres édifices ». La Villeneuve du Temple, restée en dehors du mur d'enceinte édifié sous Philippe Auguste, sera incorporée sous Charles V. L'enclos du Temple, sorte de ville fermée, était entouré de murs crénelés hauts de huit mètres et d'un mètre cinquante d'épaisseur, renforcés par des contreforts et flanqués d'échauguettes. Une grande porte, renforcée par deux fortes tours rondes, donnait accès à l'enclos. A l'intérieur, outre les tours, la chapelle et le cloître, se trouvaient de nombreux bâtiments, maisons, échoppes, salles, le charnier, la geôle, les cuisines, l'abreuvoir, etc. A côté des Templiers habitaient des boutiquiers et des artisans, et même deux bouchers, ce qui ne fut pas sans provoquer des heurts avec la confrérie de ces détaillants ; tout s'arrangea moyennant le paiement d'une redevance. Le Temple avait droit de haute, moyenne et basse justice. Les chevaliers et les habitants étaient exempts de « toute exaction de taille, d'ost, de chevauchée, de tonlieu, c'est-à-dire les taxes sur les marchandises transportées et autres ». Ces privilèges furent souvent contestés, notamment sous Philippe III le

Hardi ; mais chacun y trouvait son compte, même Philippe le Bel qui trouva refuge dans l'enclos en 1306, au moment de l'émeute de la Courtille-Barbette.

L'enclos du Temple ne perdit jamais son nom, bien qu'il soit devenu le siège du grand prieuré de la langue de France de l'ordre de l'Hôpital. On rapporte que le grand maître Foulques de Villaret souhaita que les appellations des lieux ayant appartenu au Temple ne fussent pas modifiées afin de marquer un hommage aux frères Templiers martyrisés. Un procès-verbal d'une visite prieurale établi en 1495 et conservé aux Archives nationales de France donne une idée de l'aspect qu'offrait alors cette « ville intérieure » : « La maison est fort grant édifice et sumptueux, et au milieu d'icelle a une grosse tour de pierre de taille quarée et à chascun quanton une tornelle de mesmes, prinse de pié jusques au feste, et toutes cincq couvertez de plombz et creusées de quatre estaiges ; et dedens icelle a puys, cave, four, molin et chappelle : lesquelles tours souloyent estre environnéez, de fossés à fons de cuve, pleins d'iauwe, et à pont levis qui estoit forte chose ; mais on a esté contrainct, du temps des Templiers, de les combler et à présent n'y a point. Le circuit de la maison est fort grant de massonnement, refroistoir, maison d'officiers, logis pour les prieurs d'Aquitaine et de Champagne et plusieurs aultres édifices. En outre Monseigneur de France [le grand prieur Emery d'Amboise] a faict faire ung corps de maison tout de neuf ouquel a plusieurs bonnes chambres et salles, arrière-chambres et comptoirs, bien garniz, mœubléz de bois et de cuisine tant pour son estât comme pour celluy du courant. » Emery d'Amboise, d'abord commandeur de Coulommiers en 1493, futur grand maître à Rhodes en 1503 († 1512), fut le premier des grands prieurs à habiter hors le couvent, dans son propre logis. Celui-ci fut construit à la place des salles, comme le fut le couvent des frères Hospitaliers. En 1567, Pierre de La Fontaine fit agrandir la demeure. En 1666, le grand prieur Jacques de Souvré confia les plans d'une nouvelle maison plus confortable que les donjons médiévaux à Mansart-Delisle, et la façade à Etienne le Hongre : « Elle se composait d'abord d'une cour entourée d'une espèce de péristyle à colonnes couplées. Le corps de logis est au fond de la cour. Il est peu élevé et sans aucune proportion avec tout le reste. La grand'porte qui donne sur la rue est encadrée de colonnes doriques isolées au milieu d'une façade de maçonnerie sans style particulier. L'église de structure grossière est bâtie sur le modèle de celle de Saint-Jean de Jérusalem », note Germain Brice dans son *Histoire de Paris*. La « structure grossière », dans le langage XVIIIe siècle, est le style roman, il s'agit ici de Sainte-Marie-de-Temple. Comme la plupart des églises romanes, elle comportait une chapelle ronde à l'image de celle du Saint-Sépulcre. Nous ignorons, en revanche, si cette rotonde était dotée d'une coupole, et, à l'intérieur, d'un caveau similaire à celui de Jérusalem, ce qui est néanmoins fort probable. On dit que l'église Sainte-Marie-du-Temple fut autrefois recouverte par une coupole comme le Saint-Sépulcre. Il s'agit, sans doute, d'une confusion avec un caveau qui figurait un Saint-Sépulcre, modèle de celui de Jérusalem. Les vitraux de l'église seront plus tard dessinés par Dürer. La décoration de cette église était particulièrement riche, tableaux, tentures, reliquaires étaient nombreux. On rapporte qu'elle recelait de nombreuses reliques, comme un morceau de la Vraie Croix, rapporté de Rhodes, une goutte de sang de Notre-Seigneur Jésus-Christ, un bras et une main de sainte Anne, l'un des trente deniers de Judas, le corps de l'une des onze mille vierges, etc.

L'hôtel prieural comprenait encore une chapelle et une grande salle, celle du chapitre, où se réunissaient chaque année, le jour de la Saint-Barnabé, les commandeurs du grand prieuré de France pour rendre compte de leur administration et verser le *responsion*.

Dès le XVIe siècle, les chevaliers de Malte étaient reçus dans l'église, les grands prieurs enterrés derrière le maître-autel et les dignitaires morts à Paris inhumés eux aussi dans l'enclos. Nous n'avons, en revanche, que peu d'idées des pierres tombales des dignitaires inhumés dans le chœur. La Révolution française a tout détruit. Le monument considéré comme le plus important du grand prieuré était le mausolée de l'église, dédié au grand maître Villiers de L'Isle-Adam. Il subsiste en deux fragments : ses armes sculptées, qui ornaient le socle, se trouvent au Louvre et la partie principale à Versailles. Exécutée en albâtre, elle représente le grand maître agenouillé. Le tombeau du grand prieur Amador de La Porte sculpté par Michel Bourdin, qui était dans l'église Sainte-Marie, est désormais au Louvre.

Aujourd'hui, le musée de Cluny conserve des pierres sculptées, des colonnettes unies en faisceaux, des fûts et chapiteaux, des fragments sculptés peints et dorés, des fenêtres ogivales sculptées en pierre qui éclairaient l'église Saint-Jean, des pierres tumulaires, brisées et incomplètes. L'une d'elles porte, apparente et creusée, la croix à huit pointes. Ces pièces proviendraient, sans doute, de la commanderie de Saint-Jean-de-Latran. Provenant, réellement, du palais du grand prieur, la grande porte à doubles battants, moulurée et sculptée, de la salle capitulaire, a été sauvée des destructions et vendue aux enchères à une famille parisienne. Nous en ignorons, aujourd'hui, la localisation.

A l'extérieur, les fossés furent comblés, comme le précise le procès-verbal cité plus haut, et le pont-levis remplacé par un pont dormant en pierre. Le bailliage ou tribunal intérieur complétait l'ordonnancement des bâtiments, avec des logements attribués gratuitement aux pauvres. On y comptait encore des boutiques, des halles et des hôtels. Une véritable ville dans la ville abritant encore, à la fin du XVIIIe siècle, environ quatre mille personnes. Les revenus de la commanderie s'élevaient à cent mille livres par an, juste avant la Révolution. Il convient de ne pas oublier dans cette description les jardins, qualifiés de « fausse campagne » par Mme de Sévigné.

La vie à l'intérieur du grand prieuré de France croise l'histoire de l'ordre et celle du royaume de France. D'autant plus que les étages supérieurs de la grande tour, ou donjon, furent longtemps usurpés par la Couronne. Y furent par exemple internés Enguerrand de Marigny, en 1316 ; Jean de Malestroit, partisan de Charles de Blois au cours de la guerre de la Succession de Bretagne, en 1345 ; le captal de Buch Jean de Gailly, en 1371 ; le connétable

Bertrand du Guesclin réunit dans la grosse tour les chefs des grandes compagnies dangereuses pour la paix intérieure du royaume et leur promit « des châteaux en Espagne ». La salle du chapitre était installée au premier étage de la grande tour du donjon. Les archives du grand prieuré étaient conservées dans les étages supérieurs. Elles furent transportées dans les greniers en septembre 1792 pour laisser de la place à Louis XVI et à sa famille. Ces archives – quatre cents cartons contenant mille liasses – ont été, depuis, déposées aux Archives nationales de France, à Paris.

L'enclos du Temple jouissait du droit d'asile, comme dans la commanderie Saint-Jean-de-Latran à Paris. Des artisans s'y établirent encore afin de profiter de la franchise fiscale dont bénéficiaient les biens des Hospitaliers. Délivrés des taxes et autres redevances, ils trouvaient là le moyen d'exercer leur art sans ces contraintes. Certaines industries interdites, comme celle des bijoux de fantaisie, pouvaient y exercer leur commerce. Ce secteur n'a d'ailleurs pas abandonné le quartier. Débiteurs insolvables et sans doute brigands y trouvèrent refuge ; mais on n'y acceptait pas les criminels, repris de justice ou escrocs. Les débiteurs insolvables y étaient en revanche admis, la contrainte par corps ne pouvant s'y exercer. Aucune fausse identité, sous peine de renvoi immédiat, à moins qu'un pseudonyme n'ait été choisi d'un commun accord pour des raisons de décence ou de « pressantes considérations ». On rapporte que les créanciers se présentaient à la porte de l'enclos pour négocier avec leurs débiteurs et tenter de les en faire sortir. Les chevaliers disposaient d'une brigade chargée de la police. On les nommait les « estafiers ».

Le grand prieuré de la langue de France donna cinq grands maîtres à l'ordre : Jean de Villiers (1284/5-1293/4) ; Robert de Julliac ou Julhiac (1363, 1374-1376) ; Emery d'Amboise (1483, 1503-1512) ; Pierre d'Aubusson, quoique sa famille fût d'Auvergne, cardinal (1476-1503) et Philippe Villiers de L'Isle-Adam (1520, 1521-1534). Soixante-treize grands prieurs se succédèrent entre le XIIe et le XVIIIe siècle ; parmi eux nous relevons encore des membres d'anciennes maisons qui ont particulièrement servi le royaume : Nanteuil, Fougerolles, Beauffremont, Rochechouart, Chabot, Lorraine ou Bussy-Rabutin.

A partir de la fin du XVIe siècle, le grand prieuré fut, à plusieurs reprises, l'apanage des bâtards royaux. Si les bâtards étaient exclus d'une réception dans l'ordre, car non issus d'un mariage légitime, les enfants de sang royal bénéficiaient d'une exception. C'est ainsi qu'Henri d'Angoulême, fils naturel d'Henri II, entra dans l'ordre, et, compte tenu de ses origines, fut pourvu, en 1573, de la charge grand-prieurale ; Charles de Valois, comte d'Auvergne, fils naturel de Charles IX, lui succéda en 1591 ; puis Alexandre de Vendôme, fils naturel d'Henri IV et de Gabrielle d'Estrées, duchesse de Beaufort, fut nommé en 1619. Plus tard, son petit-neveu Philippe de Vendôme (1655-1727) fut appelé à cette fonction en 1678. Il était le fils de Louis de Vendôme, connu sous le nom de duc de Mercœur, qui, après la mort de sa femme, entra dans les ordres et devint cardinal (1612-1669) et de Laure Mancini, l'une des nièces de Mazarin (1636-1657). Lorsque les chroniques évoquent « Monsieur le grand commandeur », il s'agit de lui. S'il fut un excellent militaire, il ne fut pas un modèle de religieux. Ami des arts et des belles-lettres, il organisa dans le palais prieural des soupers littéraires et libertins ; mais il demeura, malgré sa vie dissolue, un bon chrétien. Saint-Simon ne fut guère tendre avec lui, mais le fut-il avec quelqu'un d'autre ? Il a laissé une description du grand prieur dans ses *Mémoires* à l'année 1706 : « Il étoit d'une taille ordinaire pour la hauteur, un peu gros, mais vigoureux, fort, et alerte ; un visage fort noble et l'air haut, de la grâce naturelle dans le maintien et dans la parole, beaucoup d'esprit naturel, qu'il n'avoit jamais cultivé, une énonciation facile, soutenue d'une hardiesse naturelle, qui se tourna depuis en audace la plus effrénée ; beaucoup de connoissance du monde, de la cour, des personnages successifs, et, sous une apparente incurie, un soin et une adresse naturelle à en profiter en tout genre... » Le grand prieur, qui avait l'habitude de priser du tabac, en était couvert et cela lui donnait une apparence négligée. Ses salons retentissaient d'éclats de voix et de rire et l'on pouvait y croiser La Fontaine – qui recevait une pension du grand prieur, comme de Mme de Bouillon, autre hôtesse de ces lieux –, Mme de Sévigné, son cousin Bussy-Rabutin, Régnier, le fils de Lulli, et combien d'autres. Sans oublier l'omniprésent abbé de Chaulieu – l'« Anachréon du Temple », selon le mot de Voltaire, en mémoire du poète grec qui célébrait le plaisir, la gaieté et la bonne chère – et Fanchon, *alias* Françoise Moreau, favorite du grand prieur. Bref, tout cela avait de quoi choquer les bons esprits, et les esprits chagrins ne manquent jamais de pointer un doigt sur lui, pour montrer à qui veut l'entendre la réalité de l'ordre de Malte. Le grand prieur, évincé de l'armée, mis en disgrâce par Louis XIV, voyagea d'abord en Italie, se rendit, en 1715, à Malte afin de participer à sa défense car on parlait d'une nouvelle invasion des Ottomans qui ne vint pas, puis se fixa à Lyon. Il laissa sa place de grand prieur, en 1717, moyennant finance, à Jean-Philippe d'Orléans (1702-1748), fils naturel légitimé du Régent et de Mlle Le Bel de la Boissière de Séry, comtesse d'Argenton (vers 1680-1748). On rapporte que le comportement de cet autre bâtard de sang royal ne fut pas meilleur que celui de son lointain cousin. L'ancien grand prieur prit le titre de prince de Vendôme. Il s'éteignit dans l'indifférence le 24 janvier 1724 et Dangeau nota dans son journal ce commentaire en guise d'épitaphe : « Pour le Grand Prieur, il s'enterra lui-même, bien des années avant qu'il mourût. »

A Jean-Philippe d'Orléans succéda, en 1749, Louis-François de Bourbon, prince de Conti (1717-1776). Celui-ci était né de légitime mariage et il était le filleul de Louis XV. Sa nomination à cette charge – au sens du droit français, car elle était imposée par le roi de France – ne se fit pas facilement. Le grand maître Manuel Pinto de Fonseca (1741-1773) ne céda que sous la pression de Louis XV, après de longues discussions. Il y avait plusieurs raisons à cela. Pinto reprochait d'abord à Conti de ne pas être chevalier, de ne pas avoir fait de « caravanes » et de n'être jamais venu à Malte. Le fait que le prince ait été marié avec Louise Diane, dite Mlle de Chartres († 1736), fille de Philippe d'Orléans, le Régent, et soit devenu veuf, n'était pas un obstacle. On conservait encore le souvenir de l'avant-dernier grand prieur – Vendôme – qui avait « vendu » sa charge à Philippe d'Orléans, et avait davantage laissé le souvenir, comme nous venons de le voir, d'un épicurien que d'un religieux. Finalement, Louis-François de Conti fut dispensé des vœux et fut nommé grand prieur de la langue de France le 15 avril 1748. Il prit sa charge à cœur et se montra un excellent grand prieur, soucieux à la fois des intérêts et de la renommée de l'ordre. Il ouvrit les salons du palais prieural qu'il fit décorer par Raoux et Nattier. Mozart, âgé de huit ans, y donna un concert, en compagnie de sa sœur Marie-Anne. On connaît un tableau de Michel Barthélemy (1712-1784), conservé au musée de Versailles, représentant un *Souper du prince de Conti au Temple en 1766*. On y voit sur la droite une table richement servie autour de laquelle sont assis neuf convives. Conti est en habit rouge des chevaliers, portant la croix appendue à un ruban noir.

Après la mort de Conti, en 1776, Louis-Antoine de Bourbon, duc d'Angoulême, le fils du comte d'Artois, futur Charles X, tout jeune enfant, fut nommé à la charge de grand prieur. Même s'il ne l'assura pas réellement, le futur grand amiral de France porta toujours, sur son habit, la croix de Malte. Le comte d'Artois profita, en revanche, du palais prieural, où, dit-on, Marie-Antoinette aimait venir se reposer quand elle se rendait à Notre-Dame. Puis, en 1789, cette charge fut dévolue au duc de Berry. Il fut davantage titulaire du grand prieuré que grand prieur. La confiscation de 1792 mit fin au grand prieuré de France.

En 1802, Bonaparte fit raser les murs de l'enclos. L'église avait été vendue en 1795 pour deux cent mille francs en assignats à un ancien perruquier, le citoyen Carlet, sous condition qu'il la fît démolir. Le donjon, qui avait entre-temps reçu Cadoudal et Pichegru, fut abattu en 1808. La duchesse d'Angoulême, fille de Louis XVI et de Marie-Antoinette, y fit planter un saule pleureur. Quant au palais, transformé en caserne sous la Révolution, il devint ministère des Cultes en 1811, siège de la congrégation religieuse fondée par Louise de Condé, les bénédictines de l'Adoration perpétuelle du Saint-Sacrement, sous la Restauration, de nouveau caserne en 1848. Le Second Empire l'abattit en 1853. A la place, un square, celui du Temple. La Ville de Paris avait prévu, en 1863, faire élever au centre un monument expiatoire. Il serait peut-être temps d'exécuter ce vœu pieux. On dit souvent que les rues de Saintonge, Normandie, Poitou, Beauce, Perche et Bretagne rappellent les provinces où s'élevaient les commanderies du grand prieuré de France. Nous y trouvons, pourtant, des noms de provinces qui n'en faisaient pas partie, comme le Poitou, la Saintonge, et la Bretagne qui dépendaient du grand prieuré d'Aquitaine. Ces noms proviennent, en fait, d'une opération immobilière décidée par Henri IV, portant sur tout le quartier.

A deux cents mètres de l'emplacement du square, l'église Sainte-Elisabeth du Temple a été consacrée, en 1937, chapelle conventuelle de l'Association française des chevaliers de Malte. Cet édifice religieux, dont la première pierre a été posée le 14 avril 1628 par la reine Marie de Médicis, a été consacré le 14 juillet 1646. Chapelle du couvent des Filles de Sainte-Elisabeth, monastère du tiers-ordre de Saint-François, elle fut vendue à la Révolution et transformée en grange à fourrage. Rendue au culte en 1802, pour desservir la paroisse Sainte-Elisabeth, elle fut agrandie en 1829. Elle contient aujourd'hui les stalles de l'ancienne église du Temple.

6

RHODES, NOUVEAU BASTION DE LA CHRÉTIENTÉ

Les positions des Hospitaliers à Rhodes se stabilisèrent au début des années 1320, dix ans après leur arrivée sur l'île. Durant les années qui suivirent la perte de la Terre sainte, ils durent s'adapter aux nouveaux rapports de force avec la papauté et la Couronne française nés de la chute des Templiers. L'Ordre se trouvait menacé de l'intérieur même par la conduite de son grand maître Foulques de Villaret. Celui-ci, revenu d'Occident, avait enfin abordé le nouveau bastion de la chrétienté. « Ebloui de la gloire qu'il venait d'acquérir par ses conquêtes, on ne reconnut plus en lui le prudent et sage grand maître », dit Vertot. Il était « orgueilleux et hautain ». Il s'était entouré d'un faste royal et se posait en arbitre de la Chrétienté en Orient. Les chevaliers, se refusant toujours à considérer le grand maître comme plus que *primus inter pares*, le déposèrent et élurent à sa place Maurice de Paganac. Le pape Jean XXII s'opposa au Conseil et suspendit les deux grands maîtres, les convoqua à Rome, et, en attendant, nomma, pour gouverner l'Ordre, Gérard de Pins. Il fit par ailleurs saisir tous les effets de Villaret, argent et pierreries, afin de le remettre au commun trésor de l'Ordre, largement endetté auprès des banquiers de Florence, pour assurer les frais de la conquête de Rhodes. Le souverain pontife n'eut pas à départager les deux grands maîtres ; Paganac s'était retiré à Montpellier et devait y mourir quelques semaines plus tard. Foulques de Villaret fut rétabli dans ses fonctions, mais, comme il en avait été convenu avec le Saint-Père, il démissionna peu après. Il se retira auprès de sa sœur Jordane, hospitalière de Saint-Jean-de-Jérusalem, en la commanderie de Curemonte, près de Meyssac, en Haut-Quercy, où il mourut quatre ans après, en 1319. Le lieutenant général de l'Ordre, Gérard de Pins, fut confronté à une tentative d'invasion de Rhodes par Orkhân ou Ohrhan Ier (v. 1324-v. 1362), le fils d'Osmân Ier ou Ohtman (v. 1280-v. 1324 ou 1326), émirs turcs du Menteche, petite région située en Anatolie occidentale, à la frontière de l'Empire byzantin, Osmân fit de Brousse sa capitale, et fut le premier des Ottomans à se convertir à l'islam. Ohrhan, lui, parvint à Gallipoli, à l'entrée du détroit des Dardanelles, et pénétra pour la première fois en Europe. Une puissance nouvelle se levait en Orient, celle des premiers sultans ottomans dont la destinée allait conduire cette dynastie aux plus grandes conquêtes, tant en Asie qu'en Europe, jusqu'à leur chute en 1918. D'abord chefferie semi-nomade plus ou moins gérée collectivement par une famille, l'Etat ottoman engagea progressivement une politique centralisée autour du sultan, de ses esclaves (les *kouls*), et des oulémas et secrétaires chargés d'administrer le pays. Puissant monarque, Bâyezîd Ier Ildîrîm, ce qui signifie « la Foudre », appelé Bajazet en Occident, qui régna de 1389 à 1402, était encore ouvert aux influences culturelles des Byzantins ou des Slaves.

Les Hospitaliers parvinrent à repousser cette première tentative d'invasion. Tout se joua au cours d'une bataille navale. De Pins n'avait alors à sa disposition que quatre galères et quelques frégates, dans le port, plus des flûtes des marchands, le reste des bâtiments étaient en course. Il réussit à y joindre six galères génoises. Il fit embarquer tous les chevaliers et soldats présents dans l'île, plus les habitants capables de porter les armes, et cette petite flotte se porta à la rencontre de l'Ottoman qui, lui, disposait de quatre-vingts flûtes ou vaisseaux plats de différentes grandeurs, bien armés et chargés de troupes. Celles-ci étaient plus habituées à combattre sur terre que sur mer. Toujours est-il que la tentative d'invasion tourna court, et la flotte d'Ohrhan fut détruite. Cette bataille navale n'était pas la première que les Hospitaliers remportaient. Dès 1312, ils connurent quelques succès contre une flottille turque, alliée aux Génois, à la suite de la prise d'un de leurs bâtiments de commerce par les Hospitaliers qui avaient refusé de le leur rendre. Un accord fut passé avec les Génois et tout rentra dans l'ordre, les deux « républiques » s'allièrent et vainquirent les flottes turques des émirs de Menteche et d'Aydïn. Le grand précepteur Albert de Schwarzburg se distingua particulièrement contre elles en 1318 et en 1319.

Après la victoire de Gérard de Pins, Rhodes ne fut plus menacée durant plus d'un siècle. L'Ordre mit ce calme à profit pour régler ses affaires intérieures, s'organiser, constituer sa flotte, assurer sa défense et bâtir palais, certes, mais aussi hôpitaux, forts et remparts.

Construit en 1319, le palais du grand maître sera plusieurs fois remanié et embelli. Le prince de Joinville en rapportera, en 1836, une porte, sculptée notamment aux armes écartelées de la Religion et du grand maître Emery d'Amboise, qui lui fut offerte par le sultan Mahmud II [1]. La cité elle-même était puissamment fortifiée, comme les forts dans les îles adjacentes – Episcopia, Leros, Nisara, Calchi, Simia, Pilo et Cros. Les auberges des Langues seront bâties tardivement. Celle de France date de 1492 ; celle d'Espagne, de 1462 ; d'Italie, de 1517 ; de Provence, de 1481 ; d'Angleterre, de 1483 ; d'Auvergne, de 1507. En fait, jusqu'en 1522, date de la chute de Rhodes, les murailles furent en perpétuel chantier. On doit, par exemple, à Juan Fernandez de Heredia (1377-1396) les tours sur les murailles nord du château, ainsi que sur le port, à l'est de l'arsenal, avec la chapelle ; Philibert de Naillac (1396-1421) s'intéressa davantage au port et fit construire un rempart et la tour qui porte son nom. Elle commandait l'entrée du port, et abritait dans sa salle basse le treuil actionnant la chaîne fermant son accès. Cette tour fut détruite, lors d'un séisme, en 1863. Antoine de Fluvian de La Rivière (1421-1437), lui, fit remanier l'enceinte de la ville vers l'intérieur des terres. On lui doit aussi la tour Saint-Georges et les portes Saint-Athanase et Saint-Jean.

Dans son ouvrage, *La Cité de Rhodes*, Albert Gabriel a reconstitué les principales fortifications de Rhodes. L'un de ses dessins reproduit, par exemple, la porte du Koskino, située au sud de la ville. Les chemins d'accès étaient pourvus de détours destinés à briser l'élan d'éventuels assaillants. Cet auteur indique encore que le grand maître Jean de Lastic (1437-1454) travailla aux fortifications du port et à la transformation de l'enceinte comprenant la porte Saint-Antoine, la tour Sainte-Marie, les murs d'escarpe des courtines entre la tour Saint-Georges et la porte du Koskino. Aucun des grands maîtres successifs ne restera indifférent à l'évolution des techniques de l'architecture militaire. Pierre d'Aubusson, particulièrement au fait de celle-ci, commanda d'énormes travaux qui firent de Rhodes une véritable place forte dont la description ne peut que forcer l'admiration. Il envoya des ingénieurs au château de Saint-Pierre, construit par son prédécesseur Naillac sur la côte de Carie, pour protéger l'île de Lango. Le rôle des architectes, au cours de cette période, n'est pas à négliger. Ils sont rarement cités, pour ne pas dire inexistants dans les chroniques. Jean-Yves Empereur qui a étudié l'architecture des îles du Dodécanèse, ainsi que Rhodes, Cos et les îles jusqu'à Bodrum, et a consulté les ouvrages d'Albert Gabriel, a été frappé par la ressemblance des forteresses de Rhodes avec l'architecture du fort Qaitbay, à Alexandrie. Celui-ci fut construit, selon les chroniqueurs arabes du règne du sultan mamelouk Qaitbay, notamment Ibn Iyyas, entre 1477 et 1480. De son côté, Bernard de Breydenbach, dans la relation de son voyage en Terre sainte, en 1483, laisse entendre que le « fort neuf » avait été construit par un renégat originaire d'Oppenheim, dans le diocèse de Mayence. Ce personnage serait ensuite retourné au christianisme. Et il ne serait pas étonnant qu'il se soit mis au service des Hospitaliers.

PRINCES ET SOUVERAINS

Véritablement souverain, l'Ordre entretenait désormais des relations diplomatiques avec d'autres Etats, et battait monnaie. La première pièce connue frappée par les « chevaliers de Rhodes » est en argent à l'effigie du grand maître Foulques de Villaret. Elle pèse 4,02 grammes. On en connaît une autre d'un poids de 1,88 gramme. Tous les grands maîtres ayant régné à Rhodes se retrouvent sur des pièces de monnaie.

Les grands maîtres, hauts personnages et princes de l'Eglise, marquèrent chacun de leur personnalité la vie de l'Ordre, avec plus ou moins de bonheur. Ainsi, selon Claire-Eliane Engel, le grand magistère de Juan Fernandez de Heredia (1377-1396), « dans l'ensemble marquait un point dans la vie de l'Ordre ». Attaché aux papes plus qu'à l'Ordre lui-même, financier plus que soldat, et pas religieux du tout, il s'efforça d'enrichir l'Ordre et de renforcer sa position politique. Immoral et jouisseur, il fut, malgré tout, l'une des grandes figures de l'Ordre, d'une envergure ignorée jusqu'alors. Les grands maîtres étaient princes souverains et leur titre religieux ne faisait pas d'eux des moines. Ils s'entouraient de toujours plus de luxe et de pompe. Cette mise en scène était indispensable en Orient, où un grand maître devait tenir son rang face à l'empereur grec et aux Turcs, et en imposer autant par le faste que par la force. Les chevaliers de Rhodes aimaient chasser au faucon. Le grand maître Pierre d'Aubusson en possédait un grand nombre. Il en fit parvenir quatre-vingts à Louis XI et à Philibert de Savoie. Un geste purement diplomatique. Nous retrouverons cette tradition lors de la cession par Charles Quint de l'île de Malte aux Hospitaliers. Le commandeur J. de Franchiers, grand prieur d'Auvergne, est l'auteur d'un traité de fauconnerie. Les chevaliers, en revanche, restaient des religieux. Le grand maître Jean de Lastic promulgua un décret qui remettait les choses en place : « Il n'est pas permis aux frères, qui ont fait vœu d'obéissance, de vivre à leur fantaisie ; leur soumission doit paraître en toute chose. C'est pour cela que nous défendons aux frères de se faire des habits courts ou longs sans la permission du grand conservateur. Si quelqu'un l'entreprend, il s'en plaindra au maréchal, et celui qui l'aura fait sera puni de la septaine. »

Défenseur de la Chrétienté contre les musulmans, l'ordre des Hospitaliers de Saint-Jean-de-Jérusalem, on l'a dit, fut souvent désigné sous le nom de *Religion*. Cette appellation très ancienne tient sans doute au fait que l'Ordre, plus que les autres, était devenu le défenseur naturel de la religion chrétienne. Dans de nombreux textes, il n'est pas rare de lire que les *galères de la Religion* entreprirent telle ou telle campagne. Sa flotte permit à l'Ordre de conquérir Smyrne à la suite d'une croisade lancée en 1344 par le pape Clément VI (1342-1352). L'Ordre accepta, deux ans plus tard, de contribuer à la défense de Smyrne en versant trois mille ducats. Puis, en 1374, le pape Grégoire XI (1370-1378) lui confia la responsabilité de la défense de cette place qu'il conserva jusqu'en 1402, lorsqu'elle fut prise et rasée par Tamerlan. Les Hospitaliers participèrent aux raids contre la Syrie et l'Egypte, à la prise d'Alexandrie, en 1365, en envoyant quatre galères et cent chevaliers. Les chrétiens qui s'étaient emparés de butins importants préférèrent abandonner la ville. Les Hospitaliers tinrent encore de 1377 à 1381 la principauté latine d'Achaïe (Morée) en Grèce ; ainsi que, de 1397 à 1404, Corinthe et d'autres territoires sur le Péloponnèse byzantin, et, plus à l'est, portèrent secours au royaume chrétien d'Arménie[2].

Ce royaume, convoité par les Perses et les Byzantins, ne cessa d'être au cœur de luttes religieuses. L'arrivée des croisés dans la région permit à la Cilicie, que l'on appela la Petite Arménie[3], en opposition à l'Arménie proprement dite, d'être érigée en royaume vassal du Saint-Siège et de l'empire d'Allemagne, en 1198. Elle faisait ainsi partie des royaumes latins d'Orient. Cinquante ans après la chute d'Acre (1291), l'invasion musulmane des Egyptiens menaçant, le roi d'Arménie fit appel au grand maître des Hospitaliers, alors Hélion de Villeneuve (1319-1346), mais ce dernier devait mourir peu après. Son successeur, Dieudonné de Gozon, s'élança, malgré son grand âge, au secours du « royaume ami ». « Le combat fut long et opiniâtre, écrit Bosio, le premier historien de l'ordre. Les Sarrasins ne croyaient d'abord avoir affaire qu'aux Arméniens ; mais lorsqu'ils s'aperçurent de la présence des chevaliers de Rhodes, ils leur tournèrent le dos. » C'est ainsi que Gozon prendra le nom de « protecteur de l'Arménie ».

Tout au long du XIVe siècle, orphelin de la Terre sainte, l'Ordre ne désespéra pas de raviver l'esprit de croisade en Occident et œuvra sans relâche, mais en vain, auprès de la papauté et des diverses cours d'Europe. Ces dernières étaient pour la plupart en guerre, la papauté était déchirée par le grand schisme d'Occident (1378-1417), tandis que l'Empire byzantin agonisait lentement. Il fut question un moment que les Hospitaliers s'installent en Achaïe, en butte à la piraterie turque. La Grèce était un terrain d'opération privilégié, car, comme le souligne l'historien ottomaniste Nicolas Vatin, « le pays paraissait peut-être plus riche en ressources agricoles et humaines que Rhodes ». Et, de plus, idéalement situé pour surveiller les Ottomans dont la montée en puissance ne laissait pas d'inquiéter le monde chrétien. L'arrivée de Bayezîd Ier Ildîrîm sur le trône accentua le danger. Il fallut attendre 1393 pour que l'Occident se mobilise aux côtés des chevaliers de Rhodes contre les Ottomans parvenus aux portes de la Bohême. Répondant aux inquiétudes du roi de Hongrie Sigismond, le pape Boniface IX (1389-1404) lança un appel à la croisade. Les barons français Jean de Nevers (que l'on n'appelait pas encore « sans Peur »), fils de Philippe le Hardi, duc de Bourgogne, et Philippe d'Artois réunirent dix mille chevaliers pour la rejoindre. Parmi eux, la fleur de la noblesse du royaume : Jacques de Bourbon comte de la Marche, l'amiral Jean de Vienne, le maréchal Jean le Maingre, dit Boucicaut, Guillaume de Bordes porte-oriflamme de France, Jean de Cadzaud, grand amiral de Flandre, Jacques d'Heilly, chambellan de Bourgogne, Jean de Coligny, seigneur de Crescia, Enguerrand VII, seigneur de Coucy, Guillaume VI de La Trémoille, seigneur de Sully, Jean de Roye, seigneur du Plessis, de Muret et de Buzancy, Regnault de Roye, chambellan du roi Charles VI

(1380-1422), etc. Et encore, le grand maître Philibert de Naillac, à la tête d'une centaine de chevaliers.

L'affrontement eut lieu à Nicopolis, dans le nord de la Bulgarie, le 28 septembre 1396. Les troupes de Bajazet massacrèrent les croisés, à l'exception des plus jeunes et des plus nantis dont elles entendaient tirer une rançon et chargèrent le chevalier de Boucicaut de trouver les soixante-quinze mille ducats nécessaires au rachat des prisonniers. Le grand maître de Naillac, rescapé du massacre, réunit la somme, en grande partie sur sa cassette personnelle, et fit rapatrier les prisonniers à Rhodes où ils furent soignés. Tous les détails de cette bataille désastreuse sont décrits dans le *Livre des faits du bon messire Jean Le Maingre, dit Boucicault*, publié au début du XVIIe siècle par Théodore Godefroy.

Les Turcs s'emparèrent ensuite de la Bulgarie, avant de conquérir l'ensemble des Balkans. Cet épisode dramatique mit un terme au projet de reconquête de la Terre sainte et fragilisa la position de l'Ordre en Méditerranée. Cependant, la menace ottomane fut momentanément écartée par la défaite de Bajazet face au souverain mongol Tamerlan (1402). De son vrai nom Timour Lang, il avait fait de sa ville, Samarkand, une capitale de l'Orient, carrefour des routes commerciales de la soie, dont il tirait, grâce aux taxes sur les transits, de considérables revenus. Le projet de Bajazet, allié avec la Syrie et le sultanat de Bagdad, de s'emparer de Constantinople et de Trébizonde et de dominer toute l'Asie Mineure, ne lui plaisait guère. Par ailleurs, devant l'immobilisme de l'Occident, l'empereur byzantin Manuel II Paléologue (1391-1425) avait demandé l'aide du chef mongol pour contrer les ambitions ottomanes sur Constantinople. Tamerlan s'empara de Bagdad en 1400, envahit la Syrie, prit Alep et Damas, remonta vers le nord et écrasa en 1402 l'armée turque à Ankara que l'on appelait alors Ancyre. Capturé, le sultan Bajazet fut selon certaines traditions enfermé dans une cage de fer contre les barreaux de laquelle il se serait fracassé la tête. En fait, il mourut d'une attaque quelques mois plus tard.

Les Ottomans mettront un demi-siècle à se relever de cette défaite. Quant aux Hospitaliers, ils profitèrent de cette période de paix pour tenter de reprendre pied à Smyrne. Ils n'y parvinrent pas, mais ils s'installèrent à Halicarnasse, en bordure de la mer Egée, au sud-ouest de la Turquie, où ils firent construire le fort Saint-Pierre. Au fil de ces années, Chypre était devenu le seul royaume chrétien indépendant sur la route des flottes de l'Islam. Le sultan d'Egypte l'attaqua en 1426. Le grand maître Fluvian (1421-1437) se vit contraint d'intervenir et de payer lui-même la rançon du roi Janus de Lusignan, dit à tort Jean II (1374-1432). Celle-ci lui serait remboursée en sucre et autres denrées sur cinq ans. En réaction, la flotte égyptienne se présenta devant Rhodes en 1440. Elle fut repoussée et vaincue. Quatre ans plus tard, les Egyptiens débarquaient dix-huit mille hommes d'infanterie et de la cavalerie. Le siège dura quarante jours et les assaillants furent une seconde fois vaincus.

Une paix armée s'instaura alors entre Turcs et Hospitaliers. Les uns et les autres ne se privèrent pas de pratiquer la course, voire la piraterie. Le traité de paix signé en 1450 entre le grand maître Jean de Lastic et le sultan ottoman, Mûrad II (1403-1451) dispose pourtant que cette pratique était proscrite. Peu à peu, Turcs et Hospitaliers trouvèrent un *modus vivendi*. La gigantesque partie jouée tout autour de la Méditerranée comporte ainsi nombre de défaites et de victoires ; dans certains courriers échangés entre la Porte et l'Ordre, le sultan qualifiait respectueusement le grand maître de « mon père ».

L'AFFRONTEMENT

L'avènement de Mehmet II (1451-1481), septième sultan de l'Empire ottoman, raviva la menace. Byzance avait déjà subi plusieurs sièges des Ottomans. Mehmet jugea qu'il était temps de prendre l'orgueilleuse cité, et d'éradiquer toute présence chrétienne en terre d'islam. Deux ans après son accession au pouvoir, il réunit une force de cinquante mille hommes et cinq cents navires. Il fit franchir la colline de Pera à soixante-dix d'entre eux, sur une piste faite de rouleaux de bois, afin de contourner la chaîne de bois et de fer qui barrait la Corne d'Or. Les galères chrétiennes furent détruites avant même d'avoir pu livrer combat. Constantinople était encerclée. Nous étions le 5 avril 1453. Le 23 mai, Constantin XI refusa de capituler. L'assaut fut lancé le 28. Le lendemain, la ville tombait dans un bain de sang. Le corps du Basileus[4] fut retrouvé gisant parmi les monceaux de cadavres. Mehmet fit exhiber sa tête dans toute l'Asie, comme symbole du triomphe du Croissant. Mille ans de présence chrétienne en Asie Mineure prenaient fin. Toutes les églises furent détruites, à l'exception de Sainte-Sophie qui sera vouée au culte d'Allah. Pour autant, la basilique ne fut jamais débaptisée, elle est toujours désignée sous son appellation byzantine « Agagia Sofia ». C'était un acte volontaire et politique. Sainte-Sophie chrétienne devait demeurer un symbole. La mère, la grand-mère et l'arrière-grand-mère de Mehmet II étaient grecques et demeurées chrétiennes. Le sultan avait du sang royal byzantin, et son premier discours après la prise de la ville fut prononcé en grec. Il se faisait passer pour le successeur de César. Comme le souligne le professeur Gilles Veinstein : « Plusieurs travaux ont mis en évidence tous les indices de l'appropriation par ce sultan du titre impérial romain, qui lui était d'ailleurs complaisamment reconnu par plusieurs princes et clercs chrétiens et par Pie II (1458-1464) lui-même, sous conditions... » Cette prétention à l'héritage romano-byzantin relevait d'une politique qui devait placer Mehmet II et ses successeurs, explique Gilles Veinstein, non comme des adversaires des princes chrétiens, mais comme leurs rivaux. La reconnaissance du patriarche et des autres autorités chrétiennes et juives suivait cette même ligne de conduite. Malgré tout, Constantinople sera désormais désignée sous le nom d'Islambal, autrement dit « abondance de l'Islam », qui est prononcé Istanbul.

Mehmet II ne s'arrêta pas là, poursuivant la politique expansionniste vers l'ouest et les Balkans : la Serbie, Lesbos, la Bosnie, l'Albanie, l'Herzégovine et les comptoirs génois de la mer Noire furent conquis. Le sultan mena durant dix-sept ans une guerre contre Venise pour la possession de la Morée et des îles de la mer Egée. Il chassa les Comnènes de Trébizonde, les Karamanides d'Anatolie, vassalisa la Crimée. Se considérant comme le souverain de Rhodes, il exigea alors des Hospitaliers qu'ils lui versent un tribut annuel de deux mille ducats. Ce que l'Ordre refusa. Pierre d'Aubusson, élu en 1476, prévoyant une importante attaque des Ottomans, envoya l'« appel au couvent » à tous les frères dispersés en Occident, renforça les fortifications, et se prépara à soutenir un siège. Il fit venir d'Italie quatre cents cuirasses, des chaînes pour fermer le port, apporter du bétail, du vin et du grain. Il ne se trompait pas. Les voiles de cent cinquante à cent soixante bâtiments turcs, portant cent mille hommes, apparurent à l'aube du 23 avril 1480. Le grand maître d'Aubusson dirigea en personne la résistance contre les assauts de Misach, né Michel Paléologue, passé au service de Mehmet II. Quoique blessé, il ne céda pas : « Mourons ici, mes frères, plutôt que de reculer », dit-il aux chevaliers. Son héroïsme galvanisa les assiégés. Le 27 juillet, le pacha Misach, apprenant l'arrivée de quelques vaisseaux espagnols et craignant d'être surpris, fit rompre le siège avec ce qui lui restait de ses troupes. Vingt-quatre mille hommes avaient été tués, sans compter les blessés. Au large, il fut rattrapé par cette flotte hispano-napolitaine venue au secours de Rhodes, et vaincu. Après sa victoire sur les Turcs, le pape Sixte IV (1471-1484) fit venir à Rome le grand maître Pierre d'Aubusson et le reçut avec les honneurs royaux. On rapporte souvent qu'il fut fait cardinal à cette occasion. En fait, il reçut le chapeau à la suite d'une bulle du 9 mars 1489, en échange de la remise du prince Zizim aux autorités du Saint-Siège. « Une dignité peu convenable à un homme de guerre, et surtout à un souverain », commenta l'abbé de Vertot.

Le sultan était entré, paraît-il, dans une grande fureur en apprenant la défaite de Paléologue qu'il exila à Gallipoli, avant de dire tout haut, selon Beaudouin, « que ses armes n'étaient heureuses qu'entre ses mains, & il se résolut de se mettre en campagne prochaine, à la tête de son armée. Il fit faire en conséquence tous les préparatifs nécessaires ; mais il mourut avant d'exécuter ses desseins, le 3 mai 1481 ». Le jour même de cet événement funeste, un violent tremblement de terre, réplique d'une autre secousse survenue le 15 mars, frappa Rhodes. Il fut suivi d'une pluie diluvienne qui « fit enfler la mer à une telle hauteur, qu'il y eut dix ou douze pieds d'eau dans les rues ». Un nouveau tremblement de terre, plus important encore, eut lieu, en pleine nuit, le 10 décembre. Quelques églises, le palais du grand maître et d'autres édifices publics furent fortement endommagés. Pendant que les Rhodiens réparaient les méfaits du siège et des tremblements de terre, le grand maître reçut un envoyé du prince Djem dont nous avons conservé la mémoire sous le nom de Zizim.

Mehmet II avait deux fils, Bajazet II et Djem. Ce dernier, né d'une princesse serbe chrétienne, et qui « avait toujours fait preuve d'une certaine largeur d'idée », comme le rapporte Claire-Eliane Engel, tenta de ravir le trône au premier, échoua deux fois et se tourna alors vers le grand maître de Rhodes pour lui demander asile. Cette histoire maintes et maintes fois racontée, d'abord par Caoursin, a inspiré une littérature abondante, dans laquelle on plaignait ce pauvre prince ainsi retenu en exil. Examinée sous son aspect purement politique, elle met en lumière des relations plus étroites qu'on ne le pense entre les Ottomans et les royaumes chrétiens, y compris celui du Saint-Siège. Cette affaire se solda par un échec pour les chrétiens et une demi-victoire pour les Ottomans. Une fois de plus, les divergences entre les souverains et les princes contemporains ne permirent pas d'exploiter une occasion qui aurait permis de faire régner la paix en Méditerranée, au moins durant plusieurs décennies. Quoi qu'il en soit, la présence de ce prince turc dans l'île de Rhodes fut une formidable occasion de négocier la paix. Djem, otage de prix, devint un objet de convoitise, d'autant plus que Bajazet chercha, par tous les moyens, à négocier, afin que l'on gardât le plus loin possible de son empire son demi-frère qui pouvait, avec de fortes raisons, disent certains auteurs, contester sa légitimité. Il multiplia les ambassades en Occident, chargées de « présents et des promesses les plus folles », selon Nicolas Vatin et Gilles Veinstein.

Djem-Zizim fut accueilli à Rhodes, le 29 juillet 1482, avec tous les honneurs dus à son rang, et logé à l'auberge de France. Plusieurs émissaires de Bajazet tentèrent de s'introduire à Rhodes, « pour tâcher de se défaire de Zizim par le fer ou le poison », raconte Bosio. Le prince ottoman accepta la proposition d'Aubusson de se réfugier en France. Avant de partir, il laissa un ample pouvoir au grand maître pour traiter avec Bajazet en son nom. « Cet acte fut accompagné d'un autre par lequel il s'engageait, s'il recouvrait jamais l'Empire, d'entretenir une paix constante avec les Chevaliers, d'ouvrir toutes ses portes à leurs flottes & de rendre tous les ans gratuitement la liberté à trois cents esclaves chrétiens », rapporte encore Bosio. Cet acte est toujours conservé à la Bibliothèque nationale de Malte. Sitôt après le départ de Zizim de Rhodes, deux chevaliers, dont l'un parlait le turc, précise Bosio, se rendirent à Istanbul et conclurent avec Bajazet un traité de paix, lequel disposait que le grand maître s'engageait à retenir Zizim en son pouvoir et à ne pas le livrer à un prince chrétien ou infidèle « qui pût se servir de son nom et de ses prétentions pour troubler l'Empire ». Pour l'entretien du prince ottoman, l'ordre recevrait chaque année la somme de trente-cinq ou quarante mille ducats, selon les auteurs, ainsi que dix mille pour le dédommagement des destructions provoquées par le siège. On sait que le sultan, « très content de la paix », paya ce qu'il avait promis. L'attitude du grand maître d'Aubusson fut, en revanche, jugée de manière différente par les historiens contemporains, l'un défendant la conduite d'Aubusson et les avantages qu'il avait pu tirer de la détention de Zizim, l'autre lui reprochant d'avoir choisi entre deux maux le moindre. Laissons finalement conclure Nicolas Vatin : « En dehors de l'intérêt financier de l'accord, c'était une victoire psychologique qui allait donner à l'ordre un lustre incontestable. »

Zizim résida, d'abord, dans plusieurs demeures appartenant à la famille d'Aubusson, au Monteil-au-Vicomte, à Morterolles, en Poitou, et à Bois-Lamy près de Moutier-Malcard, puis à Bourganeuf. Au cœur de la Creuse, cette commanderie, installée depuis le XIIe siècle, était située sur la route faisant communiquer l'ouest et l'est de l'ancienne Gaule. Jean de Lastic fut sans doute son premier commandeur qui eut le titre de grand prieur d'Auvergne. Pierre d'Aubusson lui succéda avant d'être, lui aussi, élu grand maître. Bajazet, soulagé d'être débarrassé de son frère ennemi, négocia avec lui afin qu'il gardât son rival. Celui-ci parvint en 1484 à Bourganeuf où l'accueillit Guy de Blanchefort, propre neveu d'Aubusson qui venait de faire aménager cette tour, et non pas construire, comme on le dit souvent, celle que l'on appelle depuis la « tour de Zizim » pour l'accueillir. En 1489, le prince ottoman fut envoyé à Rome, à la demande du pape Innocent VIII (1484-1492) qui songeait à le mettre à la tête des troupes d'une nouvelle croisade. Le pape mourut, Charles VIII envahit l'Italie et emmena Zizim vers Naples. Où il mourut, le 24 février 1495, vraisemblablement empoisonné sur l'ordre du pape Alexandre VI (1492-1503) – un Borgia – et à la demande de Bajazet. Si cette mort soulageait enfin le sultan, elle ôtait aux chrétiens un précieux otage qui leur assurait un rapport de force non négligeable.

Loin de s'en prendre aux Hospitaliers, Bajazet s'engagea au contraire contre les Vénitiens. Prudent, d'Aubusson se tint à l'écart, tentant de maintenir un semblant de neutralité, jusqu'au moment où le pape Alexandre VI lui donna le commandement de la flotte chrétienne destinée à se lancer à l'attaque des côtes ottomanes. Les Hospitaliers se contentèrent de maintenir le blocus d'Istanbul ; les corsaires turcs ravagèrent Cols et Tilos, et s'approchèrent dangereusement des rives rhodiennes. Le grand maître d'Aubusson mourut le 3 juillet 1503. Lui succéda Emery d'Amboise, grand prieur de la langue de France (1503-1512), qui entama les nouvelles négociations de paix souhaitées par les Ottomans. On ressortit l'accord de 1482, signé par Bajazet et d'Aubusson, qui fut renouvelé en 1504, et la trêve se poursuivit jusqu'en 1519. « Le commerce retrouva une réelle vigueur, tant avec les Ottomans qu'avec les Mamelouks. Les Turcs semblent même avoir été plus nombreux que jamais à venir négocier à Rhodes », rapporte Nicolas Vatin. Cet historien est, sans doute, celui qui a le mieux analysé « la situation ambiguë », selon ses propres termes, de la présence des Hospitaliers à Rhodes : « A la fois souverains d'un petit archipel commerçant riverain des côtes musulmanes et membres d'un ordre militaire dépendant directement du pape et tirant d'Europe le principal de ses ressources, ils réussirent au total à maintenir l'équilibre entre des obligations contradictoires. » Ils contribuèrent certes à protéger les possessions latines dans la région, ils servirent de base à des tentatives de retour des chrétiens en Orient. Et, en même temps, ils poursuivaient leur activité corsaire contre les Ottomans mamelouks et même les commerçants vénitiens. Position avancée de l'Occident, les Hospitaliers devinrent d'utiles interlocuteurs avec les Ottomans. On peut même penser que sans leur présence dans cette région, la pénétration ottomane en Europe et en Méditerranée n'aurait quasiment pas rencontré d'obstacle. Il n'empêche que l'Occident ne bougera pas, quand il aurait fallu aider les chevaliers aux prises avec Soliman le Magnifique.

Philippe de Villiers de L'Isle-Adam fut élu en 1521 contre André d'Amaral, chancelier de l'ordre et grand prieur de la langue de Castille. Dépité, Amaral aurait, depuis lors, préparé sa trahison en livrant Rhodes à Soliman II. Ce dernier, reprenant le plan de son prédécesseur Selim Ier le Féroce, jeta le 17 juillet sur les remparts de Rhodes deux cent mille hommes, dont dix-huit mille janissaires et soixante mille pionniers, venus à bord de quatre cents bâtiments. Villiers de L'Isle-Adam ne disposait que de six cents chevaliers et quatre mille cinq cents écuyers et servants. Au terme de six mois d'attaques incessantes, Soliman s'apprêtait à lever le siège, après avoir sacrifié quatre-vingt mille hommes et bombardé la ville de quelque quatre-vingt mille boulets. Mais, trahi par le grand chancelier d'Amaral, Villiers de L'Isle-Adam dut capituler. De tous les royaumes chrétiens, un seul tenta d'aider l'Hôpital de Saint-Jean : la France qui envoya une troupe conduite par Prégent de Bidoulx, « amiral du Levant » et grand prieur de Saint-Gilles. Le grand maître fit sauter les églises afin qu'elles ne soient pas profanées, puis envoya le chevalier Petrucci négocier avec Soliman. L'acte de capitulation signé, le grand maître se rendit auprès de Soliman qui l'accueillit avec de grands éloges. Le sultan lui proposa les plus hautes charges dans son empire. Le grand maître lui répondit qu'il serait indigne de ses grâces s'il les acceptait. Soliman, en signe d'amitié, présenta au grand maître sa main à baiser. Le sultan accorda à l'Ordre les honneurs de la guerre. Accompagnés de quatre à cinq mille Rhodiens, les Hospitaliers quittèrent Rhodes, le 1er janvier 1523, avec les reliques, leur trésor et leurs armes, à bord de leurs trente vaisseaux. On rapporte que le temps était très mauvais. De son côté, Soliman II devait dire : « J'ai perdu la fleur de mes gens pour conquérir ces murailles désolées. »

Un rocher désolé

Le détroit de Messine fait communiquer la mer Tyrrhénienne avec la mer Ionienne. La ville elle-même est admirablement située, en amphithéâtre, dominant un port naturel très large. Seul inconvénient, il est exposé aux vents venant du nord et du sud. Un autre désavantage nuit à sa réputation : des tremblements de terre fréquents. Messine était un passage obligé pour qui venait du Dodécanèse afin de gagner des rives chrétiennes. Les Hospitaliers y débarquèrent le temps de se compter. Puis ils se transportèrent successivement à Candie, en Crète, à Cerigo, en Sicile, en Italie méridionale, à Villefranche et à Nice. Non pas dans le palais Lascaris, comme il est souvent écrit, mais, sans doute, dans la « Maison des Hospitaliers », située près de la citadelle et de l'arsenal. Le palais Lascaris fut, en effet, construit au milieu du XVIIe siècle, par le neveu du grand maître, Jean-Paul de Lascaris, qui s'y installa en 1657. Le grand maître Villiers de L'Isle-Adam songea un moment à installer le siège de l'Ordre dans les îles d'Hyères. L'homme donnait une impression de force inébranlable. Battu mais non vaincu par les Ottomans, il lui fallait désormais trouver une nouvelle terre d'accueil. Sur sa demande, le pape Adrien VI (1522-1523) promulgua une bulle menaçant de grave punition tout chevalier qui s'éloignerait de la personne du grand maître : « Après la perte de Rhodes, eux seuls formaient le corps représentatif de la Religion. »

Le grand maître, lors d'une tournée en Europe, s'arrêta

à Paris en 1528 et y retrouva François Ier qu'il avait rencontré en captivité l'année précédente à Madrid – l'Ordre avait contribué au paiement de la rançon exigée par les Espagnols et provoqué le traité de Madrid. Jules de Médicis, qui avait été membre de l'Ordre et prieur de Capoue, avait été élu pape sous le nom de Clément VII (1523-1534). Cette élection fut favorablement accueillie par les Hospitaliers que son prédécesseur Adrien VI n'avait guère soutenus. Clément VII mit tous ses moyens en œuvre pour aider l'Ordre à poursuivre ses activités. Il l'installa provisoirement à Viterbe et ses galères à Civitavecchia. Entre-temps, Charles Quint, sans doute poussé par la diplomatie vaticane, et conscient du rôle utile des Hospitaliers dans la défense des confins maritimes de l'Espagne à l'Est, avait proposé à Villiers de L'Isle-Adam les îles de Malte, Gozo et Comino, et les terres entourant Tripoli. Le grand maître refusa une première fois, l'indépendance de l'Ordre n'étant pas garantie. Il craignait aussi qu'accepter cette offre ne revienne à renoncer définitivement à Rhodes. L'empereur renouvela sa proposition. Elle fut, cette fois, acceptée. L'original de l'acte signé le 24 mars 1530 à Castel Franco, petite ville du Bolonais, entre Charles Quint et le grand maître Villiers de L'Isle-Adam, est conservé à la Bibliothèque nationale de Malte à La Valette[5]. Par cet acte, l'empereur d'Allemagne et roi d'Espagne cédait à l'Ordre comme fief souverain l'archipel détaché de la couronne de Sicile et Tripoli. En échange, l'empereur exigea un faucon par an. Celui-ci, chaperonné de soie, portant sonnettes d'or et bagué de vervelles aux armes impériales, lui était apporté le jour de la Toussaint. Diplomates, les Hospitaliers fournirent aussi le roi de France en gerfauts. On rapporte que Louis XIII les attendait impatiemment...

7

SAINTES ET DAMES

A Rhodes, les Hospitaliers avaient fait la découverte, dans une chapelle située sur la colline de Galipsos, près de Trianda, au sud-ouest de l'île, d'une icône de la Madone (tempera sur bois, 44 × 36 cm), objet d'une grande dévotion, tant de la part des Grecs que des Latins. On raconte que cette icône avait été exécutée par saint Luc l'Evangéliste, « le peintre de la Vierge ». Selon la légende, un homme sauvé par Marie du suicide l'avait fait venir de Jérusalem et installer là. On donna plus tard à cet endroit le nom de *Philermos*, lequel signifie en grec « qui aime la solitude ». A leur tour, les Hospitaliers la vénérèrent et elle devint pour eux l'une des principales reliques de l'ordre. Ils l'appelèrent encore « Notre-Dame de toutes les grâces ». Après le siège de 1480, les Hospitaliers, redoutant de laisser leur palladium hors de la citadelle, la mirent à l'abri dans une chapelle dont nous ignorons le nom. Le vice-chancelier Caoursin rapporte, en effet, qu'au plus fort de la bataille, les Hospitaliers crurent voir « une croix d'or resplendissante, et la Vierge vêtue de blanc tenant un bouclier au bras gauche et une lance en la main droite ; et auprès d'elle un homme vêtu de peau de chameau, et auprès d'eux une troupe de soldats armés richement, qui venaient en hâte au secours de la ville [1] ». Puis, en 1513, l'icône fut placée dans l'église de Saint-Marc. Cette église fut détruite, lors du siège de 1522, sous les bombardements ottomans ; mais pas l'icône, demeurée intacte sous les débris. Frappé d'admiration, le grand maître Villiers de L'Isle-Adam prendra comme devise et cri de guerre : « Pour Philerme ! » Durant l'exil qui suivit la chute de Rhodes, elle accompagna les Hospitaliers à Sitia, à Spina-Longa, à Candie, Sphaskia, Cerigo, Gallipoli, Messine, Cumes, Naples, Baies, Civitavecchia, Rome, Viterbe, Corneto, Nice, Villefranche, Saragosse en Sicile et Syracuse. Lors de son passage à Nice, en 1529, le grand maître Villiers de L'Isle-Adam aurait offert à la ville un fac-similé de la Vierge de Philerme commandé à Louis Bréa (né vers 1450), un artiste niçois de grande renommée. Ce panneau, inscrit dans un retable représentant saint Jean-Baptiste et saint Sébastien, orne l'église de la communauté de Saint-Barthélemy, à Nice.

A Malte, Notre-Dame de toutes les grâces, dite désormais « *Odighitria* », la « Mère conductrice », sera installée dans l'église Saint-Laurent, la première église conventuelle, à Birgu ou Borgo, la future Vittoriosa. Cette église fut ravagée en 1532 par un incendie. Le portrait de la Madone, protégé par une muraille effondrée, fut retrouvé intact. Des tapisseries des Flandres, commandées en 1493 par le grand maître d'Aubusson pour orner le palais de Rhodes et représentant les vies de sainte Catherine d'Alexandrie et de Marie-Madeleine, disparurent en revanche dans les flammes. L'icône fut alors installée dans la chapelle du Saint-Sacrement, dans l'église conventuelle de Saint-Jean.

Celle-ci était l'objet d'une dévotion particulière. Des chevaliers lui faisaient des présents à la suite de leurs bonnes fortunes au combat. Le prieur de Capoue, Léon Strozzi (1515-1554), un personnage illustre d'une famille de banquiers florentins, après une prise sur les galères ottomanes, fit porter à l'autel Notre-Dame, un somptueux ornement sur lequel il avait fait broder une phrase tirée de l'Evangile de saint Jean : « Il est venu vers les siens, et ils n'ont point voulu le recevoir. » Le grand maître Homedes (1536-1553) lui avait en effet refusé sa présence à Malte, car, fidèle au roi de France, il n'avait pas cédé aux objurgations du grand maître de servir Charles Quint. Léon Strozzi avait provoqué un scandale, à Malte, en renonçant à la charge de capitaine des galères pour se mettre à son compte, en fait au service de la France, dont le souverain lui octroya la charge de général des galères. Il devait, en 1550, avec son escadre de seize galères, s'emparer du château de Saint-André en Ecosse, et enlever à ses geôliers la jeune reine d'Ecosse Marie Stuart (fille de Jacques V qui épousera François II, roi de France), âgée de six ans. Deux ans plus tard, en désaccord avec le connétable de Montmorency, il retourna à Malte et fut nommé pour la seconde fois capitaine des galères. Cela ne dura pas longtemps : il devait accepter de Henri II la charge de général des galères à Messine à laquelle il avait renoncé. Il fut tué presque aussitôt à Scarlino. Son personnage fut immortalisé par Alfred de Musset dans *Lorenzaccio* (1834).

Après la prise de l'île de Malte par Bonaparte, en 1798, des chevaliers répondant à l'invitation du tsar Paul Ier gagnèrent Saint-Pétersbourg, en emportant l'icône. On dit encore que le grand maître von Hompesch en aurait lui-même fait cadeau au tsar. Une affirmation douteuse, car le grand maître se réfugia à Trieste, avant de résider à Montpellier. Il aurait également offert au tsar le bras droit de saint Jean-Baptiste. Cette relique du saint patron de l'ordre était restée à Constantinople après sa prise par les Turcs. Après la mort de Mehmet II, nous savons que ses deux fils, Bajazet et Djem-Zizim, se disputèrent le trône. Le second se réfugia à Rhodes, puis fut transféré en France. Pour prix de sa tranquillité politique, Bajazet offrit, entre autres cadeaux et sommes d'argent, au grand maître d'Aubusson le bras de saint Jean-Baptiste. Il fut placé dans une châsse d'or, de cristal et de pierres précieuses. Nous trouvons, dans le *Liber missarum ad usum Ecclesiae Hospitalis Sti Johannis* de Rhodes, en 1465, que, pour la nativité de saint Jean-Baptiste, trois messes devaient être célébrées : la première « *in mane* » ou « *in vigilia* », dans la nuit ; la deuxième « *orto sole* », au lever du soleil, « *missa matutina* » ; la troisième, de jour, « *magna missa* ». Cette pratique calquée sur la liturgie de la Nativité montre l'importance du culte de l'ordre envers son saint patron. Plus tard, le bréviaire de l'ordre, réformé par le grand maître Emeric d'Amboise, en 1551, indique dans ses rubriques que l'office de saint Jean doit être célébré tous les jours libres de la semaine, sauf les vendredis et les samedis depuis l'octave du *Corpus Christi* jusqu'à l'Avent. Cet office était ainsi désigné : « *Honores Sancti Johannis Baptistae* ».

Les deux précieuses reliques de l'ordre, l'icône de Notre-Dame de Philerme et le bras droit de saint Jean, furent installées au palais Vorontsov qui deviendra « le château des Chevaliers » réfugiés en Russie. Ensuite, elles seront déposées dans l'église de Gatschina, près de Saint-Pétersbourg. Après la révolution soviétique, on crut l'icône disparue, bien que des rumeurs laissassent entendre qu'elle avait été confiée à des membres de la famille royale serbe qui l'auraient emportée à Belgrade, et qu'elle était désormais conservée dans un monastère orthodoxe en Yougoslavie. Une copie de l'icône, heureusement, subsistait, ce qui donnait une idée de son image. Celle-là avait été réalisée, dans les années 1870, par l'artiste romain Pietro Gagliardi à la demande du Maltais Paolo Pullicino, auteur par ailleurs d'un mémoire sur l'image de l'icône. Dans un numéro de mai 1968 de la revue *Melita historica*, Joseph Camilleri publiait une lettre datée du 7 juin 1925 du Pr Giovanni Borg dans laquelle il attirait l'attention des autorités maltaises de l'époque. Il y révélait qu'en avril 1925, les Grecs orthodoxe de Rhodes avaient demandé au gouvernement soviétique de leur rendre « l'icône miraculeuse de la Madone de Philerme » que le grand maître Villiers de L'Isle-Adam avait emportée en quittant Rhodes. Les Soviétiques leur répondirent que l'icône avait disparu de Gatschina, enlevée par le colonel Ignatiev, membre de l'armée blanche du général Vrangel. L'officier l'aurait emportée en Estonie, où elle aurait disparu. Les Soviétiques promettaient aux Rhodiens de leur faire parvenir une copie exécutée à la demande du tsar Nicolas II pour remplacer l'originale à Gatschina. Il aurait encore existé une seconde copie destinée à remplacer la première expédiée à Rhodes.

Tandis que les Maltais œuvraient pour tenter de récupérer l'icône, en intervenant, notamment, auprès de l'ambassade de Grande-Bretagne en Estonie, sir Hannibal

Scicluna, bibliothécaire de la Bibliothèque de Malte, approcha le grand maître Galeas von Thun, afin qu'il intervienne et fasse venir l'icône à Rome. L'affaire tournait au roman policier. Des correspondances furent échangées entre les membres du comité des antiquités maltaises, l'ambassadeur de Grande-Bretagne à Riga, le secrétariat de l'association britannique de l'ordre de Malte. Tout cela sans résultat. Le fin mot de l'histoire a été révélé dans une note à un article d'Edmond Gantier publié en 1968 dans les *Annales de l'Ordre souverain de Malte*, intitulé : « L'icône de Notre-Dame de Philerme dans l'iconographie orientale » : « Lors de la révolution d'Octobre, cette icône fut sauvée par l'impératrice mère et transportée à Copenhague. Elle la remit sur son lit de mort au patriarche orthodoxe-serbe, qui la déposa dans le trésor royal à Belgrade où des amis d'un membre éminent de l'Ordre la virent encore. Au tour (*sic*) de la dernière guerre, la sainte image accompagna la famille royale de Yougoslavie lors de sa fuite après le bombardement allemand. La reine mère, qui dirigeait ce groupe, était accompagnée de son aide de camp, un Slovène catholique, le colonel Gaspericic. Ce dernier aurait emporté l'icône en Italie où il s'était réfugié. On ignore où se trouve actuellement ce trésor. »

Elle a été retrouvée, il y a quelques années, au Monténégro. Devant l'imminence de l'invasion de la Yougoslavie par les nazis, en 1941, l'icône avait été cachée dans le monastère orthodoxe d'Ostrog, près de Nikisic. Ce n'est qu'en 1997 que l'on se rendit compte que l'icône vénérée dans ce monastère de la montagne de Cettigne était l'originale. Elle est à présent conservée au Musée national de Cetinje, capitale historique du Monténégro. L'icône est, aujourd'hui, recouverte d'un revêtement en or (50 × 37 cm) qui ne laisse voir que le visage de la Vierge. Elle est aussi ornée de neuf rubis alternés avec des diamants. Frà Andrew Bertie, grand maître de l'ordre de Malte, a conduit du 12 au 15 mars 2004 un pèlerinage vers cette icône. A l'occasion de ce voyage, le grand maître et les membres de la délégation de l'ordre, représentants du Souverain Conseil, ecclésiastiques et chevaliers religieux (profès), se rendirent au monastère orthodoxe de la Nativité, et se recueillirent devant les reliques de la Sainte Croix et du bras de saint Jean-Baptiste. Certains pourraient s'étonner que l'ordre n'exigeât pas la restitution de l'icône. Le temps a passé, Notre-Dame de Philerme est autant vénérée par les catholiques que par les orthodoxes. Il a semblé plus sage, de part et d'autre, de la laisser dans son nouveau refuge.

UNE SECONDE ICÔNE

Moins connue, et sans doute ignorée de la majorité des membres de l'ordre, l'icône de Notre-Dame de Damas était elle aussi vénérée à Rhodes. Des marins syriens ayant fui leur pays envahi par les troupes de Tamerlan, en 1401, auraient aperçu cette image sacrée flottant sur la mer, précédée d'une très grande lumière. Les marins, saisis, la suivirent jusqu'à ce qu'elle échoue sur les rivages de l'île de Rhodes. Le grand maître, ayant eu vent de cette histoire, accourut et identifia cette icône comme étant la Vierge de Damas. Elle fut portée en procession jusqu'à l'église conventuelle de Saint-Jean-Baptiste. Mais le lendemain, elle avait disparu. Elle fut retrouvée dans l'église grecque d'Eleimonitria, installée face au rempart d'Angleterre. On l'y laissa donc, puisque, apparemment, telle était sa volonté. A Malte, le grand maître Villiers de L'Isle-Adam l'installa dans l'église Sainte-Catherine. « Ayant survécu à l'invasion des Mongols à Damas et au siège des Turcs à Rhodes, ayant échappé aux dangers sur la mer et sur terre, de nuit et de jour, durant plusieurs siècles, notre Icône a trouvé, finalement, sa demeure à Malte, parmi un peuple qui place les valeurs chrétiennes au centre de son existence », commente Papas Vito Borgia dans une petite monographie consacrée à l'icône. Celle-ci fut transférée, en grande cérémonie, en 1587, de Vittoriosa à La Valette, dans l'église grecque-catholique, financée et construite spécialement pour l'abriter par le noble rhodien Jean Kalamias. Le grand maître Pietro del Monte (1568-1572) avait offert le terrain. Nicolas Cotoner (1663-1680) fit dessiner une église de plus grande dimension ; Gregorio Carafa

(1680-1690) procura les ornements liturgiques. Récemment, enfin, le grand maître Andrew Bertie, au cours d'une visite officielle à la république de Malte, le 27 mai 1989, tint à visiter l'église Notre-Dame de Damas. Le père Vito Borgia rapporte que le grand maître, familier de la langue grecque, comme ses prédécesseurs, « se joignit au chœur, chantant la Doxologie et un hymne à la Theotokos ».

L'icône a été restaurée de 1963 à 1966 à l'Institut central de restauration de Rome. Les restaurateurs découvrirent que l'image de la Vierge, en surface, avait été appliquée sur l'original, sans doute parce qu'à l'époque d'une première restauration on ignorait les méthodes scientifiques de nettoyage des tableaux noircis par la poussière, la suie des cierges et des lampes à huile. Lorsqu'en le nettoyant les restaurateurs découvrirent une Madone byzantine d'une incomparable beauté, ils furent frappés de stupeur, de même que les érudits quand ils trouvent dans un palimpseste un vieux texte encore plus précieux. La Madone de Damas appartient au même registre iconographique que la Vierge de Vladimir, gloire et orgueil de la Russie. Ce type, appelé en grec « Eleousa » (miséricordieuse), montre la Mère pressant son visage contre celui de l'Enfant. L'ordre souverain de Malte a, en 1989, fait frapper une médaille à l'effigie de Notre-Dame de Damas, sur laquelle est inscrit le message œcuménique, en latin sur l'avers – *Ave Virgo Damascena Omnes Christifideles Aduna* (Salut, Vierge de Damas, unis tous les croyants en Jésus-Christ) – et en grec et latin sur le revers – « *Qu'ils ne soient qu'un*[2] ».

Outre ces références féminines, des dames de l'ordre donnèrent à l'Eglise quelques saintes. La présence des sœurs était nécessaire dans les hospices pour soigner les femmes. Jacques de Vitry († 1240), évêque de Ptolémaïs avant de devenir cardinal, rapporte que lorsque la fraternité de l'Hôpital de Saint-Jean devint, en 1113, un ordre régulier, une dame romaine du nom d'Agnès qui était abbesse de l'hôpital de Sainte-Madeleine fit, avec ses compagnes, profession de la même règle. Elles prirent le même habit et s'engagèrent à l'observance des mêmes vœux. Cet établissement religieux subsista en Palestine jusqu'à la chute d'Acre. Les religieuses de Saint-Jean-de-Jérusalem se réfugièrent comme les Hospitaliers à Limassol à Chypre, mais ne les accompagnèrent pas à Rhodes.

Elles s'installèrent en France dans des couvents déjà existants, dans le Quercy, et à Sixenna, en Aragon. Plus tard, d'autres maisons s'établirent, à la fin du XIVe siècle, à Florence. On rapporte que cinq nobles florentines jetèrent en 1370 les fondements du monastère de Saint-Gallo, auquel le grand maître Richard Caracciolo (1383-1398) donna, le 3 mai 1392, l'hôpital de Saint-Nicolas avec les biens et les droits qui en dépendaient. Perette Andrée Viviani fut élue abbesse et « commandatrice » de cette maison. A cette époque aussi à Séville, un établissement reçut l'agrément du même grand maître Caracciolo, et un autre, au XVe siècle, au Portugal, celui du grand maître d'Aubusson.

Le grand maître Hugues de Revel avait dès le XIIIe siècle défini les conditions d'admission des dames. A l'origine, leur costume était composé d'une robe rouge frappée de la croix blanche à huit branches, tenue par une ceinture blanche. Après la chute de Rhodes, leur vêtement devint entièrement noir, soit « une soutane ou robe avec un manteau noir, conforme à l'habit de peau de chameau que saint Jean portoit au désert », notait Pierre de Boissat qui a décrit leur vêtement :

« Et, sur le devant de ce manteau, du costé gauche, à l'endroit du cœur, une croix de toile blanche, pour signifier la pureté de leurs cœurs, et pour monstrer qu'elles doivent employer leurs vies pour la Foy du Sauveur qui a enduré la mort sur cette Croix pour les sauver ; cette Croix a huit pointes qui représentent les huit béatitudes : et le manteau fait comme une demy tunique, se ferme au col avec deux cordons de soye blanche et noire, en mémoire des liens dont Nostre Seigneur fut attaché à sa Passion, parmy lesquels il y a une forme de petits paniers faits de mesme soye qu'on présente à celles qui prennent l'habit, pour leur apprendre le soin qu'elles doivent avoir des pauvres, comme Hospitalières de leur première institution : au lieu de manches, ce manteau a des pointes longues chacune quasi d'une aune, larges au haut environ d'un demy pied, et toutes pointues à l'autre extremité, qui se rejettent sur l'espaule et s'unissent sur les reins ; (c'est pourquoy on l'appelle le manteau à pointe et à bec) on leur met la ceinture sur la soutane pour marque qu'elles doivent vivre en chasteté ; et sur leur robe ou soutane, elles portent un demy Scapulaire, qui prend depuis le col jusques au bas de la robe, large environ d'une palme, sur lequel est cousue une petite Croix de toile, comme est celle du manteau, et un voile noir comme l'habit. »

En s'inspirant de Boissat, un autre auteur, Hilarion de Corte, donne d'autres indications sur ce costume : « Avant que Solyman eut pris Rhodes le 24 Décembre 1522 sur la Religion de Saint Jean, leur robe ou soutane estoit rouge, et le voile blanc, mais depuis cette perte déplorable, pour marque de deuil et de tristesse d'un si funeste accident, elles ont quitté la robe rouge et le voile blanc pour en porter de noirs. » Le commandeur de Naberat devait apporter de nouvelles précisions au XVIIe siècle : « Elles avaient aussi sur leur manteau huit petits ronds différents où étaient représentés les principaux mystères de la passion. Sur le cordon de ce manteau on voyait reproduits les instruments de la passion de Notre-Seigneur, avec la croix, les clous, l'échelle, la colonne et les dés, etc. [Il s'agit d'un manipule brodé que les chevaliers profès portent toujours.] Ce cordon leur disait-on représente que souvent nous devons nous souvenir de la très âpre mort et Passion de Notre Sauveur Jésus Christ ; ce qui serre le manteau représente la corde avec laquelle J.-C. fut lié ; ce sont les fouets, ceci est la colonne, la lance et l'éponge, par lesquels il a souffert pour l'amour de nous. » Ces « sœurs chevalières » étaient placées sous la juridiction du grand prieur de leur langue et du grand maître. Parmi elles, plusieurs furent canonisées.

A la fin du XIIIe siècle, le futur grand maître Guillaume de Villaret, alors grand prieur de Saint-Gilles, donna de nouveaux statuts aux dames Hospitalières du Quercy. L'histoire de ce monastère est exemplaire. Il fut fondé à Beaulieu au milieu du XIIIe siècle par Guibert et Aygline de Thémines, pour le service des pauvres. Ce donateur en garda la jouissance jusqu'à son décès en 1298. C'est là qu'intervint le grand prieur de Saint-Gilles qui décida qu'à l'avenir, après la disparition de la sœur Aygline de Thémines qu'il venait de nommer prieure, les religieuses nommeraient sa remplaçante et lui soumettraient le résultat de leur élection. La prieure de Beaulieu était « grand prieure perpétuelle » de toutes les maisons des filles de l'Ordre en France. Il fut aussi convenu que le chevalier Barascon de Thémines s'obligeait à fonder sur le territoire de Fieux, non loin de Beaulieu, un hôpital qui serait servi par douze sœurs de l'ordre. Vers 1300, Jourdane de Villaret, la sœur de Guillaume, devenu entre-temps grand maître, en fut nommée prieure. Ces deux monastères eurent toujours une existence séparée. Mais en 1608, la prieure de Fieux, Adrienne de La Brosse, déjà âgée, se démit de sa fonction au profit de la sœur Galiote de Gourdon de Genouilhac de Vaillac, dite sœur Galiote de sainte Anne (1588-1618), à l'époque coadjutrice de la prieure du monastère de Beaulieu, la sœur Antoinette de Beaumont. Cette réunion fut consacrée par une bulle du pape Pie V.

Sœur Galiote de sainte Anne, jeune femme au caractère trempé et forte dans sa foi, avait été placée dans la maison d'éducation de ce couvent dès son plus jeune âge. Elle passa naturellement au noviciat et prononça ses vœux dès l'âge de onze ou douze ans. Un âge bien jeune pour un tel engagement, d'autant plus que concile de Trente avait fixé à seize ans l'âge des premiers vœux. Selon Jacquette Luquet-Juillet, ce fut son père qui obtint cette dispense, auprès de sa cousine la grande prieure. A quinze ans, elle fut faite, contre son gré, coadjutrice, en prenant la grande croix de l'Ordre, « avec tant de confusion de se voir Supérieure, qu'elle ne voulut jamais prendre aucun avantage ou éminence sur les autres, et abhorra tout le temps de sa vie ce nom-là, n'ayant aucune occupation plus agréable que de servir celles à qui elle pouvoit commander », assure Hilarion de Coste. Elle devint donc prieure du monastère de Fieux. Tout en conservant sa charge de coadjutrice d'Antoinette de Beaumont, elle demeura à Fieux quatre ou cinq ans, jusqu'à ce qu'elle fût rappelée à Beaulieu. C'est à cette époque qu'elle s'adonna à l'oraison mentale (la méditation), conseillée par son frère Joseph de Saint-Bernard, religieux de l'ordre des Carmes.

Le frère Anne de Naberat, nommé visiteur des couvents, donna à l'Hôpital-Beaulieu la même règle que les religieuses du monastère de Sainte-Ursule, dans l'île de Malte. Celui-là existe toujours et est lié spirituellement à l'ordre ; mais canoniquement, il dépend de l'évêque du lieu. Ses religieuses portent toujours sur leur habit la croix à huit pointes. La sœur Galiote voulut parfaire la règle très stricte de Sainte-Ursule, en se rendant au carmel de Tulle. Elle en revint fortifiée et insista auprès de ses religieuses sur la pratique de la vertu, la résignation à la volonté divine, la nécessité de s'aimer toutes, d'être humbles et de parler le moins possible pour voir la lumière intérieure. Elle-même ne prenait la parole que par devoir ou par charité. Jusqu'à sa mort, le 25 juin 1618, « en odeur de sainteté », elle se dépouilla peu à peu de tout bien matériel. Thomas d'Aquin de Saint-Joseph publia en 1633 une vie de cette religieuse que l'on dit avoir été déclarée bienheureuse, mais qui n'a pas été retenue dans le sanctoral de l'ordre[3].

La sœur Françoise de Sainte-Croix de Mirandol, « louée pour ses vertus, fut appelée à lui succéder. Une partie des religieuses, quatre semble-t-il, contestèrent cette élection. Elles se placèrent sous la direction de la sœur Antoinette de Couderc de Vassal. Cette dernière fut appuyée par la noblesse du pays et surtout par Louis de Gourdon de Genouillac, le frère de l'ancienne prieure décédée. Devant cette querelle, le grand maître délégua, de nouveau, le frère Antoine de Naberat, « pour apaiser le différend ».

La démarche n'aboutit pas. En 1624, la prieure Françoise de Sainte-Croix, suivie de ses compagnes, abandonna Beaulieu et vint demander asile à la maison de Saint-Jean à Toulouse, et fonder la communauté des Dames maltaises. Le chevalier Denys de Polastron la Hillière fut chargé par le grand maître Antoine de Paule (1623-1636) de veiller à leur installation, à ses frais, et aussi à ceux des dignitaires de l'Ordre. On pensa les installer dans les dépendances de la commanderie de Garidech ou hôtel de Béarn, mais les locaux étaient trop étroits. On fit donc construire un monastère à la Cavalerie. Les travaux durèrent quatre ans et coûtèrent 46 121 livres. Les religieuses de Malte pénétrèrent dans leurs murs le 13 septembre 1628. En 1644, les règlements furent approuvés par le grand maître de Lascaris. Ce monastère fut soumis, malgré tout, à la réforme de la « bienheureuse » mère de Gourdon de Genouillac. Jusqu'à la Révolution, ces religieuses ont « constamment observé la réforme qu'elles avaient embrassée, ainsi que la clôture et la discipline monastique, à la grande satisfaction du public, de leurs supérieures et des chevaliers leurs frères, sous les yeux desquels cette communauté vit à Toulouse avec la plus grande édification », note un mémoire du XVIIIe siècle. Le couvent bénéficia de nombreux dons qui lui permirent d'agrandir ses dépendances et ses terres. Pendant ce temps, à Beaulieu, le règne des grandes prieures Genouillac se poursuivait, avec Galiote II (1634-1702), la fille de Louis, et Marie Galiote (1680-1702), la petite-fille de ce dernier, nommée coadjutrice de sa tante.

Une bulle de pape Pie VI, au 21 décembre 1775, réunit l'ordre de Saint-Antoine de Vienne (ou Viennois) à celui de Malte. Cet ordre avait été créé dans le Dauphiné pour secourir les malades atteints par ce que l'on appelait alors « feu sacré de saint Antoine ». Les grands maîtres de l'ordre de Malte ajoutèrent à leur titre celui de grand maître de l'ordre de Saint-Antoine de Vienne. Le grand maître transféra les biens de l'ancien ordre aux religieuses maltaises, alors sous la direction de la grande prieure Magdeleine de Gallien de Châblons. Le commun trésor dut se charger d'acquitter les dettes antoniennes, verser une pension annuelle à chaque antonin et de payer à Monsieur, frère du roi et ancien grand maître de leur ordre, cinquante mille francs par an, ainsi que de doter un chapitre de trente-six dames chanoinesses nobles qui s'établirent à Saint-Antoine en Dauphiné. Tout cela donna lieu à des discussions et à des procès qui n'aboutirent pas avant 1786. Dans son compte rendu du commun trésor, le chevalier de Bosredon-Ransijat inscrivit que la réunion « si enviée » des biens de Saint-Antoine s'était soldée par une perte de quinze cent mille francs. Quoi qu'il en soit, la Révolution survenant, les religieuses de Malte eurent à peine le temps de prendre possession des fameux biens.

Les religieuses maltaises toulousaines partageaient leur temps entre la vie contemplative et l'éducation des jeunes filles nobles de la province du Haut-Languedoc. Elles furent aussi chargées de l'éducation des filles trouvées. En 1780, le monastère de Toulouse se composait de trente-deux religieuses divisées en trois classes : les *religieuses de chœur*, qui se recrutaient comme les chevaliers de justice ; les *religieuses servantes d'office*, que nous appellerions aujourd'hui « de grâce magistrale » ; et les *sœurs converses*. Le commandeur de Naberat a laissé le descriptif de la réception des religieuses de Malte : « Après avoir béni les habits et le voile de la future professe et lui avoir fait quelques questions, le Recevant lui présente un chapelet lui disant : "Prenez ce Rosaire au nom de Dieu Père, Fils et Saint-Esprit, avec lequel vous prierez pour l'augmentation de cette sacrée religion pour la prospérité de Monseigneur le Sérénissime Grand Maître et de tous les frères chevaliers, pour la victoire contre le Turc, les Infidèles et les persécuteurs de l'Eglise de Dieu ; offrirez l'âme à Dieu et le corps aux fatigues de ce monde pour le service de N.S.J.-C. et Dieu vous en fera la grâce."

« La pureté de ce rosaire signifie que la Religieuse doit être pure et nette de tout vice, et principalement être honnête, car l'honnêteté est toujours accompagnée de quatre vertus, savoir : la Prudence, la Justice, la Force, la Tempérance. Réveillez-vous ma sœur et ne dormez point aux vices, mais soyez vigilante à la foi de J.-C., en la bonne et louable renommée, et attentive aux prières et oraisons. » La nouvelle professe ayant entendu la messe et communié, on l'interroge sur les points suivants : 1. Si elle a fait vœu dans quelque autre religion. 2. Si elle a conclu mariage avec quelque homme. 3. Si elle doit quelque grosse somme d'argent. 4. Enfin si elle a commis quelque homicide. On lui déclare ensuite que si elle a quelqu'un de ces défauts, dès qu'on l'aura découvert on la chassera honteusement de l'ordre : mais si elle en est exempte on la reçoit bénignement. Le recevant ajoute : « Selon la Réforme de nos statuts ne vous promettons autre chose que pain et eau et humble vêtement. » La religieuse prononçait ses vœux en ces termes :

« Je promets et fais vœu à Dieu Tout-Puissant et à la Vierge Marie sa mère Immaculée et à saint Jean-Baptiste, notre Patron, d'observer ponctuellement obédience à quelque Religieuse que ce soit de l'Ordre, qui par la Religion me sera donnée pour Supérieure, vivre sans bien propre et être chaste, selon la règle de la dite Religion. »

L'Ordre compte encore des religieuses de Saint-Jean-de-Jérusalem. Elles sont espagnoles et résident dans trois couvents. Salinas de Anana, à Alava, au Pays basque, est le seul qui a conservé ses bâtiments d'origine. Le couvent de Valldoreix, une nouvelle demeure ouverte en 1973, est issu de celui de Barcelone qui avait été reconstruit après la destruction du grand prieuré de Catalogne, dans la banlieue de San Gervasio. Le couvent de Zamora, dans le vieux royaume de León, est à la frontière du Portugal.

Le couvent de Gandia, à Valence, a été fermé il y a quelques années. Les sœurs étaient âgées et les vocations peu nombreuses. Quant au couvent de Sijena, à Huesca, en Aragon, un superbe bâtiment, il a été brûlé, et les tombes des religieuses profanées pendant la guerre civile de 1936-1939. Une restauration des bâtiments a aujourd'hui été entreprise. Les religieuses qui avaient échappé au massacre se réfugièrent dans le couvent de Barcelone. Ce couvent avait été exproprié en 1835 par le gouvernement anticlérical de la reine Isabella. Le concordat de 1851 avait entraîné la restitution des possessions du domaine de Sijena à l'ordre, jusqu'à ce que la révolution de 1868-1874 vînt à nouveau les exproprier. La restauration, en 1885, de la langue d'Espagne, issue des langues de Castille et d'Aragon qui avaient fusionné en 1802, permit aux religieuses de retrouver leur maison. La guerre civile de 1936 vint, hélas, les en chasser de nouveau dans les conditions les plus horribles. A Tortosa, durant cette même guerre civile, des religieuses de Saint-Jean-de-Jérusalem furent torturées par les troupes républicaines, notamment la *commendadora mayor* doña Patrocinio Chilida Mañes, et sa consœur dona Visitaçion Soli Invern. Elles furent citées dans l'*Osservatore romano* du 4 décembre 1988, dans le compte rendu de la parution du Missel de l'ordre. Elles n'ont, pourtant, pas eu l'heur de figurer sur les listes de béatification de martyrs établies par Jean-Paul II.

LES DAMES DE L'ORDRE

Dans la Charte constitutionnelle de l'Ordre, promulguée le 27 juin 1961, il est mentionné : « Les dames sont membres », sans autre explication, au titre II, concernant les membres. L'admission des dames laïques est intervenue, en France, dès le XIXe siècle. Le *Catalogue des chevaliers de Malte* dressé par Louis de La Roque, fait état de « Dames décorées de la croix d'honneur et de dévotion... » dès 1814. Dans son histoire de l'ordre parue en 1863, Elizé de Montagnac donne, à la suite d'une liste des « chevaliers français décorés de la croix de dévotion de l'Ordre de Saint-Jean-de-Jérusalem de 1832 à 1863 », une autre liste contenant les noms de douze dames admises dans l'Ordre. La première serait la comtesse Gérard de Pins (Mathilde), reçue en 1838. On y comptait également S.M. Eugénie Gusman, comtesse de Théba, autrement dit l'impératrice Eugénie, reçue en 1858. Celles-ci devenaient, comme les chevaliers, des membres à part entière, mais seulement dans la troisième classe, constituée par ceux qui ne prononcent ni vœux ni promesse. Aujourd'hui ces dames, épouses des chevaliers, peuvent être d'honneur et dévotion (701), grâce et dévotion (147) ou grâce magistrale (1 329). Des dames ont pu entrer dans l'ordre seules, sans la présence de leur mari. La Charte fut modifiée par le chapitre général des 28-30 avril 1997. Elle prévoit l'admission des dames dans la deuxième classe, « en obédience », constituée par ceux qui prononcent une promesse « à tendre à la perfection de la vie chrétienne ». Ces dernières sont 13 d'honneur et dévotion, 6 de grâce et dévotion et 16 de grâce magistrale. Les dames membres de l'ordre étaient, au 16 mai 2005, au nombre de 2 212 face à quelque 8 800 chevaliers, toutes catégories confondues.

8

LES GALÈRES DE LA RELIGION

En Palestine, les Hospitaliers possédaient quelques petites unités maritimes armées, destinées à convoyer les pèlerins depuis la Provence. Le premier bâtiment connu de l'Ordre est un dromon[1] qui transporta en 1165 le pape Alexandre III (1159-1181) de Montpellier à Messine. On cite encore la *Comtesse*, un vaisseau d'un fort tonnage, commandé par le chevalier Guillaume. Un document daté de 1234 évoque un *commandator navium*. En 1278, la fille du vicomte de Beaumont embarqua à Brindisi pour Acre sur la *Bonne Aventure*, appartenant aux Hospitaliers. Parvenus à Chypre en 1295, ceux-ci constatèrent que la ville de Limassol, « qui n'était plus alors qu'un gros bourg ouvert de tous côtés », avait été saccagée par les « corsaires arabes et sarrasins ». Quelques Hospitaliers suggérèrent de se retirer dans les ports d'Italie. Mais le grand maître Jean de Villiers et le Conseil rejetèrent cette proposition, car leur devoir était de demeurer à proximité de la Terre sainte et d'être prêts « d'y porter à nouveau les armes ». Ils décidèrent de construire ou affréter une véritable flotte capable d'attaquer les musulmans sur mer et d'escorter les pèlerins qui visitaient les Lieux saints. « Bientôt on vit sortir des différents ports de l'île plusieurs petits bâtiments de différentes grandeurs, qui revenoient souvent avec des prises considérables, faites sur les Corsaires infidèles, qui croisoient pour enlever les Pèlerins. Ces prises augmentèrent insensiblement les armemens de l'Ordre. On bâtit depuis des galères ; on construisit quelques vaisseaux, & le pavillon de Saint Jean se fit respecter. Cela servit encore à ne pas languir le courage des Chevaliers, et à former les plus jeunes à la guerre & à la navigation », rapporte Bosio.

Un règlement de 1300 donna à l'un des dignitaires de l'ordre le titre de grand amiral. Un mot imité de l'arabe, *Emir al bahr*, le seigneur de la mer. Le pape Clément V autorisa, en 1306, les Hospitaliers à armer des navires sans l'autorisation du roi de Chypre. La flotte comportait alors, outre deux galères, une fuste[2], un galion[3] et deux dromons. Cette flotte a joué un rôle important dans la conquête de Rhodes. Selon les premiers historiens de l'ordre, Bosio, Beaudouin, Davity et Vertot, cette période vit l'essor de la marine de l'Ordre : « Les galères et les vaisseaux allèrent croiser, ramenèrent l'abondance, et rétablirent Rhodes dans sa première splendeur. » Et ils ajoutent : « Les corsaires n'osèrent plus paraître ; et l'île de Chypre et l'Asie Mineure, dont les côtes étaient souvent infestées par les pirates, s'en virent délivrées. » Ces auteurs, hagiographes, avaient, naturellement, une vision manichéenne de la situation à l'époque. Rhodes était, certes, avant que les Hospitaliers n'y débarquent, un refuge de pirates qui ravageaient les côtes voisines de l'Asie Mineure. De la même manière, les pirates des côtes turques attaquaient les îles rhodiennes. Nicolas Vatin, qui a particulièrement étudié la piraterie dans cette région et à cette époque, rappelle qu'elle s'explique, d'abord, par la situation géographique : « Dans la zone égéenne, les rivage des continents, déchiquetés, sauvages et souvent très difficiles à rejoindre par voie de terre, mettaient à la disposition des pirates ou corsaires des repaires nombreux et sûrs. » L'existence en Méditerranée orientale de trafics humains ou commerciaux importants est une deuxième cause. La troisième trouve son fondement dans les conditions techniques de la navigation de l'époque. Les marins empruntaient toujours les mêmes routes maritimes et passaient par les mêmes lieux, qui se trouvaient du coup très prisés par les pirates. Les habitants de la région rhodienne auraient pu penser que la présence des Hospitaliers allait mettre un peu d'ordre dans ces échanges brutaux. Mais il n'en fut rien. Bien au contraire, la prospérité attirant toutes sortes de convoitises. L'historien Lionel Butler évalue à environ trois mille les colons se consacrant au commerce maritime et au service des Hospitaliers, pour la plupart catalans, génois ou siciliens, mais aussi anglais ou originaires d'Italie du Nord, une colonie de juifs, et un nombre important de musulmans sujets des sultans mamelouk et ottoman. Sans oublier les esclaves, au nombre de trois mille en 1522. Ces derniers jouissaient d'une relative liberté, et servaient sur les galères de l'Ordre[4].

UNE LENTE AMÉLIORATION

Après leur débarquement à Rhodes, en 1307-1310, les Hospitaliers adoptèrent naturellement une attitude défensive. S'ils attaquaient, sur mer, les navires arabes ou mamelouks, c'était toujours pour protéger les pèlerins. Ils devaient aussi veiller à contenir la pression ottomane qui les menaça directement lors de la tentative d'invasion de l'île par Ohrhan. Assez rapidement, Rhodes fortifiée, la prospérité retrouvée, les vaisseaux de la Religion croisant au large, le calme sembla être revenu dans la région, les pirates et corsaires musulmans ne s'y risquaient plus. Les îles de Chypre et de Candie subissaient en revanche les assauts des « corsaires d'Afrique ». Des plaintes s'élevèrent en Occident contre le manque de réaction, voire l'« indolence » des Hospitaliers. En 1344, le pape Clément VI en appela au grand maître qui fit armer six galères dans le port de Rhodes, entretenues aux frais de l'Ordre. Le pape, satisfait, envoya quatre autres galères, avec obligation de se joindre à elles pour aller délivrer Smyrne tombée aux mains des Ottomans.

La constitution d'une flotte opérationnelle et autonome par rapport aux armateurs génois et vénitiens fut lente. Vertot notait, par exemple, que le grand maître Gozon (1346-1353) fit construire, à la fin de sa vie, un « mole pour la commodité des galères ». Dès son élection, en 1365, le grand maître Raymond Béranger mit à la mer plusieurs galères pour donner la chasse aux pirates égyptiens qui infestaient les côtes de Chypre. Philibert de Naillac, élu en 1396, fit de même, d'autant plus que le pape Boniface IX avait lancé l'année précédente un appel à la croisade contre Bazajet. Qui se solda par la défaite de Nicopolis. A cette occasion, nous l'avons vu, les Hospitaliers pratiquèrent ce que l'on appellerait aujourd'hui une mission humanitaire d'urgence. Ils rapatrièrent, en effet, par mer, les blessés, et les firent soigner dans l'hôpital.

Après l'effondrement des Ottomans en 1402, l'ordre renoua avec la stratégie défensive. Cette situation laissa le champ libre à la piraterie rhodienne qui s'en prit autant aux chrétiens qu'aux musulmans. Les ouvrages historiques sur l'Ordre passent pudiquement sur la course, pratique pourtant naturelle au cours de cette période. En Méditerranée, les protagonistes circulaient dans des zones protégées, chacun tentant de préserver son espace commercial. Les habitants de Rhodes avaient par exemple le monopole, *de facto*, du commerce du bois ottoman, venu d'Anatolie. Tout changea après la conquête de Constantinople par Mehmet II, en 1453. Les Hospitaliers devaient faire face aux ambitions de la Porte. Les attaques ottomanes allaient se multiplier jusqu'au siège de 1480. Dans le même temps, les Ottomans se dotèrent d'une marine à la hauteur de leurs ambitions. De quarante vaisseaux en 1452, elle fut portée, selon les recherches de Xavier de Planhol, à cent quatre-vingts unités sous Mehmet II. Durant l'hiver de 1470 à Imbros, la flotte turque apparut « comme une forêt » et comptait, suivant les estimations, de trois cents à quatre cent cinquante navires. L'expédition, qui devait aboutir en 1499 à la défaite des Vénitiens, n'aurait pas compté moins de trois cent vingt unités.

Les Hospitaliers n'en étaient pas là. Selon Bosio, outre les galères, fustes et brigantins, leur flotte comprenait encore la grande nef ou caraque *Sainte-Marie*, deux galions, deux barques et un barquet, soit, au total, près de deux mille tonneaux. Elle semblait parfaitement adaptée à leurs besoins. Lorsque le pape Alexandre VI Borgia (1492-1503) lança, pour se dédouaner de sa vie scandaleuse, une ligue contre les Ottomans, le grand maître d'Aubusson fit équiper « plusieurs vaisseaux de haut bord, des galères, des galiotes et des barques armées». Entre-temps, les architectes navals turcs avaient conçu deux nouveaux vaisseaux d'une taille exceptionnelle, dont les chroniques nous ont conservé les dimensions extraordinaires : des mâts de 1,80 mètre de circonférence, vingt-cinq rames de chaque côté, de neuf rameurs l'une, ainsi qu'un troisième vaisseau aussi, un peu moins important. On dit qu'ils étaient montés chacun par près de deux mille hommes. Leur renommée a-t-elle enjolivé leur capacité ? L'un de ces navires, celui que les Ottomans appelaient la *Reine de la mer*, finit par être capturé par les Hospitaliers. « Ce vaisseau était d'une grandeur si extraordinaire, que la cime du grand mât des plus grandes galères n'atteignait pas à la hauteur de sa proue ; à peine six hommes en pouvaient-ils embrasser le mât ; & ce bâtiment avait sept étages. Outre son fret, les Marchands & les Matelots, il pouvait encore porter mille soldats pour sa défense... », écrit I. Beaudouin au début du XVIIe siècle. Ce vaisseau reliait chaque année Alexandrie et Constantinople, et était chargé de soieries, épiceries, « et toutes sortes de marchandises, ajoute Beaudouin, que les Egyptiens tiraient des Indes par la mer rouge. Les Hospitaliers tentèrent plusieurs fois de le rejoindre et l'attaquer. Finalement, le grand maître Emery d'Amboise qui pensait qu'une telle prise porterait un coup au commerce des Ottomans, et apprenant que cette *Reine* avait pris la mer, ordonna au chevalier Gastineau de la combattre, mais d'employer plus d'adresse que de force pour s'en rendre maître, et surtout de ne pas la brûler ni couler à fond. Les richesses qui se trouvèrent dans cette prise étaient immenses, sans parler des très grosses sommes d'argent et des pierreries dont les marchands étaient chargés. Le Sultan, pour les racheter eux & les autres sujets, envoya plusieurs balles d'épicerie, quantité d'étoffes & de marchandises de grand prix ». Beaudouin ne nous donne aucune information sur la restitution de la *Reine de la mer*. Les coups de main que d'aucuns auront vite fait d'assimiler à de la piraterie – en fait, de la course – furent nombreux durant toute cette époque et les victimes n'étaient pas seulement ottomanes ou mamelouks. A la fin de l'année 1507, une nef génoise fut prise, sans doute avec la complicité du capitaine d'origine maghrébine. Le butin fut rapporté à Rhodes, et, peut-être, rendu à la suite de protestations véhémentes de Gênes.

Certaines chroniques laissent entendre de la *Reine de la mer* qu'elle est devenue la fameuse grande caraque *Sainte-Anne*, vaisseau amiral de la flotte des Hospitaliers. Il semblerait qu'il y ait une confusion. Michel Fontenay indique que, le 26 de novembre 1486 – une délibération que Bosio omet de rapporter –, le Conseil décidait de faire construire à Nice « une grosse nef de 2 500 bottes », soit environ mille deux cent cinquante tonnes de port en lourd, et dépêchait en Occident le commandeur Jacques de Sarriet, « grand expert en ces matières avec un chargement de poivre et d'épices pour faire face aux premiers frais ». Cette « grosse nef », que l'on pense être la *Sainte-Anne*, était destinée, outre la rotation entre la Provence et Rhodes, au transport des pèlerins. « Rhodes se trouvait sur un certain nombre de grandes routes commerciales liant le Levant à l'Occident. Elle constituait donc un lieu de transit pour les Génois, les Français ou les Catalans, mais aussi les Vénitiens, malgré leurs médiocres relations politiques avec l'Ordre aux XIVe-XVe siècles. En outre, les pèlerins chrétiens menés en Terre sainte par des bateaux vénitiens faisaient le plus souvent escale à Rhodes, à l'aller et au retour. Les voyageurs décrivant la ville et l'île à cette époque sont pratiquement tous des pèlerins », rapporte Nicolas Vatin. Les chrétiens d'Occident continuaient, en effet, à se rendre en Terre sainte et à Jérusalem, malgré la présence musulmane. La guerre opposant les Turcs et Venise de 1463 à 1479 avait toutefois limité le transport par mer des pèlerins. Ceux-ci gagnaient Venise, qu'ils savaient organiser ces voyages. Nous en avons plusieurs exemples, notamment le pèlerinage de 1480. Pourquoi citer celui-ci plus qu'un autre ? Ce pèlerinage de 1480 donna lieu, curieusement, à plusieurs récits. Nous connaissions celui de Félix Schmidt, alias frère Félix Faber, un dominicain d'Ulm, *Itinerario di Sancto Brascha de giono in alla Sanctissima città de Jerusalem*, imprimé à Milan en 1481, et un autre, d'un clerc de la région parisienne resté anonyme : *Le Voyage de la Saincte cyté de Hierusalem an l'an mil quatre cents quatre vingtz*, sorti des presses en 1517. Celui de l'abbé Barbatre, un prêtre âgé de cinquante-cinq ans, a été découvert seulement en 1972 dans une bibliothèque privée, relié dans une feuille de parchemin réemployée contenant un fragment de la vie de saint Ethbin. Le 4 avril 1480 exactement, ce prêtre quittait sa ville de Vernon (Eure) avec « intencion d'aller à Hierusalem visiter le Sainct Sepulchre ». Il devait d'abord rejoindre Gisors pour aller chercher son compagnon Jacques du Moutier, curé de la Magdeleine de Tiron-le-Chastel, puis, donc, gagner Venise, où ils séjournèrent un mois, avant d'embarquer, le 6 juin, à bord de la *Contarina*. Lui et ses compagnons devaient se recueillir au Saint-Sépulcre le 28 juillet. Le sénat de Venise, pensant sans doute que la route vers la Terre sainte serait relativement tranquille parce que les Ottomans avaient mis le siège devant Rhodes, autorisa, cette année-là, ce seul navire à effectuer cette traversée.

Bosio a donné un état de la flotte des Hospitaliers en 1519. Il y décrit « la grande nef *Sainte-Marie* ». Elle comptait deux cents hommes d'équipage, soit une cinquantaine de plus que sur les autres unités en service à l'époque. Michel Fontenay cite, dans un article consacré à « L'évolution de la flotte des Hospitaliers au XVIe siècle » la découverte, par Philippe Rigaud, spécialiste de l'histoire maritime médiévale provençale, d'un document iconographique, le *Retable de la Passion*, à Saint-Maximin dans le Var, peint entre 1518 et 1520, qui a, probablement, laissé une image de la *Sainte-Marie*. « C'est une caraque méditerranéenne typique, de la fin du XVe siècle, écrit-il. Sa coque, ronde et puissante, est renforcée de nombreuses préceintes et défendue au centre par une membrure extérieure qui protège la cale de chargement. La proue se recourbe très haut, en col de cygne, et porte une plateforme triangulaire “en caraque” qui déborde au-dessus de l'étrave pour faciliter les manœuvres de l'ancre et dominer l'adversaire dans un éventuel abordage. » Certaines caraques[5] servirent dans la guerre de Charles Quint contre Tunis en 1530. L'une d'elles, la *Santa Anna*, était cuirassée. Sa carène était revêtue de feuilles de plomb rivetées de bronze ; ce qui ne garantissait pas son étanchéité. Ce vaisseau appartenait non pas à la flotte espagnole, mais à celle des Hospitaliers. En guise de figure de proue, il portait une statue de saint Jean-Baptiste. Cette statue est encore conservée dans la chapelle Saint-Charles, de la langue anglo-bavaroise, dans la cathédrale Saint-Jean à La Valette. Cette *Sainte-Anne* fut souvent confondue avec la *Sainte-Marie*, au point qu'on les appelait, sans distinction, « la grande caraque de Rhodes ». La tradition laisse entendre que la seconde fut perdue à Malte en 1531. Quant à la première, elle fut remplacée, en 1540, par un bâtiment plus modeste. Si l'on considère les dates de mise à l'eau, en 1488, et de mise à la retraite, en 1540, cela porte à plus de cinquante ans d'activité. Même le porte-hélicoptères *Jeanne d'Arc* de la Marine nationale française n'est pas parvenu à ce record de longévité. Faute d'archives, nous nous appuyons sur la tradition et les écrits de Bosio. Il reste que ces bâtiments ont bel et bien existé, et nous pourrions émettre l'hypothèse qu'il y eut plusieurs *Sainte-Anne* et plusieurs *Sainte-Marie*, d'autant plus que ce fut une nouvelle *Sainte-Marie* qui succéda à la *Sainte-Anne* débarquée en 1540. Il s'agissait d'un « très beau navire, mais d'une portée nettement supérieure à ce qui avait été commandé », dit Bosio. Il avait été construit dans les chantiers basques de la Biscaye et pesait huit cent vingt-cinq tonneaux. Il se révéla inadapté aux besoins des Hospitaliers et incapable, notamment, d'entrer dans le port de Tripoli, dont la défense incombait à ceux-ci depuis le traité de cession des îles de Malte, en 1530. Il fut désarmé en 1548 et remplacé par deux galionnets d'un peu plus de trois cents tonneaux chacun. « En moins de trente ans, les Hospitaliers étaient donc passés des mastodontes flottants des débuts du XVe siècle aux unités de petit tonnage, plus rapides, plus évolutives et plus souples d'emploi, qui prévaudraient partout vers 1600. Cette évolution, qui s'inscrit dans une tendance générale bien connue, anticipe largement sur celle-ci pour des raisons qui sont propres à l'Ordre et à son histoire », note Michel Fontenay.

Ce même auteur rapporte que l'Ordre, installé à Malte, disposait d'un nombre trop important de navires. Afin de les rentabiliser, il se fit transporteur. Mais « comme les chevaliers n'avaient ni goût ni talent pour réussir dans ce genre d'affaire, dit Michel Fontenay, on comprend qu'ils s'en soient vite lassés et qu'ils aient préféré se débarrasser de leurs énormes cargos ». Passé 1550, la flotte des Hospitaliers ne comptait plus de gros bâtiments, à l'exception de ceux pris aux Ottomans ou aux Barbaresques et occasionnellement utilisés. Ce fut, au contraire, le règne du galion, en principe destiné au transport, mais qui eut davantage un rôle militaire, comme on le verra lors de la bataille de Lépante. Tous les auteurs s'accordent pour dénombrer, généralement, deux galions, le « grand » et le « petit », plus celui du grand maître. « A travers les sources, on voit ainsi se succéder jusque vers 1630 plusieurs unités, parfois difficiles à distinguer l'une de l'autre, mais qui relèvent en tout cas de deux générations successives, nettement différenciées : un premier modèle est représenté jusque vers 1585 par des bâtiments de 600 à 800 tonneaux ; il est suivi, à la fin du siècle, d'un modèle plus léger de l'ordre de 450 tonneaux pour le "grand galion" et de 300 pour le galionnet », relève encore Michel Fontenay. Quant aux navires de transport, ils appartenaient aux entreprises génoises, maltaises, siciliennes, vénitiennes et marseillaises. Cette pratique soulageait les Hospitaliers des tâches mercantiles, leur permettant de se consacrer à la défense de la Chrétienté.

Une guerre entre deux empires

En 1536, après l'élection du grand maître Juan de Homedes y Coscon († 1553), la charge de général des galères revint au jeune prieur de Capoue Léon Strozzi, neveu du pape Clément VII (Jules de Médicis). Il se trouva « avec quatre galères de la Religion à la prise de douze autres commandées par un Turc appelé Ali Zelif... », dans le canal de Corfou. Andrea Doria (1468-1560) le Génois, amiral espagnol, disposait quant à lui de trente-quatre galères. Strozzi fit merveille au cours du combat et enleva, sans prisonnier, une galère. Sur le chemin du retour – vers Malte –, après avoir abandonné Doria, il se rendit maître de deux grosses galiotes et d'une fuste de corsaires sur les côtes de la Calabre, et délivra quatre cents esclaves chrétiens. Ces escarmouches entre pirates et galères de la Religion étaient courantes. L'âge d'or de la piraterie se situe entre 1580 et 1680. Hospitaliers et Ottomans, puis Barbaresques, évitaient les grands affrontements. Dragut, chrétien d'origine, l'un des plus fameux corsaires barbaresques qui devait être tué lors du « grand siège » de Malte, en 1565, fuyait les galères de la Religion en pleine mer, « mais de temps en temps ils [les corsaires] venaient, à la faveur des ténèbres, en brûler jusque dans leurs ports », rapportent Beaudouin et Vertot.

Après le « grand siège » de Malte, la prise de Chypre par les Ottomans, en 1569, fut ressentie par une grande partie du monde chrétien comme un coup de force de trop. Depuis un peu plus d'un siècle, après la chute de Constantinople, en 1453, les Ottomans n'avaient cessé d'étendre leurs conquêtes : Serbie, Bosnie, Morée – prise aux Vénitiens –, Trébizonde, en 1461 ; Syrie, Arabie et Egypte, en 1520, après huit ans de lutte. Et le pire, pour tous, la prise, en 1522, de Rhodes, siège des Hospitaliers de Saint-Jean-de-Jérusalem. Rhodes tomba par traîtrise, certes, mais les Hospitaliers durent quitter l'île. Ensuite, deux ans plus tard, ce fut le tour de Belgrade ; puis, en 1526, il y eut Mohacz en Hongrie où le roi Louis II trouva la mort. La Hongrie méridionale tombait sous le joug ottoman et ne fut libérée qu'en 1687. Le premier siège de Vienne eut lieu en 1529. A l'est, les Ottomans étendirent aussi leur mainmise sur le Moyen-Orient : en 1534, la Perse tombait et Bagdad devenait ville provinciale.

Chypre appartenait aux Vénitiens. Devant la menace de plus en précise des Ottomans, la Sérénissime lança des appels à l'aide, surtout pour préserver ses échanges commerciaux. Un frère dominicain de Bologne du nom d'Antoine Ghislieri, cardinal d'Alexandrie, ancien grand inquisiteur, venait d'être élu sur le trône de saint Pierre, sous le nom de Pie V. Ce frère prêcheur tint à conserver le froc blanc des dominicains ; celui-ci est à l'origine de la soutane blanche que portèrent désormais les souverains pontifes. Selon Pie V, il y avait deux ennemis à combattre pour assurer le salut de la Chrétienté, la Réforme hérétique et, dans l'immédiat, le Turc. Dans une atmosphère d'exaltation religieuse extraordinaire, il envoya des messagers dans toute l'Europe, et entretint même l'illusion d'entraîner le tsar Ivan le Terrible dans une sainte Ligue. Cela dura deux ans et demi. Le 22 juillet 1570, les Ottomans débarquèrent sur l'île de Chypre, et tout fut réglé en septembre. Nicosie tomba le 9, après quarante-huit jours de siège. Ce fut un massacre général. Seul Famagouste, un port sur la côte orientale, résista un an, avant de céder, le 6 août 1571. Mustapha, commandant les troupes turques, autorisa le départ des troupes avec leurs armes sur leurs galères ; malgré ses promesses, les officiers furent massacrés et le commandant vénitien Bragadin torturé.

LES PRÉMICES D'UNE GRANDE BATAILLE

Au même mois de juillet 1570, le général des galères de Malte, Saint-Clément, devait rallier Messine, avec la *Capitane*, la *Patrone*, le *Saint-Jean* et la *Sainte-Anne*, et intégrer l'escadre commandée par Jean-André Doria, le petit neveu du grand Andrea. Mais là, personne. Saint-Clément tergiversa et croisa pour son malheur la route d'Oulouch Ali, le vice-roi d'Alger. Cette défaite catastrophique eut lieu le 15 juillet 1570. Certains historiens ont glosé en indiquant que les Hospitaliers ne participèrent qu'à concurrence de trois galères à la bataille de Lépante. C'est vrai, mais ils omettent cette bataille navale qui vit la perte de quatre bâtiments de l'Ordre. Quant à la ligue, les négociations sur sa constitution traînaient. Pie V, exaspéré, réussit en quelques semaines à mettre tout le monde d'accord. Enfin, le 20 mai 1571, la Ligue était conclue et, après maintes discussions le chef désigné en fut don Juan d'Autriche, également chevalier de Malte, comme les princes de haut rang, mais non assigné au couvent. L'homme providentiel n'arriva que le 24 août, et sans prévenir, à Messine, avec vingt-trois mille hommes. Parmi eux un jeune homme âgé de vingt-trois ans qui avait pour nom Miguel Cervantès Saavedra. Nous savons qu'il perdra la main gauche au cours de la bataille, « pour la gloire de la droite », dira-t-il. Par la suite, il sera fait prisonnier par les Barbaresques et restera cinq ans à Alger. A ce moment, on estimait la flotte chrétienne à 210 galères légères : 15 galères d'Espagne, 30 de Naples, 10 de Sicile, 109 de Venise, 12 du pape, 3 de Malte, 3 de Savone et 27 de Gênes, 6 ou 7 grosses galéasses, 25 gros navires, 3 galiotes, 3 brigantins et 50 frégates. Et près de cent trente mille hommes, chiourme comprise. Les rameurs, condamnés de droit commun, savaient qu'ils seraient libérés en cas de victoire. Les Ottomans devaient, selon les estimations des uns et des autres, disposer de 168 galères, y compris les galiotes. Les chiffres varient selon les auteurs. Quelques-uns donnent 230 galères rapides aux Turcs. On comptait autant de soldats que d'esclaves chrétiens.

Lépante, rappelons-le, est un port de Grèce, situé sur la côte septentrionale du golfe de Corinthe, qui a aujourd'hui pour nom Naupacte ou Naupaktos [6]. On y parvient en descendant la côté dalmate jusqu'au large du cap Papas, dans le golfe de Patras, où se déroula, en réalité, la bataille. Sur une colline qui domine la ville, des blocs enfouis dans la broussaille forment un véritable labyrinthe. Ce sont les ruines d'un vaste fort vénitien qui se dressait là et qui permettait de surveiller le bras de mer.

Ce fort, occupé par des troupes ottomanes, aurait pu barrer la route à l'escadre chrétienne si elle s'était aventurée au-delà de la passe de Lépante.

La rencontre eut lieu le 7 octobre 1571. Le temps était excellent et la mer calme. « Au lever du soleil, notre avant-garde découvre l'armée turque ; la leur aperçoit la nôtre », raconte Oronato Caetani, capitaine général de l'infanterie pontificale, embarqué à bord de la *Grifona*. Don Juan fit alors mettre la flotte en ordre de bataille. La *Capitane*, galère du grand prieur de Messine, le frère Pierre Giustiniani, occupait la place d'honneur au centre de la ligne de bataille. A l'aile droite, sous le commandement de Doria, don Juan plaça 22 galères de Venise, 6 espagnoles de Naples, 5 espagnoles de Sicile, 5 de Doria, 2 du pape parties de Civitavecchia, toutes portant, au gaillard d'avant, le même pavillon de couleur verte. A l'aile gauche, sous le commandement de Venise, 50 galères et 2 galéasses, aux pavillons jaunes, sa flotte tenait le centre, 70 galères et 2 galéasses, pavillons de couleur bleue à la hune, tandis que celle du marquis de Santa Cruz était maintenue en réserve et à l'abri, 31 galères, pavillons blancs à la poupe. De leur côté, les Turcs se rangèrent tous en ordre d'attaque sous le commandement d'Ali Pacha. Doria eut une idée de tacticien ; il fit scier les éperons des galères. Au lieu de tirer par-dessus, le coursier, le gros canon central, pourrait tirer tout droit, et frapper de plein fouet les navires ennemis. Don Juan avait recommandé de ne décharger les pièces d'artillerie qu'au dernier moment.

L'affrontement fut spectaculaire. Nous pouvons imaginer le bruit des canons, des mousquetons, les hurlements des hommes qui se lancent à l'abordage, les cris des blessés, les craquements des coques qui se heurtent, les fanfares des trompettes qui accompagnent les charges, les roulements de tambour qui se mêlent au bruit des mâts qui s'abattent et ces craquements horribles des rames qui se brisent contre les coques qui les frottent, entraînant avec elles les corps suppliciés des rameurs. C'est une clameur immense et désordonnée qui monte dans la fumée, la poussière et les jets d'eau. Sans oublier les nappes de feu, les nuées de flèches. Dans ce tumulte, « les hommes sont fous, crient, hurlent, rient, pleurent », écrit le Vénitien Girolamo Diedo qui appartenait au collège des Douze de la Sérénissime.

Le bilan de l'engagement est impressionnant : du côté de la ligue, on compta 7 650 morts dont 73 chevaliers de Malte, 2 000 Espagnols, 800 hommes attachés au pape et 4 800 Vénitiens, et 7 785 blessés. Les Ottomans perdirent 30 000 ou 40 000 hommes, eurent quelque 8 000 prisonniers. 12 000 esclaves chrétiens furent libérés. Douze galères de don Juan manquèrent à l'appel, 190 galères turques furent capturées, incendiées, échouées ou coulées, et 450 canons perdus. Le retentissement de cette victoire de la Ligue fut immense en Europe. Aussitôt, les poètes se mirent à leur plume et racontèrent à leur manière « la magnifique bataille ». Les chants guerriers, chants de cour ou chants des rues, se comptèrent par centaines, pour exalter la défense de la foi. Nous avons dénombré au moins cinquante-cinq plaquettes imprimées dès la fin de l'année 1571 et tout au long de 1572, à Rome comme à Bologne, Brescia, Pavie, Crémone, Venise (une trentaine), les autres sans lieu, ni date, toutes rédigées en langues latine et italienne, en patois vénitien et piémontais. Nous connaissons encore une des rares publications françaises : *Autre véritable discours de la victoire des Chrestiens contre les Turcs en la bataille navale près lepantho, advenue le septiesme jour d'octobre, l'an 1571...*, imprimé à Paris, pour Jean Dallier, en 1571, comportant vingt-quatre pages. Dès le 31 décembre, le Vénitien Girolamo Diedo publiait à Corfou un très long compte rendu de la bataille, dense, précis et circonstancié, sur plus de quarante pages.

Les vainqueurs furent accueillis triomphalement à Rome. Nous connaissons le détail du partage du butin pris sur la flotte turque grâce à Aurelio Scetti qui participa à la bataille de Lépante en tant que galérien. Ce musicien florentin avait été condamné pour avoir tué sa femme par jalousie. Il échappa à la peine de mort grâce à ses relations. Entre deux nages, il tint son journal. C'est lui qui affirma qu'Ali Pacha s'était suicidé. Selon ce récit, le pape reçut vingt-sept galères, dix-neuf gros canons, trois canons à pierre, quarante deux petits canons et douze cents esclaves. Le Roi Catholique « pour sa contingente portion » quatre-vingt-une galères, trente-huit gros canons, six canons à pierre, quatre-vingt-quatre petits canons et deux mille quatre cents esclaves. La Seigneurie de Venise fut payée de sa peine dans les mêmes conditions. Don Juan d'Autriche se vit allouer un dixième du butin hormis l'artillerie. Il eut en outre seize galères et sept cent vingt esclaves. Il avait encore mission de conduire à Rome les grands seigneurs turcs prisonniers. Quant à l'ordre de Malte, il reçut deux galères turques pour remplacer celles qu'il avait perdues.

Et du côté turc, qu'en a-t-on dit ? « Pour nous, ce fut simplement une bataille parmi d'autres au cours de l'Empire ottoman, raconte la romancière et essayiste turque Zeynep Oral. Chez nous, Lépante se dit *Inebahti*. A l'école, j'ai simplement appris que notre armée navale fut brûlée un soir, que nous avons perdu tous nos navires ; mais cela je ne l'oublierai jamais : le Vizir de Süleyman le Magnifique a dit : "Vous nous avez coupé la barbe à Inebahti, mais nous, nous vous avons coupé le bras à Chypre..." Il y a peu, j'ai appris combien Lépante était, pour les Européens, un symbole historique qui signifie : arrêter les "Barbares" ! » En fait, le terme utilisé par l'écrivain turc est une mauvaise traduction des « Barbaresques », les habitants de la côte algérienne, alliés et assujettis aux Ottomans. L'annonce de la défaite de la bataille de Lépante fut reçue avec sang-froid à Istanbul. Oulouch Ali, voyant le désastre, avait rompu la bataille et s'était échappé vers l'île Saint-Maure, avec environ cinquante galères. A Istanbul, il fut accueilli comme un vainqueur. Il n'avait rapporté qu'un seul trophée, un pavillon de Malte, qu'il avait laissé traîner dans l'eau jusqu'au Bosphore. Le sultan Selim fera suspendre ce pavillon sous la voûte de Sainte-Sophie.

François de Noailles, évêque de Dax, envoyé de Charles IX auprès de la Sublime Porte, rapporte dans une lettre écrite depuis Raguse, le 8 janvier 1572, que le « Grand Seigneur comme le Grand Vizir n'en firent pas grande démonstration ». C'est ce grand vizir qui devait d'ailleurs dire au Vénitien Marc-Antonio Barbaro qu'il retenait prisonnier cette fameuse phrase citée pour l'essentiel par Zeynep Oral : « Tu viens voir sans doute où en est notre courage après le dernier accident qui nous est arrivé ; mais il y a une grande différence entre votre perte et la nôtre. En vous arrachant un royaume [celui de Chypre], c'est un bras que nous vous avons coupé ; et vous, en battant notre flotte, vous n'avez fait que nous raser la barbe. Un bras coupé ne peut repousser, tandis que la barbe rasée se reproduit avec plus de force qu'avant. » Le poil, en effet, repoussa assez vite.

L'un des meilleurs commentaires sur l'issue de cette bataille revient sans doute à François Garnier, auteur du *Journal de la bataille de Lépante* : « Pie V aura barré la route à la puissance ottomane, mais non donné à la Chrétienté la suprématie en Méditerranée. Le mythe du Turc invincible est dissipé : c'est le résultat le plus clair de cette bataille qui n'eut pas de suite immédiate sur le plan stratégique. Nul gain de territoire, nulle expansion pour la Chrétienté, mais bien plus que le butin des galères et d'esclaves, l'impression de respirer comme on ne l'avait pas fait depuis longtemps. L'épreuve de force a prouvé à l'Occident qu'il ne souffrait pas d'une maladie incurable, qu'il était faible dans la mesure où lui-même acceptait de s'anémier par des luttes entre frères. »

Les Turcs avaient perdu leur suprématie dans l'est de la Méditerranée, mais ils se maintenaient à Chypre, et reconstruisirent rapidement leur flotte. Il restait aux Hospitaliers à les contenir, avec l'obligation de renforcer leur flotte et de maintenir ce qui restait de celle des Turcs hors de portée de l'Occident chrétien. L'Ordre tint ainsi armés un vaisseau de soixante canons, quelques chébecs et quatre galères dont deux constamment destinées à la garde du port. Ces bâtiments pouvaient intervenir à tout moment en Méditerranée. Autre conséquence, l'Ordre sortait enfin de l'orbite espagnole.

Mgr de Noailles, ambassadeur du roi de France près la Sublime Porte, réussit à faire signer une paix entre les Turcs et les Vénitiens, au grand dam du pape et des Espagnols, qui à leur tour, après la prise de Tunis, en 1573, puis sa perte l'année suivante, acceptèrent une succession de trêves instituant une « paix de fait ». L'historien Fernand Braudel en conclut : « Ce que Lépante n'a pas complètement réussi, la paix en quelques années l'achèvera. Elle tuera la flotte turque... » Tout au début du XVIIe siècle, François Savary de Brèves, lui aussi ambassadeur de France à Constantinople, de 1591 à 1605, analysa et compara les forces terrestres et navales des Ottomans : « C'est... par mer que l'on peut aysément ruiner cette puissance-là, et non par terre... Il faut premièrement l'attaquer par mer, et que l'armée de terre se garde de combattre, qu'elle n'ayt appris la victoire de la navale, qui est inévitable si Dieu, pour nos péchez, n'en vouloit empêcher l'effect. »

Affaiblis sur mer, les Ottomans poursuivirent leur conquête de l'Europe par la terre. Ils ravagèrent la Hongrie en 1596. Autre fait rarement signalé dans les ouvrages historiques, les Ottomans firent, en 1615, une nouvelle tentative de débarquement sur Malte, et furent aussitôt repoussés. On craignit une nouvelle invasion en 1636, et les Hospitaliers renforcèrent encore leurs fortifications. Puis il y eut l'affaire de Candie qui dura vingt-cinq ans, de 1645 à 1669, et fit tomber l'île vénitienne dans le giron ottoman. Il convient de ne pas oublier enfin le siège de Vienne, en 1683, qui cette fois marqua effectivement un coup d'arrêt à l'avancée des Ottomans en Europe. Ce succès conduisit le pape Innocent XI à conclure une ligue avec les autres princes chrétiens. La guerre navale prenait déjà en Méditerranée une forme qui était celle de la course. Dans la stratégie navale, Lépante marqua la fin de la suprématie des flottes de galères, au profit de celles de galions.

9

MENACES SUR MALTE

Sitôt entré en possession du traité signé le 24 mars 1530, par lequel Charles Quint attribuait l'île de Malte à l'ordre, le grand maître Villiers de L'Isle-Adam dépêcha deux des commandeurs parmi les plus anciens pour le remercier, et deux autres en Sicile pour prêter, au nom du grand maître et du Conseil, serment entre les mains du vice-roi, de conserver aux habitants de ces îles (Malte, Gozo et Comino) leurs droits, coutumes et privilèges. Villiers envoya peu après deux galères et un galion chargés d'un bon nombre de chevaliers à Tripoli qui était comprise dans les nouvelles possession, ce qui gênait considérablement le grand maître car cela l'obligeait à disperser ses troupes. Il nomma comme gouverneur de Tripoli le commandeur Gaspard de Sanguesse. Il envoya de plus à Malte un grand nombre d'ouvriers et de matériaux pour restaurer le fort Saint-Ange, alors très endommagé. Il fit parvenir également de la poudre et des munitions, à titre préventif, car il était persuadé que les Ottomans ne mettraient pas longtemps à organiser une nouvelle expédition pour les déloger, lui et les chevaliers, de leur nouvelle terre.

Cette prise de possession, contrairement à ce que l'on avance généralement, ne se déroula pas sans heurts et quelques querelles politiques. Le vice-roi de Sicile exigea, en effet, que l'Ordre payât des droits pour importer des grains à Malte. On apprit ensuite que l'empereur Charles Quint refusait à l'ordre le droit de battre monnaie, exigeant que les pièces soient à sa propre effigie. « Ces procédés excitèrent un murmure général parmi les chevaliers, rapporte Bosio. Quelques-uns des plus emportés proposèrent au Conseil de renvoyer sur-le-champ à l'Empereur l'acte de donation, comme n'étant qu'un piège qu'on leur tendait pour les assujettir & et les tenir dans une dépendance absolue... » Des ambassadeurs furent dépêchés auprès de Charles Quint qui confirma les taxes sur le transport des grains et l'interdiction de battre monnaie. Les Hospitaliers en appelèrent alors à Rome. Dans le cas où les négociations tourneraient court, l'Ordre chercherait un nouvel établissement, à Modon[1], dans le Péloponnèse, qui avait été fortement envisagé quelques mois auparavant, ou ailleurs, en dehors de l'influence de Charles Quint. Modon avait un autre avantage, il était peu éloigné de Rhodes et pouvait servir de base avancée pour sa reconquête. Le neveu du pape, Salviati, dépêché à Madrid, parvint finalement à faire revenir l'empereur sur ses décisions, et un nouveau traité fut signé, laissant libre de droits le transport des grains et le loisir à l'Ordre de battre monnaie comme il l'avait fait à Rhodes.

Et l'on put embarquer pour Malte. L'escadre comprenait cinq galères, les deux grandes caraques, différents vaisseaux de transport sur lesquels avaient pris place des Rhodiens qui avaient suivi les Hospitaliers, ainsi qu'une troupe de soldats, des munitions et des vivres. En cours de route, la flotte essuya une tempête, une galère s'échoua et se brisa, une des caraques s'échoua elle aussi, mais un coup de vent la remit à flot. Ce qui fut regardé comme un heureux présage. Le grand maître, le Conseil et les chevaliers débarquèrent le 26 octobre 1530 sur « un rocher isolé au milieu de la Méditerranée, brûlé par le soleil de l'Afrique, offrant aux yeux attristés des plaines sans ombrages ».

Les sept temples mégalithiques de l'âge de bronze marquent une présence humaine très ancienne sur Malte. Plus tard, saint Paul y prêcha, après y avoir échoué en naufrage. Conquise sur les Arabes en 1091 par Roger de Hauteville, prince normand de Sicile, elle passa sous la suzeraineté des Angevins et des Aragonais. L'île, peuplée de trente mille habitants, était jalonnée de bourgades. L'une d'elles, *il Borgo*, le Bourg, dominant le port, était protégée par une ancienne forteresse, le fort Saint-Ange. Le grand maître y installa son siège, laissant les nobles maltais dans la capitale, Mdina, installée au centre de l'île.

Cette décision permettait de se concilier les notables locaux, qui ne voyaient pas arriver d'un bon œil leurs nouveaux suzerains, sans rien modifier de leurs privilèges. L'Ordre occupant, quant à lui, les côtes pour parer à l'arrivée éventuelle d'assaillants venus de la mer. Cela n'empêcha pas le grand maître de se rendre en cortège à Mdina afin de prendre officiellement possession de son nouveau territoire. Les chevaliers étaient alors au nombre de trois cents, plus une centaine de chapelains conventuels et servants d'armes. Les forts existants furent restaurés, les fortifications développées et renforcées, notamment sous la direction de Maurtithasala Nocher, un ingénieur qui avait fait naufrage sur l'île alors qu'il se trouvait à bord d'un vaisseau marchand turc et que Villiers de L'Isle-Adam retint à son service. Il fit ainsi bâtir un palais pour lui et ses successeurs dans le fort Saint-Ange. Celui-ci, récemment restauré, est maintenant la demeure du « chevalier résident » de l'Ordre.

Le grand maître Villiers de L'Isle-Adam mourut, à l'âge de soixante-dix ans, le 21 août 1534, dans la quatorzième année de son règne, au couvent des franciscains de Rabat, la ville jouxtant la vieille capitale Mdina. Le souvenir de Rhodes l'avait toujours hanté. Il fut inhumé au fort Saint-Ange, dans la crypte de la chapelle Sainte-Anne, sous une dalle portant cette inscription : « C'est ici que repose la vertu victorieuse de la fortune. » Ses cendres furent transférées le 30 septembre 1577 dans la crypte de la cathédrale Saint-Jean à La Valette, où il repose désormais. On élut pour lui succéder Pietrino del Ponte. On rapporte qu'il reçut avec regret l'avis de son élection porté par l'évêque de Malte, Mgr Thomas Bosio, alors qu'il résidait dans son bailliage de Sainte-Euphémie en Calabre. C'est là qu'il reçut un autre courrier l'avertissant des menées du corsaire Barberousse vers Tripoli. Cette autre possession des Hospitaliers avait déjà subi, en 1531, des attaques de sa part. Face au danger, le commandeur del Ponte accepta la charge magistrale. Le nom de Barberousse, en fait une déformation de « Baba Arudj » (père Arudj), désignait deux frères. Au premier, Baba Arudj (Mytilène, vers 1474-Tlemcen, 1518), avait succédé Khaïr ed Din, ce qui signifie « le Bien de la Religion » (Mytilène, vers 1476-Istanbul, 1546). Grand amiral de l'Empire ottoman, le cadet avait, en 1534, chassé Mouley Hassan du trône de Tunis. Soliman le Magnifique (1521-1566) lui avait alors conféré le titre de « Seigneur des côtes de Barbaries ». Cette situation était insupportable pour l'empereur qui constitua une armada à laquelle participaient les galères de la Religion. Elle prit la mer en juin 1535. Tunis fut rendue à Mouley Hassan, un mois plus tard. Près de vingt mille esclaves chrétiens furent libérés.

Les menaces contre l'ordre ne vinrent pas seulement du côté des Ottomans, mais aussi du monde chrétien. On se souvient qu'au moment de la Réforme, en 1538, sept des treize commanderies du grand bailliage de Brandebourg de la langue d'Allemagne embrassèrent la nouvelle confession. Cette sécession entraîna une diminution du nombre des chevaliers dont l'Ordre avait grand besoin, face à la menace turque. La perte de revenus qu'elle entraîna fut progressive et devint définitive avec la signature de la paix de Westphalie, en 1648. A cette date, l'Ordre perdit en Allemagne tous les biens dont les protestants étaient en possession le 1er janvier 1621. Parmi eux se trouvaient les onze commanderies réunies, en Hollande, sous le bailliage d'Utrecht, les trois dépendant de celui de Steinfort, la commanderie d'Arnheim et Nimègue, et celle de Haarlem, dont les revenus furent confisqués par leur titulaire durant les guerres de religion. Des transactions furent entreprises, en 1667 seulement, entre le grand prieuré d'Allemagne et les Etats de Hollande. Ce grand prieuré devait leur abandonner la commanderie de Haarlem, moyennant le paiement d'une somme de cent cinquante mille florins, tandis que la province de Gueldre restituait à l'ordre la commanderie d'Arnheim et Nimègue. L'Ordre ne parvint jamais à récupérer les autres commanderies spoliées.

L'anglicanisme d'Henri VIII fit disparaître la langue d'Angleterre davantage *de facto* que *de jure*. Le roi confisqua en 1540 purement et simplement les propriétés de l'Ordre dans son royaume (voir chapitre 2). Le prieuré d'Angleterre fut restauré le 2 avril 1557, sous le règne de Marie Ire, avec le bailliage d'Aigle et neuf commanderies, puis de nouveau supprimé deux ans plus tard, après l'avènement d'Elisabeth Ire. L'Ordre maintint toutefois cette langue d'une manière fictive, en continuant à nommer au priorat d'Angleterre des titulaires catholiques en exil.

Le grand siège de Malte

En 1541, les Hospitaliers furent contraints de participer à la dramatique entreprise lancée par Charles Quint, sous le commandement d'Andrea Doria, l'amiral génois, contre Alger, la cité de Barberousse. Toutes les conditions semblaient remplies pour que la ville fût prise, lorsque, vers dix heures du soir, la pluie se mit à tomber, en même temps qu'une tempête de nord-ouest s'élevait et mettait les bâtiments dans une situation des plus périlleuses. L'armée espagnole, sans tentes ni vivres, passa une très mauvaise nuit. Les poudres étant mouillées, les mousquets étaient inutilisables. Les assiégés en profitèrent ; Espagnols et Hospitaliers, sans protection, pataugeant dans la boue, alourdis par le poids de leurs armures, ne purent résister, au petit matin, à une attaque des Algériens. Les chevaliers de Malte arrêtèrent l'effort des assaillants et reprirent l'offensive, permettant aux Espagnols de se replier ; c'est à ce moment que le porte-étendard de l'ordre, le chevalier de Savignac, planta sa dague dans la porte Bab-Azzoun qui se refermait devant lui, en s'écriant : « Nous reviendrons ! »

Cette victoire permit à Barberousse de s'en prendre à Tripoli dont la capitulation ne put être évitée devant l'incurie du grand maître Juan de Homedes (1536-1553), sans doute le plus mauvais des souverains que l'ordre eut à compter. Ses démêlés avec Villegagnon, que nous évoquerons dans le chapitre consacré à la marine de l'Ordre, en furent une illustration. En 1547, un débarquement sur les côtes de Malte de quelques troupes turques commandées par le corsaire turc Dragut, de son vrai nom Torghoud Reis, ravagea plusieurs villages. Là, encore Homedes se montra incapable. En fait, il ne voulait écouter aucun des conseils qui lui étaient donnés, craignant d'être joué. Villegagnon, prenant sur lui, réagit et organisa les défenses, et les Ottomans furent repoussés. Homedes, mort à quatre-vingts ans, avait davantage travaillé à enrichir sa famille et à placer le mieux possible ses neveux, aux dépens du trésor de l'Ordre. A telle enseigne que bon nombre de chevaliers suggérèrent de leur laisser le soin de ses funérailles. Mais le Conseil considéra que c'était indigne de l'Ordre, et ses obsèques se firent donc, selon la formule, « aux dépens de la Religion ». On lui choisit comme successeur un homme de bien, le commandeur Claude de La Sengle (1553-1557), qui fut, notamment, le premier à imaginer un hôpital de campagne. Nous en reparlerons.

En septembre 1556, un violent ouragan ravagea Malte et renversa plusieurs galères dont une fut détruite. Le grand maître, « pour donner l'exemple », fit construire une galère, à ses frais, dans les chantiers de Messine. Entre-temps, Dragut en profita pour aborder l'île avec sept galères chargées de troupes qui débarquèrent bientôt, ravagèrent la campagne et firent un grand nombre d'esclaves. Les assaillants n'eurent pas le temps de les emmener, le commandeur Louis de Lastic (entré dans l'Ordre en 1523, mort en 1576), grand maréchal de l'Ordre, à la tête de trois cents chevaliers, les mit en déroute, récupéra le butin et, surtout, délivra les prisonniers, tandis que Dragut prenait la fuite. C'est ce même Lastic qui avait entrepris de diriger la construction du fort Saint-Michel, achevé en six mois, tandis que le commandeur Léon Strozzi, grand prieur de Capoue, achevait, dans le même temps, le fort Saint-Elme, installé à la pointe de l'avancée de Sceberras, le futur emplacement de La Valette, en face du fort Saint-Ange. Le nom de Saint-Elme lui fut donné en mémoire de l'une des tours qui défendaient l'entrée du port de Rhodes.

Face à la pression des Turcs, l'ordre comprit qu'il lui fallait un grand maître de caractère. Après la mort de Claude de La Sengle, en 1557, Jean de La Valette, surnommé Parisot, du nom d'un fief entré dans sa maison au XIVe siècle, alors général des galères, successeur de Strozzi, fut élu à l'unanimité. Agé de soixante-trois ans, il avait reçu la croix à dix-neuf ans et avait passé toute sa vie à se battre sur terre et sur mer. Il savait que le pire était à craindre de la part des Ottomans. Il le savait d'autant mieux qu'il avait été fait prisonnier par eux et mis à la chiourme avant d'être racheté. « Je dis avec tout un monde que monsieur le grand maître Parisot a été un très grand capitaine ; il en avait toutes les qualités. Outre sa vaillance et capacité, il était très bel homme, grand, de haute taille, et de très belle apparence et belle façon, point ému, parlant très bien en plusieurs langues comme bon français, italien, espagnol, grec, arabe et turc... », écrira Brantôme dans sa *Vie des hommes illustres*.

En 1564, les Espagnols, à bord de quatre galères et assistés d'un bon nombre de chevaliers de Malte, réussirent à prendre le Penon de Veres de Gomera, petite « préside » espagnole enclavée sur la côte méditerranéenne du Maroc, en face de Malaga et la pointe de Velez au sud de l'Espagne, qui servait d'asile aux Barbaresques. Perte alarmante pour les corsaires. Dragut avertit Soliman, en lui décrivant les conséquences néfastes qu'elle entraînait.

« Je vieillis, mais ces chevaliers ont le secret de se rajeunir... », dit Soliman des Hospitaliers qu'il avait battus à Rhodes. Le sultan aurait envisagé, à ce moment, de conquérir Malte, et, sans avertir ses ministres et conseillers, commença à pousser à la construction d'une véritable armada. Sa réaction fut plus vive encore lorsqu'il apprit la prise d'un galion chargé de marchandises précieuses par sept galères de Malte, commandées notamment par le chevalier Mathurin d'Aux de Lescout, plus connu sous le nom de chevalier de Romegas, futur général des galères et meneur de la révolte entreprise, en 1581, contre le grand maître La Cassière. Le combat dura cinq heures, entraînant de nombreuses pertes des deux côtés, et la prise fit grand bruit à Istanbul, surtout dans le sérail dont bon nombre des membres étaient intéressés au commerce des biens transportés. Face aux plaintes, notamment celle du chef des eunuques et de l'iman prédicateur de la principale mosquée, Soliman se résolut à convoquer un conseil et la conquête de Malte fut décidée. Seul Dragut s'y opposa. On envoya des ingénieurs déguisés en pêcheurs afin de vérifier l'état des fortifications. On rapporte que le 5 septembre 1564, Soliman le Magnifique, sortant de la grande mosquée d'Istanbul où l'iman l'avait conjuré de délivrer la Méditerranée des galères de Malte, s'écria : « J'écraserai ce nid de scorpions. »

La Valette lança une citation à tous les chevaliers dispersés en Europe. Il put alors s'entourer de près de 800 chevaliers, 100 servants d'armes, 1 350 soldats, 500 esclaves des galères et près de 9 000 civils susceptibles d'être armés. Le grand maître réussit à galvaniser les Hospitaliers et ceux qui les entouraient pour supporter l'énorme choc provoqué par ce que l'on a appelé depuis le « grand siège ». L'escadre turque se présenta devant Malte le 18 mai 1565. Elle était composée de 160 galères ayant embarqué plus de 30 000 janissaires, trois bâtiments-écuries et onze naves de charge. Cette flotte comptait parmi les plus importantes jamais armées par la Sublime Porte. Soliman fut ébloui de la voir se déployer sous ses yeux. On aurait dit un fleuve qui s'écoulait. « Il semblait que l'Asie se dépeuplât. »

Le grand maître réunit les chevaliers et leur tint ce discours :

« Une armée formidable et une nuée de Barbares va fondre sur cette isle ; ce sont, mes frères, les ennemis de Jésus-Christ : il s'agit simplement de la Foi ; et, si l'Evangile doit céder à l'Alcoran, Dieu, dans cette occasion, nous redemande la vie que nous lui avons déjà engagée par notre profession. Heureux ceux qui, pour une si bonne cause, consommeront les premiers leur sacrifice ! Mais, pour nous en rendre dignes, allons, mes frères, renouveler nos vœux aux pieds des autels, et que chacun puise dans le sang même du Sauveur des hommes, et dans la pratique fidèle des sacrements, ce généreux mépris de la mort qui peut seul nous rendre invincibles. »

La flotte turque ouvrit le feu le 31 mai, jour de l'Ascension. Dragut, l'amiral turc, qui s'était, rappelons-le, opposé à la campagne, fut tué le 18 juin. Les assauts durèrent trois mois. Le fort Saint-Elme, défendu par le commandeur Broglio (les membres de sa maison passèrent en France, au XVIIe siècle et devinrent les Broglie), tomba le 23 juin. La langue de France avait perdu deux cents chevaliers, parmi eux, le chevalier du Colombier de La Salle. Les combats furent d'une férocité sans nom. Il n'est pas inutile de rapporter cet épisode terrifiant. Les Ottomans se saisirent des cadavres des chevaliers tués à Saint-Elme, les décapitèrent et les fixèrent sur des radeaux en forme de croix qu'ils jetèrent à l'eau en direction de Saint-Ange. Le grand maître, voyant l'état des suppliciés, fit décapiter tous les prisonniers turcs et se servit de leurs têtes comme boulets qui furent envoyés dans les lignes ennemies.

Les Turcs se portèrent vers le fort Saint-Ange. Le 7 août, ils mirent à bas un mur d'enceinte grâce à un travail de sape et s'engouffrèrent dans le Borgo où ils furent désorientés par une charge de cavalerie. Croyant qu'il s'agissait des renforts attendus de Sicile, les Turcs firent marche arrière. De nombreux chevaliers qui n'avaient pas répondu à l'appel du grand maître, plus un groupe de volontaires français – dont Brantôme – comptant parmi les plus grands noms de France, constituèrent un corps expéditionnaire de sept cents hommes (quarante-deux chevaliers et quelques volontaires français) qui réussit à gagner l'île depuis Messine, malgré la mauvaise volonté de don Garcia de Toledo, vice-roi de Sicile. Ce « Petit Secours » débarqua dans la nuit du 29 au 30 juin. L'Europe entière suivait l'évolution de ce siège qui se déroulait loin de ses côtes, mais dont le sort pouvait bouleverser l'équilibre du monde chrétien. « Si les Turcs triomphent de l'île de Malte, on ne peut pas savoir quels périls surgiront pour le reste de la Chrétienté », dit avec une certaine lucidité Elisabeth Ire d'Angleterre. Enfin, Toledo laissa partir le « Grand Secours », composé de neuf mille hommes, commandé par l'amiral don Alvaro de Bazan, marquis de Santa Cruz, qui débarqua le 7 septembre. Le grand maître de La Valette, à l'extrême limite de sa résistance, venait de se confier à la Vierge Marie et avait dit : « Attendez après le 8, et je vous satisferay. » Après de nouvelles et violentes attaques, les Turcs décrochèrent le lendemain. Victorieux, le grand maître put faire chanter un *Te Deum*. C'était le jour de la Nativité de la Vierge. Le 8 septembre devint jour de fête nationale de l'Ordre durant sa période maltaise, et la république de Malte a conservé cette date.

UNE NOUVELLE CITÉ

La Valette changea le nom d'*il Borgo* en *Vittoriosa*. Cette ville devint le lieu de résidence de l'inquisiteur, installé dès le XVIe siècle afin, officiellement, de surveiller l'exercice de la foi parmi les chevaliers, en fait pour contrebalancer le pouvoir de l'évêque choisi par le Conseil de l'Ordre. Peu à peu, l'inquisiteur ne remplit plus que le rôle d'ambassadeur du Saint-Siège près le grand maître[2]. Pour marquer la victoire des Hospitaliers sur les Ottomans, le pape Pie IV offrit au grand maître une croix à huit pointes en cristal portant en son centre gravées les inscriptions, à l'avers : *ION LAVALETTE. MAG. MSSR. SEPULCR*, et sur les bras de la croix : *UNUM DECEM MILLIA VICIT.*, puis lui offrit le chapeau cardinalice qu'il refusa, au nom de l'indépendance de l'Ordre ! Souverains et princes multiplièrent les députations à Malte, apportant compliments et cadeaux. Parmi eux, le fameux poignard de cérémonie offert par Philippe II d'Espagne ou, selon Delaville le Roux, par Pie IV. Cette arme à la poignée très ouvragée est attribuée à Hans Muelich, orfèvre à Augsbourg. Elle a été saisie par Bonaparte, en 1798, qui l'a rapportée en France et confiée à son orfèvre Biennais, afin qu'il réalise un fourreau digne d'elle. Elle est désormais conservée au Louvre.

Le grand maître prit pour première tâche de relever les ruines dont l'île était couverte et posa, le 28 mars 1566, la première pierre d'une nouvelle cité, installée sur l'isthme de Sceberras séparant les deux rades. A cette occasion, La Valette fit frapper une médaille commémorative. Première ville d'Europe construite sur plans – ceux de l'architecte Francesco Laparelli, qui s'était écrié, un temps découragé devant l'ampleur de sa mission : « C'est une grande tâche de créer une ville à partir de rien. »

L'idée de construire une ville nouvelle fortifiée sur la bande de terre séparant le port serait née en 1551, après la chute de Tripoli. Il existe une carte de l'île de Malte, dessinée par Giacomo Gastaldi et gravée par Fabio Licinio, imprimée à Rome en 1563, qui montre à l'emplacement de la plate-forme de Scebarras le tracé d'un fort avec ces mots : « Cita nova ». Ce projet avait fait l'objet d'une commission placée sous la direction du prieur de Capoue, Léon Strozzi. La décision de construire une ville fortifiée sur la péninsule fut prise en 1558, et approuvée par le pape Pie IV. Un plan détaillé fut établi à cette occasion et imprimé à Rome en 1563, d'après un dessin original exécuté, selon l'historien maltais Albert Ganado, par Bartolomeo Genga, commissionné par l'Ordre. Une autre planche venant du cartulaire de Lafreri fut utilisée et annotée en 1566 par Francesco Laparelli, l'architecte de la future La Valette.

Cette cité est considérée comme un chef-d'œuvre d'architecture militaire. Bâtie sur une épine dorsale rocheuse haute de soixante mètres, elle est ceinturée par d'épais remparts. Ses rues sont tracées au cordeau ; les maisons, palais, églises et auberges sont enchâssés les uns dans les autres dans un quadrillage de ruelles qui montent ou descendent. Car on ne pouvait remodeler le roc bosselé. La ville est partagée en deux parties d'égale grandeur par une rue centrale qui la traverse jusqu'au fort Saint-Elme qui plonge dans la mer. Huit mille hommes travaillèrent à son édification. Pour cette construction, le grand maître de La Valette avait reçu la promesse que des fonds lui seraient envoyés par les cours occidentales : le pape pour quinze mille écus, le roi de France cent quarante mille livres, celui d'Espagne quatre-vingt-dix mille livres et celui du Portugal pour trente mille cruzades. Ceux-ci ne parvenant pas à temps, il fit frapper des monnaies de cuivre, figurant à l'avers deux mains entrelacées et au revers ses armoiries, avec comme devise : *« Nom aes sed fides. »* Elles devinrent tout de suite objets de spéculation ; sitôt parvenues en Europe, on les échangeait, en effet, contre des pièces d'or ou d'argent.

La Valette, fatigué, agacé par le manque d'égards du

pape Pie V vis-à-vis des privilèges de l'Ordre, mourut le 1er août 1568. Sa dépouille mortelle fut embarquée sur la *capitane* désarmée et sans arbre[3], ornée de draps noirs qui traînaient dans l'eau, d'enseignes et de bannières ottomanes et d'« autres infidèles » qu'il avait vaincus. Elle était tirée par deux autres galères armées et suivie par deux autres ainsi parées. Une pompe grandiose et inhabituelle.

On donna à la nouvelle ville, achevée en 1571, le nom de La Valette. Pour la décrire, Jean de La Varende indiquera que c'était une « ville bâtie par des gentilshommes pour des gentilshommes ».

Comme à Rhodes, les chevaliers vivaient dans les auberges de leur Langue. Celles-ci furent agrandies au XVIe siècle. L'auberge d'Allemagne a été démolie en 1838 et remplacée par la cathédrale Saint-Paul ; celles d'Auvergne et de France ont été détruite durant la Seconde Guerre mondiale. L'auberge de Provence, construite au XVIe siècle, accueille aujourd'hui le musée d'Archéologie. L'auberge de Castille et León, construite en 1744 d'après les plans de Domenico Cachia, compte parmi les plus beaux palais de Malte. Après avoir été le quartier général de l'armée britannique, elle abrite les services du Premier ministre. L'auberge d'Italie, construite en 1574, est devenue la poste centrale. L'auberge d'Aragon, sortie des plans de Girolamo Cassar, est devenue le siège du ministère de l'Economie et des Finances, et l'auberge de Bavière, datée de 1696, sert aujourd'hui de centre d'exposition.

Les nouvelles fortifications grandioses rendaient l'île et sa capitale imprenables. On sait que Soliman II avait songé à revenir attaquer Malte. Instruit de ce projet par ses espions, La Valette avait réussi à faire incendier l'arsenal d'Istanbul où se préparait l'expédition.

L'USAGE DES ESCLAVES

Solidement installés dans leur nouvelle forteresse, les Hospitaliers n'en avaient pas pour autant fini avec les Ottomans et les Barbaresques qui multipliaient les actes de piraterie. Passagers et équipages des navires coulés ou arraisonnés étaient systématiquement vendus comme esclaves. De leur côté, les Hospitaliers faisaient, eux aussi des esclaves. C'était l'usage à l'époque. Anne Brogini, auteur d'une étude sur *L'Esclavage au quotidien à Malte, au XVIe siècle*, indique que le nombre des esclaves résidant à Malte passa de moins de quatre cents en 1548 à mille huit cents environ en 1599. « D'origine diverse, ces esclaves en nombre toujours plus grand se partagent en deux catégories liées à leur appartenance religieuse : les non-chrétiens (musulmans et juifs) et les chrétiens. [...] Sur 125 comparutions d'esclaves devant l'inquisiteur à la fin du XVIe siècle, on dénombre seulement 12 femmes : elles ne constituent donc qu'une minorité de 10 % au sein de la population servile. » Les chrétiens pris à bord des navires turcs ou barbaresques devaient prouver leur appartenance à la religion chrétienne pour être libérés ; quelques-uns, d'origine grecque ou levantine, n'y parvenaient pas. Certains musulmans convertis au catholicisme demeuraient dans un état servile. Quant aux enfants nés en captivité, ils étaient systématiquement baptisés dès leur naissance et grandissaient en tant qu'esclaves chrétiens. Les rameurs étaient sélectionnés et bien soignés, les autres, à terre, étaient mis au service des Maltais, laïcs et religieux, y compris les chevaliers, comme employés de maison, ou dans les fermes. « En outre, les esclaves de terre bénéficient, au XVIe siècle, du privilège que n'ont pas les esclaves de rame, de posséder parfois une activité à leur propre compte. Ils peuvent notamment travailler pour eux-mêmes (pêche, artisanat, emploi rémunéré) et surtout vendre le produit de leur travail », explique encore Anne Brogini. Les esclaves pouvaient être rachetés ou acquérir leur liberté. Elle rapporte ainsi l'histoire de l'esclave noire Maria Debruisso : « En 1591, elle a versé 30 écus d'acompte à sa patronne qui a en retour accepté de la tailler (*sic*) devant notaire pour le prix de 170 écus de 12 taris. L'acte stipule que le reste de la somme doit être versé par l'esclave à raison de 2 écus par mois, ce qui fait que Maria ne sera libre qu'au bout de presque six ans ! » Les hauts personnages étaient, naturellement, échangés contre rançon. On cite le cas de quelques-uns de ces esclaves qui, n'étant pas parvenus à être rachetés, demeurèrent libres dans l'île et y finirent paisiblement leur vie. D'autres réussirent à s'évader. « Enfin, le dernier recours pour recouvrer sa liberté est la révolte », explique Anne Brogini. « Fait exceptionnel à Malte, une révolte des esclaves eut lieu dans le courant du mois de février 1596. Cet événement est très mal connu, car presque entièrement occulté par les archives : seuls les registres de l'ordre en parlent de manière fort implicite, ainsi qu'une lettre de mai 1596, trouvée par hasard dans un procès inquisitorial et adressée à l'inquisiteur. » En règle générale, si la condition d'esclave était dure, elle trouvait des compensations dans une certaine forme de tolérance dans les déplacements. Cette attitude était, en fait, provoquée par la possibilité de rachat de ces esclaves.

De leur côté, les chevaliers de Malte, puisque l'on commençait à les appeler ainsi, délivraient chaque année des milliers de chrétiens captifs. Témoin cette lettre du commandeur Claude du Colombier de La Salle, le frère de Jean tué à Saint-Elme, adressée, le 31 août 1576, à « Monsieur de Lisle conseiller du roy [de France] et son ambassadeur au près du grand seigneur en Constantinople » pour le remercier d'être intervenu pour faire libérer les chevaliers de Guyenac et Vacquera et le frère Melchior Clapier. Claude du Colombier de La Salle, de la langue d'Auvergne, avait été reçu dans l'ordre en 1554, onze ans avant le grand siège de Malte. Il avait lui-même tâté des geôles ottomanes, puis, libéré, avait représenté lui aussi le roi de France près la Sublime Porte. Il ne fut pas le seul Hospitalier à être envoyé comme ambassadeur auprès du Grand Seigneur. En 1577, le chevalier Bongianni-Giantigliazzi fut accrédité ambassadeur de Toscane, avec la permission du grand maître. On rapporte qu'un jour, le sultan lui montra un plan de la cité de La Valette et lui demanda s'il était fidèle et si la place était aussi bien fortifiée. Le chevalier lui répondit : « ... celui qui a levé le plan a oublié la principale partie de ses fortifications, qui consiste dans le courage, et la valeur de plus de mille chevaliers, toujours prêts à répandre jusqu'à la dernière goutte de leur sang pour la défense de cette place. »

L'Ordre était devenu souverain avec la conquête de

Rhodes. Malgré la perte de l'île en 1522, il continua à être regardé comme tel par les autres puissances. Ce privilège politique, « la souveraineté indépendante de la territorialité », qu'il a toujours conservé depuis, s'est affirmé dès 1523. Bien que la cession de Malte ait été vassale, on commença à l'époque à désigner l'Ordre sous l'appellation d'« ordre souverain de Malte ». Il avait des ambassadeurs auprès de plusieurs cours comme celles de France, de Naples, de Rome, d'Espagne, de Vienne, à Venise. C'est en France que les représentants de l'Ordre furent reçus avec le plus de pompe. Henri II avait, dès 1549, reconnu formellement la distinction entre les biens ecclésiastiques et ceux des Hospitaliers. Malgré cette franchise, l'ordre de Malte participa en 1563 à une contribution pour éteindre les dettes du royaume. L'accréditation d'un ambassadeur de l'Ordre auprès du Saint Empire remonterait à 1536, du Saint-Siège à 1577 et en France à 1603, avec celle du commandeur de Marcouville. Le chevalier bourguignon Noël Brulart de Sillery fut d'abord nommé ambassadeur en France, puis auprès de Sa Majesté Très Catholique en Espagne et enfin à Rome. Il fut promu bailli en 1615, avant d'être ordonné prêtre. Le bailli de La Vieuville, puis le bailli de Mesmes firent à Paris des entrées spectaculaires. A partir de la fin du XVIIe siècle, ils logèrent rue de la Ville-l'Evêque[4].

Hugues de Loubens de Verdalle, élu grand maître le 15 janvier 1582, fut fait cardinal par le pape Sixte Quint (1585-1590). Cette nomination provoqua quelques remous au sein du collège des cardinaux et n'aida pas pour autant le grand maître à assurer son autorité au sein de l'ordre. Le pape Grégoire XIII (1512-1515) aurait donné au même grand maître une couronne de prince. En fait, le titre et le rang de prince furent conférés au grand maître Alof de Wignacourt (1601-1622) par l'empereur du Saint Empire Rodolphe II. Quant à la qualification d'« éminentissime », elle est mentionnée dans un document adressé, en 1647, au grand maître Jean-Paul de Lascaris (1636-1657). Depuis longtemps, les chevaliers s'adressaient aux grands maîtres en les appelant Eminence, le traitement réservé aux cardinaux[5]. Il convient de ne pas oublier que les grands maîtres d'Aubusson et Loubens de Verdalle avaient reçu le chapeau. On ne vit apparaître la couronne fermée avec coiffe noire que lors du règne d'Emmanuel Pinto de Fonseca (1741-1773). Dans le portrait que réalisa de lui Antoine de Favray, il la désigne « d'un geste superbe ». Si le grand maître apparaît dans toute sa majesté sur fond de draperies rouges et dorées, il n'oublie pas qu'il est un religieux : son habit, comme son manteau doublé d'hermine, est noir, frappé de la croix blanche à huit pointes. Le grand maître correspondait sur un pied d'égalité avec tous les souverains de la Chrétienté. Il était leur « cousin », selon la terminologie protocolaire.

Les grands maîtres assurèrent leur prestige en s'entourant de faste. Afin de soutenir leur rang, ils percevaient un droit de 10 pour cent sur les butins rapportés par les opérations de course en Méditerranée et la totalité sur les bâtiments équipés sur leurs deniers. Ils participèrent, en revanche, à l'amélioration des hôpitaux et construisirent des palais et des résidences d'été, des églises, des bibliothèques et des écoles comme celle des mathématiques et des sciences navales. Cette évolution au sein d'un ordre religieux pourrait, aujourd'hui, surprendre. Ce serait méconnaître l'évolution de la société, bouleversée d'abord par la Réforme qui avait peu à peu ébranlé ce qui restait de la féodalité. Le grand siège de 1565 lui-même avait été la dernière grande bataille liée à la religion à laquelle tous les royaumes chrétiens avaient de près ou de loin participé. La bataille navale de Lépante en fut l'ultime manifestation. Au centralisme romain s'opposa la montée du pouvoir absolu des souverains, dont le règne de Louis XIV fut l'apogée. Princes de la Chrétienté, les grands maîtres se devaient de se montrer aussi puissants que les souverains dont ils étaient les pairs. Les succès militaires leur avaient donné une place non négligeable sur l'échiquier politique contemporain. Il était naturel que les grands maîtres, quoique religieux, à l'image de tous les souverains, encouragent les arts et se comportent eux aussi en mécènes.

10

LA PREMIÈRE ÉCOLE NAVALE DE L'EUROPE

Plus d'une soixantaine de chevaliers avaient perdu la vie à Lépante. Cette victoire donna à l'Ordre l'obligation de renforcer encore sa flotte et de maintenir ce qui restait de celle des Turcs hors de portée de l'Occident chrétien. L'Ordre tenait armés un vaisseau de soixante canons, quelques chébecs et quatre ou sept galères, selon les périodes, dont deux constamment destinées à la garde du port de La Valette. Ces bâtiments intervenaient à tout moment en Méditerranée, comme ils le faisaient durant la période rhodienne, pour assurer la protection des convois et des transports de marchandises des bâtiments occidentaux, et maintenir une sorte de police des mers. Ces patrouilles visaient à protéger le commerce des royaumes de Naples et des Deux-Siciles, plus rarement celui des Vénitiens, et tentaient de maintenir les bâtiments des Ottomans et des Barbaresques en deçà de certaines limites qu'ils ne devaient pas franchir. Dire que les bâtiments des Hospitaliers ne franchissaient pas eux-mêmes ces frontières maritimes serait aller à l'encontre de la vérité historique. La marine de l'Ordre, durant deux siècles et demi, va se livrer essentiellement à la course, le *corso*. Cette suite de coups de main aura des conséquences néfastes pour tous les protagonistes, Hospitaliers, Ottomans, Barbaresques, Vénitiens, Français, etc., mais maintiendra un certain équilibre entre, non pas les forces en présence, mais les idéologies religieuses. Cet état de guerre endémique n'exclut pas, curieusement, des moments de paix et d'échanges.

La course, un jeu complexe

« Au XVIe siècle, la course s'inscrivait dans la guerre d'escadres, comme la forme d'activité préférée des galères de chaque camp. Plutôt que de s'affronter dans une rencontre décisive, on pratiquait des deux côtés une stratégie des accessoires, faite de coups de main sur les villes et villages côtiers, et qui visait à ruiner ou effrayer l'adversaire tout en pourvoyant les chiourmes d'esclaves frais. A ce jeu, dont souffraient finalement assez peu la navigation et le commerce maritime, les galères au service du Roi Catholique ne différaient guère de celles de Barberousse, Dragut ou Euldj-Ali ; mais, depuis la prise de Rhodes en 1522 et jusqu'à Lépante au moins, la Méditerranée orientale était relativement bien protégée, grâce à la supériorité navale acquise par les Ottomans », explique Michel Fontenay.

Tout changea dans les années 1580, lorsque s'organisa la « contre-course », selon le mot de Michel Depeyre. D'un côté, les pirates tripolitains et barbaresques se jetèrent sur tous les bâtiments chrétiens qui passaient à leur portée ; de l'autre, les galères de la Religion auxquelles s'étaient ajoutées celles de l'ordre de Saint-Etienne se lancèrent à l'assaut des côtés du Levant, et traquèrent sans répit les bâtiments ottomans. L'ordre de Saint-Etienne, dont l'emblème était une croix à huit pointes, comme celle de Malte, mais de gueules (rouge), a été créée en 1562 par Cosme Ier de Médicis, futur grand-duc de Toscane, en souvenir de la bataille de Marciano. Pour renforcer cet état de « contre-course », le Conseil de l'ordre institua, à la fin du XVIe siècle, la Congrégation générale des galères, permettant à plusieurs chevaliers de s'unir pour construire une galère à leurs frais. Sinon, ils affrétaient eux-mêmes des bâtiments légers qui leur permettaient de se lancer dans cette course contre les Turcs et les Barbaresques.

Les prises en mer procuraient des captifs musulmans, pour alimenter les chiourmes des galères de l'Ordre, et des biens pour assurer le train de vie des nombreux chevaliers résidant à Malte. La perte des revenus des commanderies de la langue d'Angleterre, après les spoliations effectuées par Henri VIII, et de celles de la langue d'Allemagne, passées à la Réforme, avaient contraint l'Ordre à se tourner vers d'autres ressources financières. Cette course maltaise atteignit son apogée dans les années 1680, mais se poursuivit encore durant une grande partie du XVIIIe siècle. Elle était nécessaire à la survie de l'Ordre. Il convient de ne pas oublier, par ailleurs, les relations diplomatiques privilégiées entre Louis XIV et la Porte. A Versailles, on jugeait d'un mauvais œil l'action des galères de la Religion. D'autant plus qu'il arrivait que des vaisseaux occidentaux fussent, eux aussi, arraisonnés. Ces « erreurs » soulevèrent bien des protestations et mirent quelquefois l'Ordre dans l'embarras. Malte fournissait pourtant aussi le roi de France en esclaves ! La marine avait besoin de renouveler la chiourme de ses galères ! « Le chevalier d'Escrainville, vers la fin du XVIIe siècle, était chargé de ce curieux trafic, et personne ne trouvait à redire... », rapporte Claire-Eliane Engel qui ajoute que, pour les esclaves, il valait mieux « servir » à Malte, où l'on était mieux traité. Dans son étude sur *L'Esclavage au quotidien à Malte au XVIe siècle*, déjà citée, Anne Brogini confirme cette affirmation : « Les esclaves jouissent d'une certaine forme de liberté. Dans un quotidien difficile et étroitement contrôlé, ils ont néanmoins la possibilité de se fréquenter, de se réunir dans des lieux mal contrôlés par les autorités, et de créer des réseaux parfois actifs de solidarité (plan d'évasion, organisation de rachats). » La France faisait mine de désavouer la course chrétienne, mais la favorisait en sous-main. Elle fut tolérée à Malte jusqu'au XVIIIe siècle, tant que les grands maîtres surent la contenir dans des limites raisonnables.

La guerre de course menée par les chrétiens et les musulmans maintenait un équilibre complexe entre les deux camps. « Le corso chrétien, par l'insécurité qu'il entretenait, a empêché les Ottomans de mettre à profit l'admirable configuration géographique de leur empire au carrefour des trois continents du Vieux Monde, sur les bords d'une mer familière et comme domestique. [...]. Fourriers des marchands occidentaux, les corsaires jouaient leur rôle dans la reconquête des marchés du Proche-Orient dont Latins et Francs avaient été évincés au XVe siècle par la conquête ottomane. En ce sens, ils étaient les acteurs d'une revanche économique de l'Occident, mais dont les Latins cette fois se trouvaient exclus et qui fonctionnerait bientôt au seul bénéfice des Francs et de l'Europe du Nord-Ouest », explique C.-E. Engel. De son côté, Michel Fontenay assure qu'en « un certain sens, la conquête ottomane fut aussi une revanche économique de l'Orient sur l'Occident. L'éviction des Latins, qui dominaient la navigation et les échanges dans les mers du Levant depuis deux siècles, a permis la récupération par l'Orient de son propre espace commercial... ». Chacun a trouvé une justification à une guerre qui ne portait pas de nom. « L'ensemble des dommages causés à l'Empire ottoman par le corso chrétien est impossible à mesurer exactement à partir des seules sources occidentales, même au prix d'un patient labeur de rassemblement dans les fonds d'archives les plus divers. Tout ce qu'on peut espérer, si rien ne vient éclairer le problème du côté des orientalistes, c'est de s'en faire une idée grossière », constate encore Michel Fontenay. Quant aux souffrances provoquées par les pirates barbaresques, les récits des chrétiens rescapés, comme celui, notamment, de Cervantès, suffisent à donner le frisson. Aucun des deux camps ne faisait, la plupart du temps, de quartier.

Pourtant, nous décelons çà et là, tout au long de ces années, des tentatives de dialogue, nous dirions aujourd'hui des ouvertures. Sous la grande maîtrise d'Antonio Manoel de Vilhena (1722-1736), un esclave du nom d'Hali, racheté par Mehmet Effendi, ambassadeur de la Porte en France, de passage à Malte, réussit à convaincre le sultan de surprendre l'île, en comptant sur la révolte des esclaves turcs. Une petite escadre de dix vaisseaux se présenta devant La Valette... où on l'attendait. Elle n'eut que le temps d'envoyer « quelques volées de canon » avant de se retirer, non sans avoir fait remettre une lettre au grand maître :

« Le premier de l'Isle de Malte, les Chefs de son Conseil, & les Chefs des Langues de France, de Venise & autres Nations qui adorent le Messie, sont avertis par cette lettre, que nous avons été expressément envoyés par le Grand-Seigneur, Maître de l'Univers, refuge du Monde, pour leur ordonner de nous remettre tous les esclaves qui se trouvent dans leur misérable gouvernement ; afin qu'ils puissent se présenter devant son suprême et auguste trône. Telle est la volonté, & la fin pour laquelle il nous a armés. Si vous manquez à lui obéir, de terribles châtiments vous feront repentir de votre faute. Envoyez votre réponse à Tunis. »

L'Ordre était habitué au ton très oriental de cette missive. La réponse du grand maître mérite d'être mentionnée en ce qu'elle précise la position de l'Ordre sur la guerre de course et les échanges d'esclaves :

« ... que l'institut de l'Ordre n'était pas de courir les mers pour faire des esclaves, mais de croiser avec ses armements pour assurer la navigation des bâtiments chrétiens. Qu'ils n'attaquaient que ceux qui troublaient le commerce, et qui voulant réduire les chrétiens en esclavage, méritaient d'y être eux-mêmes réduits. Qu'ils n'avaient rien tant à cœur que de délivrer ceux des leurs qui étaient dans les fers. Que si sa Hautesse avait les mêmes intentions, ils étaient prêts à négocier la liberté réciproque des esclaves, ou par échange ou par rançon, suivant l'usage reçu parmi les Princes. Que sa Hautesse leur fît connaître ses intentions, & qu'ils n'oublieraient rien pour les seconder. »

Cette réponse ne fut pas envoyée à Tunis mais à Jean-Louis d'Usson, marquis de Bonac (1672-1738), ambassadeur de France à Istanbul. Celui-ci la fit remettre au grand vizir. Quelques jours plus tard, le ministre de la Porte répondit qu'il se montrait disposé à négocier. Cet empressement pourrait s'expliquer par une volonté d'ouverture ou simplement face à une évolution des forces. Nous sommes en 1735, et l'ordre vient de faire construire deux nouveaux bâtiments, le *Saint-Georges* et le *Saint-Antoine-de-Padoue*, par Blaise Coulomb, constructeur du roi. Ces vaisseaux, comme le *Saint-Jean* et le *Saint-Jacques*, mis en chantier en 1702, désarmés en 1717, étaient de ligne de troisième rang, à trois mâts et à la voilure fractionnée, et disposaient d'une importante puissance de feu contre laquelle les galères avaient peu de prise. On pourrait penser que le grand vizir allait sauter sur l'occasion, pour établir un plan de paix et épargner ses galères. Bonac rédigea une proposition en six points qui furent tous acceptés, tant par la Porte que par la France et Malte. A une réserve près : le grand maître préféra une trêve de vingt ans plutôt qu'une paix. Les esclaves devaient être échangés réciproquement, la Barbarie n'était pas comprise dans le traité, les Maltais jouiraient dans les Etats du Grand Seigneur des mêmes privilèges que les Français, l'accord serait annulé en cas de guerre d'un prince chrétien avec la Porte... Mais la négociation fut interrompue à cause de la réaction du capitan Bacha, « ministre » de la Mer, « piqué qu'une affaire qui regardait la mer se fût traitée sans lui ». Le grand vizir jugea plus prudent de renoncer, tout en faisant comprendre à Bonac qu'il n'avait pas changé de vues. Il est à noter que ce diplomate fut celui qui obtint la restauration du Saint-Sépulcre et incita le sultan à envoyer la première ambassade turque en France.

Il reste que l'histoire de l'Ordre et l'action des chevaliers, durant cette période maltaise, sont marquées par cette guerre navale ininterrompue contre les Turcs. En 1570, les chevaliers de Saint-Aubin, Fernand de Coiro et Roquelaure prirent, non loin de l'embouchure du Nil, un bâtiment sur lequel se trouvait le trésorier général d'Egypte, avec sa famille, qui se rendait à Constantinople, présenter ses comptes. La même année, le corsaire Lucchiali surprit une escadre de Malte, commandée par le chevalier de Saint-Clément, et lui prit trois galères. Le même chevalier de Saint-Aubin, en 1597, prit ou détruisit, en six semaines, à l'aide de quatre galères, treize bâtiments turcs et ramena deux cent quatre-vingt-trois captifs, dont le cadi de Baffa qui obtiendra sa liberté, deux ans plus tard, contre une rançon de cinq cents sequins. Le chevalier Mathurin d'Aulx de Lescout-Romegas, l'un des plus remarquables marins de l'ordre au XVIe siècle, était la bête noire des Barbaresques. En 1604, les galères de la Religion ravagèrent l'île de Lango qui avait appartenu, autrefois, aux Hospitaliers. En 1609, les chevaliers Fresenet, Mauros et Gaucourt surprirent la forteresse de Lajazzo, aux confins de l'Anatolie, s'emparèrent d'un butin considérable et emmenèrent plus trois cents esclaves. En 1611, ce fut le tour de Corinthe. En 1625, la tentative de prise de l'île Saint-Maurice, occupée par les Turcs, échoua. Douze chevaliers furent tués. A Famagouste, dans Chypre, des esclaves chrétiens composant la chiourme de la galère du bey de cette ville se révoltèrent et réussirent à la conduire à Malte. En 1634, près de l'île de Zante, on prit « quatre vaisseaux chargés de six cent cinquante Mores ou Nègres, qu'on envoyait de Barbarie à Constantinople », rapporte Vertot. Plus tard, un autre combat contre les corsaires de Tripoli permit de faire trois cent huit esclaves et de délivrer soixante chrétiens. Quatre ans plus tard, le commandeur de Charlot, général des galères, attaqua trois gros vaisseaux de Tripoli commandés par un renégat de Marseille, nommé La Bécasse. « On fit trois cent douze esclaves, mais la Religion y perdit plusieurs des plus braves chevaliers », dit Vertot. En 1640, le prince de Hesse-Armstadt, nouveau général des galères, prit six vaisseaux corsaires dans le port de La Goulette.

Encore un exemple : « En 1644, les galères de l'Ordre étant en course, les Chevaliers découvrirent à quatre milles d'eux un vaisseau sous le vent. » Le combat dura sept heures, les Ottomans finirent par se rendre, leur capitaine, un nommé Jean-Baptiste Macedonio, ayant été tué. Il fut enterré à Malte. Son nom indique qu'il était originaire de la Macédoine et il devait être chrétien. La Religion perdit neuf chevaliers et eut de nombreux blessés ; les Turcs perdirent six cents hommes, et, parmi les prisonniers, se trouvaient, notamment, une, selon Vertot, deux, selon C.-E. Engel, dames du sérail, accompagnées d'un jeune enfant, nommé Osmin ou Osman, que l'on dit être le fils du Grand Seigneur Ibrahim. Le sultan, apprenant la captivité de ses femmes, entra dans une grande fureur et résolut d'attaquer Malte. Les deux sultanes furent somptueusement logées à La Valette et servies par leurs esclaves. Mlle de Scudéry eut vent de cette histoire et en rédigea une chronique :

Le Dauphinois Raymond du Puy (1120-1158/60) fut le premier maître élu des Hospitaliers de Saint-Jean-de-Jérusalem. C'est sous son magistère que s'opéra la transformation de la confrérie en ordre militaire. Huile sur toile d'Alexandre Loewlein, 1842, châteaux de Versailles et de Trianon. © Gérard Blot/RMN

Le Krak des chevaliers (actuelle Syrie) fut confié aux Hospitaliers dès 1142. Il pouvait abriter une garnison de 2 000 hommes dont 60 chevaliers. Attaqué treize fois de 1115 à 1271, il tomba par traîtrise. © Jean-Louis Nou/akg-images

Le grand siège de Malte ordonné par Soliman le Magnifique se déroula du 31 mai au 8 septembre 1565. Les combats qui donnèrent la victoire à l'Ordre furent acharnés et sanglants. Les assaillants étaient au nombre de 30 000 ! Huile sur toile de Charles Philippe Larivière, châteaux de Versailles et de Trianon. © DR/RMN

Le grand maître Pierre d'Aubusson (1476-1503) repoussa les Ottomans qui avaient mis le siège devant Rhodes, en 1480. Il fut fait cardinal en 1489 en échange de la remise du prince Zizim aux autorités du Saint-Siège. Miniature du Maître du cardinal de Bourbon, 1483, Bibliothèque nationale de France.© Bridgeman Art Library

Trois galères des Hospitaliers participèrent à la bataille de Lépante (7 octobre 1571). Auparavant, quatre bâtiments de l'Ordre avaient été défaits, en route, lors d'un affrontement avec Oulouch Ali, le vice-roi d'Alger. Peinture vénitienne du XVIIe siècle, détail, Venise, musée Carrer. © G. Dagli Orti

L'icône de Notre-Dame de Philerme, précieuse relique de l'Ordre trouvée à Rhodes et que l'on pensait perdue, est aujourd'hui conservée au musée national de Cetinje, capitale historique du Montenegro. © coll. part., DR

Le drapeau rouge frappé de la croix blanche à huit pointes est l'emblème de l'Ordre, et marque sa présence partout où il œuvre pour les déshérités. © coll. part., DR

La bannière, de gueules à croix blanche, fut approuvée en 1130 par le pape Innocent II, et deviendra l'étendard de l'Ordre sur terre comme sur mer. Il est le premier de tous les pavillons nationaux. © coll. part., DR

La croix portée autour du cou, n'est pas une décoration, mais un signe d'appartenance à l'Ordre. © coll. part., DR

Tous les chevaliers de Saint-Jean-de-Jérusalem étaient des religieux jusqu'en 1798. Au premier plan, le grand maître et un chevalier en tenue de chœur (*2e à partir de la droite*). Les chapelains assuraient l'aumônerie auprès des malades ou à la guerre. Huile sur toile d'Antoine de Favray, coll. part. © Bridgeman Art Library

Les Hospitalières, dès l'origine, constituaient un ordre indépendant, tout en étant soumis à celui des Hospitaliers. Les couvents ont été fermés en France au moment de la Révolution ; en Espagne, celui de Sijena est toujours actif. Illustrations de l'*Histoire des habits des ordres religieux* du père Helyot, 1842, coll. part., archives Charmet. © Bridgeman Art Library

Ci-contre : la co-cathédrale Saint-Jean à Lavalette, édifiée par Geralmo Cassar, entre 1573 et 1577, était la chapelle conventuelle des Hospitaliers. Tous les arts du baroque y ont été réunis pour la plus grande gloire de Dieu et de l'Ordre. © coll. part., DR

Aujourd'hui, la vocation de l'Ordre est de soigner les malades dans le monde entier. Il organise aussi des pèlerinages ; celui de Lourdes qui réunit plus d'un millier de malades est le plus célèbre. Ici, en pèlerinage au Vatican, à Rome. © Gianni Giansanti/Corbis Sygma

De leurs échanges avec les Arabes, les Hospitaliers avaient acquis une science médicale en avance sur l'Occident chrétien. La première école de médecine de Malte fut créée en 1595, et celle d'anatomie et de chirurgie en 1676. Les produits pharmaceutiques étaient conservés dans des pots en céramique ouvragée comme celui-ci, aux armes du grand maître de Wignacourt (1601-1622). Faïence majolique, XVIe siècle, La Valette, musée des Beaux-Arts. © G. Dagli Orti

« En dépit de la menace turque, on s'amusa beaucoup dans l'île en cette période de carnaval. » Puis tout se calma, les Turcs ne vinrent pas, et l'on libéra les captives... mais sans le bébé. Celui-ci fut élevé par les dominicains de Mdina, qui s'efforcèrent d'en faire un chrétien. Il résista, puis à treize ans demanda le baptême et eut pour parrain le grand maître Jean-Baptiste de Lascaris-Castella. Il semblerait que l'on ait essayé de négocier auprès du sultan la restitution de Rhodes contre son fils. Ce fut sans succès. En 1658, le fils présumé du sultan entra comme novice chez les dominicains. Le père Ottomano, car tel était devenu son nom, sans doute pour marquer ses origines, visita ensuite Naples, Rome, fut même reçu à Versailles, en 1664. A la mort du sultan Ibrahim, il se posa néanmoins en prétendant au trône ottoman. Cela ne mena à rien, et la perte de Candie étouffa tout projet dans l'œuf. Ottomano, vicaire général des dominicains à Malte, mourut lors de l'épidémie de peste en 1675.

Tout au long du XVIIe siècle, les galères de Malte, seules ou conjointement avec celles de Venise, et même celles du pape, attaquèrent les Ottomans ou leur barrèrent la route. Il y eut même une tentative de reprise de Rhodes en 1659, qui échoua, faute d'entente entre les partis. En 1665, on salua le courage du chevalier d'Hocquincourt qui, face à trente-trois galères du Grand Seigneur qui transportaient des troupes dans l'île de Candie, mena un dur combat. Il réussit à s'en tirer sauf, « après avoir coulé plusieurs galères et tué plus de six cents hommes au Turc », c'est Vertot qui l'affirme. Hocquincourt devait, finalement, faire naufrage près de l'île de Scarpanto et périr avec soixante-dix hommes. Le 15 février 1700, la *capitane*, commandée par le bailli Spinola, coula au large de la Sicile en abordant un barbaresque. Il y avait à bord cinq cents ou sept cents hommes, « la fleur de la jeune noblesse d'Europe ».

Citons encore le bailli grand-croix Jacques François de Chambray, « lieutenant général des armes de la Religion en mer » (Evreux 1687-Malte 1756). Ce Normand fut l'un des plus grands marins de l'ordre, au XVIIIe siècle. Il fut admis dans l'Ordre en tant que chevalier de minorité en 1700, et fut page du grand maître Perellos. Au cours de ses vingt-quatre campagnes, il prit aux Barbaresques onze vaisseaux, sans compter ceux qu'il coula. Parmi eux se trouvaient la *capitane* ; le grand maître, en remerciement, fit déposer son pavillon, une étoffe de soie blanche rayée de bandes vertes, dans la chapelle du château de Chambray, dans l'Eure. Un autre pavillon fut déposé dans la chapelle de l'Ecole des demoiselles de Saint-Cyr, un autre dans l'église de Saint-Léger à Beaumont-le-Roger, non loin de Chambray, et un dernier enfin dans le chœur extérieur de l'abbaye d'Almenêches, dans l'Orne, dont Hélène-Marthe, la sœur du bailli, était l'abbesse. En 1732, avec seulement deux vaisseaux – il ne croyait plus aux galères –, il défit un convoi turc de quarante bâtiments escortés de deux sultanes très armées. Il fut surnommé « le Rouge de Malte ». L'ordre lui doit encore d'avoir fait construire, à ses frais, un château fortifié sur l'île de Gozo. Le « Fort Chambray » est le dernier bastion construit dans les îles de Malte afin de les protéger des incursions des Barbaresques. Le bailli mourut le 8 avril 1756 et fut inhumé dans l'église Saint-Jean. Ses exploits furent rapportés dans les gazettes et mis en images dans plusieurs séries de tableaux réalisés par des artistes, notamment italiens. Ces toiles étaient, en fait, des instruments de propagande destinés aux royaumes chrétiens, afin de montrer la valeur et la force des vaisseaux de la Religion dans leurs combats contre les ennemis de la foi. Ces tableaux étaient légendés (en italien) et leurs titres constituent un véritable recueil de dépêches comme en rédigeraient aujourd'hui des journalistes d'agence :

« Prise de la Patronne de Tunis dite la *Rose*, (faite) dans les eaux de Morée par le commandant F. François Castel Saint Pierre, commandant de l'escadre, le 3 mai de l'année 1706. »

« Le vaisseau *Sainte-Catherine*, sous le commandement du commandant F. Joseph de Langon, attaqué par sept vaisseaux algériens, se fraye un passage parmi eux, et conduit en lieu sûr un bateau chargé de poudre pour venir en aide à Oran, le 7 septembre 1707. »

« Combat mené dans les eaux de Calabre entre le *Saint-Jean* et la capitane de Tripoli, incendiés ensemble avec la tartane, sa réserve, par le chevalier F. Joseph de Langon, commandant de vaisseaux sous les ordres du commandeur de Fleurigny, gouverneur des deux escadres, le 25 juin 1709. »

« *Carassan*, bateau d'Alger dit la *Demi-Lune*, pris dans les eaux d'Alicante par le vaisseau *Sainte-Catherine*, dirigé par le commandant F. Adrien de Langon, sous les ordres du lieutenant général de Cintray, le 12 avril de l'année 1713. »

« Le *Mahmet Tuil* dit le *Soleil d'Alger*, coulé par le vaisseau *Sainte-Catherine* après un long combat mené dans les mers de Provence, sous la conduite du commandant F. Adrien de Langon, le 21 octobre 1714. »

« Prise du *Soleil d'Or* d'Alger (faite) dans les eaux d'Oran par le vaisseau *Saint-Jean*, sous le commandement du vénérable bailli Adrien de Langon, commandant de l'escadre, le 20 avril de 1721. »

« Combat du vaisseau *Saint-Georges* contre trois bateaux de Tunis, et capture d'un d'entre eux appelé le *Porc-Epic*, par le commandant d'Allogny la Crois dans le canal de Malte, le 23 mai de 1721. »

« Prise de la Patronne de Tripoli (faite) dans les eaux entre l'île de Pantelleria et la Barbarie, par le vaisseau *Saint-Vincent*, commandé par le chevalier François de Chambray, le 13 mai de 1723. »

« Caravelle d'Alger coulée par le travers devant Tanger par le vaisseau *Saint-Vincent*, commandé par le chevalier F. François de Chambray, en vue du chevalier F. André de Grille, commandant de l'escadre, le 14 août de 1723. »

« Vaisseau d'Alger dit la *Gazelle*, capturé dans les eaux de Lampeduse après un long combat, par la frégate *Saint-Vincent*, commandée par le chevalier F. Scipion d'Eaulx, le 24 mars 1729. »

« Le commandeur de Chambray, capitaine commandant deux vaisseaux de la Religion, après une longue chasse contre un bateau corsaire d'Alger qui en Barbarie, le canonne, le fait abandonner et le prend avec ses caïques (chaloupes) et petites frégates, le 22 mai 1731. »

« Le chevalier de Chambray, lieutenant général des escadres de la Religion, courant contre les Tunisiens, prend le contre-amiral du Grand Seigneur dans les eaux de Damiette, le 16 août 1732. »

Tout l'art maritime

Le noviciat du futur chevalier durait deux ans. Outre la formation religieuse – on devait réciter le *Pater* cinquante fois par jour, et communier quatre fois dans l'année –, il étudiait les statuts de l'ordre, les usages et surtout l'art maritime. Les cadets devaient devenir à la fois navigateurs, combattants, artilleurs, manœuvriers et architectes navals. Après avoir prononcé ses vœux, le chevalier devait, selon une ordonnance du grand maître Martin Garzès (1595-1601), un service effectif de « quatre caravanes », c'est-à-dire quatre embarquements, quatre années de suite, sur l'une des sept galères que comptait notamment la flotte de l'ordre. Là, à bord, il apprenait, comme le rappelle Michel Depeyre, « à sentir le vent, à manœuvrer un bâtiment, à commander un équipage ». Chaque campagne débutait au mois de mai. « Nous ne mismes que trois jours à venir de Marseille à Malte », raconte le chevalier Gabriel du Bois de La Ferté en 1669. La galère qui le transportait avait été particulièrement secouée : « Nous eûmes le temps le plus orageux du monde, il se perdit trois bâtiments de Malte où nous abordâmes en état pitoyable. »

Selon les meilleurs avis, l'ordre était, dans l'ensemble, bien équipé, avec de bons navires étudiés pour tenir une mer aussi fantasque que la Méditerranée. La galère, trop légèrement armée pour combattre de loin, permettait l'abordage. Les grands vaisseaux puissamment armés de soixante canons portaient quatre ou cinq cents hommes d'équipage, mais l'effectif pouvait être renforcé. En 1753, le *Saint-Antoine*, commandé par le bailli de Chambray, leva l'ancre avec cinq cent trente gens de guerre et mariniers. « En général, les équipages de l'Ordre sont excellents, très entraînés, bien commandés, infiniment supérieurs aux Turcs qui sont mauvais marins. Mais la marine de l'Ordre ne sera jamais très nombreuse, et il est difficile de la maintenir en bon état », rapporte C.-E. Engel. Cet auteur indique par ailleurs que les galères embarquent 480 hommes (560 selon La Gravière. Il convient, en fait, de retenir une moyenne de 450, selon la taille des bâtiments et les époques) : 24 caravaniers (jeunes chevaliers) avec leurs laquais, 9 officiers, 4 conseillers de maistrance, 4 canonniers, 4 timoniers, 43 mariniers, 7 prouiers (marins placés à la proue), 300 hommes de chiourme, dont 200 sont esclaves, 80 *bone voglie* (rameurs volontaires) et 20 forçats. La chiourme s'installe sur vingt-cinq bancs, à raison de 15 hommes par banc ; il y a 31 remplaçants et 5 mousses, dont l'un pour le service des chevaliers. Les forçats et les esclaves n'ont pas de solde. Ils sont vêtus de neuf deux fois l'an. A terre, ils peuvent travailler en ville sous la garde d'un « argousin ». Ils ne font pas de travaux de fortification, pour leur éviter une trop grosse fatigue. Les galères devaient être toujours parées, durant les mois où l'on pouvait sortir, toujours armées, munies d'équipages complets, solides, disciplinés et... bien nourris. Malgré tout, le service était extrêmement pénible car le personnel navigant y était entassé sur un espace assez restreint. « Le caravaniste disposait d'un mètre de longueur sur le *Couroir* en équilibre précaire entre l'eau et le ciel et ceci quel que soit le temps », rapporte le bailli Géraud Michel de Pierredon. On imagine ainsi le jeune chevalier enveloppé dans un manteau, transi, ballotté, s'accrochant à une vergue, tentant d'échapper aux embruns et aussi à la puanteur générée par la chiourme. Le règlement précisait qu'il devait dormir tout habillé afin d'être toujours prêt au combat. Homme de foi et combattant, il devait surmonter tout cela. La discipline était stricte et le « Roi », autrement dit le capitaine (on ne disait pas encore commandant), n'hésitait pas à mettre aux arrêts les jeunes chevaliers négligents. Cet officier supérieur avait auprès de lui, pour le seconder ou pour le remplacer, un officier qui prenait le nom de patron, choisi parmi les chevaliers.

« L'armement consistait en 2 grosses pièces – 1 canon de coursie de 48 livres de balles, 4 autres canons du calibre de 8 – et 14 pierriers, explique l'amiral Jurien de La Gravière. Pendant le combat, la défense de la poupe était confiée à 4 chevaliers et à 4 soldats, celle de la proue à

10 soldats, 4 chevaliers et 1 frère servant, qui, chargé de porter les ordres, était connu sous le nom de maître écuyer. Le second enseigne surveillait le tir des canons ; le comite, le sous-comite, l'écrivain, le sous-écrivain, l'argousin, se tenaient sur la coursie [l'allée entre les bancs, de la poupe à la proue] ; les courroirs [passage étroit entre les chambres] et arbalétrières étaient remplis de soldats armés de mousquets. On comptait généralement deux de ces mousquetaires par chaque intervalle de bancs. » Les règlements de la Religion prévoyaient tout, y compris la manière de combattre et d'aborder les galères : « Aussitôt que la première décharge est faite, on saute dessus, si l'on peut. » Il ne demeure alors à bord de la galère que les chevaliers de la retenue de la poupe, le pilote, le timonier, le comite et le chevalier qui fait tirer le canon. Le capitaine peut aller depuis la poupe jusqu'à l'arbre de mestre, et le patron depuis l'arbre de mestre jusqu'au trinquet. Les *buone voglie* sont la plupart du temps, quand arrive le moment de combattre, déchaînés. Ils doivent avoir l'œil sur les Turcs, et « on leur donne la permission de sauter sur la galère ennemie ». Quant aux blessés, on les porte dans les chambres de galère, où les attendent l'aumônier et le chirurgien. « Dans le combat, dit encore le règlement des galères de la Religion, on n'observe point l'ancienneté. Va qui peut. Mais si les ennemis étaient extrêmement forts, on irait en bon ordre, c'est-à-dire chacun selon son ancienneté, et l'on canonnerait quelque temps avant d'aborder. »

En dehors des combats, et lors des mouillages, les chevaliers menaient joyeuse vie. Nul ne saurait le leur reprocher lorsque l'on suit les combats qu'ils menaient et les conditions de vie difficiles à bord. Les chevaliers se distinguèrent, à partir du milieu du XVIIIe siècle, par des parements blancs sur leur habit rouge. Celui des officiers de vaisseau avait des parements noirs. Les parements verts désignaient les officiers des régiments maltais et les bleus les gardes du grand maître.

Aujourd'hui, les parements blancs sont réservés aux chevaliers profès et les noirs aux chevaliers laïcs. A propos d'uniforme, le grand maître François Ximenes (1773-1775) avait répondu qu'il n'en connaissait pas d'autre que la croix de Malte et que chacun pouvait s'habiller à son goût.

La *capitane*, la galère amirale, était toujours peinte en noir, les six autres galères de la Religion étaient entièrement peintes aux couleurs de l'Ordre, alternant de longues bandes blanches avec des préceintes vermillon ; mais on reconnaissait d'abord ces navires par la bannière de gueules à croix de Saint-Georges blanche et par d'autres pavillons. L'un portait l'image de la Vierge, l'autre de saint Jean-Baptiste. Un autre encore montrait une croix placée entre les deux pointes d'un croissant avec cette inscription latine : « *No totum impleat orbem* » – « pour qu'il ne remplisse pas le globe terrestre tout entier ». Il s'agissait d'une réponse au pavillon ottoman montrant un croissant surmonté de la phrase : « Jusqu'à ce qu'il remplisse le globe terrestre tout entier. » Il était admis par les princes chrétiens que l'étendard de la Religion en mer devait toujours être salué le premier.

À L'ORIGINE DE LA MARINE ROYALE

« Les galères de Malte furent pendant longtemps la grande école de guerre de notre marine », écrivait, à la fin du XIXe siècle, l'amiral Jurien de La Gravière. Cette affirmation exprime toute l'admiration qu'avait et a encore aujourd'hui la Royale vis-à-vis de ces « messieurs de Malte », comme les appelait Jean de La Varende. Dans son *Avis au Roi* du 13 janvier 1629, le cardinal de Richelieu, alors qu'il avait réuni tous les pouvoirs entre ses mains et s'était donné le titre de « grand maître, chef et surintendant de la navigation de commerce en France », résuma toute sa politique entreprise depuis quelques années :

« La première chose qu'il faut faire est de se rendre puissant sur la mer qui donne entrée à tous les Etats du monde. » Il convenait donc de créer une marine de guerre permanente. Quatre ans plus tôt, le ministre avait déjà fait évaluer les besoins d'une telle marine pour la France, c'est-à-dire quarante galères et dix vaisseaux en Méditerranée, et quarante vaisseaux dans l'Atlantique. « A partir de

1630, les effectifs avoisinèrent les quarante vaisseaux », rappelle Etienne Taillemite. Six ans plus tard, la *Couronne*, d'environ 2 000 tonneaux, était considérée comme le prototype du vaisseau de ligne. Elle causa plus de déboires que de satisfactions.

A l'époque, il n'existait pas de corps d'officiers de marine. L'amiral accordait des lettres de commission aux capitaines, choisis selon des critères mal définis. « Au Levant, on puisait beaucoup dans l'ordre de Malte et dans la noblesse provençale, au Ponant dans la marine marchande », précise encore Etienne Taillemite qui ajoute : « Ces officiers étaient recrutés d'une manière définitive en ce sens qu'ils figuraient sur les états de la marine mais ils n'étaient pas employés en permanence et, dans l'intervalle de leurs campagnes, pouvaient naviguer au commerce, voire passer à l'étranger bien que cela leur fût interdit par les règlements des 27 mai, 5 et 17 août 1624. » Richelieu aurait souhaité constituer un véritable corps permanent d'officiers, hiérarchisé et doté d'un statut avec des règles d'avancement, mais il ne put y parvenir. Il n'y avait pas alors de grades au sens moderne du terme mais seulement des emplois.

A Malte, en revanche, les caravanes permettaient de disposer d'un personnel composé d'officiers aguerris et de jeunes chevaliers prêts à servir à tout moment. Un tel système ne pouvait que séduire Richelieu. Il serait difficile d'affirmer qu'il prit exactement modèle sur la marine de Malte pour constituer la marine royale française, car il n'existe aucun texte qui le prouve. Il reste que la Royale doit beaucoup à la Religion. Charles de La Roncière, auteur de l'*Histoire de la marine française*, cite une lettre du ministre de Louis XIII à son oncle, le commandeur de La Porte, datée du 30 juin 1627 : « Je désire plustot de gros mariniers vaillans, nourris dans l'eau de mer et la bouteille que des chevaliers frisés, car ces gens-là servent mieux le roi. » Sans doute, mais il leur préféra finalement des gentilshommes qu'il pensait davantage contrôler. Les « Maltais » seraient-ils de ceux-là ? Amador de La Porte était l'oncle maternel du cardinal. Il était entré dans l'Ordre en 1584. Il était écouté de son neveu qui fit largement appel à lui pour constituer le premier état-major de la Royale.

Les rapports entre la marine royale et l'Ordre étaient déjà fortement établis. Sous Charles VIII, le chevalier Prégent de Bidoux (1448-1528) commandait les galères du port de Marseille. Sous Louis XII, il reçut la charge de général des galères. C'est dans cette fonction qu'il organisa, en 1522, l'expédition pour tenter de dégager Rhodes assiégée. Le chevalier Bernardin de Baux devint le commandant des galères armées en Provence contre les Turcs, sous le règne de François Ier. Rappelons le nom de Léon Strozzi, qui remplit la charge de lieutenant général des galères. Lorsque Richelieu rassembla les premiers éléments de la flotte royale, il en confia le commandement à deux Maltais, le commandeur Philippe des Gouttes et le bailli de Forbin Lambesc (1580-1661), l'oncle du chevalier de Forbin, le futur amiral de Siam, qui n'était pas membre de l'Ordre. Cet officier de marine fut envoyé par Louis XIV dans ce pays où il organisa la marine et reçut cette dignité. Le bailli de Forbin Lambesc, donc, reçut une charge équivalente à celle de lieutenant général des galères. En 1624, il étudia avec Richelieu toutes les dispositions nécessaires aux galères : de treize, leur nombre passa alors à trente. Ces deux excellents marins furent écartés, jalousés sans doute par Le comte d'Harcourt, commandant en chef de la flotte française, et Sourdis, « chef des conseils du roi en l'armée navale », et demeurèrent, selon l'expression d'Etienne Taillemite, « des sous-ordres », comme d'ailleurs le chevalier Isaac de Razilly († 1635) qui fut aussi l'un des conseillers parmi les plus écoutés de Richelieu et contribua à la modernisation de la marine.

Ce fut probablement le commandeur de La Porte qui signala le chevalier Paul à Richelieu, et lui confia le commandement du *Neptune*. Jean-Paul de Saumeur (1598-1667) était le fils d'une blanchisseuse et sans doute du marquis Paul de Fortia de Piles, gouverneur du château d'If. Entré au service de l'ordre comme simple soldat, il remplaça le commandant de l'un de ses navires tué dans un abordage. Distingué par le grand maître Antoine de Paule

(1623-1636), il fut reçu d'abord comme servant d'armes puis comme chevalier de grâce, en 1637, et enfin il eut le privilège d'être nommé commandeur, le 21 janvier 1651 par le grand maître de Lascaris. Sa carrière fut éblouissante. Louis XIV l'anoblit et, honneur insigne, lui rendit visite, dans sa propriété de Toulon. Il mourut lieutenant du grand amiral de France, en 1667.

Son presque contemporain, le bailli Jean-Baptiste de Valbelle (1627-1681), ne pouvait le souffrir. Surnommé « Fier Artaban » puis « le Tigre », ce personnage héroïque, admiré par Mme de Sévigné, était peu commode. Il appartenait à une maison qui n'avait d'autre tradition que celle de la marine, en donnant des fils à l'ordre. Jean-Baptiste se trouvait en compagnie de dix cousins. Rejeté, proscrit à cause de ses fautes successives, il parvint sans cesse à retrouver les bonnes grâces du roi et du grand maître grâce à ses exploits maritimes. En 1668, il mit en fuite trente-six galères ottomanes devant Malte ; il se distingua lors de la guerre de Hollande.

François Davy d'Amfreville (1628-1692), Jean d'Estrées (1624-1707), qui fut fait maréchal de France, Alain-Emmanuel de Coëtlogon (1647-1730) qui devint, aussi, maréchal de France, François-Louis Rousselet de Châteaurenault (1641-1716), également maréchal et relevé de ses vœux, François-Joseph de Grasse-Tilly (1722-1788) appartenaient, eux aussi, à l'Ordre. Le chevalier Damien de Martel avait reçu l'emploi de capitaine de vaisseau en 1637. Il devint chef d'escadre en 1642, puis lieutenant général en 1656. Son sens de la discipline laissait, paraît-il, à désirer ; durant la campagne de 1672-1673, il entra dans un violent conflit avec l'amiral d'Estrées qu'il accusa d'avoir « déshonoré la nation ». Ce qui était vrai et ne devait pas se dire. Damien goûta de la Bastille, ne reçut ensuite plus aucune affectation, et mourut en 1681.

Il était habituel que les chevaliers, après leurs caravanes, obtinssent l'autorisation du grand maître de servir sur terre ou sur mer leurs souverains respectifs. Anne-Hilarion Constantin de Tourville (1642-1701) aussi était membre de l'Ordre. Il y était entré comme chevalier de minorité, confirma ses vœux en 1660, entreprit son apprentissage l'année suivante et combattit les Barbaresques. Après la mort de son frère aîné, le futur maréchal demanda à être relevé de ses vœux pour se marier et assurer la lignée. Mais il porta toujours la croix sur son habit. Il fut reçu dans la Royale, avec l'emploi de capitaine de vaisseau. Conseiller écouté de Colbert, il est à l'origine de notre marine moderne. Tacticien et bon architecte naval, il dicta ses remarques à son chapelain, le père Paul Hoste (1652-1700), un jésuite qui rédigea le premier grand traité de tactique navale : *L'Art des armées navales*, publié en 1687. Saint-Simon devait dire de lui : « Cet amiral possède en perfection toutes les parties de sa profession. Il est plein de ressources pour tout ce qui peut arriver en mer. »

Entre-temps, l'état de la Royale s'était dégradé. Lorsqu'en 1660 Colbert s'intéressa à la marine, sans charge officielle, la situation n'était guère brillante. Il ne subsistait que dix-huit bâtiments de guerre et une dizaine de galères, la plupart dans un état médiocre. Mais, en vingt ans seulement, le ministre de Louis XIV, avec l'aide de son fils le marquis de Seignelay, associé à toutes ses décisions à partir de 1672, du comte de Vivonne, général des galères depuis 1669, et de Nicolas Arnoul, intendant chargé de l'administration des galères depuis 1665, réussit un redressement spectaculaire. Son but était de posséder une flotte de cent vingt vaisseaux dont soixante-douze de cinquante canons. En 1675, tous les bâtiments qu'avait souhaités Colbert étaient à flot. Etienne Taillemite fait remarquer que personne ne mettait en cause l'utilité des galères dont le nombre fut multiplié par quatre entre 1661 et 1690. Il cite la remarque du ministre à l'intendant Nicolas Arnoul : « Il n'y a point de puissance qui marque mieux la grandeur d'un prince que celle des galères et lui donne plus de réputation parmi les étrangers », et Arnoul de répondre : « Le roy est, quand il le voudra, sans combattre, par le seul nombre de ses galères, maistre absolu de la Méditerranée. Il luy en coustera, mais je ne croy pas qu'il puisse faire dépense plus utile pour sa grandeur. »

Considérant la marine de Malte, Seignelay estima qu'elle pouvait être un exemple à suivre. Il désigna, en 1668, Guillaume Clément de Viviers comme chargé de mission pour le duc de Vivonne et Arnoul. Viviers s'arrêta à Malte, il y croisa le chevalier Gabriel de Téméricourt et fut reçu par le chevalier Jacob de Fouilles d'Escrainville qui l'invita trois jours de suite à bord de la *Magdeleine*. Viviers put aller partout, interrogeant tout le monde, consultant les papiers de bord. Nous le savons grâce à son mémoire contenant quelque deux cents pages. Celui-ci, conservé aux Archives nationales, est resté inédit. C.-E. Engel l'a consulté. Si les galères sont moins nombreuses que celles de l'ennemi, elles sont plus fortes et mieux armées. Les équipages sont à la hauteur, manœuvrent bien et avec hardiesse. Seul défaut, l'instabilité des cadres. Le général et les capitaines des galères changent tous les deux ans, à cause des frais énormes de leur entretien, à leur charge. Les bas officiers sont les seuls éléments stables. Ils sont tous fort braves. Viviers a constaté que les équipages étaient bien traités, bien entraînés et rarement malades. A l'époque, le grand maître était Nicolas Cotoner (1663-1680), un ancien marin qui inspectait souvent les bâtiments.

En 1685, Viviers remit un autre rapport à Seignelay. Ce *Mémoire sur le statut des galères* est lui aussi resté en manuscrit aux Archives nationales. Comme le souligne C.-E. Engel, il donne un détail important : « La Religion est toute soumise aux Ordres du roi et il semble que S. M. n'a qu'à lui faire connaître sa volonté pour l'obliger à faire tout ce qu'elle peut souhaiter. » Mais, très docile sur les questions importantes, le grand maître (Carafa, 1680-1690) est terriblement pointilleux sur le salut du pavillon. « On comprend l'importance que Seignelay attachait à la connaissance des règlements de Malte : l'Ordre, pour qui la course était une nécessité vitale, avait tout fait pour donner à son corps de galères toute la perfection possible. »

Forts de l'avis de Seignelay, de nombreux jeunes marins français, sans être chevaliers, se rendirent à Malte afin d'y faire « leurs classes ». L'état de la marine de 1690 indique que sur les quinze galères du Ponant, onze étaient commandées par des chevaliers de Malte. Dans la liste générale des galères du roi, au 1er janvier 1699, dénombrant trente-deux galères, on remarque parmi les commandants dix-huit chevaliers de Malte. Ils étaient vingt-quatre en 1692-1694 pour quarante galères. Et les six galères servant au Ponant en 1699 étaient toutes commandées par des Maltais. Il existe un « Etat de la marine » de 1684, entièrement calligraphié, contenant aussi les appréciations sur les officiers, destiné à Louis XIV. Cet ouvrage relié au chiffre du souverain prouve l'intérêt qu'il avait pris à la marine.

Colbert avait en effet envisagé de former des jeunes gens au métier de la mer, en les embarquant sur des vaisseaux. Ce ne fut guère concluant. Il revint à la charge, en créant en 1683 trois compagnies de gardes de marine, à Brest, Rochefort et Toulon. Le livre septième de l'ordonnance de 1689 précisait le programme des études à terre et à bord pendant les embarquements. Jusqu'à leur suppression en 1786 par le maréchal de Castries, ces compagnies de gardes constitueront la pépinière des cadres de la marine.

Nous avons gardé pour la fin le plus grand marin de l'ordre. Ce fut certainement Pierre-André de Suffren (1729-1788). « Imposant et insolent », le bailli ne cessa de faire des va-et-vient entre la Royale et la Religion, conquérant tous les grades dans les deux. Il commença par entrer aux gardes-marines, en 1748. L'année suivante, il commençait ses « caravanes ». Cinq ans plus tard, il regagnait la France et les vaisseaux du roi. Il devint commandeur en 1768. Ses campagnes dans l'Atlantique Sud puis dans l'océan Indien, en 1781-1782, sont connues. « Doué d'un caractère terrible, débraillé, affichant son mépris pour l'étiquette et le décorum, il n'y aura pas de plus redoutable loup de mer », dit de lui C.-E. Engel. Il fut promu vice-amiral par Louis XVI qui lui donna aussi l'ordre du Saint-Esprit, ce qui n'était jamais arrivé à un chevalier de Malte. De l'autre côté, il fut nommé bailli par le grand maître ; mais il ne sera jamais fait maréchal comme Tourville qu'il admirait. L'amiral Castex devait dire de lui qu'avec Ruyter et Nelson il faisait partie des « trois noms immortels qui jalonnent l'histoire de la marine à voile ». Suffren fut encore l'avant-dernier ambassadeur de la Religion à la cour de Versailles. Il accomplit sa mission avec brutalité. Il mourut subitement, en décembre 1788, vraisemblablement emporté par une crise cardiaque[1].

La tentation de l'Amérique

Nicolas Durant de Villegagnon (1510-1571) fut l'un des personnages parmi les plus pittoresques de l'Ordre au XVIe siècle. Condisciple de Calvin à Provins, il entra dans l'Ordre, comme d'autres membres de sa famille, notamment son oncle, le grand maître Villiers de L'Isle-Adam. « Lorsqu'il arriva à Malte en 1531, il s'était déjà fait connaître par des écrits, rédigés en français, naturellement, puis en latin et dans d'autres langues européennes qu'il possédait parfaitement. » Le personnage était doué d'une culture étonnante pour l'époque. Il savait tout. Il apprit également tout de la navigation auprès de maîtres aussi éminents que le Botigella, le futur grand maître Parisot de La Valette et Léon Strozzi. Il se distingua très vite sur les galères de la Religion, participa à l'expédition malheureuse d'Alger, en 1541, dont il écrira le récit. C'est lui qui fut choisi pour amener Marie Stuart à la cour de France. En France, il obtint la charge de vice-amiral de Bretagne. On rapporte qu'il apprit à la Cour (de France) que Soliman le Magnifique armait une flotte importante pour enlever Malte à la Religion. Aussitôt, il rallia l'île afin de prévenir le grand maître de ce qui la menaçait. Juan de Homedes (1536-1553) lui réserva l'accueil le plus froid et ne voulut rien entendre, jusqu'au moment où les bâtiments de la flotte ottomane se présentèrent et où les troupes turques se lancèrent à l'assaut. Villegagnon n'avait pas attendu les ordres du grand maître pour organiser les défenses et les Turcs furent repoussés. Ils se portèrent alors vers Tripoli, seulement défendue par une poignée de chevaliers sous le commandement du commandeur de Vallier à qui Homedes avait aussi refusé des troupes plus importantes. Les défenseurs échappèrent à l'esclavage grâce à Gabriel d'Aramon, ambassadeur de France auprès de la Porte, présent par hasard, qui s'offrit à payer les rançons des Français. Les chevaliers espagnols, eux, furent gardés par les Turcs.

Homedes, furieux, voulut faire condamner Vallier à la peine capitale. Villegagnon intervint violemment et le sauva de la mort. Il expédia un rapport à Charles Quint puis à Henri II, dans lequel il exposait les faits, et jugea plus prudent de mettre une certaine distance entre le grand maître et lui. Le commandeur de Villegagnon fut chargé par l'amiral Gaspard de Coligny d'organiser une expédition afin d'installer une colonie réformée dans ce que l'on n'appelait pas encore le Brésil. Villegagnon promit à Henri II d'enlever un morceau de territoire aux Portugais. Le roi accorda donc deux bâtiments de deux cents tonneaux, plus un navire de charge. Le contingent comprenait environ six cents personnes, équipages compris, et parmi eux un moine du nom d'André Thévet, qui introduisit à son retour le tabac en France. Trois mois furent nécessaires pour arriver en vue des terres américaines, en 1555. Par hasard, Villegagnon s'engagea dans une vaste baie nommée Guanabara, où sera établi Rio de Janeiro. Là, il n'y avait rien, tout était à construire. La colonie fut pompeusement baptisée « France antarctique », protégée par le fort Coligny. La rigueur de Villegagnon et des querelles théologiques entre pasteurs de mouvances différentes rendirent bientôt intenable la situation dans la nouvelle colonie. Le commandeur réussit à renvoyer en France les plus excités, dont un certain Jean de Léry qui, à son retour, composa l'*Histoire d'un voyage faict en la Terre de Brésil*, publié à Genève en 1578, que certains commentateurs prétendent être à l'origine du mythe du « bon sauvage ». Entre-temps, libelles et pamphlets contre la colonie et Villegagnon furent répandus en Europe. Les Portugais obtinrent, en 1558, la reddition du fort Coligny.

Un peu plus tard, l'Ordre tourna son regard vers l'Amérique. Le chevalier Isaac de Razilly († 1635), qui avait été aussi l'un des conseillers parmi les plus écoutés de Richelieu et avait contribué à la modernisation de la marine, se rendit au Québec où il précéda le chevalier de Montmagny. Ce dernier rejoignit, en 1648, aux Antilles le commandeur Philippe de Lonvilliers de Poincy (1583-1660) à qui il devait succéder mais il mourut avant. Longvilliers avait, lui, été envoyé dès 1639 aux Antilles. Cinq ans plus tard, il s'emparait des îles Saint-Barthélemy, Saint-Martin et Sainte-Croix que le grand maître de Lascaris racheta à la France pour cent vingt mille livres. Le chevalier Charles de Sales, frère du futur saint François de Sales, fut gouverneur de l'île de Saint-Christophe qui appartint à l'ordre de 1651 à 1665. Cette présence « maltaise » dans cette partie du monde ne dura pas vingt ans. Le chevalier de Poincy, qui avait régné sur ces terres au nom de Louis XIV et y avait acquis quelques biens, avait fait de l'Ordre son héritier. Las, il n'avait laissé que des dettes. Fort courtoisement, dit-on, Louis XIV accepta de racheter les quatre îles antillaises par l'intermédiaire de la Compagnie française des Indes occidentales. Et Colbert en donna l'ordre. A Québec même, le chevalier Noël Brulart de Sillery avait créé en 1637 un hôpital avec des fonds de la commanderie de Troyes. Au château Frontenac, à Montréal, une pierre datée de 1647 porte la croix de Malte. Cette tentation de l'Amérique n'en resta pas là. Plus d'un siècle plus tard, le grand maître Rohan devait entretenir les meilleurs rapports avec la jeune république des Etats-Unis : « Je verrai avec un plaisir infini naître quelques liaisons entre cette nation et mes propres sujets », écrivait-il à Benjamin Franklin, en 1783, après avoir reçu la « médaille de la Liberté ». En 1794, il fut question d'établir une possession en Amérique en échange d'une protection en Méditerranée des navires américains contre les pirates.

Les dernières galères

La Royale supprima les galères en 1748. La Religion n'en eut pas le temps. Elles furent critiquées : « Les galères, écrivait en 1630 Jean-Jacques Bouchard dans son *Journal de voyage de Paris à Rome*, ne servent de rien qu'à consumer de l'argent. Elles seront des cinq ou six ans sans se mouvoir du port ; les corsaires d'Afrique viennent poursuivre les vaisseaux jusque sur nos rades sans qu'elles remuent. La plus grande utilité qu'elles apportent, c'est qu'elles servent comme d'un enfer à tourmenter les méchants. » Il est vrai qu'elles ne pouvaient sortir en mer que la moitié de l'année. On ne cessait pourtant d'en construire. En 1637, le chevalier Pierre de Vintimille, parent du grand maître de Lascaris-Castellar (1636-1657), avait créé, par exemple, une fondation à perpétuité de deux mille écus par an pour la construction et l'entretien d'une galère nommée la *Saint-Pierre* ; le prieur de Venise suivit son exemple en en finançant une autre qui devait s'appeler la *Saint-Nicolas*.

Le rôle des « galères de la Religion » n'était pas seulement politique, il était aussi économique. Un gentilhomme languedocien calcula en 1790 que la France évitait tous les ans, grâce aux croisières de Malte, un armement de six vaisseaux qui devrait assurer la libre navigation du golfe de Lion. En cas de guerre avec les Barbaresques, le roi serait forcé d'armer six vaisseaux. « Malte maintient l'indépendance dans la Méditerranée. Il est pour la France un port et une barrière », affirmait-il. Cette barrière-là, la Convention la mina à coups de spoliations et le Directoire la fit sauter. Les temps avaient changé. Bonaparte s'empara, après avoir pris Malte par traîtrise, de deux vaisseaux de soixante-quatre canons, d'une frégate et de trois galères, tous à quai. La puissance de l'ordre ne se mesurait pas en tonneaux, comme de simples navires. A peine un siècle plus tard, ayant retrouvé sa vocation originale, son rayonnement ne cessera de grandir, au service des malades...

11

PROUESSES DE L'ART

La renommée de l'Ordre ne s'est pas seulement bâtie sur la défense armée du monde chrétien, les soins donnés aux malades, la diplomatie et son extraordinaire longévité, mais aussi sur les réalisations qu'il a suscitées dans de nombreux domaines artistiques. Ainsi l'architecture, militaire et baroque, les objets de décoration, le mobilier, l'argenterie, les armes, la sculpture, la fresque, la peinture et le dessin, la musique, la littérature, la reliure, la joaillerie. Il est un signe qui ne trompe pas : il ne se passe pas de semaine sans que, dans les ventes publiques organisées par les grandes maisons, il ne soit proposé un objet, insigne, tableau ou livre qui émane de l'ordre de Malte.

La Valette, déjà considérée comme un chef-d'œuvre de l'art militaire, ne cessa d'être transformée et embellie. Conçue, rappelons-le, par l'ingénieur militaire Francesco Laparelli et achevée par son disciple maltais, Girolamo Cassar, La Valette, entièrement construite dans les blocs de calcaire local, cette fameuse pierre couleur de miel, *Melita*, était ceinte sur trois côtés de bastions à pic sur la mer, et défendue du côté de la terre par un grand fossé taillé dans la roche, qui passait pour être le plus large que l'homme ait jamais creusé. Tout au long des presque trois siècles de présence Hospitalière sur l'île, les grands maîtres, face aux attaques fréquentes des Ottomans et Barbaresques, continuèrent à ajouter les murailles aux murailles, les enceintes aux enceintes, les bastions aux bastions. Chaque anse, chaque promontoire, chaque rocher eut sa tour de guet, prête à signaler, le jour par de la fumée, la nuit par des feux, toute apparition de voiles suspectes. Le grand maître Nicolas Cotoner (1663-1680) posa, en 1670, la première pierre d'un immense rempart circulaire, à l'extérieur des fortifications précédentes et long de presque cinq kilomètres. Cet ouvrage fut achevé par les Anglais, au début du XIXe siècle, mais a conservé son nom de Cotonera.

Le palais des grands maîtres, si sévère à l'extérieur, regorge de mosaïques, tableaux, fresques, tapisseries et autres collections d'armes et de cuirasses, occidentales comme orientales. Le grand maître Jean l'Evesque de La Cassière (1572-1581) fit, par exemple, peindre sur les murs de la salle du Grand Conseil, au palais magistral, différents épisodes du grand siège. Ce cycle est attribué à l'un des élèves de Michel-Ange, Matteo Perez d'Aleccio. Une grande œuvre qui fourmille de précisions et constitue un reportage étonnant sur cet événement capital pour l'histoire des Hospitaliers. Chaque scène, peinte dans un cartouche légendé, est séparée des suivantes par une allégorie féminine des principales vertus. Une copie de cette fresque a été réalisée, en France, pour le château de la Cassagne, dans le Gers.

TOUS LES ARTS DU BAROQUE

De l'extérieur, la cocathédrale Saint-Jean à La Valette présente une façade austère de forteresse, ne laissant en rien préjuger de la munificence qui règne dans sa décoration intérieure. Edifiée sur les plans de Girolamo Cassar, entre 1573 et 1577, elle était la chapelle conventuelle des Hospitaliers. Elle est flanquée de deux tours Renaissance carrées. Au centre, un balcon encadre le portail d'entrée. C'est de là qu'était proclamé le nom des nouveaux grands maîtres élus, comme au Vatican après l'élection d'un nouveau souverain pontife. Les portes franchies, un autre monde se présente aux yeux des visiteurs. Il semble que tous les arts du baroque aient été, ici, réunis pour la plus grande gloire de Dieu et de l'ordre de Saint-Jean-de-Jérusalem et de ses chevaliers. La voûte est entièrement décorée par les fresques de Mattia Preti (1613-1699), un artiste calabrais qui fut reçu chevalier de grâce magistrale dans l'Ordre et s'installa définitivement à Malte. Sur six travées, il a composé des fresques sur le thème du « triomphe de saint Jean-Baptiste », patron de l'Ordre. Elles sont considérées comme l'un des décors de plafond en trompe l'œil les plus réussis du XVIIe siècle. Mattia Preti demeure, pour l'histoire de l'art de la période baroque romaine, un point de référence, jusqu'aux dernières décennies du XVIIIe siècle, malgré les faiblesses de certaines œuvres sorties de ses ateliers.

En juin 2000 a été retrouvée une sanguine recto verso attribuée à Pretti, intitulée *Saint en prière.* Le verso représente un Hospitalier reconnaissable à la soubreveste marquée par une croix latine portée par-dessus leur armure par les chevaliers lors des combats. Il s'agit du dessin préparatoire à la représentation de l'un des deux personnages qui entourent chaque scène peinte sur la voûte, ici « Jean reproche à Hérode sa vie immorale ». Quant au Saint en prière, au recto, il s'agit d'un chevalier vêtu du manteau frappé sur le côté du cœur par la croix à huit pointes. Une auréole est esquissée derrière sa tête, sans doute l'un des huit chevaliers de l'ordre béatifiés ou sanctifiés.

Les piliers massifs de la nef sont couverts de marbre vert, ornés à leur sommet des armoiries des grands maîtres. Son sol est dallé de trois cent soixante-dix-neuf pierres tombales des dignitaires de l'ordre de saint Jean-de-Jérusalem, chacune composée d'une mosaïque de pièces de marbre de différentes origines et couleurs, formant une danse macabre de squelettes brisant des armoiries, ouvrant ou fermant des cercueils, chevauchant des pendules, méditant ou encore jouant de la trompette. Les plus anciennes de ces dalles funéraires datent du début du XVIIe siècle. Elles furent déplacées entre les deux dernières guerres et ordonnées d'une manière différente.

L'autel central, qui passe pour avoir été dessiné par le Bernin, est incrusté de lapis-lazuli, d'onyx, vieux vert, incrusté de feuilles de vigne et d'épis de blé entrelacés, de pièces intercalées en bronze figurant les emblèmes des quatre évangélistes, et orné d'un bas-relief représentant la Cène, par Melchiorre Gafà, un sculpteur maltais qui exerçait son art à Rome au XVIIe siècle. Ce maître-autel est surmonté par le *Baptême du Christ*, un ensemble sculptural réalisé par Giuseppe Mazzuoli (1644-1725). L'installation de cet autel de chœur en 1704 mit fin au renouveau baroque connu durant un demi-siècle par l'édifice. Entretemps, le grand maître Jean l'Evesque de La Cassière avait souhaité que les chapelles latérales fussent dévolues à chacune des huit Langues. Le chapitre général répondit à ce vœu en 1604. Ces chapelles contiennent les mausolées de plusieurs grands maîtres et témoignent de l'apogée de la sculpture baroque. L'un des mausolées les plus étonnants est celui du grand maître Nicolas Cotoner dont le piédestal représente la défaite du Croissant en Asie et en Afrique, un Turc et un Maure enchaînés semblant écrasés par le monument. Sur celui du grand maître Pinto, son portrait est réalisé en mosaïque. Ces mausolées furent installés dans les chapelles, faute de place dans la crypte où sont inhumés les grands maîtres, depuis Villiers de L'Isle-Adam, mort en 1522, jusqu'à Vasconcellos, mort en 1623. Les sarcophages sont aussi des modèles de sculpture de style maniériste.

Durant de nombreuses années, la chapelle de la langue d'Italie se distinguait des autres par la présence du *Saint Jérôme* du Caravage, peint en 1608. Après restauration, cette toile est désormais exposée avec la *Décollation de saint Jean-Baptiste*, elle aussi restaurée, dans l'oratoire. Michelangelo Merisi, dit il Caravaggio (1571 ou 1573-1610), débarqua à Malte à l'âge de trente-quatre ans, fuyant Rome après un mauvais duel. Selon Roberto Longhi, l'auteur de l'une des plus magistrales monographies consacrées au peintre, le Caravage, « attiré par le mirage d'une croix d'obédience, qu'il obtint effectivement après avoir longtemps patienté, s'apprêtait alors à partir pour Malte ». La croix de chevalier non profès lui fut accordée en 1608, mais très vite une grave querelle avec un chevalier de justice le fit jeter dans un cachot, d'où, le 6 octobre, il parvint à s'échapper et à gagner la Sicile, par des moyens de fortune et « si rapidement qu'il ne put être rejoint », selon Giovani Pietro Bellori, le premier biographe de l'artiste. Le Conseil prononcera sa radiation le 1er décembre, « en tant qu'élément pourri et fétide » *(« tanquam membrum putridum et fetidum »)*. De retour à Florence, le Caravage sera victime d'un attentat ; Bellori prétend que cette tentative d'assassinat avait été provoquée par le grand maître Wignacourt. Cela n'a, naturellement, jamais été prouvé. Durant les quinze mois de sa présence à Malte, le Caravage eut le temps d'exécuter le portrait du grand maître Alof de Wignacourt qui l'avait pris sous sa protection, aujourd'hui conservé au Louvre. Et surtout, chef-d'œuvre parmi les chefs-d'œuvre, la *Décollation de saint Jean-Baptiste*, le seul qu'il signa jamais.

On imagine, dans cette église où tout est conçu pour louer la grandeur chrétienne, une messe ou un office au cours duquel on entendrait ces morceaux de musique spécialement composés par des musiciens comme Giacomo Carissimi (1605-1674), Vincenzo Tozzi (1612-1675) et surtout Francesco Azopardi (1748-1809). Les partitions de ces compositeurs, qui dormaient dans les archives de Mdina, furent retrouvées et interprétées par différents orchestres et chorales, puis enregistrées, ce qui nous donne une idée de ce que pouvait être la magnificence des cérémonies religieuses dans les différents lieux de culte de l'Ordre. La musique profane a été également inspirée par l'histoire de l'Ordre. Le premier opéra anglais fut composé, en 1656, par Henry Purcell, et est intitulé *The Siege of Rhodes*, à l'initiative de William Davenant. Un autre opéra, intitulé *Maltese Cross*, a été présenté pour la première fois à Paris en 2004. Composé par Peter Inglott, un religieux maltais, il est inspiré du projet de Schiller qui esquissa un drame dans le style grec inspiré par le grand siège de 1565, dont le héros était le grand maître Parisot de La Valette. Le même Schiller composa un lied intitulé *Le Dragon de Rhodes* qui raconte l'histoire du chevalier de Gozon combattant un monstre.

A la place de l'église Santa Maria, sur l'Aventin, siège du grand prieuré de Rome, se dressait, il y a plus de mille ans, une église dédiée à saint Basile de Cappadoce dont la représentation baroque par Tommaso Righi domine le maître-autel. La villa comme l'église ont été agrandies jusqu'à ce qu'elles soient réaménagées, en 1765, par Piranèse qui y a été inhumé et dont on peut voir le monument funéraire. Les visiteurs se souviennent davantage du faux trou de serrure au portail d'entrée, dans l'axe même de la coupole de Saint-Pierre. Cet *oculus* est une facétie imaginée par Piranèse lui-même. Partout, en Europe, les établissements des Hospitaliers manifestent leur sens pratique, militaire et Hospitalier, et également leur goût de l'élégance architecturale. Le grand prieuré de Bohême à Prague en est un exemple, nous pourrions évoquer le palais du grand prieuré de Venise, les fondations espagnoles, allemandes, suisses...

Le siècle d'or de la peinture

La peinture maltaise connut son âge d'or au XVIIe siècle, grâce notamment à la présence du Caravage et de Preti, mais aussi à Bartolomeo Garagogna, Gaspare Formica, Giuseppe d'Arena, Stefano et Alesio Erardi. « Cette concentration de chefs-d'œuvre à Malte [...] suffit-elle pour parler d'une Ecole maltaise ? se demande l'historienne d'art Dominique Brême. D'un point de vue stylistique, la réponse est évidemment négative : trop d'influences diverses, dans un débat artistique parfaitement ouvert et étendu à l'ensemble de la péninsule, constituent le fonds où puisent, parmi d'autres, les artistes maltais. D'un point de vue historique, la réponse doit être plus nuancée : la vocation de Malte, en tant que siège de l'ordre des chevaliers de Saint-Jean, appelle assez naturellement le passage des artistes et le brassage des influences. L'éclectisme artistique recoupe ici naturellement le cosmopolitisme de l'Ordre. La vocation spirituelle et universaliste de l'un et de l'autre imposait que l'unité se fît autour des différences : si Ecole maltaise il y eut, ce fut nécessairement au-delà des Langues et des Nations. »

Tous ces artistes attirés par la renommée de l'Ordre séjournèrent à Malte. Ils y furent incités par les grands maîtres, souverains d'un Etat dont tous les actes étaient exaltés par la magnificence, et y laissèrent des œuvres d'importance. Au siècle suivant, les artistes furent tout aussi inspirés par cette *République de gentilshommes*. Les grands maîtres suivaient une politique. Ils se devaient de le faire savoir par tous les moyens mis à leur disposition à l'époque. Un artiste en fut le témoin privilégié et le propagateur grâce à ses tableaux. Antoine de Favray (Bagnolet, 1706-Malte, 1798) était un élève de Jean-François de Troy (1679-1752), alors directeur de l'Académie de France à Rome (de 1738 à 1752). Dans la Ville éternelle, il croisa le chemin de chevaliers de Malte qui l'incitèrent à les accompagner dans leur île. Favray quitta Rome le 1er juillet 1744 et devait retourner le plus rapidement possible en France, selon le conseil du directeur de l'Académie. A Malte, il fut présenté au grand maître Manuel Pinto da Fonseca (1741-1773) qui avait une très haute idée de sa personne. Il confia à l'artiste l'exécution de son « magistral » portrait en pied, celui-là même qui le représente dans toute sa majesté, certes vêtu de noir comme il convient à un religieux, mais le manteau doublé d'hermine et le doigt pointé vers la couronne fermée de souverain de Malte. Satisfait, le grand maître fit entrer Favray dans l'Ordre où il fut reçu servant d'armes, comme un certain nombre d'administrateurs et d'artistes. Plus tard, en 1783, il obtint la commanderie de Valcanville, dans la Manche, près de Valognes, dont il fut le dernier titulaire. Il aurait dû retourner en France afin d'en prendre possession, nous n'avons pas trouvé trace de ce déplacement. C'est ce qui fait dire qu'il ne bougea plus de l'île jusqu'à sa mort, sauf durant quelques années, à partir de 1762, lorsqu'il se rendit à Istanbul, ce qui démontre que les passerelles entre les combattants séculaires n'étaient pas aussi obstruées que cela. « L'artiste y fut subjugué par la vue du Bosphore, qui se révèle lentement à ses yeux », rapporte l'historien d'art Gérard-Georges Lemaire. Favray passa huit ans chez les Ottomans, avant de retourner auprès du grand maître. Lui qui avait déjà étudié les scènes de la vie quotidienne dans l'île ne manqua de poursuivre une enquête semblable chez les Turcs, et chez les Occidentaux qui y résidaient. Il était courant de peindre leurs portraits en costume local.

Favray réalisa plusieurs autres portraits du grand maître Pinto, particulièrement celui où, toujours en apparat, il enferme la couronne dans sa main droite, ainsi que ceux des grands maîtres successifs (Ximenes, Rohan et von Hompesch), et également ceux de nombreux chevaliers, notamment celui du bailli Johann von Schauenburg (1752), et de Maltais. Favray fut aussi l'un des meilleurs chroniqueurs de la vie des chevaliers au XVIIIe siècle. L'un de ses tableaux montre une élégante assemblée à la fin d'un repas. Cette scène se déroule à Malte. Un personnage central, en civil mais portant la croix sur l'habit, sert un vin blanc dans le verre que lui tend un autre convive, vêtu, lui, de l'uniforme rouge des chevaliers, tout en discourant avec une élégante coiffée d'une voilette blanche. A l'autre bout de la table, deux autres personnages, l'un vêtu de noir, sans doute un chapelain, entourent une femme d'un certain âge, le visage ceint d'un voile.

Des portraits de chevaliers

D'autres très grands peintres exécutèrent des portraits des membres de l'ordre. Celui du chevalier Nicolas Aringhieri en prière, par le Pinturicchio (Bernardino di Betto) (v. 1454-1513), situé dans la cathédrale de Sienne, est souvent représenté. Dans une autre œuvre exécutée par cet artiste, la scène de la présentation d'Eléonore d'Aragon à Frederick Aeneas, par Sylvius Piccolomini, nous distinguons à l'arrière un chevalier de Saint-Jean-de-Jérusalem. Le Titien (v. 1490-1576) réalisa au moins quatre portraits de chevaliers de Malte. Celui d'un anonyme (v. 1516) aux Offices à Florence ; celui de Ranuccio Farnese (1542), âgé de onze ans ; celui – présumé – de Léon Strozzi (1550) et celui de Gabriele Tadino (1480-1544). On connaît encore ce portrait anonyme, dit *Portrait du chevalier à la croix et à la chaîne* (XVIe siècle). Le Caravage, outre le portrait du grand maître Alof de Wignacourt (1608) du Louvre, composa celui de Frà Antonio Martelli (1608) de la galerie Palatine. Pierre Paul Rubens dressa le portrait de Ferdinand Gonzague, chevalier de minorité, qui se trouve dans une collection particulière en Australie. Pierre Mignard (1612-1695) peignit celui d'un chevalier grand-croix – on peut le voir aujourd'hui à La Valette. Autre portrait souvent reproduit, celui d'un *Commandeur en armure* par Jean-Marc Nattier (1685-1766) que l'on a longtemps présenté comme étant celui du grand prieur de France, Jean-Philippe d'Orléans (1702-1748), fils naturel du Régent, ce qui paraît démenti par l'absence de croix sur la cuirasse du personnage, contrairement aux dignitaires de l'ordre. Elisabeth Vigée-Lebrun (1755-1842) s'intéressa au bailli Alexandre-Charles Emmanuel de Crussol-Florensac dont le portrait, réalisé en 1787, est conservé au Metropolitan Museum of Art de New York. Francisco de Goya (1746-1828) dressa le portrait du bailli Antonio Valdes. Ingres (1780-1867), enfin, peignit en 1816 le portrait de l'abbé de Bonald. Cet abbé deviendra cardinal, primat des Gaules. Le rabat et la croix de Malte qui apparaît en dessous semblent avoir été rapportés et ne seraient donc pas de la main d'Ingres.

Dans *Balzac en pantoufles* (1856), Léon Gozlan évoque la maison de l'auteur de *La Comédie humaine*, à Passy, et lui fait dire :

« Ceci est le portrait d'un chevalier de Malte ; il m'a coûté plus d'argent, de temps et de diplomatie qu'il ne m'en eût fallu pour conquérir un royaume d'Italie. Un ordre du pape a pu seul lui ouvrir la frontière des Etats romains. La douane l'a laissé passer en frémissant. Si cette toile n'est pas de Raphaël, Raphaël n'est plus le premier peintre du monde. J'en demanderai ce que je voudrai. – Mais l'obtiendrez-vous ? – S'il y a encore sur la terre un millionnaire qui ait du goût, oui ! sinon j'en ferai hommage à l'empereur de Russie. Je veux un million ou un remerciement. Passons. » Balzac fit lui aussi du cousin Pons le détenteur d'« un chevalier de Malte en prière, peint sur ardoise, d'une fraîcheur, d'un fini, d'une profondeur supérieurs encore aux qualités du portrait de Baccio Bandinelli ». Cet artiste florentin (1488-1560), davantage sculpteur, fut élève de Michel-Ange dont il fit le portrait.

UNE BIBLIOTHÈQUE PRESTIGIEUSE

Malte devint synonyme de raffinement. Les trésors baroques de l'ordre furent essentiellement accumulés sous les règnes des grands maîtres Perellos (1697-1720), Vilhena (1722-1736) et Pinto (1741-1773). Perellos, en particulier, commanda aux Gobelins une série de tapisseries pour orner la nef de l'église conventuelle [1], et une autre dite les *Tentures des Indes* pour orner la salle du Conseil. On raconte que ces tentures étaient destinées à doter l'île de Malte, caillouteuse, d'une jungle en trompe-l'œil. L'histoire du tissage de ces tentures est connue grâce aux recherches de l'historienne Madeleine Jarry. Elles furent exécutées, de 1708 à 1710, d'après des cartons déjà existants, pour le compte de Jean-Maurice de Nassau, dans l'atelier de basse lice dirigé par Etienne Le Blond.

Dernier exemple architectural de l'art baroque, la bibliothèque fut élevée à Malte de 1786 à 1796 sur les plans de l'architecte Stefano Ittard, un Polonais résidant en Sicile. Cet édifice apparaît aujourd'hui dans toute son ordonnance rigoureuse. La bibliothèque de l'ordre trouve son origine en 1555. Il fut décidé à l'époque que tous les livres des chevaliers décédés devraient revenir au commun trésor de l'Ordre. Cette règle ne fut en fait réellement appliquée qu'à partir de 1649. Les volumes furent d'abord entreposés dans une salle située au-dessus de l'oratoire, puis au-dessus de la sacristie de l'église conventuelle de Saint-Jean. On en dénombrait deux mille en 1764. Ce chiffre se trouva soudain grossi par l'apport de près de six mille volumes provenant de la bibliothèque personnelle du cardinal Joachim Portocarrero, lui-même membre de l'Ordre. Le bailli Louis Guérin de Tencin, alors ambassadeur de l'Ordre près le Saint-Siège, avait rencontré le cardinal dont il admirait la bibliothèque. Après la mort du prélat, le bailli acquit pour la somme de sept mille scudis maltais toutes ses collections qui comprenaient aussi des instruments scientifiques. Tencin réorganisa et enrichit sa bibliothèque d'ouvrages rares, tous magnifiquement reliés. Tencin, neveu de l'archevêque de Lyon – et aussi de la sœur de ce dernier, la scandaleuse Mme de Tencin, la mère de D'Alembert –, obtint du roi de France Louis XV le privilège de recevoir un exemplaire de toutes les publications *ex typographia regia*.

Le bailli de Tencin est considéré comme le fondateur de la bibliothèque de Malte. Il fit, en 1763, une donation de ses neuf mille sept cents volumes à l'Ordre, à la condition qu'ils soient conservés dans une « bibliothèque publique » ouverte à tous les Maltais sans restriction. Les collections s'enrichirent peu à peu de nouveaux apports, provenant notamment du commandeur Fasson de Saintejay et de la bibliothèque de la Sacra Infermeria. Cette dernière avait été créée en 1687 par le physicien maltais Giuseppe Zammit. Elle était constituée de quinze mille ouvrages destinés aux étudiants en médecine formés à Malte. En 1781, la bibliothèque de l'ancien ordre des Hospitaliers de Saint-Antoine, qui venait d'être agrégé à l'ordre de Saint-Jean-de-Jérusalem, parvint également sur l'île. Parmi ses trésors, on comptait un manuscrit du XVe siècle, *La Vie de saint Antoine, l'abbé*, orné de cent quatre-vingt-seize miniatures.

La bibliotheca Tanseana comprenait environ quatre-vingt mille volumes en 1798. Après l'occupation française, il n'en restait plus que trente mille ! Les Anglais, qui chassèrent les Français de l'île, installèrent dans ces lieux leur *coffee room*. La bibliothèque fut enfin officiellement inaugurée le jour anniversaire de la naissance du roi George III, le 4 juin 1812. La « Bibliothèque nationale de Malte », qui a reçu cette dernière dénomination en 1976, conserve environ trois cent mille volumes. La plus grande part de ses collections est constituée par les archives de l'Ordre de Saint-Jean-de-Jérusalem réunissant quelque sept mille volumes de manuscrits, correspondances des grands maîtres, documents émanant du Saint-Siège, bulles papales, statuts de l'ordre, etc. Le plus ancien document étant la Charte du roi Baudouin Ier de Jérusalem accordant, en 1107, le bénéfice du casual de Galilée aux Hospitaliers. Après, toute l'histoire de l'Ordre défile à travers des chartes, des bulles, des Statuts, notamment ceux de 1534, imprimés à Salamanque, dont la page de titre porte les armes du grand maître Philippe de Villiers de L'Isle-Adam ; ceux de 1588, ornés de figures et de portraits des grands maîtres exécutés sous les auspices du grand maître Loubens de Verdalle (1581-1595), ou encore ceux de 1556, reliés aux armes du grand maître de La Sengle (1553-1557), et bien sûr le *Code Rohan* imprimé à Malte par G. Mallia en 1782. Les correspondances avec les rois de France et d'Angleterre, les empereurs du Saint Empire romain germanique et de Russie alimentent les rayons, et encore les propres ouvrages provenant des bibliothèques privées de grands maîtres. Ces derniers, notamment ceux du XVIIIe siècle, faisaient relier leurs livres en plein maroquin rouge orné de plaques dorées ou de petits fers, et à leurs armes. Le grand maître Pinto de Fonseca possédait ainsi *La Christiade, ou le Paradis reconquis* (Bruxelles, 1753) par John Milton. Le grand maître de Rohan-Polduc (1775-1797) avait gardé un traité de magie également relié à ses armes. D'autres dignitaires ou de simples chevaliers ont laissé leurs livres, identifiés par leurs armoiries frappées sur les plats ou par des ex-libris collés à l'intérieur : le chevalier de La Tour du Pin, le chevalier Pfyffer, le chevalier de Saint-Didier, le bailli Vincentini ou encore le chevalier Le Tonnelier sur *Des titres primitifs de la Révolution* (Rome, 1772). Des recueils généalogiques et d'armoiries, généralement manuscrits, notamment par le chevalier de Beauclerc, composés autour des Langues, permettent de voir défiler tous les noms de France, d'Italie, de Castille et d'autres pays d'Europe.

Le traité naval du chevalier Constantin Chigi, un manuscrit autographe, comporte de nombreuses planches représentant coques et gréements, toutes dessinées et aquarellées. Citons également l'*Essai physio-géométrique* par Rohberg-Herr de Vuassenville (Paris, 1788) et un autre manuscrit, le traité d'anatomie de Michel-Ange Grima (1785). Le plus prestigieux des incunables conservés à la bibliothèque est le *Morala Sancti Gregorii* imprimé en 1475.

Le prestige de l'Ordre est aussi attesté par les manuscrits et ouvrages qu'il a lui-même produits. On peut citer le Psautier Burdett, attribué au maître Méliacin, à Paris, vers 1280-1285, un manuscrit enrichi de vingt-six peintures, retrouvé en 1998 en Angleterre, où il était resté dans une même famille durant plus de six cents ans, et qui a certainement été commandé par le grand maître Jean de Villiers (1285-1293), alors qu'il était grand prieur à Paris, et qui l'emporta en Terre sainte. Le premier feuillet de ce manuscrit sur vélin montre le patron de l'ordre, saint Jean-Baptiste, en majesté, vêtu d'une robe rouge sur laquelle est passé un surplis en peau de bête, tenant dans sa main gauche un disque dans lequel figure l'agneau pascal. Son regard est dirigé vers un personnage agenouillé à ses pieds, les mains jointes, le visage tourné vers lui. Ce pénitent porte une coule noire que recouvre un manteau frappé sur le côté par une croix blanche à huit pointes. Le Missel de Rhodes, un manuscrit enluminé de vingt-six miniatures, fut donné en 1511 à l'église Saint-Jean de Rhodes par le prieur de Saint-Gilles, Charles Allemand de La Rochechenard. Il avait offert en outre quinze médaillons d'or représentant les quinze mystères du rosaire, une croix d'or, un calice en or et des vêtements sacerdotaux. Ce Missel est aujourd'hui conservé par le Museum of the Venerable Order of St. John, acquis en 1921 par cette branche anglaise ressuscitée en 1831. Parmi les trésors venus de Rhodes se trouvaient huit antiphonaires enluminés, aux armes du grand maître Villiers de L'Isle-Adam, commandés en France, sans doute en 1521, pour en faire don de joyeux avènement à l'église conventuelle. Les événements, c'est-à-dire le siège de Rhodes, empêchèrent cette offrande. Signalons encore cet autre manuscrit enluminé, *Obsidionis urbis Rhodice descriptio*, relatant le siège de Rhodes, composé à la fin du XVe siècle par Guillaume Caoursin, vice-chancelier de l'ordre, qui l'offrit au grand maître d'Aubusson. Il est aujourd'hui conservé à la Bibliothèque nationale de France, comme un autre manuscrit, *La grande et merveilleuse et très cruelle oppugnation de la noble cité de Rhodes, prise par le sultan Soleyman*, par Jacques Bâtard de Bourbon.

12

UNE MÉDECINE INVENTIVE

Dès son installation sur l'archipel de Malte[1], en 1530, le grand maître Villiers de L'Isle-Adam créa une commission de santé, composée de deux chevaliers et de trois notables. Les *magistri sanitatis* étaient, la plupart du temps, des membres du corps de santé, comme Johannes Calamia, un Rhodien qui avait suivi les chevaliers, et Alonso Predal, un Espagnol qui, lui, portait le titre de *Protomedicus* ou médecin-chef de l'île. Ce *Protomedicus* était, d'ordinaire, le doyen des médecins praticiens.

Villiers de L'Isle-Adam installa la première « Sacrée Infirmerie[2] » et une apothicairerie. Ce premier hôpital de l'île fut achevé en 1532. On envisagea, naturellement, la construction d'un second hôpital dans la nouvelle cité de La Valette. Achevé en 1575, agrandi et amélioré sous le règne du grand maître Rafael Cotoner (1660-1663), il permit aux Hospitaliers de poursuivre leur mission principale de soin et d'assistance aux blessés et aux malades. « On voit aussi près du château Saint-Elme un magnifique hôpital qui a été fort agrandi en 1664 », écrit, dans les années 1770, l'auteur anonyme du volume consacré à l'île de Malte de la gigantesque *Histoire universelle depuis le commencement du monde jusqu'à présent.* « Les malades sont logés très commodément ; ils ont des Médecins qui en ont grand soin ; ils sont servis dans de la vaisselle d'argent, & l'on apporte à chacun devant son lit, dans ce splendide service, la portion d'alimens qu'il doit prendre, suivant l'ordonnance des Médecins établis, qui sont ordinairement au nombre de quatre, & qui font régulièrement leur visite le matin et le soir », ajoute-t-il plus loin. Un autre auteur plus récent, F. de Joannis, dans *L'Ile aux cent gloires*, paru en 1941, rapporte quant à lui que « les malades sont servis dans de la vaisselle plate d'un poids tel que les infirmiers ont peine à porter les bols à tisane et qu'ils sont accablés par le service des cuvettes et pots à onguents ». Ces pots-là, en majolique, magnifiquement décorés, sont encore aujourd'hui régulièrement reproduits.

Les bâtiments de la Sacrée Infirmerie, installés sur la falaise, font face à l'est afin de recevoir les vents les plus frais, et au même niveau que le port, afin d'accueillir les malades directement des bateaux, sans passer par la ville et ainsi éviter la propagation des maladies infectieuses. Un lazaret de quarantaine avait été installé dans l'île de Manoel, ainsi que l'hôpital réservé aux femmes. La Sacrée Infirmerie proprement dite contenait à l'origine trois cents lits individuels, plus de cinq cent cinquante en 1789, avec l'hiver un édredon pour chacun et l'été une moustiquaire. Elle était composée de onze salles ; la principale s'étendait sur 162 mètres, 9 mètres de large et 9 mètres de haut, des dimensions qui assuraient une certaine fraîcheur dans la chaleur torride de l'été maltais. Durant l'hiver, on disposait des tapisseries le long des murs pour réchauffer un peu l'atmosphère. Les malades étaient répartis dans les salles suivant les différentes pathologies dont ils étaient affectés. L'hôpital abritait aussi un service des fiévreux, des blessés et des maladies ophtalmiques.

Outre la partie réservée à l'hébergement des patients, la Sacrée Infirmerie abritait des salles de chirurgie, de médecine, des quartiers isolés pour les contagieux et pour les malades mentaux, et des balcons pour les convalescents. Henry Teonge, un chapelain anglais qui visita l'établissement, notait en 1674 : « Douze hommes peuvent aisément prendre place dans la largeur de la salle. Les lits sont disposés le long de chaque paroi de la salle, reposent sur des estrades de bois et sont munis de rideaux, de draps et de couvertures extrêmement propres et douces. » Claire-Eliane Engel cite G. Wood, un autre voyageur anglais de passage dans l'île, en 1698. Il admire la cour de l'hôpital plantée d'orangers et loue la propreté du linge et l'excellente idée qui consiste à placer une serviette sur un tabouret à côté de chaque lit. L'hôpital disposait encore d'une chapelle consacrée au Saint-Sacrement, d'un dispensaire, d'une lingerie, d'une buanderie et d'un quartier pour les officiers de service. Les entrées à la fin du XVIIIe siècle s'élevaient à quatre mille par an, avec une mortalité évaluée à 8 pour cent.

Trois médecins assuraient les soins à tour de rôle, un mois chacun, à l'aide de deux assistants, plus trois chirurgiens et plus de vingt infirmiers, un pharmacien et trois apprentis, plus un spécialiste de la lecture des ordonnances médicales, sans compter le service des chevaliers. Chaque langue avait son jour de service. Le grand maître visitait les malades une fois par semaine et devait, comme tous les autres chevaliers, déposer à l'entrée les insignes de son rang, en particulier son épée. Durant son mois de service, le médecin n'était pas autorisé à quitter l'hôpital. Il recevait ses repas dans sa chambre, devait faire sa ronde deux fois par jour et était prié de ne pas changer trop souvent de traitement. Tous ces hommes de l'art étaient grecs, rhodiens, maltais, voire espagnols. On ne connaît qu'un médecin italien. Ils étaient, pour la plupart, formés dans les universités de Naples, Florence, Salerne ou Montpellier. Ceux d'entre eux qui promettaient quelque talent enseignaient à Malte à leur retour. Giuseppe Barth, né en 1735 à Malte où il fit ses études et ses premiers pas dans l'enseignement, devint le premier titulaire de la chaire d'ophtalmologie de Vienne, en Autriche. Les médecins de l'ordre dans cette discipline étaient fort réputés, et l'on venait à Malte de l'Europe entière pour y être soigné de la cataracte.

Ces médecins mirent aussi au point les premières méthodes d'anesthésie, telles une éponge imbibée d'opium que le malade suçait jusqu'à ce qu'il perde connaissance, ou une version perfectionnée du très ancien coup sur la tête : « Une autre méthode était pratiquée, celle du coup de marteau. La tête du malade était recouverte d'une espèce de heaume sur lequel le chirurgien assenait un coup de marteau de bois, de façon à étourdir le patient, le rendre insensible et le mettre ainsi en condition de supporter l'intervention sans qu'il ne ressente aucune souffrance », indique Paul Cassar, auteur de *Medical History of Malta*.

Les patients devaient se plier au règlement et être au lit pour la visite des médecins. Les malades qui ne respectaient pas le calme et le silence étaient punis, voire expulsés lorsqu'ils étaient surpris à jouer aux cartes, aux dés ou aux échecs. La nourriture était composée principalement de pain, viande, volaille, œufs, raisins, prunes, lait, petit-lait, sucre, soupe avec vermicelle et vin. Le pain était distribué non seulement aux malades mais aussi aux officiels et aux employés, comme salaire. Il était de différentes qualités : blanc pour les malades, les chevaliers et les nobles ; mélangé pour les ouvriers, charpentiers, fabricants et matelots, de même que pour les pauvres des trois cités ; enfin, pain bis pour les barbiers, les esclaves malades et les forçats des galères. La plus grande part des grains était importée de Sicile, comme les vins. Enfin, la viande était achetée au marché. « On a conservé les contrats portant sur les différentes qualités de bœuf, porc, mouton, veau, poulet et pigeon nécessaires à l'Infirmerie avec des prix fixés pour des durées de une à six semaines », précise le bailli Géraud de Pierredon. « Si les viandes ne répondaient pas à la qualité exigée par l'intendant, elles étaient refusées et remplacées par de la volaille, aux frais des fournisseurs. » Comme déjà à Rhodes, les repas étaient servis dans de la vaisselle d'argent considérée comme aseptique. Cette vaisselle a disparu, il ne demeure que trente-neuf pièces portant la marque du grand maître Rohan. Il n'est pas impossible que le reste gise dans les fonds de la baie d'Aboukir, dans les épaves de la flotte française !

La pharmacie à l'hôpital

Pour exercer la pharmacie, l'apothicaire devait effectuer six mois de stage. Si la première Ecole de médecine de Malte fut créée en 1595, il fallut attendre 1676 pour voir apparaître l'Ecole de pharmacie en même temps que celle d'anatomie et de chirurgie. L'ordre s'employa à développer et réglementer l'exercice de la pharmacie avec le même souci que la recherche médicale. Le personnel de la pharmacie comptait, en 1682, un pharmacien, trois apprentis, un spécialiste de la lecture des ordonnances médicales, un comptable et deux employés. Le poste du deuxième employé fut supprimé en 1778, car on l'avait jugé superflu, mais le nombre des apprentis passa à six. Les apothicaires devaient, tous les mois, produire et rapporter l'état de ce qu'ils avaient délivré, approuvé et signé des prud'hommes de l'infirmerie. La fabrication des médicaments, généralement à base de produits naturels locaux, était très réglementée. Une fois l'an, chaque officine de l'île était visitée par le *Protomedicus*. Nous savons, grâce à un contrat daté du 22 octobre 1734, que les pharmaciens devaient fournir à l'hôpital pas moins de quatre cents types de médicaments composés avec des plantes et diverses substances minérales ou animales, comme corail rouge, pelure de corne de cerf, perles, extrait de manna (exsudat sucré de divers végétaux), alcool de vipère, benzoate et une concrétion tirée de l'estomac des chèvres. La plupart de ces ingrédients étaient importés de Naples, Florence, Venise ou Marseille ; mais on utilisait aussi des éléments locaux : safran, anis, etc. Sauf les champignons, du moins le *cynomorium coccineum*, plus connu sous le nom de « champignon de Malte ». Celui-ci fut découvert, en 1600, dans l'île de Gozo. Il atteint deux mètres de haut. Séché, mélangé à du miel ou à du vin, il était administré dans les cas de dysenterie ou d'apoplexie et passait aussi pour spécifique dans le traitement de la syphilis. Une légende rapporte qu'il était à l'usage exclusif du grand maître.

« Les remèdes populaires étaient les fumigations, les décoctions, les bouillies, les sirops, les pommades, les onguents, les liniments, les teintures alcooliques, les électuaires, les juleps, l'alcali, l'alcool, les emplâtres », rapporte le bailli de Pierredon, qui recense une longue liste de médicaments dont il a cherché à retrouver les propriétés thérapeutiques et le mode d'administration. Parmi ceux-là : le *fungus melitensi*, qui se présentait en poudre, était un cicatrisant ; le *lapidus belzoar*, ou foie de vipère, un soporifique ; le *plantago major*, ou plantain, utilisé contre la gale. La fameuse *pierre de Malte*, une pierre magnésienne, était recommandée contre les morsures de scorpion et avait des propriétés fébrifuges, astringentes et sudorifiques. La *langue de saint Paul*, aux vertus cicatrisantes, venait du broyage de fossiles de dents de poisson. On cite encore le *baume du Commandeur*, véritable panacée mise au point par le commandeur Gaspard de Pernes, reçu dans l'ordre le 1er décembre 1650. Nous en connaissons la recette originale : « une once de baume sec, deux onces de storax en larmes ; trois onces de benjoin en larmes ; une demi-once d'aloès cicotrin, de myrrhe tryée, d'oliban en larmes, de racine d'angélique de Boëme, de fleur de mille-pertuis, et enfin deux livres d'esprit-de-vin. Le tout battu et mis en bouteille bien bouchée au soleil pendant la canicule, et au bout de ce temps-là, on passe le tout au travers d'un linge ». Ce baume servait à tout, ou presque. Dans son *Histoire générale des drogues, traitant des plantes, des animaux et des minéraux*, publiée en 1694, Pierre Pomet (1658-1699) indique que « premièrement, il n'y a point de coup de fer ou de coup de feu qu'on ne guérisse dans huit jours, en y mettant du baume. Il fait grande douleur, mais cela ne dure pas un Ave Maria... puis on ne sent plus ». Selon ce chimiste, le baume du Commandeur est également efficace « pour la colique, pour la goutte, pour le mal de dents, contre les ulcères, cancers, et chancres, contre les morsures de bêtes venimeuses, pour empêcher la formation des marques de petite vérole, pour les hémorroïdes, pour la pourpre, pour le mal des yeux, pour le mal d'estomac, pour provoquer les ordinaires aux femmes comme aussi pour arrêter leurs pertes de sang, contre les flux de ventre, les flux de sang et même pour les enclouures des chevaux ». Une merveille ! Louis XIV, ayant pris connaissance des mérites de cette préparation, offrit au commandeur une rente à vie contre sa formule qui devint ainsi publique. Le bailli Géraud de Pierredon précise qu'il était diffusé dans les officines pour la Société de la Miséricorde de Dijon qui en employait le bénéfice au soulagement des pauvres de la ville. La comtesse de

Ségur le cite fréquemment dans ses ouvrages, notamment dans *Les Petites Filles modèles* où il apparaît en bonne place dans la pharmacie de Mme de Réan. Et de nos jours encore, ce remède figure dans les ouvrages de pharmacie. Le *Manuel du préparateur en pharmacie* publié par Masson en 1982 le citait encore : « vieille médecine peu usitée. Employée autrefois comme topique cicatrisant des gerçures, crevasses et plaies ». Le « Dorvault/l'Officine », la bible des préparateurs en pharmacie, cite, dans sa dernière édition de 1995, le baume du Commandeur dans la rubrique des « teintures alcooliques » et le nomme « teinture balsamique[3] ». Le baume est toujours disponible en pharmacie, conditionné en petits flacons, et on le dit très efficace, en hiver, contre les gerçures.

Citons encore l'« eau dentifrice des chevaliers de Malte » qui apparut dans le commerce vers 1872, grâce à un certain Gustave Bouffez, chimiste. Celui-ci en aurait obtenu la recette par l'intermédiaire d'un arrière-petit-fils d'une dame Le Roux qui l'aurait reçue de Mlle de Belzunce, dame d'honneur de Catherine II de Russie. Emilie de Belzunce voulait plaire et demanda à son oncle, « le marquis d'Argenteuil, commandeur de l'ordre de Malte », la précieuse formule qui avait permis aux chevaliers d'avoir une « denture magnifique » (*sic*). L'histoire est jolie[4]. Grâce à cette « eau dentifrice des chevaliers de Malte », M. Bouffez reçut, le 1er juin 1893, la médaille des Arts de... l'Empire ottoman.

Comment soigner ?

Lorsque l'on étudie l'histoire de la médecine arabe, nous retrouvons les mêmes règles d'hygiène et de soins suivies par les Hospitaliers : les médecins devaient être attachés spécialement aux malades, les visiter chaque jour et les soigner, leur distribuer des aliments et des médicaments. Le règlement des hôpitaux accordait des secours aussi bien aux Zimmis (les Infidèles) qu'aux musulmans ». Une pratique que les Hospitaliers suivirent, mais vis-à-vis des musulmans. Les malades étaient divisés par catégories et les médecins placés suivant leurs aptitudes. Il y avait des services de fiévreux, de blessés et d'ophtalmiques. Il y avait même des rebouteux.

Les maladies les plus courantes étaient, comme dans tous les pays méditerranéens, les affections cutanées, une fièvre violente, sans doute la typhoïde, et les maladies vénériennes. Sans oublier la « fièvre de Malte », qui n'est autre que la brucellose. Pendant longtemps, les Hospitaliers surent accommoder les préceptes de la médecine arabe et les règles de la médecine occidentale. Nous aurions pu croire que leur position privilégiée entre ces deux mondes et ces deux conceptions aurait permis à l'un et à l'autre de bénéficier de leurs usages et de leurs découvertes respectifs. Avec le temps, au contraire, des pans entiers des prestations sanitaires traditionnelles ont été balayés par l'introduction de la pratique médicale occidentale. Celle-ci a souvent exercé un effet de fascination sur l'Orient. Nous le verrons plus tard avec l'apparition des vaccins, des antibiotiques, des contraceptifs, etc. Dans sa Onzième lettre philosophique, Voltaire donne un exemple à rebours, en racontant que Mme Wortley-Montaigu, la femme de l'ambassadeur d'Angleterre à Istanbul, n'hésita pas, contre l'avis de son chapelain, imitant une pratique circassienne, à inoculer la petite vérole à son fils.

Alors que la dissection des cadavres était, sinon interdite, du moins extrêmement difficile à pratiquer partout ailleurs dans l'Occident chrétien, elle se pratiquait de manière obligatoire à Malte[5]. Les chevaliers morts à l'hôpital étaient toujours autopsiés. Cette pratique suivait le courant mené par André Vesale (1514-1564), le père de l'anatomie moderne. Ce fils du pharmacien de Charles Quint avait montré, dès son plus jeune âge, un intérêt particulier pour le corps. Non son enveloppe, mais ce qu'elle recouvrait. Vesale disséquait aussi bien des corps humains que des corps d'animaux, tout en suivant le manuel de Galien (131-201), référence universelle à l'époque en matière d'anatomie[6]. La Bibliothèque nationale de Malte conserve plusieurs traités d'anatomie imprimés au XVIIIe siècle, mais non le Vesale.

En Occident, au début du XVIe siècle, contrairement à la

pratique maltaise, l'examen du malade était inexistant, mais on attachait la plus grande importance aux urines, présentées dans un bocal et dont la longue contemplation permettait de laisser tomber, en latin, le diagnostic et aussi, le plus souvent hélas, le pronostic ! Les actes considérés comme mineurs, tels que les soins aux accidentés, les cautérisations et les saignées étaient laissés aux barbiers-chirurgiens. Quant à la thérapeutique, elle est et restera longtemps encore celle des Anciens, transmise, revue et augmentée par les Arabes. Ceux-ci ont donné naissance à la chimie et découvert l'alcool, que les Hospitaliers utilisaient. D'autres chercheurs ont préparé l'acide sulfurique et l'acide chlorhydrique et ont introduit dans la pharmacopée des plantes médicinales nouvelles : l'anis, le safran, le camphre, l'aunée, la noix vomique, le santal que nous retrouvons dans la pharmacopée maltaise.

Les épidémies

Les bâtiments en provenance d'Asie ou d'Afrique abordaient Malte parfois chargés de malades. En 1591, alors que l'île souffrait encore de la famine qui avait ravagé le sud de l'Europe, Malte fut frappée, disent les chroniques, par la peste. On sait aujourd'hui qu'il devait s'agir plutôt d'une épidémie d'influenza, qui n'en fut pas moins meurtrière. Cette maladie fut, sans doute, portée par les marins des galères du duc de Savoie, Charles-Emmanuel Ier. Le bailli de Pierredon rapporte qu'elles entrèrent dans le port de La Valette remorquant des navires chargés de vivres capturés en mer. La population, affamée, sans attendre les mesures de désinfection, se précipita sur eux. Dans l'un de ces navires, les matelots atteints par la maladie « mouraient comme des rats ». Une recrudescence de l'épidémie s'ensuivit. On fit alors venir de Trapani le Dr Pietro Paresi, expert en maladies contagieuses, qui décréta l'isolement de tous les lieux qu'il pensait contaminés, fit balayer et brûler tous les débris ou souillures qui jonchaient les rues et ordonna de construire hâtivement un lazaret où neuf cents suspects furent mis en quarantaine. Grâce aux différentes mesures prises, l'épidémie cessa enfin et le Conseil de l'ordre récompensa Pietro Paresi en nommant son fils « chevalier de grâce de minorité ». Mais l'épidémie avait laissé derrière elle un millier de victimes, dont quarante chevaliers. Tous ces événements sont relatés par Paresi dans un ouvrage imprimé à Palerme, en 1603 : *Aggiunta a gli avvertimenti sopra la peste dell'eccellente Pietro Paresi medico... trapanese, per l'occasione della peste di Malta gli anni... 1592-1593 insino all'anno 1603... Con un breve discorso sopra il medicamento di vino e oglio per guarire ogni sorte di ferite.*

L'île de Malte eut à subir deux épidémies de peste. En 1676, on devait déplorer la mort de huit mille sept cents habitants dont cinquante chevaliers. Ces disparitions eurent pour conséquence de réduire le nombre de chevaliers sur les galères au cours des caravanes ; il passa de vingt et un à onze pour la *capitane* et à neuf pour les autres. On prit alors de nouvelles mesures sanitaires, comme l'obligation de la construction d'une citerne dans chaque maison. Des drainages furent aussi entrepris pour supprimer les eaux stagnantes. On devait accumuler des réserves pour l'arrosage et le nettoyage. Le grand maître de Wignacourt fit construire un aqueduc pour augmenter le volume d'eau potable à La Valette. Cette construction est toujours visible et longe l'une des routes principales de l'île. En 1783, grâce à la sévérité des mesures de santé publique, on parvint à juguler une nouvelle épidémie. Un bâtiment français arborant pavillon noir indiquant un cas de peste à bord fut mis en quarantaine. A l'exception du capitaine Sauzet et de deux matelots, tout l'équipage mourut, mais l'épidémie ne se propagea pas.

Les Hospitaliers innovèrent aussi dans le domaine de la médecine d'urgence. En 1523, la caraque *Santa Maria* fut aménagée en navire-hôpital destiné au transport des malades et des blessés. En 1550, durant la guerre contre le corsaire ottoman Dragut, le bailli de La Sengle, qui deviendra grand maître en 1553, installa une infirmerie de campagne, sous des tentes, pour accueillir les blessés. Les chevaliers veillaient sur eux à tour de rôle. Cette mesure sera utilisée, encore dans l'urgence, lors du grand siège de 1565.

A bord des galères, il était prévu une cabine pour les malades, le *tolar*. Cette pièce était parfumée au romarin quatre fois par jour et aspergée de vinaigre, l'antiseptique en usage à l'époque. Chaque galère embarquait un chirurgien, un chirurgien assistant et deux chirurgiens-barbiers. Le « chirurgien surveillait également la cuisine et l'eau de boisson qu'il additionnait de vinaigre en cas de potabilité douteuse, la maturité des fruits achetés au hasard des escales, la propreté des draps des malades et de leurs vêtements qui ne devaient pas ensuite être utilisés par des bien-portants. Il recevait des quantités limitées de pansements et il avait à en contrôler l'emploi », rapporte Prosper Jardin dans son essai *Les Chevaliers de Malte, une perpétuelle croisade*. Durs au combat, âpres dans la guerre de course, les chevaliers de Malte étaient aussi prêts à se détourner vers les lieux d'une catastrophe pour apporter les premiers soins d'urgence.

En janvier 1693, à la suite d'un violent tremblement de terre, Augusta, en Sicile, s'écroula sur ses habitants. Les villages voisins eux aussi étaient en ruine. Le grand maître Adrien de Wignacourt dépêcha aussitôt cinq galères bourrées de vivres. Une fois sur place, les chevaliers, accompagnés de médecins de la Sacrée Infirmerie, déblayèrent les ruines, sauvant et s'employant à dégager les survivants et à soigner les victimes. Un peu moins d'un siècle plus tard, en 1783, Messine fut, à son tour, ravagée. La population errait sans but, choquée. De l'autre côté du détroit, Reggio aussi avait été rasée. La situation, sur place, était désespérée, les autorités impuissantes, et la famine et des épidémies survinrent. A sept heures le soir, la nouvelle de la catastrophe parvint à Malte. Le grand maître Emmanuel de Rohan-Polduc réagit aussitôt. Il fit alerter la marine, mobiliser les chevaliers. Quatre galères furent armées. La main-d'œuvre de l'Arsenal et la population maltaise chargèrent toute la nuit les vaisseaux. Douze mille planches pour bâtir des baraques, vingt caisses de médicaments d'urgence, des produits alimentaires furent embarqués, sans compter vingt-cinq mille écus pour parer au plus pressé.

Quarante chevaliers s'étaient portés volontaires. Parmi eux, Jean de La Fay, Louis de Boisgelin de Kerdu qui écrira plus tard une *Histoire de l'Ordre* (1805-1809) et le bailli de Loras. A dix heures, le lendemain, l'expédition prenait la mer. L'équipe demeura sur place durant trois semaines, fouillant, bâtissant, soignant les blessés dont les plus gravement atteints étaient évacués vers les hôpitaux de Malte, recueillant les rescapés, enterrant les morts. Ces secours ne furent pourtant pas bien accueillis par les autorités locales. Les commandants de Messine, inquiets de la popularité des chevaliers, exigèrent leur départ. Le bailli de Freslon chargea la princesse de Villafranca de prendre le relais des Hospitaliers et de redistribuer aux populations sinistrées les provisions et secours qu'ils abandonnaient sur place.

Une médecine en avance sur son temps

Tous les auteurs s'accordent pour affirmer que la médecine, à Malte, a été en avance sur son temps. Ce que nous venons de décrire suffirait à le prouver. A l'exception de l'ouvrage du Dr Paul Cassar, paru en 1964, qui demeure une référence, l'étude de la recherche médicale à Malte, durant la période des chevaliers, est assez sommaire. Le Dr Savona-Mentura, un autre médecin maltais, s'est penché à son tour sur le sujet, près de quarante ans plus tard, avec une prédilection pour l'obstétrique, sa spécialité, et l'hygiène publique dont nous venons d'évoquer les caractéristiques. Cet auteur cite le nom de nombreux médecins ayant exercé dans les hôpitaux des chevaliers. Il nous a paru intéressant de vérifier si ceux-ci avaient publié le résultat de leurs travaux, ce qui nous donnerait un état de la recherche médicale sous l'influence des chevaliers.

La première presse d'imprimerie ne fut installée à Malte qu'en 1642. Jusqu'alors, les livres liés à l'île sortaient des presses de Sicile ou d'Italie. Le premier ouvrage imprimé à Malte, en 1643, fut *I natali delle religiose militie de'Cavalieri Spedalieri, e Templari, e della Religione del Tempio l'ultima roina [sic]* par le commandeur Geronimo

Marulli (1580-1650). Nous chercherions en vain des publications médicales à Malte à l'époque. C'était oublier l'Inquisition qui, semble-t-il, après 1650, donna un coup d'arrêt à toute velléité de diffusion de la pratique médicale à Malte. On rapporte souvent cet incident qui survint en 1711 : « Le tribunal de l'Inquisition avait été introduit dans l'île, par Grégoire XIII (1572-1585), mais avec tant de ménagements qu'on ne s'en était presque pas aperçu », dit Vertot. En 1711, l'inquisiteur du moment, Mgr Delci, souffrait que « l'infirmerie de la Religion » échappât à sa juridiction. Il envoya, par surprise, ses officiers à la Sacrée Infirmerie, où ils commencèrent à dresser des procès-verbaux de visite, lorsque surgit le chancelier du Bocage, averti par un infirmier, qui expulsa les visiteurs. Cet incident prit d'énormes proportions, le grand maître Perellos envoya le prieur Zondondarie en ambassade à Rome ; du Bocage se rendit à Versailles. Louis XIV écrivit au pape qui réprimanda et rappela à ses devoirs l'inquisiteur.

Les seuls ouvrages médicaux publiés à Malte, au XVIIe siècle, sont en fait des plaquettes qui vantaient les vertus des « dents fossilisées ». Ainsi, *Les Virtus de la Pierre de Saint Paul & Yeux de Serpent qu'on trouve dans l'Isle de Malte* (1643) et *Vertus admirables de la pierre de St. Paul & les langues & yeux des serpents précieux, qui se trouvent en l'Isle de Malte* (1654). C'est ainsi que la Bibliothèque nationale de Malte conserve de nombreux manuscrits et parfois des opuscules imprimés sur le continent de médecins chercheurs comme Gian Francisco Bonamico (1639-1680), l'un des plus grands érudits de son temps qui s'intéressait autant à l'astronomie, aux mathématiques, à la géométrie qu'à la médecine et la physique.

Le grand maître Pinto réussit à conclure un accord avec l'inquisiteur afin de faire lever la censure que son office exerçait. Cette décision permit enfin la publication de traités médicaux. Il pouvait sembler anormal que, par exemple, la *Notizia della Sacra Infermeria e della Carica delli Commissari delle Povere Inferme* fût imprimée à... Rome (1725) et non pas à Malte. Giuseppe Zammit (1650-1740), le premier professeur de la nouvelle Ecole d'anatomie et de chirurgie créée, en 1676, par le grand maître

Nicolas Cotoner, ne laissa par exemple que des manuscrits de ses travaux. Zammit exerça aussi la charge de *Protomedicus*, et créa, en 1679, l'Académie de médecine de Malte. C'est devant elle qu'il décrivit, en 1687, cinq cas de lèpre relevés dans l'île. Il fut encore l'instigateur de la bibliothèque médicale de Malte, en léguant quinze cents ouvrages médicaux à la Sacrée Infirmerie. L'ordre construisit une annexe à l'hôpital afin de conserver ces volumes. Hélas, on découvrit en 1797 qu'ils étaient largement détériorés, car personne ne les avait entretenus.

Gabriele Henin (1696-1754), le « père de l'anatomie à Malte », également chirurgien, pratiqua de nombreuses opérations ophtalmologiques. Il n'a laissé qu'un ouvrage sur l'observation chirurgicale et anatomique, imprimé à Messine en 1748. La bibliographie du docteur Michel'Angelo Grima (1729-1798) est, en revanche, nettement plus conséquente. Il publia à Londres, à Paris, à Florence, à Venise et aussi à Malte. Bien qu'il ait enseigné l'anatomie et la chirurgie et ait pratiqué la chirurgie à la Sacrée Infirmerie. Il s'était spécialisé dans les affections intestinales. Il publia néanmoins, en 1760, à Paris, un *Mémoire sur la sensibilité des tendons*, et l'année suivante des *Réflexions sur la mémoire sur la taille latérale de Bromfteld*.

Giorgi Giovan Locano, qui naquit à Senglea, à Malte, suivit ses études de médecine à Montpellier et reçut son diplôme en 1749. Il rentra à Malte en 1754 et servit dans la marine de l'Ordre, puis enseigna la médecine jusqu'en 1797. Il avait été élu, en 1751, membre de l'Académie royale (française) des sciences. Il a laissé quatre ouvrages, notamment *Dissertatio physiologica de mechanico feminarum tributo*, imprimé à Montpellier en 1749 ; *De novo spirudis medullae ductu*, à Malte, en 1761.

Joseph Barth (1746-1818), le précurseur de l'opération de la cataracte, fut le premier titulaire, en Europe (à Vienne), d'une chaire d'ophtalmologie. Mais il était maltais, avait étudié à Malte, ce qui permet de l'inclure parmi les meilleurs médecins de l'île, ce qu'il ne fut pas en réalité. La direction du Collegio medico, établi en 1771, encouragea la publication de traités de médecine. L'un des auteurs les plus féconds fut sans doute Joseph Demarco

(1718-1793). S'il publia une *Dissertatio physiologica de respiratione, ejusque usa primario* à Montpellier en 1744, il commit une autre dissertation, *De usu et abusu chocolatae in re medica et morali* à Malte, en 1759. Ces quelques exemples ne sont qu'un aperçu des publications des nombreux travaux effectués par les médecins et chirurgiens à Malte. Qu'ils aient publié à Montpellier, à Rome, Paris, Venise, Florence ou Londres, quoi de plus normal ? Le fait qu'ils aient exercé à Malte et y aient fait imprimer le résultat de leurs observations montre simplement que la médecine remplissait pleinement son rôle sur un territoire gouverné par les Hospitaliers.

13

DES HOMMES DE LEUR TEMPS

« Jusqu'à Rhodes, ce fut le temps de la chevalerie ; à Malte, survint celui de l'aristocratie », a lancé un jour le chevalier A.-L. de Tourtier. Les Hospitaliers ont évolué de plain-pied dans leur époque. Il aurait été difficile de demander à un chevalier de Rhodes de ressembler à un Hospitalier de Jérusalem, et à un chevalier de Malte de se comporter comme un chevalier de Rhodes. Des auteurs contemporains insistent sur la décadence de l'Ordre au XVIIIe siècle, considérant que l'idéal chevaleresque avait disparu et que les chevaliers ne respectaient plus leurs vœux. Certes, la foi ne « déplaçait plus les montagnes » et la règle de l'Ordre avait perdu un peu de sa vigueur. Mais le chevalier Luc de Boyer d'Argens notait dans ses *Réflexions politiques sur l'état et les devoirs d'un chevalier de Malte*, parues en 1739, qu'un « Hospitalier de Saint-Jean ne doit pas être comme un bigot qui marmotte des *oremus* du soir jusqu'au matin. J'exige seulement qu'il soit homme de probité, c'est-à-dire bon chrétien ».

Quoi qu'il en soit, et malgré les évolutions de la condition des chevaliers, l'Ordre poursuivit au XVIIe siècle la guerre de course contre la piraterie barbaresque et les navires ottomans. On se souvient qu'à la fin du XVIe siècle, fut instituée la Congrégation générale des galères permettant à plusieurs chevaliers de s'unir pour construire une galère à leurs frais. Sinon, ils affrétaient eux-mêmes des bâtiments légers et se lançaient dans la course. En 1644, l'une de ces galères de la Religion prit d'assaut un vaisseau turc revenant de La Mecque et se dirigeant vers Alexandrie. A bord se trouvaient l'un des fils du sultan et une partie de son harem. Les chevaliers relâchèrent avec leurs prises à Candie, sur l'île de Crète, possession de Venise, avec qui l'ordre avait entretenu des relations sereines. Apprenant la nouvelle, le sultan Ibrahim voulut donner l'ordre de massacrer tous les chrétiens de ses Etats puis de se tourner contre le royaume de France, protectrice de l'Ordre. Son grand vizir lui conseilla de profiter plutôt de l'occasion pour arracher Candie aux Vénitiens, et s'assurer enfin le total contrôle de la mer Egée. La flotte ottomane attaqua la Crète au milieu de l'année 1645, marquant ainsi le début de la guerre de Candie qui dura vingt-cinq ans, jusqu'en 1669.

Venise appela à son secours les royaumes d'Occident, réclamant leur aide. En France, Mazarin, soucieux de préserver le commerce avec le Levant, réagit tièdement, se contentant d'envoyer secrètement dix mille écus à la Sérénissime, puis, l'année suivante, neuf vaisseaux, mais sans équipage. En même temps, il dépêcha un ambassadeur extraordinaire (Roger de Nagu, marquis de Varenne) à Constantinople, chargé de négocier avec la Sublime Porte un accord, signé en mai 1671, qui régit notamment l'« aide des Etats aux commerçants » et stipule le devoir des signataires de « ne pas violer les frontières communes[1] ». Quelques mois après la conclusion du traité, Ibrahim fut déposé par les janissaires, et étranglé. Il n'avait régné que huit ans. Les Vénitiens poursuivirent jusqu'en 1669 le combat contre les Turcs, remportant quelques succès qui leur permirent de conserver leurs conquêtes en Dalmatie. Ils reçurent même le soutien de Louis XIV qui dépêcha une escadre commandée par son cousin François de Vendôme, duc de Beaufort, à leur secours[2]. Finalement, la place forte de Candie dut capituler le 6 septembre 1669. Plus de cinquante mille Français qui s'étaient mis à la solde de Venise périrent sous sa bannière, disent les chroniques.

VENISE ET LE *SEQUESTRO*

Les relations entre les Hospitaliers et la Sérénissime furent, durant toute la période maltaise, le plus souvent inamicales. Déjà, Venise avait observé, « passivement la chute du plus puissant *Boulevard de la Chrétienté*, en Orient, le plus proche des confins de l'Empire ottoman », observe le professeur Victor Mallia-Milanes, directeur du département d'histoire à l'université de Malte, en évoquant la prise de Rhodes. Il rapporte encore que les Vénitiens se seraient, paraît-il, réjouis de la prise du fort Saint-Elme par les assiégeants turcs, le 23 juin 1565, au début du grand siège. Les Hospitaliers gênaient tout simplement le commerce entre Venise et la Porte, car ils avaient fait du bassin oriental de la Méditerranée une zone de guerre perpétuelle. Le « noble marchand » et le « noble pirate » ne pouvaient guère s'entendre. Cette antinomie s'est d'abord traduite par des qualificatifs pour le moins discourtois. Dans les années 1580, le sénat vénitien considérait les membres de l'Ordre comme des « corsaires faisant parader des croix ». Dans les années 1660, Mgr Galeazzo Marescotti, le délégué apostolique et inquisiteur romain à Malte, considérait Venise comme étant le « pire ennemi de l'Ordre ».

Par deux fois, les deux Etats furent sur le point de se déclarer la guerre. Comme nous le soulignions plus haut, le corso en était responsable. Par mesure de rétorsion, Venise vota la confiscation (*sequestro*) des biens de l'Ordre. « En 1584, le *sequestro* fut accompagné d'autres résolutions, dont l'éviction de tous les Hospitaliers des registres du personnel, leur expulsion immédiate de Venise, et l'interdiction d'échanges commerciaux et de toute forme de correspondance entre les deux Etats, explique le Pr Mallia-Milanes. En 1741, en plus du *sequestro*, le sénat ordonna l'envoi par le fond de tout navire arborant le pavillon de l'Ordre. » Venise utilisa cette mesure de rétorsion contre l'Ordre à onze reprises entre 1536 et 1741. Cette arme était maladroite, car sans effet réel. L'opposition faite aux membres des familles patriciennes vénitiennes d'entrer dans l'Ordre ne les gênait en rien. Théoriquement, la croix de l'ordre les privait de leur droit d'accès aux « offices des grands honneurs », attribués généralement aux membres les plus fortunés du patriciat, ou à ceux du « profit », réservés aux moins fortunés, or un rapport vénitien daté d'avril 1627, que cite le Pr Mallia-Milanes, dénombrait trente-quatre Hospitaliers dans les Etats de la république de Venise, dont quatorze vénitiens.

Au début des années 1750, la Sérénissime décida de nouvelles mesures de rétorsion contre l'Ordre, en supprimant les consulats maltais à Corfou et Zante, où les bâtiments corsaires de l'ordre s'abritaient après leurs opérations de course. En 1752, le grand maître Pinto rappela son consul à Venise, Gio Battista Zocchi. Les deux Etats décidèrent finalement de mettre un terme à leurs querelles sans fin et, le 25 septembre 1754, le commandeur Massimiliano Buzzaccatini Gonzaga fut le premier à être accrédité *homme de la république de Venise* auprès de la cour du grand maître, à La Valette. Sa mission était de protéger et d'apporter assistance à tous les sujets vénitiens qui venaient à Malte pour des affaires commerciales, ou y étaient conduits par des propriétaires de navires ou par des corsaires chrétiens. La guerre entre Tunis et Venise ne fut sans doute pas étrangère à ce rapprochement. D'autre part, le corso pratiqué par les chevaliers de Malte diminua considérablement à partir des années 1760.

Le Saint-Siège et l'Inquisition

Pendant, ce temps, à Malte, l'Ordre devait faire face à une opposition plus sournoise, provoquée par l'inquisiteur. Au XIIIe siècle, en 1231, le pape Grégoire IX (1227-1241) enleva aux évêques la charge de veiller à l'orthodoxie des fidèles, et confia cette tâche à des inquisiteurs, choisis pour la plupart parmi les franciscains et les dominicains en raison de leur érudition théologique et de leur réputation de manque d'ambition, disent les manuels d'histoire. Ce qui fait sourire aujourd'hui. A Malte, l'Inquisition était à la charge de l'évêque. Mais, en 1574, Mgr Martin Royas, un

Espagnol de Portalruvio, ancien vice-chancelier de l'Ordre, chercha à prendre de l'importance au sein de l'Ordre en arguant de sa fonction d'inquisiteur, uniquement responsable devant le Saint-Siège. Le grand maître de La Cassière ne pouvait laisser bafouer ses privilèges et son autorité. Le pape Grégoire XIII (1572-1585) céda aux demandes du grand maître et accorda les pouvoirs exclusifs d'inquisition à son propre légat, Pietro Dusina. Celui-ci se révéla d'un tempérament encore plus dominateur que Royas. Il imposa une discipline rigoureuse aux chevaliers et aux Maltais, qui se retrouvèrent ainsi sous l'autorité de trois étrangers : le grand maître, français, l'évêque, espagnol, et l'inquisiteur, italien. A l'origine, l'inquisiteur tenait la troisième position dans la hiérarchie protocolaire à Malte ; plus tard, il occupa la deuxième, à égalité avec l'évêque ; au XVIIIe siècle, il précédait même ce dernier lorsque les deux dignitaires se rencontraient en dehors des enceintes ecclésiastiques. L'un des inquisiteurs prétendit prendre le pas sur le grand maître. En fait, la préséance devint une éternelle pomme de discorde et les trois pouvoirs contestaient les uns les autres leurs décisions. « Les inquisiteurs, pour faire leur cour aux papes, font de jour en jour de nouvelles entreprises sur l'autorité du grand maître et du Conseil et se rendent odieux et insupportables aux chevaliers », remarque l'abbé de Vertot.

Lors du chapitre général de l'ordre, en 1631, le pape Urbain VIII (1623-1644) consentit que l'on retienne l'ancien usage d'élire seize commissaires, deux pour chaque Langue, à condition que l'inquisiteur présidât le chapitre. Le grand maître Antoine de Paule fit savoir au souverain pontife qu'il était prêt à lui obéir, mais que le « Corps de la Religion souffrait impatiemment que Sa Sainteté prétendît introduire dans le gouvernement une personne étrangère à l'Ordre, avec le titre et l'autorité du Président ». Sagement, le grand maître envoya en course les jeunes chevaliers qui étaient prêts à se rebeller. Il présida lui-même le Conseil, l'inquisiteur présenta, malgré tout, le bref du pape, et l'on procéda à l'élection des commissaires. Ceux-ci se mirent aussitôt au travail, sans que l'inquisiteur se mêlât de rien. Ce fut pris comme une victoire.

Après la mort du grand maître de Lascaris, en 1657, plusieurs factions s'opposèrent afin de lui choisir un successeur. Le prieur de Navarre et vice-roi de Sicile, Martin de Redin, était le favori ; mais l'inquisiteur, Mgr Odi, chercha par tous les moyens à le discréditer. Redin fut malgré tout élu. Odi protesta ; le nouveau grand maître écrivit au pape en lui indiquant que « si sa personne n'était pas agréable à Sa Sainteté, il était prêt de renoncer... ». Le pape Alexandre VII (1655-1667) reprocha à l'inquisiteur d'avoir compromis son autorité contre un chevalier fort estimé et, qui plus est, ministre du roi d'Espagne.

En 1701, le grand prieur d'Angleterre fut envoyé en qualité d'ambassadeur extraordinaire à Rome, pour obtenir du nouveau pape Clément XI (1700-1721) un règlement sur les prétentions de l'inquisiteur de Malte, au sujet de sa juridiction. « La Cour de Rome, suivant sa coutume, fit traîner l'affaire qui se termina à la fin à la satisfaction du grand maître », dit Vertot. Malgré ce règlement, l'inquisiteur ne renonça pas à chercher à mettre en difficulté le grand maître, comme l'illustre l'« affaire de la Sacrée Infirmerie » en 1711, évoquée dans le chapitre précédent.

Les différents souverains pontifes manièrent ainsi le froid et le chaud avec les grands maîtres. Les relations entre les deux « Etats » furent émaillées de querelles essentiellement protocolaires. Les papes bafouaient allègrement les privilèges de l'ordre, notamment pour la nomination de leurs proches à des postes de commandeur ou de grand prieur ; les grands maîtres protestaient haut et fort, puis tout s'apaisait... jusqu'à l'incident suivant. En 1726, Benoît XIII (1724-1730) donna au grand maître Vilhena une « marque éclatante de son affection », selon le mot de A.M.L. de Bussy, en dépêchant à Malte un de ses camériers d'honneur, pour lui présenter l'estoc et le casque bénis solennellement à la fête de Noël[3]. Ces gages d'honneur étaient offerts par les souverains pontifes à ceux qui avaient remporté une victoire contre les « ennemis de la religion[4] ». L'estoc et le casque étaient aussi des instruments politiques. Après l'avènement du grand maître Ximenes (1773-1775), Clément XIV (1769-1775) lui fit parvenir, par les mains d'un ambassadeur extraordinaire, ces deux insignes, devenus un simple témoignage de politesse et non, comme autrefois, le gage d'une haute considération.

Les Ottomans encore

Le grand maître Pinto (1741-1773) n'avait pas reçu, semble-t-il, ces marques d'estime. Il est vrai qu'il disposait de la couronne fermée, à l'image des rois et des empereurs, qui marquait autrement sa puissance régalienne, dont il sut user tout au long de ses quelque trente années de grande maîtrise. Il dut faire face à différents incidents, comme l'expulsion des jésuites et une révolte des esclaves, en 1748. Mustapha, le pacha de Rhodes, qui avait été fait prisonnier et hébergé dans l'île avec tous les égards dus à son rang, réussit à fomenter un complot avec l'aide de deux Turcs et de deux Grecs, qui séduisirent à leur tour le capitaine de la galère *Nazareth* qui lui-même soudoya les esclaves. Le plan des conjurés était simple : empoisonner les fontaines, embraser l'arsenal, égorger les maîtres d'esclaves turcs, et remettre la ville aux troupes du sultan Mohamed, dont Mustapha était, en fait, l'agent secret. Un Turc nommé Irusletty, chambrier du grand maître, devait le poignarder à l'aide d'un stylet empoisonné. Mais il renonça, comme un autre domestique turc qui avait été chargé d'empoisonner ses aliments. Un soldat persan et un marchand juif, membres de la conspiration, la dénoncèrent auprès des autorités qui purent la déjouer aussitôt. Cet incident qui aurait pu être dramatique pour la survie de l'Ordre eut une conséquence insolite. Les Corses, appréciant la fermeté avec laquelle le grand maître avait jugulé cette révolte, chargèrent Pascal Paoli (1725-1807), qui venait de les délivrer du « joug » génois, de lui offrir la souveraineté de leur île. Ce projet échoua en 1754, du fait notamment de l'opposition de Paoli lui-même, et du refus du grand maître. Néanmoins, celui-ci offrit en cadeau à Paoli un chébec qui fut l'un des premiers navires de la flotte corse, sinon le premier, naviguant sous bannière corse. On l'appela la *Galeotta*, et le comte Perez en prit le commandement. En outre, le gouvernement corse conservera tout au long de la période un agent à La Valette.

Le grand maître Manoel de Vilhena (1722-1736) avait fait édifier, dans la petite île de Marsa-Musciet, faisant face à La Valette, un fort qui portera son nom. Il avait vu là une faiblesse dans les fortifications de Malte et les avait ainsi renforcées afin de prévenir une nouvelle incursion ottomane. Il ajouta encore des fortification à Floriana, dont la porte des Bombes. Les relations entre l'Empire ottoman et l'ordre restaient, en effet, tendues. En 1760, le pacha Mehemet relâcha dans une des îles sous dépendance ottomane, afin de lever les tributs. Une fois le pacha débarqué avec une grande partie de son équipage, les esclaves chrétiens réussirent à s'emparer du navire amiral de la flottille qui portait une riche cargaison et firent voile vers Malte, qu'ils atteignirent après trente-deux jours de navigation. Redoutant un grave incident diplomatique, Louis XV fit acheter le navire par son agent, le bailli de Fleury, et le réexpédia au sultan Mustapha III, le 11 décembre 1761. Ce qui a fait dire à l'époque que « la guerre entre les Hospitaliers et l'Empire ottoman semblait dégénérer en querelles de leurs esclaves ». Malgré tout, dès cette époque, les chevaliers de l'Ordre concentraient le corso davantage contre les pirates barbaresques que contre le Turc. Certains chevaliers ne voyaient plus en effet dans l'Ottoman un « fléau du siècle », mais l'adepte d'une religion « parfaitement cohérente, et noble, et belle ».

Le siècle des Lumières

Le grand maître Pinto mourut le 25 janvier 1773, à l'âge de quatre-vingt-douze ans. Il avait incarné tous les fastes de Malte. Aimant les lettres et les sciences, il était imbu des idées de gouvernement absolu et se montra opposé à l'assemblée d'un chapitre général durant son magistère. « Si j'étais roi de France, disait-il, jamais je ne réunirais les états généraux ; si j'étais pape, je ne convoquerais point de concile ; chef des Hospitaliers de Saint-Jean-de-Jérusalem, je ne veux point de chapitres généraux : je sais que ces assemblées finissent toujours par porter atteinte aux droits de ceux qui en ont permis la réunion. » Pinto obtint que ses ambassadeurs jouissent dans les cours d'Europe des mêmes honneurs que ceux des monarques. Mais ce grand maître fut aussi l'incarnation du siècle des Lumières.

Si les chevaliers de Malte, religieux, durs au combat, n'épargnèrent jamais leur peine au service des malades, ils vivaient aussi dans le monde, selon leur rang. Le carnaval, le jeu (devenu une véritable plaie selon les grands maîtres, comme partout ailleurs en Europe), la musique et le théâtre faisaient partie de leurs occupations lorsqu'ils n'étaient pas de service. En 1731, le grand maître de Vilhena décida de faire construire un théâtre public « pour l'honnête divertissement du peuple ». Deux troupes se partageaient au XVIIIe siècle la scène de ce théâtre, une merveille d'architecture imitée d'un théâtre de Palerme : une troupe française pour les comédies et une troupe italienne pour l'opéra. Compte tenu de l'absence de femmes dans la troupe italienne, cette dernière devait faire appel à des jeunes hommes pour les rôles féminins. Les chevaliers inaugurèrent le théâtre en interprétant, le 9 janvier 1732, la tragédie *Mérope*, composée par Scipione Maffei. Le théâtre fut un temps, au XIXe siècle, transformé en abri pour indigents qui y mirent le feu. Reconstruit en 1873, puis voué au bal et au cinéma, il fut de nouveau détruit, par les bombes, durant la Seconde Guerre mondiale. Entièrement restauré en décembre 1960, son rideau s'ouvrit sur *Coppelia*.

Imaginons l'arrivée d'un futur chevalier à Malte, ce rocher brûlé par le soleil « continu, blanc et tendre, sur lequel il y a rarement plus d'un demi-pied de terre », selon le mot de M. de La Mottraye, en 1718, afin de retrouver l'ambiance qui devait régner en plein milieu du XVIIIe siècle : la traversée avait été rude, depuis Marseille. Trois jours seulement, mais un vent contraire avait pris de travers le bateau dans le canal étroit qui sépare les deux îles presque voisines, la Sicile et Malte. Jacques du Colombier de La Salle voyait surgir au-dessus des flots encore agités, une masse dorée. Les hauts remparts blonds de La

Valette se dressaient enfin devant lui. Au large encore, une galère entièrement peinte aux couleurs de l'ordre alternant de longues bandes blanches avec des préceintes vermillon, voiles baissées, les longues rames se levant et s'abaissant en cadence dans les lames de la mer à peine calmée, s'apprêtait à regagner le port. Tout autour des bâtiments, gros et ventrus pour le transport de marchandises, légers et effilés pour la course, hauts et redoutables pour le combat, et des barques, des gozos, des chébecs, tout ceci dans un grouillement de voiles triangulaires, carrées, larges ou étendues, blanches ou brunes, striées de bleu ou de rouge, semblaient se disputer l'entrée de la passe, par la pointe Dragut ou le fort Saint-Elme. Suivi par son valet portant son sac sur l'épaule, il se dirigea vers l'auberge de la langue d'Auvergne où devait l'accueillir son « pilier », un vénérable bailli. On lui attribua une chambre et un cagibi attenant, pour son valet.

Il fut impressionné lorsqu'il gravit l'escalier tournant de marbre blanc, aux marches très basses, dans le palais magistral, pour être présenté au grand maître. Dans la cour, des ficus et des palmiers, arbres qu'il n'avait jamais vus, le transportèrent dans un autre monde. Son Altesse Eminentissime fut charmante et se montra bienveillante pour le nouveau venu. Elle l'invita à lui rendre visite dans son jardin d'*Il Boschetto* pour le surlendemain. Jacques de La Salle découvrit très vite que ce rocher sec et dépourvu d'eau potable était, en fait, couvert de jardins, petites oasis de fraîcheur où les chevaliers comme les Maltais passaient les heures brûlantes des journées d'été. Le jardin du grand maître était rempli de grenadiers, de buis et de lentisques. Une fontaine laissait bruire l'eau. Un bois de pins donnait de l'ombre, des térébinthes offraient leur parfum sucré. *Il Boschetto* était encore entouré d'une orangeraie. On fit goûter au jeune Français ce fruit inconnu. Il le trouva bon, et sut qu'il se trouverait bien à Malte.

Ce jeune chevalier, qui fit ses caravanes, postula à une commanderie, comme tous ses semblables, et dut rencontrer, lors de son séjour sur l'île, un personnage d'aventurier du siècle des Lumières, le commandeur Dieudonné Déodat de Gratet de Dolomieu (1750-1801), le « chevalier géologue » comme le nomme Thérèse Charles-Vallin, sa biographe. Cet amateur de pierres et de jolies femmes mena à sa manière une vie de cape et d'épée, et débuta par un duel au cours duquel il tua un autre novice, Bonaventure de Crécy-Mornay. L'affaire s'était déroulée à Naples ; le général des galères, Camille de Rohan-Rochefort, décida de ne pas livrer aux autorités le coupable qui risquait la peine de mort, et d'attendre la décision du maréchal de l'ordre, grand prieur d'Auvergne, sa Langue. Il fut condamné à la réclusion à perpétuité, peine commuée, après d'âpres tractations, en neuf mois de détention. Il en profita pour compléter sa culture générale.

« On sent, dès cette date, se dessiner chez Déodat une orientation très nette quant à ses goûts intellectuels, scientifiques en particulier, une passion naissante apparaître pour ces quatre éléments qui, selon le philosophe Empédocle, gouvernent le monde : "le feu souterrain, l'eau, l'air et la terre" », rapporte encore l'historienne Thérèse Charles-Vallin. C'est ainsi que ce chevalier atypique fut le premier, en 1778, à reconnaître des balsates à Lisbonne. Il sillonna presque toutes les terres de la Méditerranée, l'Italie, la Sicile, la région de Naples, les îles Grecques, et aussi la France, des Pyrénées aux Alpes, en passant par les anciens volcans de l'Auvergne. Il sera encore le premier à prouver la diversité des laves, et encore à décrire la fluidité du centre du globe composé de magma incandescent. Nous avons évoqué, plus haut, le tremblement de terre de Messine qui survint en 1783. Dolomieu se rendit sur place : « Beaucoup de personnes sont restées trois, quatre, cinq jours ensevelies. Je les ai vues et je leur ai parlé et je leur ai fait exprimer ce qu'elles ressentaient dans ces affreux moments. De tous les maux physiques, celui dont elles souffraient le plus, c'était la soif... », écrivit-il notamment dans son *Mémoire sur les tremblements de terre de la Calabre Ultérieure pendant l'année 1783*. Dolomieu traversa ensuite les premières années de la Révolution française sans dommage, contrairement à ses amis Lavoisier, Condorcet et La Rochefoucauld.

Nommé professeur de géologie à l'Ecole des mines en 1794, l'année suivante il fut élu membre du nouvel Institut qui regroupait les anciennes académies. En 1791, il avait fait paraître dans le *Journal de physique* un article consacré à « un genre de pierres calcaires très peu effervescentes avec les acides, et phosphorescentes par la collision ». Il constatait l'existence d'un marbre, *marmo graeco duro*, qui résiste à l'action des acides faibles. Dans son laboratoire, il obtint, à la calcination de ce marbre, de « la chaux avec à peu près la même facilité que la pierre calcaire ordinaire ». Le 31 octobre 1791, Dolomieu expédia à Nicolas de Saussure, à Genève, quatre échantillons pour analyse. « Votre question sur le nom à donner (...) m'embarrasse. Je vous dirai d'abord que le baptême vous appartient », lui écrivit le savant. La création, en mars 1792, du mot « dolomie » revient donc à Nicolas de Saussure. L'appellation « montagnes des Dolomites » n'apparaîtra que vers 1876.

En janvier 1798, son collègue de l'Institut, Berthollet, lui proposa de participer à l'expédition égyptienne de Bonaparte. Dolomieu ne pouvait résister à une telle proposition, sans se douter que son rôle dans cette aventure allait déborder largement le domaine de la minéralogie et le précipiter malgré lui dans bien des aventures.

Lacépède, le célèbre naturaliste, a raconté dans sa *Notice historique sur la vie et les ouvrages de Dolomieu* quelle part Dolomieu eut dans la prise de Malte par Bonaparte : « Dolomieu est nommé pour partir avec eux [les savants de l'expédition d'Egypte]. La flotte française arrive devant Malte. Dolomieu qui avait ignoré que l'expédition commencerait par la prise de cette île, se renferme, profondément affligé, dans le bâtiment qui l'avait amené. Le grand maître s'empresse de le demander pour un des pacificateurs. Le général en chef le choisit. Il va porter à ses anciens confrères les propositions du chef de l'armée. Malte cède aux Français. Dolomieu attentif envers tous les chevaliers et sur-tout à l'égard de ceux qui (...) lui avaient été le plus vivement opposés, se conduit avec tant de générosité et de délicatesse, qu'un grand officier maltais, qui s'était montré son plus ardent antagoniste (le bailli de Loras), lui déclare (...) qu'il se reprocherait toute sa vie d'avoir été injuste envers lui[5]. » Finalement notre « chevalier géologue » parvint jusqu'en Egypte mais tomba malade et, épuisé, demanda son rapatriement. Ses aventures égyptiennes ne s'arrêtèrent pas là. Au cours de son voyage de retour en France, il fut capturé par les Siciliens, dépouillé de ses collections et manuscrits, et emprisonné à Messine dans un cachot où il demeura vingt et un mois. Toute l'Europe cultivée, le gouvernement français et même le roi d'Espagne se mobilisèrent pour faire libérer le malheureux prisonnier. Mais le royaume de Naples, dont la souveraine n'était autre que la propre sœur de Marie-Antoinette, ne voulut rien entendre. Jusqu'à la victoire de Marengo qui mit Bonaparte et la France en position de force en Europe. Les textes préliminaires du traité de paix exigèrent alors, parmi d'autres conditions, la libération de Dolomieu. De retour en France, il occupa la chaire de minéralogie au Muséum d'histoire naturelle, dignité à laquelle ses pairs l'avaient élevé lors de sa captivité à Messine ! Mais, épuisé par sa longue détention, il mourut le 16 novembre 1801.

On a rapporté que ce personnage avait inspiré Choderlos de Laclos pour son vicomte de Valmont dans *Les Liaisons dangereuses*, Alexandre Dumas pour l'abbé Faria de *Monte-Cristo* et Jules Verne pour son géologue du *Voyage au centre de la Terre*. On a dit encore que Dolomieu avait décidé de faire campagne en vue de l'élection à la grande maîtrise. Hypothèse peu vraisemblable, tant l'homme avait consacré sa vie à la minéralogie. Il reste, comme le souligne Claire-Eliane Engel, qu'il « aurait été de ceux qui pouvaient sauver l'ordre sur le plan politique s'il n'avait pas été systématiquement mal compris ». Homme des Lumières par excellence, Dolomieu incarne l'image d'un chevalier qui servit l'Ordre par sens de l'honneur mais se tourna vers toutes les découvertes de son temps. Il était membre de la loge « Le Contrat social ».

Contrairement à ce qui est souvent affirmé, une loge a bien été créée à Malte, officiellement en 1788. Elle était affiliée à celles de Marseille et de Toulon, et portait le nom de « Saint-Jean du Secret et de l'Harmonie ». Selon Desmond Craywood, la maçonnerie existait déjà sur l'île avant cette date ; ce qui n'est pas surprenant, car des chevaliers avaient pu être initiés dans leurs pays respectifs[6]. Les grands maîtres se défièrent aussitôt de cette maçonnerie qui propageait des idées nouvelles. Le grand maître Despuig (1736-1741) publia la bulle de Clément XII contre les maçons ; le grand maître Pinto bannit, en 1741, six chevaliers pour leur appartenance à une loge[7]. L'inquisiteur intervint lui aussi, en instruisant plusieurs procès dont les minutes sont conservées aux Archives de Malte. On a accusé le grand maître Rohan-Polduc d'avoir été complaisant avec la maçonnerie. Il y eut bien des Rohan maçons, comme la plupart des membres des grandes familles de l'époque, mais Rohan-Polduc ne semble pas avoir été initié, pas plus que Pinto que l'on a accusé du même mal. Il était davantage intéressé par l'alchimie. Le grand maître von Hompesch (1797-1799) était, en revanche, membre de la loge « La Parfaite Amitié » de Düsseldorf. Cette simple appartenance démontre que les rumeurs d'un complot maçonnique destiné à faire tomber Malte sont pure spéculation. Le futur grand maître Jean-Baptiste Tommasi (1801-1805) fut, lui aussi, initié.

Parmi les principaux « frères » maltais, outre Dolomieu que nous avons déjà cité, nous retrouvons son principal ennemi, le bailli de Loras, le bailli de Suffren, initié dans la « Loge Olympique de la Parfaite Estime », essentiellement aristocratique, ainsi que son frère le bailli de Saint-Tropez, comme François de Pignatelli, prince Strongoli (1732-1812), grand maître des loges de Naples qui cumula les appartenances. François de Chefdebien d'Armissan (1754-1814), des « Amis Réunis », et fondateur du Rite primitif, possédait également de nombreux titres et appartenances maçonniques. Son père, le vicomte François-Anne de Chefdebien d'Armissan, avait créé, en 1779, avec ses fils, dont cinq étaient chevaliers dans l'Ordre, la loge « Les Philadelphes ». Elle suivit de peu le « Rite des Architectes Africains » (comprenez, « Egyptiens ») créé en 1767 par un officier de l'armée prussienne, Friedrich von Köppen, co-auteur avec von Hymmen de *Crata Repoa* (1770). Ce livre prétendait décrire l'initiation antique qui se donnait dans la grande pyramide en sept degrés. Deux Français, Bailleul et Desétangs, devaient en diffuser une version française en 1821.

Alain Blondy donne une liste d'une bonne vingtaine de noms, dans laquelle nous croisons Armand-François de La Tour du Pin (1750-1810), membre de la loge « La Candeur », le bailli Caracciolo, le bailli Condulmer, le chevalier de Gournay, le bailli d'Osasque, le grand prieur de Bohême Henri de Kolowrat-Krakowski, le chevalier de Pfÿfer, le commandeur Gabriel de Royer, ainsi que Pierre Jean Louis Ovide Doublet (1749-1824), qui fut le secrétaire du grand maître von Hompesch. Sans oublier les Monspey, et le commandeur de Virieu (1754-1793).

Parmi les francs-maçons figuraient le doyen de la cathédrale Saint-Jean, Antonio Corogna, et le prieur conventuel, Mainardi. Les dignes ecclésiastiques aimaient la chasse, « avec fureur » dit-on, au détriment de la population. Le grand maître Ximenes leur interdit ce plaisir, ce qui les mécontenta, d'autant plus que l'homme était hautain et arrogant. L'abbé Gaetano Mannarino s'insurgea contre cette mesure qui violait, selon lui, les garanties données par Charles Quint à l'île. Il entraîna avec lui une partie de la noblesse maltaise, d'autant plus aisément qu'elle avait toujours été considérée comme quantité négligeable par les chevaliers, et réclama avec elle le rétablissement des conseils populaires qui votaient autrefois les lois la concernant. Les conjurés parvinrent à s'emparer, le matin du 1er septembre 1775, du fort Saint-Elme. Le major, le chevalier de Garon, n'eut que le temps de jeter dans la mer la clef de la poudrière, empêchant ainsi les insurgés de faire, sciemment ou non, sauter La Valette. Ceux-ci comptaient sur le soutien de la flotte russe, maintenue en rade car le grand maître avait eu vent de leurs intentions. Ne pas oublier que les Russes convoitaient depuis longtemps Malte, ce « verrou de la Méditerranée ». Malgré les promesses d'amnistie portées par l'évêque de Malte, les révoltés s'obstinèrent. Les régiments de l'ordre escaladèrent le château Saint-Elme et la rébellion fut réduite sans qu'une seule goutte de sang soit versée. Les principaux chefs de la conspiration furent toutefois condamnés à la peine capitale, et sept à huit prêtres enfermés dans des cachots.

Cette « révolte des prêtres », succédant à celle des esclaves, émut les chancelleries. La situation interne de l'île était-elle donc menacée ? La politique d'austérité menée par le grand maître Ximenes, visant à remettre en état les finances de l'Ordre, ne pouvait qu'être source de mécontentement. Lorsqu'il mourut, en novembre 1775, il fut peu regretté par les chevaliers comme par les Maltais. Les jugements de l'Histoire ne lui sont pas favorables et soulignent son intransigeance et sa mauvaise gestion. Le Pr Alain Blondy nuance ces jugements : « Ximenes fut donc un réformateur, au sens religieux du terme, il voulut rompre d'avec toute la politique menée par ses prédécesseurs tentés par l'absolutisme et il y réussit. Sa volonté correspondait à l'air du temps, mais ses méthodes y étaient opposées. En effet, les chevaliers ne demandaient qu'à voir l'autorité du gouvernement magistral limitée ou encadrée, mais pour qu'ils pussent bénéficier eux-mêmes de plus de libertés et non pour devoir se conformer à des règles plus rigoureuses. » Le grand maître Emmanuel de Rohan-Polduc entreprit de réformer l'ordre en luttant contre les abus et en promulguant un nouveau Code. Il tenta surtout de développer les activités économiques en faisant de l'île une escale, un chantier naval de réparation et une plaque tournante commerciale. Mais les idées du siècle des Lumières furent longues à pénétrer les esprits. Ce furent elles qui, paradoxalement, brisèrent dans l'œuf l'évolution de l'ordre de Malte. Il était prêt à opérer sa mutation. Mais les politiques et les hommes des Lumières jugeaient contraires à la bonne marche d'un Etat les privilèges de l'Eglise. Or Malte, quoique souveraine, et donc indépendante vis-à-vis de Rome, restait dirigée par des religieux.

14

LE RETOUR AUX ORIGINES

L'élection d'Emmanuel de Rohan-Polduc (1725-1797) à la grande maîtrise, en 1775, devait marquer un tournant. L'homme était né à Madrid où son père, condamné à mort, s'était réfugié à la suite de la conspiration de la noblesse bretonne dite de Poncallec, en 1719. Entré dans l'Ordre en 1751, il fit partie de la délégation de l'ambassade de l'Ordre près la cour du roi de France. Il fut général des galères de 1756 à 1758. On rapporte qu'une fois élu grand maître, il demanda au duc de Rohan, son lointain cousin, l'autorisation de porter les armes pleines des Rohan, car les siennes étaient surchargées d'un lambel. Le chef de maison et d'armes s'empressa de lui donner son accord.

Son règne, avant la Révolution en France, fut marqué par une série de réformes importantes. Il dut régler d'abord l'affaire de l'agrégation de l'ordre de Saint-Antoine-du-Viennois à l'ordre de Malte. Cet ordre religieux en voie d'extinction qui se vouait aux soins du mal des Ardents était encore à la tête d'importantes possessions en France. Comme le précisait le droit canon, les biens d'un ordre religieux disparu devaient aller vers un autre ordre dont la mission était semblable. Toujours l'année de son élection, Rohan créa le grand prieuré de Pologne afin de reconstituer les commanderies polonaises. Les domaines du duché lituanien d'Ostrog avaient été confisqués à l'Ordre en 1618. L'habileté du bailli de Sogramosso, ambassadeur de l'Ordre à Varsovie, permit de mener à bien les négociations. En 1781, l'électeur de Bavière céda des biens à l'Ordre afin de permettre la constitution du grand prieuré de Bavière. Avec le consentement du roi George III d'Angleterre, la Langue anglaise fut incorporée à ce grand prieuré pour former la Langue anglo-bavaroise.

L'année suivante, le grand maître créa l'Ecole de mathématiques et de sciences nautiques, au sein de l'université de Malte. Cette même année 1782 vit l'achèvement de ce que l'on a nommé le « Code Rohan ». Ce projet avait été esquissé sous la grande maîtrise de Manoel de Vilhena, à partir de 1733. Le grand maître avait confié à une commission de juristes le soin de faire la synthèse et la révision de toutes les règles régissant l'ordre depuis ses débuts. « La restriction du nombre des agents de l'Inquisition, celle du droit d'aigle, et une foule d'autres réformes essentielles dans la législation, furent universellement applaudies : mais comme le nouveau code supprimait de fait le conseil populaire, regardé comme le palladium des immunités de la nation, il excita d'abord un mécontentement général, et ce ne fut que quelque temps après la promulgation que les Maltais en sentirent toute l'excellence et l'utilité », rapporte A.M.L. de Bussy. Ce code restera en vigueur jusqu'au début du XXe siècle. On prétend que les rédacteurs du Code civil français s'inspirèrent de certains de ses articles, notamment ceux régissant l'administration et les municipalités. Rohan entreprit aussi d'engager des négociations avec Catherine II de Russie, afin de créer un grand prieuré russe qui aurait englobé les commanderies polonaises. Cet accord qui intervint le 15 février 1797 devait avoir des conséquences sur l'histoire future de l'ordre.

La menace révolutionnaire

Lors de la convocation des états généraux à Versailles, le grand maître Emmanuel de Rohan-Polduc demanda aux chevaliers français (environ quatre cents sur les six cents à l'époque) de ne pas intervenir, considérant qu'ils étaient membres d'une puissance neutre, internationale et supranationale. Ils ne l'écoutèrent pas, estimant qu'ils étaient d'abord des sujets du roi de France. Gallicans, comme toujours ! L'Assemblée nationale, considérant l'Ordre comme un simple ordre religieux, lui appliqua le décret du 11 août 1789 entraînant la suppression des dîmes et rentes qu'il possédait. L'ambassadeur en France, le bailli de Brillanne, puis le chargé d'affaires, le chevalier d'Estournel, adressèrent des protestations au comte de Montmorin, le ministre des Affaires étrangères. Le grand maître écrivit personnellement à Louis XVI. Entre-temps, l'Assemblée, sur la demande de Necker, avait voté une « contribution patriotique » du quart de tous les revenus. Sans doute pour se concilier l'Assemblée nationale, le grand prieuré de France y participa en versant l'intégralité (879 391 livres) sans attendre le délai de deux ans prévu et renonça au bénéfice de l'intérêt accordé aux versements anticipés. En plus, les vaisseaux de l'Ordre, en Méditerranée, s'étaient « spontanément » offerts pour escorter les navires français attaqués par les Barbaresques. Cette bonne volonté diplomatique ne fut jamais payée de retour.

L'Assemblée nationale n'avait pas abandonné l'idée de récupérer les biens de l'Ordre. Bien qu'un rapport des députés extraordinaires des manufactures et du commerce de France notât le 11 août 1790 : « L'île de Malte n'est pas une propriété française, mais l'influence de la France sur cette souveraineté, le dévouement des chevaliers français pour leur patrie, leur prépondérance dans le Conseil d'Etat de cet ordre, sont tels que la nation française trouverait peut-être moins d'avantages à cette possession qu'à l'alliance qui unit deux puissances. » L'Assemblée nationale décréta tous les biens de l'Ordre, comme ceux du clergé, biens nationaux. Cette expropriation déchaîna une tempête de protestations[1]. Sous la pression de Louis XVI, l'Assemblée nationale consentit alors à considérer l'ordre de Malte comme une puissance étrangère « possessionnée » en France. Elle soumit en revanche ses biens à toutes les contributions du royaume.

Mais la suppression des ordres de chevalerie, le 30 juillet 1791, et l'interdiction à tout Français de s'affilier à l'un d'eux établi en pays étranger, sous peine de perdre sa qualité et ses droits de citoyen, montrèrent vite que les révolutionnaires n'entendaient pas abandonner la lutte contre l'Ordre. Le grand maître de Rohan, tout en multipliant les interventions, tentait de se rassurer et de rassurer « ses troupes », témoin cette lettre adressée, le 15 novembre 1791 au commandeur d'Haussonville :

« ... Notre ordre était reconnu puissance étrangère avant la constitution française, et ce caractère indélébile n'a pu éprouver aucune atteinte par les Décrets de l'Assemblée nationale. Nos propriétés ont, il est vrai, subi des diminutions. Mais une indemnité nous est due et promise. Le Roy s'y est intéressé, il nous traite toujours avec la même amitié ; et la Nation éclairée (...) est trop juste pour vouloir diminuer nos moyens et ne pas compenser proportionnellement ce que nous avons perdu par la suppression des Dîmes et droits féodaux (...) Tous nos chevaliers et commandeurs en général doivent se considérer et se conduire en France comme étrangers et comme tels être soumis aux loïs du païs. Partout vous le savez, la loi n'accorde protection et sureté qu'à ceux qui la respectent (...) Continuez à vous entendre comme par le passé avec le bailli de Virieu et le commandeur d'Estournel... »

Malgré les actions diplomatiques et la confiance dans le droit des nations, la guerre souterraine atteignit son apogée le 19 septembre 1792, avec la mise sous séquestre et la vente des biens de l'ordre de Malte en France. Ce dépouillement entraîna la réduction de plus de la moitié, voire des trois quarts, de ses revenus. Les principaux revenus d'alors étaient assis sur la stabilité des terres gérées par les commandeurs. La France avait à ce moment, de loin, l'agriculture la plus riche d'Europe. Deux années de négociations se succédèrent sans qu'on parvînt à faire rapporter les décrets pris par l'Assemblée législative et la Convention. Plus tard, l'avancée en Italie des armées de la République accentua le désastre. Les commanderies et prieurés y furent aussitôt confisqués.

Pendant ce temps, la Convention traitait avec l'Ordre afin de solliciter son aide pour la protection du commerce maritime de la France. Le grand maître de Rohan s'acharna à entretenir des négociations pour retrouver ses droits. De leur côté, les révolutionnaires poursuivaient à l'égard de l'Ordre une stratégie dont l'objectif ne pouvait qu'être la conquête de l'île de Malte elle-même. Si la menace des musulmans avait disparu, l'île demeurait toujours le verrou de la Méditerranée. Les conventionnels firent plusieurs tentatives pour s'en emparer. On sait aujourd'hui que des agitateurs y furent envoyés, dès 1793, pour y préparer un soulèvement. Ils échouèrent... pour un temps. Le grand maître reçut même le pavillon aux trois couleurs en allié dans ses ports. Il refusa néanmoins un ministre du Directoire, acceptant seulement un agent consulaire français. C'était sans doute une erreur, car la résidence de cet agent devint le centre de ralliement des mécontents de tout acabit, et la source de toutes les intrigues. Les membres des langues de France étaient partagés entre les partisans des idées constitutionnelles de 1789 et ceux qui abhorraient la Révolution, ceux qui blâmaient le système de neutralité et les autres qui y applaudissaient. Les Langues d'Aragon et de Castille protestaient contre les privations qu'on leur infligeait pour secourir les réfugiés français à l'étranger. « L'agitation avait gagné tous les esprits et transformait les auberges des langues en véritables arènes parlementaires », rapporta Olivier de Lavigerie. Les chevaliers des autres Langues dont les royaumes étaient en guerre contre la jeune république ne voyaient pas toujours d'un bon œil certains de leurs confrères français, acquis aux « idées nouvelles ». Tout cela sous l'œil apparemment placide des vieux baillis « qui avaient conservé l'antique régularité », et ne savaient plus donner à leurs jeunes frères l'élan qui avait présidé à leur propre engagement.

Un épisode peu connu se déroula, sans doute après l'attaque de la Sardaigne, en octobre 1792, au moment de la guerre d'Italie, lorsqu'une escadre de la marine nationale, commandée par les amiraux Truguet et Latouche-Tréville, vint mouiller devant Malte. Le grand maître de Rohan, déjà fatigué à l'époque, retrouva une certaine énergie et fit armer la côte entière. « Si l'ennemi avait tenté une attaque, disent les chroniques, Rohan aurait repoussé ses efforts ou bien il serait mort à son poste. » Les bâtiments français levèrent l'ancre sans s'être autrement manifestés.

L'Ordre avait déjà eu à faire face à la menace russe,

notamment en 1788, lorsque Catherine II lui avait demandé de s'aligner avec elle contre la Turquie. Le deuxième partage de la Pologne provoqua, à nouveau, la perte des biens d'Ostrog, en Lituanie, repassés sous la domination de la couronne de la tsarine. L'Ordre, devenu exsangue après les spoliations françaises, ne pouvait pas se permettre de perdre encore les revenus d'un prieuré. Le grand maître de Rohan envoya à la cour de Russie le bailli Giulio Litta, afin de tenter de récupérer ledit prieuré, et aussi de solliciter des emprunts. La tsarine fit traîner le dossier et mourut en novembre 1796 sans qu'il ait été examiné.

Le nouveau tsar, Paul Ier (1754, 1796-1801), qui était fou de chevalerie mais non d'idées chevaleresques, assura qu'il protégerait les biens de l'ordre en Pologne et augmenterait leurs revenus dans un grand prieuré russe catholique, dont les statuts demeureront très vagues. Il demanda alors pour lui et ses fils, Alexandre et Constantin (Nicolas, futur Nicolas Ier, n'était pas encore né), la croix de Saint-Jean-de-Jérusalem et affecta à l'ambassadeur de l'ordre un superbe palais, puis nomma le chevalier O'Hara, déjà ambassadeur de sa mère la tsarine, ministre extraordinaire auprès du grand maître. Ce chevalier de Malte, mi-français, mi-irlandais, au service de la Russie n'arrivera à Malte qu'en 1797.

Une île d'un intérêt majeur

Au grand maître Emmanuel de Rohan, mort le 13 juillet 1797, succéda le bailli Ferdinand von Hompesch (1744, 1798-1805). « Cette élection fit croire un moment qu'on avait agi pour le mieux ; mais on vit bientôt la nullité du choix qu'on avait fait », nota, dans ses mémoires inédits, le commandeur Antoine-Etienne de Tousard (1752-1813), un officier du génie chargé des fortifications depuis son retour à Malte, en 1792. Les conventions passées entre la Russie et l'ordre parvinrent à Malte et le nouveau grand maître nomma aussitôt le bailli de Litta, en signe de déférence, ambassadeur extraordinaire auprès de l'empereur. Sa réception officielle et la présentation de ses lettres de créance à la cour de Saint-Pétersbourg furent grandioses. Le tsar accepta le titre de Protecteur de l'ordre et reçut en guise de cadeau la croix portée autrefois par le grand maître Jean de La Valette. La Russie des tsars succédait donc à l'Espagne de Charles Quint et à la France de Louis XIV comme puissance protectrice de l'ordre. L'appel à Paul Ier était dans la logique hiérosolomytaine. Il ne fut pas sans conséquences pour l'avenir.

Peu après l'élection du grand maître von Hompesch, le citoyen Poussielgue, qui avait des parents sur l'île de Malte, y débarqua porteur d'une commission de Bonaparte pour « aller constater l'état du commerce français dans l'archipel ». Quelques jours plus tard, le grand maître fit dire au commandeur de Tousard que Poussielgue « était venu à Malte pour le révolutionner ». Il n'aura été que l'un des émissaires envoyés par la France révolutionnaire pour vérifier l'état de l'Ordre et si besoin était y susciter quelques dissensions supplémentaires. La crise financière et morale provoquée par la Révolution et que le grand maître de Rohan avait tenté tant bien que mal de juguler était prête à éclater.

Le fruit était enfin mûr. « L'île de Malte est, pour nous, d'un intérêt majeur (...). Cette petite île n'a pas de prix pour nous », affirmait Bonaparte dans un rapport au Directoire. « Si nous ne prenons point ce moyen, Malte tombera au pouvoir du roi de Naples », poursuivait-il. La perspective d'une présence russe était en plus à redouter et l'installation d'une base navale anglaise à craindre. Von Hompesch avait multiplié les faux pas, en se tournant vers Paul Ier, puis vers l'Angleterre, alors en guerre contre la France. Prenant prétexte d'une déclaration du grand maître de Rohan du 10 octobre 1793, assurant notamment qu'il ne voulait pas reconnaître la République française, le Directoire ordonna au général en chef de l'armée d'Orient de s'emparer de l'île de Malte, à condition de ne pas « compromettre le succès des autres opérations dont il était chargé ».

Le 10 juin 1798, Bonaparte, sur la route d'Egypte, violant la neutralité de l'Ordre et sans déclaration de guerre, y fit débarquer ses troupes – sous prétexte qu'il lui avait été refusé de s'alimenter en eau – et engagea les « hostilités ». Trois cent soixante-deux chevaliers dont deux cent soixante français, plus deux mille miliciens maltais, peu enclins à se battre, devaient faire face à quinze mille hommes. Un détachement du régiment de Malte se dévoua pour arrêter la marche des assaillants, mais, cédant au nombre, il fut refoulé. Le fort Rohan dut se rendre « après avoir eu l'honneur de tirer le dernier coup de canon pour la défense de l'ordre de Malte ». Seul le contre-amiral Decrès eut un engagement assez vif avec les galères de la Religion. Le grand maître von Hompesch atterré finit par demander une suspension d'armes. Dans la délégation française, au côté du général Junot, figurait – et ce n'était pas un hasard – le citoyen Poussielgue, « contrôleur de la trésorerie, chargé de régler les articles de la suspension d'armes ». Est-ce pour se justifier de cette facile victoire préparée à l'avance que Bonaparte devait dire : « Les chevaliers ne firent rien de honteux, ils furent livrés » ?

Un traité de reddition fut signé le 12 juin. La République française accordait, comme c'était l'usage à l'époque lorsque des souverains étaient déposés, des indemnités au grand maître (six cent mille francs plus une rente viagère annuelle de trois cent mille francs) et promettait d'user de son influence au congrès de Rastadt pour lui faire attribuer, à titre viager, une principauté équivalente à celle qu'il perdait – il ne l'obtint pas. Les chevaliers devaient recevoir une rente de sept cents à mille livres ; mais ceux qui n'avaient pas sept ans de résidence à Malte, c'est-à-dire la majorité, en étaient exclus. Les chevaliers français pouvaient rentrer en France absous de tout délit d'émigration. Voire ! Ceux qui crurent ces promesses déchantèrent : « Lamentable cohorte, les chevaliers expulsés arrivaient sur les côtes de France. Ils exhibaient des passeports à l'en-tête de l'armée d'Angleterre, délivrés par l'état-major de Bonaparte. La République y était figurée, distribuant ses bienfaits au pied d'un arbre où poussaient des pièces de monnaie... », raconte Nicolas Saudray dans *La Chevalerie du soir*. Ces chevaliers, au nombre de soixante-dix-sept, embarqués sur la frégate française la *Sensible*, débarqués à Antibes, furent arrêtés, transférés dans la citadelle de Perpignan puis déportés en Espagne, sans pension. D'autres furent contraints de gagner l'Italie à leurs frais, car exclus de la pension viagère qui de toute manière ne leur aurait pas été versée. Certains rentrèrent dans leur pays d'origine, d'autres se rendirent en Russie. Au total, quatre-vingt-cinq membres de l'ordre partirent vers l'étranger, dix-sept accompagnèrent le grand maître à Trieste, dix-sept, malades ou chargés d'affaires par les Français, demeurèrent à Malte. Cinquante-trois chevaliers français, parmi les plus jeunes, préférant le combat et ne sachant où aller, s'engagèrent dans l'armée d'Egypte.

En annonçant au Directoire la prise de Malte, Bonaparte écrivit : « Nous avons dans le centre de la Méditerranée la plus forte place de l'Europe, et il en coûtera cher à ceux qui nous délogeront. » La présence française à Malte ne dura pas deux ans. Les biens de l'Ordre furent pillés. L'hôpital et les trésors des églises de l'Ordre furent dépouillés de leur argenterie et les pièces brisées transformées en lingots. La bibliothèque, qui contenait soixante mille volumes avant les Français, n'en compta plus que trente mille après leur départ. Bonaparte s'empara personnellement d'une épée à poignée de diamants, dite « épée de la Religion », offerte par Philippe II au grand maître de La Valette, après la levée du grand siège. Cette épée était restée un symbole de la victoire et tous les ans, lors des cérémonies du 8 septembre, elle était portée par un page placé à la gauche du grand maître. Bonaparte rapporta aussi le poignard de cérémonie remis par Philippe II, ou par le pape Pie IV, au grand maître de La Valette, à l'issue du grand siège. Bonaparte lui fit faire un fourreau par son joaillier Biennais et le légua au roi de Rome. Le maréchal Bertrand, exécuteur testamentaire de l'Empereur, le remit à Louis-Philippe en 1840. Ces objets sont désormais conservés au musée du Louvre à Paris. Mais malgré cette défaite et privé d'assise territoriale et financière, l'Ordre n'avait pas pour autant rendu son dernier souffle.

Une grande maîtrise

Fugitif sans gloire, le grand maître von Hompesch partit pour Trieste le 17 juin, accompagné par douze membres de l'Ordre, abandonnant aux Français la population de l'île, ses religieux, les archives et le trésor de l'Ordre. Il ne put emporter que des reliques et quelques effets personnels. Pierre Jean-Louis Ovide Doublet (1749-1824), donat qui était chef de la Secrétairerie française du grand maître, l'avait en cette qualité accompagné à bord de l'*Orient*. Dans ses mémoires, il s'efforce de démontrer que le grand maître n'a pas failli à son devoir en cette occasion. Von Hompesch fut, en effet, accusé de lâcheté et de corruption. L'homme avait été élu alors que l'Ordre était dans une situation particulièrement difficile, sans ressources et devant faire face à des tensions au sein des différentes Langues et dans la population maltaise, tensions alimentées par les agitateurs français envoyés par le Directoire. Le commerce et l'industrie étaient au plus mal, l'approvisionnement devenait lui aussi difficile, ce qui attisait les mécontentements. Le grand maître fit voter plusieurs lois relatives à la sécurité locale. Ses archives, confiées au Dr Chrestien qui l'avait soigné, à Montpellier, et qui devaient être livrées au pape Pie IX, ont été découvertes en 2004 : leur dépouillement laisse entendre que le grand maître n'a jamais failli. Bien que Napoléon ait témoigné envers lui une certaine sollicitude, von Hompesch termina sa vie quasiment dans l'indigence. Ce furent les Pénitents bleus qui se chargèrent de ses obsèques, dans l'église Sainte-Eulalie à Montpellier. La paroisse conserve l'original de son acte d'inhumation, ainsi rédigé : « 1805, L'an que dessus et le treize mai a été déposé sans cérémonie et avec simplicité son Altesse Eminentissime Ferdinand Joseph Herman Antoine Hompesch, ancien Grand Maître de l'Ordre de Jérusalem, dit de Malte, décédé le jour d'hier, âgé d'environ soixante un ans. Le corps a été déposé dans un cavot *[sic]* à lui seul destiné, le cercueil scellé aux parures de son Altesse Eminentissime et lié par un cordon blanc en fil formant sept tours, avec cinq sceaux de cire d'Espagne couleur rouge et le cavot clôturé d'une pierre carrée et arrêtée par deux bandes de fer posées à fleur de terre en présence de messieurs Joseph Million, aumônier de Son Altesse, Jean Baptiste Sabbatier, ancien garde du corps, Vincent Soulier, Marguillier de cette paroisse, toutes signées avec nous, prêtre curé desservant ladite paroisse. » En mai 2005, le grand maître Andrew Bertie apposa, sur le pilier à côté de la chaire dans cette église, une plaque à sa mémoire.

Un certain nombre de chevaliers, ne sachant où se diriger, répondirent à l'invitation du tsar. La Russie s'intéressait depuis longtemps à l'île de Malte. Catherine II, qui avait un « rêve byzantin », avait tenté d'entraîner l'Ordre dans ses desseins et réclamé qu'il lui cédât l'île de Gozo. Paul Ier, dont « l'esprit était égaré », s'intéressait davantage à l'ordre de chevalerie dont il rêvait de faire partie. Il avait écrit en ce sens au grand maître de Rohan, mais la Chancellerie impériale intercepta chaque fois les dépêches et le grand maître n'en eut jamais connaissance. Sitôt la chute de Malte, il exprima ouvertement son ambition de devenir grand maître. Le 26 août 1798, le tout nouveau grand prieuré de Russie proclama la déchéance du grand maître von Hompesch qu'il accusait d'incompétence et de lâcheté devant les troupes françaises. Le 27 octobre, le tsar fut élu par les chevaliers réfugiés en Russie. Election illégale : Paul Ier, non religieux, était marié et n'appartenait pas à la confession catholique romaine. De plus, le pape Pie VI (1775-1800), exilé à Florence, n'avait pas été consulté, et le grand maître, toujours réfugié à Trieste, n'avait pas abdiqué. François II d'Autriche, allié de Paul Ier, fit alors pression sur le grand maître von Hompesch jusqu'à ce qu'il se démette, le 6 juillet 1799.

L'Ordre fut profondément divisé par cette affaire. Dans les cours européennes, on se gaussa de Paul Ier qui distribuait des croix de Malte « non seulement à ceux qui les sollicitent, mais aussi à ceux mêmes qui ne paraissent nullement s'en soucier ». Le tsar institua, en outre, des « chevaliers héréditaires », ce qui était contraire aux statuts de l'Ordre. Il n'est pas rare de rencontrer des portraits de membres de la noblesse russe, vêtus ou non de l'uniforme rouge des chevaliers de Malte, portant la croix à huit pointes. Dans son numéro daté du 5 ventôse, an VII de la République française, la revue *Le Surveillant* publia une lettre apocryphe de « Selim, sultan, à Paul premier, empereur de Russie, et grand maître de Malte ». Le sultan se disait heureux de célébrer leur réconciliation, apprenant qu'il était fait grand maître de Malte, « le chef de ces chrétiens qui font vœux de nous exterminer ». Et il ajoutait :

« Voulant prévenir les effets de l'antipathie qui doit toujours subsister entre un grand maître de Malte et un sultan, et rétablir l'harmonie qui commençait à régner entre nous, et qui doit avoir la ferveur du noviciat, je me suis fait pape, comme vous grand maître de Malte. » A la fin du texte, Selim accordait au tsar l'absolution de ses péchés « passés présents et à venir, même ceux appelés *in extremis*, en cas d'invasion des Français, parce qu'alors vous n'auriez pas le temps de me les demander ». Le vrai pape, lui, Pie VI, récusa cette élection, « attendu que comme chef de l'Eglise catholique romaine, il ne peut reconnaître pour chef de cet ordre, un prince schismatique grec ». Paul Ier figure néanmoins dans la liste des grands maîtres de l'ordre, mais avec la mention *de facto*. Dans le grand salon de réception du grand magistère, à Rome, via dei Condotti, le portrait de Paul Ier est accroché en bonne place.

La prise de Malte par les Anglais, en 1800, et l'assassinat, le 3 mars 1801, de Paul Ier, modifièrent les données. Son fils Alexandre Ier incita le Sacré Conseil à élire un nouveau grand maître. Ce qui fut fait en la personne du bailli Barthélemy Ruspoli, général des galères, qui se récusa. Finalement, le 9 février 1802, le bailli Jean de Tommasi de Crotone était élevé à la grande maîtrise. En Russie, les deux grands prieurés furent confisqués par la Couronne et une résolution du Conseil des ministres approuvée par le tsar supprima le 20 janvier 1817 toute forme d'existence de l'Ordre dans l'Empire russe, ainsi que le port de ses insignes. Jamais plus on ne vit un tsar de Russie arborer les insignes de l'ordre[2]. Toutes les associations qui se réclament aujourd'hui d'une quelconque filiation russe et orthodoxe de l'ordre de Malte sont de fantaisie et ne reposent sur aucun fondement historique et juridique.

L'intermède russe n'aura pas duré trois ans. Le 25 mars 1802, le traité d'Amiens signé entre la France et l'Angleterre prévoyait la restitution de l'île de Malte aux chevaliers, « aux même conditions auxquelles l'ordre la possédait auparavant », impliquant une reconnaissance de fait de la souveraineté de l'Ordre sur l'île. Mais l'Angleterre refusa de rendre l'île et le gouverneur sir Alexander Ball fit savoir au grand maître Tommasi nouvellement élu, qui attendait en Sicile, qu'il n'était plus question qu'il revînt à Malte. Le grand maître transféra le siège de l'Ordre à Catane, en Sicile, et « prit la sage décision de se tenir à l'écart et de se confiner, pour le moment, dans la simple et stricte administration des débris de son ordre », précise Olivier de La Vigerie. Il mourut le 13 juin 1805. Le Saint-Siège ne jugea pas opportun, le nombre des chevaliers étant insuffisant et la situation assez particulière, de confirmer un nouveau grand maître. Le pape Pie VII (1800-1823) décida de revêtir le lieutenant du Grand Magistère des « pouvoirs nécessaires » à ceux du grand maître. Le Conseil élut le bailli Guevara Suardo pour gérer l'Ordre en attendant que les conditions fussent à nouveau réunies pour l'élection du successeur de Giovanni Battista Tommasi.

Le roi de Suède Gustave IV offrit, en 1806, en don perpétuel à l'ordre, l'île de Gotland. Cette cession n'eut pas de suite, le Sacré Conseil craignant que son acceptation pût être interprétée comme une renonciation à ses droits sur Malte. Le traité de Paris, signé en mai 1814, réaffirma la domination de l'Angleterre sur l'île, mais la Couronne britannique dut y assurer le maintien de la religion catholique. Le congrès de Vienne ne répondit pas aux espérances des chevaliers. Leurs représentants, le prieur Jérôme Laparelli et le commandeur Antoine Miari, ne parvinrent pas à attirer son attention sur Malte. Pendant ce temps, en France, la Commission des Langues françaises, réunissant sous la présidence du grand prieur d'Aquitaine, Camille de Rohan, les membres des trois vénérables Langues de Provence, d'Auvergne et de France, se fit présenter à Louis XVIII par le bailli de Ferrette, ministre de l'ordre à Paris. Le roi ordonna, en août 1814, qu'un acompte de quatorze mille francs fût versé sur la créance des cinq cent mille francs que l'Ordre avait accordés à Louis XVI. Des négociations se poursuivirent entre le duc de Richelieu, président du Conseil et ministre des Affaires étrangères, et ces représentants de la Commission des langues françaises. Le 31 janvier 1816, la Chambre des députés reconnaissait la souveraineté de l'Ordre et empêchait la vente de ses biens non vendus sous la Révolution. Cette déclaration ne fut pas suivie d'effets. En 1822, le congrès de Vérone, réunissant la France, l'Angleterre, l'Autriche, la Russie, la Prusse et les autres Etats d'Allemagne et ceux de l'Italie, reconnut « la légitimité des réclamations présentées au nom de l'Ordre par le commandeur Antoine Busca ». Cette « demande » devait être discutée à Vienne au printemps suivant. La guerre d'Espagne empêcha cette réunion et l'on en resta là. Il y eut encore, en 1823, le projet d'un traité entre les représentants du peuple grec, en rébellion contre les Turcs, et l'Ordre, visant à lui donner la propriété de Rhodes. Cette opération fut largement amorcée, mais l'Autriche intervint en coulisse pour la faire échouer et la France, qui souhaitait maintenir de bons rapports avec la Turquie, se retira. Il semblerait que Chateaubriand, alors ministre des Affaires étrangères, ait encouragé ce projet. Le bailli de Pierredon cite une lettre du commandeur de Dienne, membre de la Commission des langues, au lieutenant du grand magistère Busca, le 20 mai 1824, qui dit à mots couverts que « c'est par obéissance au gouvernement français que la Commission des Langues françaises avait accepté de négocier un emprunt et de préparer une expédition en union avec les Grecs ». Chateaubriand agit en secret, prenant garde de ne pas être officiellement impliqué, puis il se désengagea, s'apercevant que l'émissaire des Grecs, un officier de marine nommé Jourdain, n'était pas fiable et que le gouvernement de l'Ordre, à Catane, ne suivait pas non plus la Commission des Langues de France. « En définitive, la grande voix de Chateaubriand qui se vantait pourtant d'avoir été admis dans l'Ordre, ne s'est jamais fait entendre publiquement pour le soutenir... », constate Gérard Jullien de Pommerol, dans son étude sur Chateaubriand et l'ordre de Malte.

Le 27 mai 1827, Léon XII (1823-1829) accordait au lieutenant du magistère Antoine Busca un couvent et une église à Ferrare. L'affranchissement de la Grèce avait fait perdre tout espoir de regagner Rhodes ; la prise d'Alger, le 5 juillet 1830, faisait disparaître le foyer de la piraterie barbaresque, enlevant un prétexte d'un éventuel retour à Malte, d'où les chevaliers l'avaient tellement combattue. Quelques semaines plus tard, la branche aînée des Bourbons abdiquait du royaume de France ; avec elle, l'Ordre perdait l'un de ses derniers protecteurs. Une fois de plus, comme lors de la chute de Saint-Jean-d'Acre ou la perte de Rhodes, l'Ordre devait se donner les moyens de poursuivre sa mission. En 1834, il prit ses quartiers définitifs dans Rome. La chute de l'île de Malte aurait pu entamer le principe de la souveraineté de l'Ordre. Il n'en fut rien. Devenu souverain avec la conquête de Rhodes, il continua à être considéré comme tel par les puissances, malgré la perte de l'île en 1522, car celles-là considéraient qu'il portait en lui-même ce privilège politique exceptionnel d'une « souveraineté indépendante d'une assise territoriale ».

Rome enfin

Le palazzo Malta, sur la via dei Condotti, à Rome, bâti au XVIe siècle, fut légué à l'Ordre en 1630 et devint la résidence de son ambassadeur près le Saint-Siège. Avec ses différentes dépendances, il occupe aujourd'hui un pâté de maisons. C'est là qu'au milieu du XIXe siècle le siège de l'Ordre s'installa. Les lieutenants du grand magistère, frà Carlo Candida, un Napolitain (1772, 1834-1845), ancien capitaine des galères, frà Filippo di Colloredo-Mels (1779, 1845-1864) puis frà Alessandro Borgia (1865-1871) y administrèrent l'Ordre, entourés par le Souverain Conseil. La chute de Napoléon avait libéré les royaumes et Etats tombés sous son emprise, et permis la restauration ou la fondation de grands prieurés et de commanderies en Bohême, en Allemagne, au Portugal, en Espagne et en Italie. Au total une centaine de commanderies. Le grand prieuré de Lombardie-Vénétie et celui des Deux-Siciles avaient rouvert leurs portes en 1839. Ils succédaient en cela au grand prieuré de Rome qui s'était réinstallé dès 1816 dans la villa Malta, sur la colline de l'Aventin. Ce domaine appartint d'abord, vers la fin du XIIIe siècle, aux Templiers, puis revint aux Hospitaliers de Saint-Jean au XIVe siècle. Durant la révolution de 1848-1849, la villa fut aménagée en hôpital. Le carré du fronton de l'église Sainte-Marie a été endommagé en 1849 par les Français, lors du siège de Rome entrepris contre la république de Mazzini. Le président de Brosses recommandait au siècle précédent d'aller voir dans cette église « une urne sépulcrale, où le mort est représenté au milieu des neuf muses avec leurs attributs : c'est une fort jolie idée ».

Si la plupart des possessions de l'Ordre avaient disparu dans la tourmente révolutionnaire, le nombre des chevaliers n'avait, lui, cessé de croître. On se souvient que dès l'origine, l'Ordre admettait des membres honoraires laïcs, sans vœux de religion mais par dévotion. Ceux-ci devinrent les chevaliers honoraires « à la croix de dévotion ». François-René de Chateaubriand, quoiqu'il l'ait affirmé, ne fit jamais partie de l'ordre de Malte, ni ne porta la croix. Gérard Jullien de Pommerol s'est penché sur « le cas Chateaubriand ». En fait, ce fut Jean-Baptiste, le frère aîné du futur auteur des *Mémoires d'outre-tombe*, qui constitua un dossier de candidature pour François-René. La conclusion du procès-verbal des preuves de noblesse fut favorable. L'accord de la Langue fut donné le 23 août 1789, confirmé en novembre par un chapitre du grand prieur d'Aquitaine. Restait le versement des droits de passage qui étaient de 3 155 livres, dans la Langue de France. Gérard de Pommerol n'a pas trouvé trace d'un quelconque règlement. Nous savons que Chateaubriand ne se rendit jamais à Malte afin d'effectuer ses caravanes. Cette démarche était obligatoire pour tout novice avant de prononcer ses vœux de profession. Il en aurait eu le temps ; comme nous l'avons vu, des novices se rendaient encore à Malte au moins jusqu'en 1792. Selon Gérard de Pommerol, « ... l'habitude était de qualifier de chevalier de Malte les candidats destinés par leurs parents à servir dans l'Ordre de Malte dès que le Mémorial des actes authentiques de leurs preuves avait été accepté. En définitive, le titre de chevalier de Malte donné à Chateaubriand peut être considéré comme une appellation de courtoisie ». Il reste que l'on ne trouve nulle trace, non plus, de la présence de Chateaubriand au cours des réunions de la Commission des Langues, en 1817 ; on ne trouve pas non plus son nom dans la liste des chevaliers de Malte qui, selon une Ordonnance royale du 15 avril, avaient fait viser leurs titres à la grande chancellerie de la Légion d'honneur, pas plus dans celle des chevaliers vivants établie, en 1838, par J.G. de Saugey, secrétaire de la Langue de France.

Le nombre des chevaliers d'honneur s'accrut et leurs conditions de noblesse requises devinrent les mêmes que celles des chevaliers profès de justice. De là, l'origine de la catégorie des chevaliers d'honneur et de dévotion dont la nomination, plus fréquente dès 1864, permit de consolider les grands prieurés affaiblis. Dans son histoire de l'Ordre parue en 1863, Elizé de Montagnac donne une liste des « chevaliers français décorés de la croix de dévotion de l'Ordre de Saint-Jean-de-Jérusalem de 1832 à 1863 ». Quoique le terme « décoré » soit considéré, aujourd'hui, comme malheureux, car la croix est un insigne d'appartenance, le nombre de ces chevaliers (118 + 12 dames) montre bien la continuité et l'essor de l'ordre qui retrouve peu à peu sa vocation d'origine : le soin aux malades.

Les associations nationales vinrent suppléer les prieurés composés de chevaliers profès. Celle de Rhénanie-Westphalie fut créée en 1864, l'association britannique vit le jour en 1876, celle d'Espagne en 1881. En France, la Commission des Langues françaises, reconnue par Louis XVIII, est à l'origine de l'Association française des membres de l'ordre de Malte, établie sous la présidence du duc de Sabran-Pontevès et reconnue en 1891.

Dans les années 1850, il fut question de confier la garde des Etats pontificaux à l'Ordre, en remplacement des troupes françaises « secouées par des intrigues révolutionnaires », comme le constatait Elizé de Montagnac. Ce projet, irréalisable, fut abandonné, et l'on se tourna vers Jérusalem. Les chevaliers y auraient fondé un vaste établissement avec l'espoir de se répandre dans toute la Palestine, et, comme autrefois, pour secourir et aider les pèlerins. La question fut sérieusement étudiée, en 1856, par une commission composée de cardinaux. Des chevaliers furent envoyés en Palestine et rentrèrent avec un rapport qui démontrait que cette idée était praticable. La politique étrangère s'en mêla, la France était prête à soutenir l'Ordre, tant qu'elle serait sa seule protectrice et non pas l'ensemble des Etats catholiques. Le Saint-Siège songea à se mettre d'accord avec la Sublime Porte afin de créer à Jérusalem un consulat pontifical qui eût été chargé de représenter la protection officielle de l'Ordre, et auquel les puissances catholiques auraient pu venir directement en aide, à la requête du Saint-Siège. Mais la guerre d'Italie éclata et mit un terme à cette initiative.

Un large accueil

Après les événements de Rome, en 1870, l'introduction dans le droit politique international du principe nouveau de « puissance morale », jointe à l'essor de l'ordre durant les dernières années, le pape Léon XIII (1878-1903), par la bulle du 29 mars 1879, restaura la grande maîtrise. Frà Jean Ceschi a Santa Croce (1879-1905), septième lieutenant du grand magistère depuis 1871, fut élu soixante-quatorzième grand maître, soixante-quatorze ans après la mort de son prédécesseur Tommasi. Cette élection fut aussitôt reconnue par plusieurs gouvernements. L'empereur François-Joseph d'Autriche confirma, en 1880, aux grands maîtres de l'Ordre la titulature princière qui leur avait été conférée par l'empereur Ferdinand II, en juillet 1620. Le pape Léon XIII confirma également, en 1888, aux grands maîtres, les honneurs cardinalices avec les titres d'Eminence et d'Eminentissime qui leur avaient été autrefois concédés par le pape Urbain VIII (1623-1644). Dans le vestibule du grand magistère, les armoiries du grand maître figurent toujours sous un dais, entourés d'un coussin et d'un parapluie également pourpres. Ce dernier était autrefois posé sur la caisse du carrosse des cardinaux et donc sur celui du grand maître. Il indiquait aux gardes suisses qu'ils devaient présenter les armes ! « ...Comme le Saint-Siège d'ailleurs l'Autriche reconnaît l'Ordre en qualité de souverain, et l'Ordre accrédite à la Cour de Vienne son ambassadeur officiel, lequel prend rang d'ancienneté dans le corps diplomatique selon la règle commune. Un curieux hasard faisait même il y a peu de temps que l'ambassadeur de l'Ordre souverain de Malte près la Cour d'Autriche se trouvait à Vienne le [vice] doyen du corps diplomatique ; en sorte que par son rang de préséance il primait les ambassadeurs des plus grands empires et le représentant de la République française ! Les autres puissances catholiques, sans aller encore jusqu'à l'échange de représentations diplomatiques, tiennent l'Ordre en singulier honneur. La Russie même et l'Angleterre en font autant : non seulement l'uniforme de Malte est toujours accueilli avec distinction dans les Cours d'Europe, mais tous les souverains portent eux-mêmes les insignes de l'Ordre », note L. de La Brière dans son livre sur *L'Ordre de Malte, le passé et le présent*, paru en 1897. Ce « curieux hasard » se renouvela à la fin du XXe siècle, en la personne du bailli Serge de Hubsch, ambassadeur de l'ordre souverain auprès du Quirinal, vice-doyen du corps diplomatique, le doyen étant toujours, traditionnellement, le nonce apostolique.

Il est utile de préciser que même des souverains non catholiques portaient ces « insignes » qu'ils recevaient à titre diplomatique. Ce fut le cas de l'empereur Nicolas II, de confession orthodoxe, et même beaucoup plus tard du président de la République française Vincent Auriol qui se déclarait agnostique. Il fut fait bailli grand-croix d'honneur et dévotion, hors contingent, et s'en trouva flatté et heureux. Un autre président de la République française reçut cet honneur, et marqua son contentement lorsqu'on lui présenta le coffret ouvert contenant les mêmes insignes, mais ne montra jamais envers l'Ordre la moindre reconnaissance. Entre-temps, le Souverain Conseil avait créé le collier du Mérite de l'Ordre réservé aux chefs d'Etat.

DES AMBULANCES ET DES HÔPITAUX

L'Ordre avait poursuivi son œuvre hospitalière en fondant par exemple, en 1859, un hôpital dans le prieuré de Naples. Il en existait déjà un en Angleterre, desservi par les chevaliers et les sœurs portant la croix. Et aussi en Palestine. Lors du Risorgimento, l'Ordre lança un service sanitaire chargé d'assurer une assistance médicale aux blessés en temps de guerre. Les ambulances et les hôpitaux de campagne de l'Ordre furent ainsi présents dans tous les conflits qui agitèrent la fin du XIXe siècle en Europe, en Italie, donc dans les Balkans en 1870, lors de la guerre franco-prussienne la même année. Durant cette « guerre de 70 », le comte Chandon de Briailles entretenait à ses frais, dans la ville d'Epernay, une ambulance de six cents lits. Les Prussiens s'emparèrent de la ville et de l'ambulance. Chandon, débordé, se vit presque évincé de sa propre ambulance. Il eut alors l'idée de revêtir ses insignes de Malte et de paraître ainsi au milieu de ses malades : « Aussitôt les Allemands lui rendirent les honneurs, le saluèrent avec empressement, le laissèrent libre de continuer son charitable office, et montrèrent pour sa personne un respect très empressé. »

En 1873, Elizé de Montagnac émit l'idée de créer une association charitable destinée à secourir les militaires malades ou infirmes en temps de paix et secourir les blessés en temps de guerre. Il reprit aussi le projet de 1856 qui visait au rétablissement de l'ordre à Jérusalem, mais auquel il ne fut pas donné suite. Les premiers trains-hôpitaux furent créés dès novembre 1877. Ils fonctionnaient toujours durant la Grande Guerre, d'un côté comme de l'autre du front. En 1890, l'association française bâtit à Montmartre son premier dispensaire. On note encore la présence des ambulances de l'Ordre en Asie, au cœur de la révolte des Boxers, et en Afrique du Sud, au cours de la guerre des Boers. En 1910, le bailli duc de Caylus, président de l'Association française, créa un hôpital destiné à rendre des services en temps de guerre. Une intuition qui deviendrait malheureusement utile. Au cours de la Grande

Guerre, les diverses branches de l'Ordre firent partie du « personnel protégé » comme celui de la Croix-Rouge. En Italie, les trains de l'Ordre pouvaient transporter deux cent dix blessés couchés et trois cent six assis. Des trains sanitaires marqués de la croix de Malte circulèrent aussi en Belgique et en France. Dès le 3 août 1914, l'association française mettait en place, entre Verdun et Saint-Mihiel, son hôpital auxiliaire. Il dut être évacué deux fois. Mille deux cent trente-cinq blessés y furent soignés. On considère que durant tout le temps du conflit, l'Ordre hospitalisa environ huit cent mille hommes, tant du côté allemand, qu'italien et français.

Au lendemain de la guerre, les associations nationales développèrent des antennes médicales permanentes en Europe, comme la polyambulance au grand magistère à Rome. Les Œuvres hospitalières françaises de l'Ordre de Malte (OHFOM) furent reconnues d'utilité publique en 1928. La même année, elles inaugurèrent à l'hôpital Saint-Louis à Paris le pavillon de Malte, destiné aux soins des lépreux. Ce pavillon a été remplacé en 1996 par un institut de recherche sur la peau, financé par les œuvres françaises de l'ordre. Au grand magistère encore, l'Institut de médecine missionnaire fut mis en place à partir de 1934. Il était destiné aux pères missionnaires afin de leur apprendre des éléments de médecine et de chirurgie. Sur place, notamment en Afrique, ils seraient à même de soigner les populations autochtones. En Roumanie, l'ordre installa, en 1933, un centre hospitalier. En Italie, le grand prieuré de Naples fonda à la même époque un institut spécialisé pour les enfants. Au moment de la guerre civile en Espagne, l'Ordre fit parvenir aux belligérants le matériel de deux hôpitaux de campagne et ouvrit à Rome des centres d'accueil pour y recevoir les réfugiés. Au cours de la campagne d'Ethiopie, quelque discutable qu'elle fût, l'Ordre y envoya une unité sanitaire. De son côté l'association irlandaise créait, en 1939, des unités d'ambulances qui fonctionnent encore.

Au début de la Seconde Guerre mondiale, l'Ordre donna une orientation sanitaire de campagne à toutes les associations dont les pays étaient en guerre. En France, une propriété de la région bordelaise fut mise à la disposition de l'Ordre pour recevoir une antenne hospitalière, par la suite réquisitionnée par la marine nationale, puis par l'armée allemande. En Italie, le premier train-hôpital de l'ordre partit pour le front dès le 29 juillet 1940. Il circula en Albanie, en Grèce puis en Ukraine. Au total, durant le conflit, quatre trains transportèrent 25 449 blessés. Après l'armistice, en Italie, le 8 septembre 1943, le personnel du deuxième train fut emprisonné par les Allemands. Après la libération totale de l'Italie, douze hôpitaux représentant 3 820 lits furent entretenus par l'Ordre. En Pologne, le corps sanitaire et les services auxiliaires de l'Ordre furent dès le mois de mai 1939 incorporés à la Croix-Rouge polonaise. A Varsovie, un hôpital de deux cents lits fonctionna sans interruption malgré les bombardements incessants. Après la capitulation, les autorités allemandes prirent le contrôle de l'hôpital qui devint exclusivement militaire. En Belgique, également, l'Ordre collabora avec la Croix-Rouge en mettant à sa disposition sa clinique Saint-Etienne à Bruxelles.

A l'issue de la guerre, un officier français, le général de Marguerittes, représentant de l'Ordre, fut chargé de mission près le commandement allié en Allemagne. Il travailla avec les services de l'IRO, l'International Refugee Organization, afin d'hospitaliser, dans les zones française et américaine, près de neuf cents personnes réfugiées. Durant deux ans, il s'employa à obtenir des aides nécessaires aux sinistrés, à l'installation de dispensaires et l'organisation d'un hôpital, d'un orphelinat et d'un asile dans une propriété mise à la disposition de l'Ordre par le commandement en chef français en Allemagne. Le nouveau gouvernement de la RFA confia le secourisme à la Croix-Rouge et surtout au Malteser Hilfsdienst qui assura aussi des missions humanitaires à l'étranger. En 1956, l'Ordre fut la seule association humanitaire à pouvoir intervenir, après le coup de force soviétique en Hongrie.

AU SERVICE DES MALADES ET DES DÉSHÉRITÉS

L'Ordre subit un dernier revers provoqué en 1951 par l'ambition personnelle du cardinal Canali, grand maître de l'ordre équestre du Saint-Sépulcre. Le cardinal était aussi grand prieur de Rome de l'ordre de Malte. Le grand maître Chigi Della Rovere Albani venait de s'éteindre, le 13 novembre de la même année, lorsque le cardinal songea à lui succéder, ce qui était incompatible avec les statuts de l'ordre. Pour ce faire, le prélat poussa le Vatican à intenter un procès à l'Ordre afin de lui retirer son caractère souverain. Débouté, le cardinal Canali tenta de faire élire un prince italien de son choix. Il échoua. Le pape Jean XXIII intervint en 1961, approuvant la nouvelle Charte de l'ordre, dont les articles 1 et 2 disposent que « le lien intime qui existe entre les deux qualités d'ordre religieux et d'ordre souverain ne s'opposait pas à l'autonomie de l'Ordre dans l'exercice de sa souveraineté et des prérogatives inhérentes à celles-ci, comme sujet de droit international dans ses rapports avec les Etats ».

L'Ordre, dont le nom officiel est « Ordre souverain militaire et hospitalier de Saint-Jean-de-Jérusalem de Rhodes et de Malte », est considéré comme un Etat souverain et en exerce pleinement les attributions. Le Palazzo Malta, installé *dans* Rome – la nuance est d'importance –, siège du gouvernement de l'ordre de Malte, jouit du privilège de l'exterritorialité. L'Ordre entretient des relations diplomatiques avec quatre-vingt-treize Etats avec lesquels il échange des ambassadeurs ou des ministres plénipotentiaires ; il est lié par des relations officielles avec six gouvernements européens, dont la France. L'ONU lui a accordé le statut d'observateur permanent, la Commission européenne, de représentant permanent. La Conférence diplomatique pour la réaffirmation et le développement du droit international humanitaire applicable dans les conflits armés, qui s'est tenue à Genève en 1977, a reconnu à l'Ordre souverain une place privilégiée parmi les membres de droit et les délégations invitées. Le Département politique fédéral suisse avait veillé à ce qu'il reçoive « une place conforme à son rang, distincte de celle des organisations internationales de façon à tenir compte de son caractère *sui generis* ».

L'Ordre souverain de Malte a toujours refusé d'être assimilé à une organisation non gouvernementale (ONG) : il entend conserver ainsi son autonomie de décision, hors de toute majorité nationale qui apparaîtrait en son sein. Ne ressemblant à aucune autre institution internationale, l'Ordre veut faire reconnaître par les Etats sa personnalité originaire et juridique de droit international public au titre d'une souveraineté fonctionnelle. Rien ne le prédispose en effet à rechercher un espace territorial. Le gouvernement de l'ordre souverain ne souhaite, ni ne peut, s'écarter des objectifs essentiels définis dans sa Charte constitutionnelle, l'assistance à l'humanité en détresse. Ses ambitions sont limitées aux moyens de réaliser pleinement sa vocation.

Au service d'un idéal hospitalier, l'ordre souverain a, en outre, la faculté de battre pavillon sur ses flottes maritime, aérienne et ses convois terrestres.

En obtenant d'être considéré comme substitut de puissance protectrice, l'Ordre souverain a trouvé une place précise dans le droit international humanitaire. Actif en permanence au sein de l'infrastructure sanitaire des Etats du tiers monde, il occupe une place privilégiée. Il peut ainsi se mettre au service de toute entité politique, faisant valoir son prestige, l'activité de ses membres et, en cas de besoin, la neutralité active de sa diplomatie. Ses initiatives diplomatiques sont, aujourd'hui, davantage humanitaires. Ainsi, le *rapport d'activité* de l'Ordre souverain pour l'année 2003 précise : « La tâche des diplomates de l'Ordre est particulièrement délicate et importante lorsqu'ils doivent intervenir pour éviter que des conflits n'éclatent ou participer à des efforts conjoints en ce sens. » Il en va de même lorsque les représentants de l'ordre sont appelés à intervenir lors de prises d'otages ou de crises graves, comme celles survenues au Liban et au Cambodge, où leur action a été couronnée de succès. L'ordre s'occupe également de protéger les personnels humanitaires dans les zones de conflit ou les régions frappées par des catastrophes naturelles, ou encore ceux qui participent à la mise en œuvre des programmes de lutte contre la lèpre. Parce qu'il est politiquement neutre et totalement indépendant, l'Ordre est à même de mener des missions de pacification et des activités de médiation sur la demande des Etats.

L'Ordre a toujours été, et reste un ordre religieux. La première classe de l'Ordre, les chevaliers profès ou « chevaliers de justice », sont aujourd'hui au nombre d'une centaine (alors qu'ils étaient environ six cents durant toute la période de l'ancien régime) pour onze mille laïcs. C'est parmi les profès qu'est élu à vie le grand maître, tout comme sont choisis régulièrement le grand commandeur et quatre membres du Souverain Conseil. Frà Andrew Bertie, soixante-dix-huitième grand maître, a été élu le 8 avril 1988 dans la salle du conclave installée au dernier étage de la villa Malta dont les fenêtres dominent le Tibre. Descendant des Stuart, il appartient à la famille de Lindsey et Abington. Reçu en 1956 dans l'Ordre, il a prononcé ses vœux religieux perpétuels en 1981 comme chevalier de justice profès. Le grand maître est toujours élu parmi les membres de la première classe. Prince temporel et spirituel jouissant des honneurs cardinalices, il gouverne l'Ordre assisté du Souverain Conseil composé de dix membres élus par le chapitre général tous les cinq ans : quatre hautes charges (le grand commandeur, le grand chancelier, le grand hospitalier et le receveur du commun trésor) et six conseillers. Ils sont élus parmi les chevaliers profès et parmi les chevaliers en obédience, ces derniers au nombre de cinq maximum. Les chevaliers, autrefois répartis en langues, bailliages et commanderies, dépendent aujourd'hui de six grands prieurés et quatre sous-prieurés, dans les pays où ils ont été, soit conservés, soit relevés et, pour la plus grande majorité, de quarante-six associations nationales, réparties dans quarante-deux pays.

L'Ordre possède un parlement (le chapitre général), une chambre des comptes et des tribunaux spécialisés, aussi anciens que l'Ordre lui-même, plus un conseil du gouvernement, créé par le chapitre général de 1999. Les tribunaux ont une compétence supranationale dès qu'il s'agit d'une affaire opposant deux chevaliers entre eux ou un chevalier à l'Ordre. Pour les arrêts en cassation, l'Ordre a recours à la juridiction vaticane. Il a également la faculté d'en appeler à la Cour internationale de La Haye en cas d'assignation par un autre Etat. La personnalité juridique de droit international public reconnaît à l'Ordre le droit de légation actif et passif, la capacité de conclure des accords et des traités, le droit d'émettre des passeports, le droit de battre monnaie et celui d'émettre des timbres.

L'Ordre nomme un ambassadeur près du Saint-Siège, et le pape désigne lui-même auprès du grand maître un envoyé personnel, le *cardinalis patronus*, qui a pour tâche de promouvoir les intérêts spirituels de l'Ordre et de veiller sur ses rapports avec le Saint-Siège. Car celui-ci est « une *persona mixta*, un ordre religieux de chevaliers liés par les vœux monastiques et de laïcs, aspirant à la glorification de Dieu, à travers la sanctification de ses membres au service de la Foi, du Saint-Siège et de la charité », soulignait le bailli frà Cyrille Toumanoff. Si les membres religieux de l'ordre de Malte, ses églises et ses institutions conventuelles sont, pleinement, en conformité avec le droit canon, exempts de la juridiction de l'ordinaire du lieu, la spiritualité de l'Ordre est fondée sur ce caractère mixte, religieux et laïc, et sur un esprit chevaleresque. « La formation spirituelle et religieuse doit aller de pair avec la préparation spécifique, je dirais presque professionnelle, qui est de la plus haute nécessité pour l'exercice de la charité », écrivait le précédent grand maître Angelo de Mojana » (1962-

1988). Aujourd'hui comme hier, les postulants doivent tous solliciter leur admission. Ceux qui ont été reçus l'ont été pour leurs mérites dans le domaine de la charité et de la bienfaisance et pour leurs activités en faveur de l'humanité souffrante.

Une diplomatie humanitaire

L'ordre intervient lors de catastrophes naturelles ou de conflits armés, comme au Biafra en 1969, au Vietnam en 1974, en Ouganda en 1980, dans l'Ogaden en 1980, au Liban, dans les camps de réfugiés en Thaïlande à partir de 1981, en Italie, en Roumanie, dans l'ancienne Yougoslavie, au Honduras, au Rwanda, au Kosovo, au Soudan, en Asie du Sud-Est, au Niger... Ainsi l'ordre est, aujourd'hui, présent en permanence dans une centaine de pays où il mène une importante action humanitaire. En Europe, en Afrique, en Asie, en Amérique du Sud, la croix à huit pointes est inscrite sur le fronton de nombreux établissements. Son rapport d'activité, qui rappelle le nombre des hôpitaux, dispensaires et institutions de bienfaisance, comporte une quarantaine de pages énumérant ses activités, allant de la lutte contre la faim et la maladie à l'alphabétisation dans le monde. Ce programme correspond très exactement à la mission de l'Ordre tel qu'il est indiqué dans le chapitre V du Code de l'ordre de Malte, qui est l'« assistance hospitalière, charitable et sociale au sens le plus large de l'expression ». Au sein du Souverain Conseil, le grand hospitalier, autrement dit le ministre de la Santé et de la Coopération internationale, « surveille le bon fonctionnement de toutes les œuvres d'assistance hospitalière et sociale qui dépendent directement du grand magistère, coordonne et surveille l'assistance hospitalière et d'assistance des prieurés, sous-prieurés, des associations et autres organisations de l'Ordre ». Depuis le début des années 1980, nous avons assisté à une expansion des œuvres internationales ; l'ordre a créé de nouveaux instruments permettant d'en assurer la gestion : la coordination des activités internationales de l'Ordre est assurée par le CHIOM, Comité hospitalier international de l'ordre de Malte, créé en 2005 et placé sous l'égide du grand hospitalier. Des institutions internationales interviennent dans des domaines spécifiques : le Malteser International, corps de secours international pour l'aide médicale et humanitaire d'urgence, de reconstruction et de réhabilitation ; et l'hôpital de la Sainte-Famille de Bethléem.

Chaque association nationale organise par ailleurs elle-même ses propres œuvres, qu'elle gère selon la réglementation de chaque pays, et finance ses activités médicales, hospitalières et humanitaires grâce aux cotisations, dons et legs de ses membres et aux fonds recueillis auprès de milliers de donateurs réguliers lors de campagnes de sensibilisation. En Autriche et en Italie, par exemple, les grands prieurés ayant conservé leurs biens contribuent au financement des dépenses administratives de l'Ordre. En Europe toutefois, de nombreux centres médico-sociaux et hospitaliers de l'Ordre sont financés par les systèmes nationaux de santé et de Sécurité sociale ainsi que par les dons et legs de membres et des sympathisants de l'Ordre, et par les subventions des pouvoirs publics et de grandes fondations. Le financement des activités dans les pays en développement provient de diverses sources. En règle générale, ce sont les prieurés et les associations nationales qui les financent. Toutefois, pour les projets à grande échelle ou de longue haleine, les associations nationales concernées font appel aux financements de l'Union européenne, d'agences spécialisées des Nations unies ou de gouvernements nationaux, voire au concours financier de fondations internationales. Des mécanismes de financement similaires sont utilisés pour les opérations d'aide humanitaire d'urgence, lorsqu'il est absolument vital d'obtenir des dons pour des causes ou des projets spécifiques. C'est particulièrement vrai en Allemagne et en France, où l'Ordre peut mobiliser des centaines de milliers de donateurs.

Le rendez-vous annuel de Lourdes

Chaque premier week-end du mois de mai, les membres de l'ordre de Malte se rassemblent à Lourdes, pour le pèlerinage international. Ils viennent des pays les plus proches et les plus lointains, accompagnés de malades, venus prier la Vierge, dans la grotte où Elle est apparue, en 1858, à la petite Bernadette. L'association allemande fut la première, en 1952, à assurer le service d'accueil des pèlerinages diocésains en fournissant médecins et auxiliaires auprès des malades transportés. Un an plus tard, l'association britannique l'imitait, accompagnée des membres du Saint-John Order anglican. Pour le centenaire des apparitions de Lourdes, en 1958, le bailli frà Francesco Ernesto Paterno Castelli di Caraci (1955-1962), alors lieutenant du grand maître, décida d'organiser un pèlerinage international, exceptionnellement en uniforme... ce qui ne facilitait pas la procession avec les malades, d'autant que ceux qui ne possédaient pas d'uniforme servirent en habit ! Un protocole qui semblerait aujourd'hui fort suranné. Y participèrent les grands prieurés de Rome, de Lombardie-Venise, Naples et Sicile, d'Autriche, ainsi que les associations belge, britannique, espagnole, française, irlandaise, italienne, rhéno-westphalienne et silésienne, auxquelles étaient venus s'ajouter quelques chevaliers canadiens. La prise en charge du pèlerinage était menée par une commission française de quatre membres qui avait pour objectif de collecter des fonds destinés à la construction de deux bergeries – inaugurées en 1961 – dans l'ensemble de la cité du Secours catholique, et aussi d'aider à la construction de l'abri des brancardiers de Saint-Michel et de l'Hospitalité. Le pèlerinage à Lourdes devint totalement international à partir de 1968 ; les trois associations nord-américaines participent au pèlerinage depuis 1985 et se rendent à Lourdes en avion depuis San Francisco, Washington et New York, avec des malades.

Ils sont, aujourd'hui, quelque cinq mille à se retrouver ainsi à Lourdes. Chacun remplit une tâche préétablie, selon ses capacités et sa disponibilité. Afin de décrire cette ambiance si particulière, nous avons tenu un « Carnet du brancardier ». Il tente de décrire simplement cette œuvre hospitalière qui, à travers les siècles, a toujours animé ceux qui sont entrés dans l'Ordre : « Une silhouette blanche tranche soudain dans l'ombre, le long des grilles de la maison d'accueil Saint-Frai. On entend un pas précipité, puis le grincement d'une barrière. La scène se répète plusieurs fois dans la nuit qui n'est pas encore tout à fait achevée. A l'intérieur, dans le hall, devant les ascenseurs, les dames, vêtues de blanc, le manteau sur le bras, et les brancardiers vêtus de noir, pas encore tout à fait réveillés, se préparent à consacrer leur journée au service des "seigneurs les malades". Le long des chambres dont les portes sont encore fermées, les uns et les autres chuchotent, un gobelet de café fumant à la main. L'équipe de garde de nuit a déjà filé vers un court sommeil. La doyenne des dames, celle que chacun appelle familièrement "tante Agnès", se faufile, confuse d'être en retard de quelques minutes. L'aumônier arrive enfin et se place, son carnet de chant à la main, devant le micro. Mais pourquoi donc sonner le réveil si tôt ? Il est six heures et demie. Laissons-les donc dormir ! La journée d'un pèlerin est chargée et chacun doit prendre le temps de se préparer. La prière à la Vierge s'élève dans les couloirs, tourne autour des colonnes et pénètre dans les chambres, tandis que les lumières s'allument.

« Alain s'active déjà, avec son équipe dans les chambres des hommes ; Véronique, une bassine à la main s'approche du lit de Micheline. "Avez-vous bien dormi ?" Nous la connaissons bien, Micheline ; elle et son mari qui l'assiste fidèlement ; nous la retrouvons, chaque année, depuis... oh ! ne pas compter. Pour les dames, les malades et les brancardiers, ce sont à chaque fois des retrouvailles émues. Bien sûr certains ont échangé des lettres, se sont téléphoné, mais rien ne vaut cette communion, qui durant quatre jours, va permettre de prier, servir et aussi... chahuter. Dans l'ordre ou le désordre. Les larmes sont réservées à l'émotion qui jaillit devant la grotte comme la source qui alimente les piscines. Justement Denise souhaite s'y rendre. Elle n'est pas lourde à tirer dans son fauteuil roulant, Denise. Mais qu'elle est bavarde ! Quelle joie de vivre réside en elle ! Après le petit déjeuner qu'elle a pris, après s'être rendue seule à l'aide de ses béquilles dans le réfectoire, elle était la première à faire signe à Jean, son brancardier favori, pour prendre l'ascenseur et être juchée dans un fauteuil à la toile bleue. A ses côtés Huguette qui doit demeurer allongée, reposait déjà sur le "tringlot" dont s'était chargé Patrick. Dans la cacophonie du départ, Pierre veillait à ce que chacun soit recouvert d'une ou plusieurs couvertures sous l'anorak rouge marqué de la croix de l'association. La descente est rude le long de Saint-Frai et plus encore vers le sanctuaire. Une véritable procession avant l'heure serpente dans les rues, avec parfois des arrêts le long d'une boutique afin d'acquérir une image pieuse, une carte postale, une médaille ou une gourde – en forme de Vierge – indispensable pour recueillir et conserver la précieuse eau. Les visiteurs de passage désignent du doigt ces marchands, en les comparant à ceux du Temple. Claudette hausse les épaules face à cette assertion, elle a jeté son dévolu sur des petites bagues en argent, des médailles bleues et autres souvenirs que Jacques s'empresse d'acheter pour elle. Quant à Colette, qui peut se déplacer à l'aide d'une canne, elle se lève de son fauteuil, et part, droite, choisir son chapelet. Dans la basilique Saint-Pie X, parmi quelque dix mille autres malades, brancardiers et pèlerins, elle égrènera les "Je vous salue Marie", en priant pour tous ceux qui l'entourent. Son brancardier, à quelques pas de là, ne la quitte pas des yeux, tout en suivant la messe, prêt à bondir vers elle dans le cas où elle aurait besoin d'un verre d'eau, d'être soutenue ou simplement de s'absenter. Dans la bousculade de la fin de la célébration, tandis que s'évanouit un dernier chant, il la rejoindra le plus rapidement possible, avant de la reconduire à Saint-Frai, pour le déjeuner. Elle craint tellement d'être abandonnée.

« Plus tard, devant la Grotte, dans ce silence qui couvre à peine les prières et les actes de foi des uns et des autres, Edouard se souvient de Jacqueline qui, depuis, a rejoint la maison du Seigneur. Tandis qu'il poussait le tringlot sur lequel elle reposait, le long des parois de la grotte, il avait osé invoquer Marie, lui demandant instamment de se pencher sur cette jeune femme, mère de famille, qui attendait tellement de sa rencontre avec Elle. Les malades songent-ils au miracle ? Si quelques-uns l'espèrent au fond d'eux-mêmes, la majorité se recueillent et saisissent ces instants de grâce.

« Il y a quelques années encore, le Salut du Saint-Sacrement se déroulait sur l'Esplanade, face à la basilique du Rosaire. L'interminable procession ponctuée par les répons et les *Ave Maria* chantés sur la mélodie si particulière à Lourdes ne dissimule pas les souffrances, mais traduit la confiance, toute simple. Comme ce brancardier qui, devant le passage du Saint-Sacrement, demeura debout, le premier jour, plia un genou, le second, et les deux, le troisième. Véronique tient la main de Micheline. Pascal, le "toubib" attaché à la salle, chahute avec Hervé, qui peut à peine articuler trois mots, dans des contorsions effroyables. Alain, l'un des hospitaliers de Notre-Dame de Lourdes reconnaissable aux bretelles passées sur son costume, et à la médaille argentée portée sur un ruban bleu et blanc sur laquelle ressort la croix de saint Pierre, veille au bon ordonnancement de la cérémonie. "... Faites que je travaille avec vous au réconfort de ceux qui souffrent, à la réconciliation des hommes, à l'unité de l'Eglise et à la paix dans le monde", dit la prière des hospitaliers. Et c'est à nouveau la remontée vers les chambres...

« Plus tard, bien plus tard, après la procession mariale, lorsque les cierges se sont éteints, Marie-Pierre, Arnauld, Dominique ou Thierry écouteront encore les malades dont ils ont la charge, songeant à cette source d'Eau vive qui a changé leur vie. »

Pourrions-nous imaginer, de la même manière, le carnet d'un hospitalier, en 1113 à Jérusalem ?

NOTES

1. LA FONDATION

1. Alain Demurger cite le nom de Mauro di Pantalone, chef de la communauté des commerçants d'Amalfi à Constantinople.

2. En voici les principaux articles :

« 1. Comment les frères doivent faire leur profession. 2. Les droits auxquels les frères peuvent prétendre. 3. Du comportement des frères, du service des églises et de la réception des malades. 4. Comment les frères doivent se conduire à l'extérieur. 5. Qui doit collecter les aumônes et comment. 6. De la recette provenant d'aumônes et des labours des maisons. 7. Quels sont les frères qui peuvent aller prêcher et de quelle manière. 8. Des draps et de la nourriture des frères. 9. Des frères qui commettent le péché de fornication. 10. Des frères qui se battent avec d'autres frères et leur portent des coups. 11. Du silence des frères. 12. Des frères qui se conduisent mal. 13. Des frères trouvés en possession de biens propres. 14. Des offices que l'on doit célébrer pour les frères défunts. 15. Comment les statuts, dont il est question ci-dessus, doivent être rigoureusement observés. 16. Comment les seigneurs malades doivent être accueillis et servis. 17. De quelle manière les frères peuvent corriger d'autres frères. 18. Comment un frère doit accuser un autre frère. 19. Les frères doivent porter sur leur poitrine le signe de la croix. »

3. On n'était pas adoubé chevalier une fois entré dans l'ordre du Temple, on pouvait l'être juste avant de solliciter son entrée, indique Alain Demurger.

2. UN MODÈLE D'ORGANISATION

1. A titre d'exemple, voici la procédure mise en place par le pape Urbain VIII, le 21 octobre 1634, pour procéder à l'élection des grands maîtres : chaque Langue élisait 24 chevaliers, qui, à leur tour, élisaient un chevalier, un chapelain conventuel et un

frère servant qui formaient le Triumvirat. Celui-ci choisissait un chevalier qui choisissait un cinquième et ainsi de suite, jusqu'à ce que seize chevaliers fussent élus. Ce sont eux qui élisaient le grand maître.

2. Contrairement aux Langues vénérables de France, nous ne parvenions pas à découvrir les noms des saints patrons des autres Langues. C'est en relevant ceux des saints titulaires des chapelles des Langues dans la cathédrale Saint-Jean à La Valette que nous avons retrouvé les noms des saints qui seraient les patrons des Langues. Seule l'Angleterre fait défaut.

4. « NOS SEIGNEURS, LES MALADES »

1. Conservé dans le manuscrit Clm 4620 de Munich.

5. LES BIENS DES TEMPLIERS

1. Terme qui désigne l'autorité du roi.
2. Seigneur, en langue d'oc. Ce mot ne fut employé que pour le captal de Buch et le captal de Tresse, en Gironde. Le captal de Buch fut héréditaire dans la famille de Grailly.

6. RHODES, NOUVEAU BASTION DE LA CHRÉTIENTÉ

1. Aujourd'hui conservée au château de Versailles.
2. Un récit rapporte qu'Abgar, roi d'Edesse, aurait prié Jésus de le sauver de la lèpre. Le Christ lui aurait répondu en accompagnant sa missive de son portrait. Et Thaddée, un disciple, serait allé, après l'Ascension, baptiser ce roi, premier chrétien d'Arménie.
3. On donnait, à l'origine, le nom de Petite Arménie à la portion de Cappadoce située vers l'Orient, sur les bords de l'Euphrate.
4. Basileus : titre de l'empereur de Byzance (fém. : Basilissa).
5. Il en existe un double, déposé aux archives de Simancas, envoyé au roi d'Espagne par le grand maître Perellos (1697-1720).

7. SAINTES ET DAMES

1. Cette scène a été représentée sur l'un des bois gravés de l'ouvrage de Caoursin, *Le Siège de Rhodes*, imprimé à Ulm en 1496.
2. Quant au diocèse de Soissons, en France, il est placé sous le patronage de Notre-Dame de Liesse, fêtée le 2 décembre. La statue

qui la représente a été rapportée de Terre sainte au XIIe siècle par trois Hospitaliers. Ceux-là, dont on a perdu les noms mais que l'on sait être picards, avaient été faits prisonniers par les Egyptiens. Dans leur prison, ils reçurent la visite de la princesse Ismérie, envoyée par son sultan de père afin de les convertir, par tous les moyens, à l'islam. Ce fut l'inverse qui se produisit, grâce à une statue de la Vierge à l'Enfant, envoyée par le ciel. Durant la nuit suivante, « la benoiste Vierge lui appareust et lui dit : "Aie confiance, Ismérie, ta prière est exaucée, tu délivreras mes trois dévots chevaliers, tu seras baptisée et honorée de mon nom. Par toi, la France sera enrichie d'un trésor inestimable... Par toi, mon nom sera célèbre par toute la terre et, enfin, je t'admettrai près de moi pour toujours au paradis". » Ismérie délivra les prisonniers et tous quatre se retrouvèrent miraculeusement en France. La jeune femme fut baptisée, à Laon, sous le nom de Marie et vécut saintement. Elle est enterrée à Notre-Dame de Liesse. La statue a été détruite sous la Révolution. Une nouvelle statue fut installée dans le sanctuaire en 1857. Selon les commentaires de l'abbé Bruno Martin, chapelain de l'Ordre, « l'histoire d'Ismérie semble relever du pieux roman, plus proche de la *Jerusalemme liberata* [la Jérusalem délivrée] du Tasse que des *Acta Sanctorum.* »

3. « Tout au plus lui donne-t-on le titre de vénérable, qui correspond aujourd'hui à une étape bien précise des procès de béatification (l'approbation de la vie et des vertus). Mais avant le XVIIIe siècle les procédures étaient plus lâches. La biographie de Thomas de Saint-Joseph témoigne du fait que l'on a dû peu de temps après sa mort se préoccuper d'introduire une instance en béatification, qui est non moins rapidement tombée en panne. Pour que la cause puisse être réintroduite aujourd'hui, il faudrait fournir la preuve de la *fama sanctitatis*, c'est-à-dire d'une réputation de sainteté ininterrompue depuis lors dans la mémoire du peuple chrétien... », explique l'abbé Bruno Martin, chapelain de l'ordre de Malte.

Le gisant de la mère Galiote de Sainte-Anne, placé originellement sur sa tombe dans l'église de l'Hôpital de Beaulieu, avait disparu, sans doute vendu en 1793. Il avait été identifié en 1930, avant d'être vendu en 1950. Il fut repéré en 1984, dans une vente aux enchères, et acquis par les Monuments historiques qui l'ont placé dans la salle lapidaire du château d'Assier. Pourquoi cet endroit ? Les Monuments historiques ont confondu les Gourdon de Genouillac de Vaillac avec la branche des Gourdon de Genouillac d'Assier, dont l'un des membres fut maître de l'Artillerie sous François Ier et construisit le château d'Assier. Les premiers n'ont jamais vécu à Assier, mais bien à Vaillac. La Société d'histoire et du patrimoine de l'ordre de Malte suggère de transférer le gisant dans l'église Saint-Julien d'Issendolus où se trouvent les ossements de la vénérable mère.

8. LES GALÈRES DE LA RELIGION

1. Navire de guerre à rames, d'origine byzantine.

2. Bâtiment long et de bas bord, marchant à la voile et à la rame.

3. Bateau de charge, de forme ronde et long comme une galère, avec trois mâts.

4. Lorsque l'on prononçait le mot galère, il convient de l'entendre comme tout bâtiment à rames : galères, galiote, brigantin, frégate, galéasse, dromons, etc.

5. Les caraques seraient un « genre de navire qui nous vient des Anglais », selon E. Lisbonne, et peuvent être regardées comme les précurseurs des vaisseaux de ligne des XVIIe et XVIIIe siècles. Cet auteur qui, semble-t-il, n'a pas poussé assez loin ses recherches pour se pencher sur les flottes en Méditerranée, cite comme la plus ancienne caraque connue la *Charente*, pourvue de 200 bouches à feu, construite en 1501, suivie par la *Cordelière*, appartenant à Anne de Bretagne. Pour un autre auteur, A. Poussart, la caraque est « un navire portugais étroit par le haut, élevé sur l'eau, du port de 2 000 tonneaux, qui faisait les voyages des Indes orientales et du Brésil ». Le musée naval de Barcelone expose la maquette d'un vaisseau dont les plans ont été reconstitués d'après des documents conservés dans ses archives. Les structures particulières des gaillards d'avant et d'arrière permettent de le classer parmi les caraques. Le *Nouveau Larousse illustré* (1905) pourrait mettre tout le monde d'accord, en donnant à la caraque une étymologie italienne – *caracca* – et en confirmant l'origine portugaise, et en donnant plus de précisions que Poussart : « navire de grandes dimensions [60 m de long], étroit par le haut, rond et élevé sur l'eau, en usage au XVIe siècle ». En allant plus loin dans la recherche étymologique, nous rencontrons le mot arabe *qorqor* dont le pluriel est *qarâqir*, lui-même issu du malais *korakora* et qui signifie « grande barque ».

6. Il s'agit d'une ancienne cité de Locride, un lieu mythique d'où partirent les Héraclides pour leur retour dans le Péloponnèse, là où ils bâtirent leur bateau. D'après le pseudo-Apollodore, c'est de là que viendrait son nom : de *naus*, « le bateau, le navire » et *pêgnumi*, « fixer ». Durant la guerre du Péloponnèse, elle servit de base navale aux Athéniens, avant d'être reprise par les Spartiates. Par la suite, sous Philippe II de Macédoine, elle fit partie de l'Etolie puis, sous les Romains, de la Locride. Hercule y abattit un sanglier du nom d'Erymanthe.

9. MENACES SUR MALTE

1. Aujourd'hui Méthone.

2. Sur les soixante-deux nommés, vingt-deux furent faits cardinaux et deux d'entre eux papes : Fabio Chigi (1599, 1655-1667) sous le nom d'Alexandre VII, et Antonio Pignatelli sous celui d'Innocent XII (1615, 1691-1700).

3. Sur les galères, le mât principal est désigné sous le nom d'« arbre de maître ». Le second mât, celui de misaine, est l'« arbre de trinquet ». L'ancre est un « fer », et l'étrave, la « rode de proue ». La dunette se nomme le « tabernacle ».

4. Les noms de ces ambassadeurs, légats ou chargés d'affaires, sont connus : le commandeur de Lussau, en 1584, le commandeur de Montmorillon, en 1588, le vénérable prieur de Champagne Chaumusson, en 1595, le commandeur de Vivier, en 1596, le commandeur de Harlay, en 1598, le prieur de Saint-Gilles, Saint-Aubin, en 1600, le vénérable maréchal de Chatte, en 1602, le commandeur de Crillon, en 1602, le commandeur de Marconville, en 1603, le commandeur de Fromigières, en 1622 ; le vénérable bailli de La Porte, oncle de Richelieu, en 1625 ; le commandeur de Villegagnon, en 1636 ; le commandeur de Vesme, en 1638 ; le commandeur Rouxel de Médavy, en 1641 ; le bailli de Souvré de 1662 à 1669 ; le bailli de Hauteville, de 1689 à 1703 ; le bailli de Noailles, de 1703 à 1712 ; le bailli de la Vieuville, de 1712 à 1715 ; le bailli Jean-Jacques de Mesmes 1715-1741 ; le bailli de Froulay, de 1741 à 1755 ; le bailli de Fleury, de 1764 à 1774 ; le bailli d'Argenteuil (intérimaire) de 1775 à 1777 ; le bailli de Saint-Simon de 1775 à 1777 ; le bailli de Breteuil, de 1778 à 1783 ; le bailli d'Havrincourt, (chargé d'affaires) en 1785 ; le bailli de Suffren, de 1785 à 1788 ; puis les commandeurs de La Brillanne, en 1789, d'Estournel, de Virieu, en 1792, de Cibon et de Foresta en 1793 ; François d'Hannonville, ambassadeur extraordinaire, en 1796, et enfin le bailli de Ferrette-Florimond, envoyé extraordinaire et ministre plénipotentiaire, le 12 juillet 1803, accrédité par Louis XVIII, le 1er octobre 1814, chargé d'affaires de 1815 à sa mort, en 1831, et qui ne fut pas remplacé.

5. Les Maltais le traitaient d'Altesse Eminentissime.

10. LA PREMIÈRE ÉCOLE NAVALE DE L'EUROPE

1. Les Suffren comptaient plusieurs chevaliers de Malte : ses oncles d'abord, Louis et François, son frère le bailli Paul de Saint-Tropèze (*sic*), capitaine des vaisseaux de la Religion, et dernier

commandeur de Saint-Vincent-les-Valence et d'Echirolles, et enfin leur neveu, Louis-Victor. Pierre et Paul étaient les petits-fils de Marguerite de Forbin-Janson, autre maison provençale dénombrant de nombreux chevaliers de Malte.

11. PROUESSES DE L'ART

1. Elles sont encore suspendues les jours de fête.

12. UNE MÉDECINE INVENTIVE

1. Après avoir quitté Rhodes, l'ordre bâtit un hôpital à Civitavecchia, ville dans laquelle avait été installé le *Convent.* Reconstruit en 1725, il est, de nos jours, encore, placé sous le vocable de *Santo Spirito.*

2. Nom donné à l'hôpital selon la terminologie italienne.

3. Le baume est désigné sous différents noms qui proviennent sans doute de différentes régions ou d'une fantaisie d'appellation : baume du commandeur de Pernes, baume du chevalier de Saint-Victor, baume des Innocents, baume catholique, baume vulnéraire anglais, baume persique, élixir traumatique. La formule donnée diffère légèrement dans une écriture moderne : « Racine d'angélique... 10 g ; Hypéricum... 20 g ; Alcool à 80... 720 g. Faire macérer pendant 8 jours en ayant soin d'agiter de temps en temps : passer avec expression et ajouter à la colature : Myrrhe... 10 g ; Oliban... 10 g ; Aloès... 10 g ; Baume de t... 60 g ; Benjoin... 60 g. F. macérer 8 jours ; filtrer (Codex 1937). Extrait sec : 13 à 15 %. Jadis on l'employait à l'intérieur comme cordial, vulnéraire ; mais aujourd'hui elle ne sert plus qu'à l'extérieur ; c'est un remède populaire pour pansement des coupures. *L'Elixir vulnéraire de Burrhus* ne diffère de la T. balsamique que par de la laque en grains et du nard des Indes en sus ; le *Baume des Turcs*, que par du storax en plus et l'angélique et l'hypéricum en moins. » Et les auteurs ajoutent ce constat lapidaire : « Intérêt historique. »

4. Il y eut bien des Le Bascle d'Argenteuil dans l'Ordre, puisque l'un d'eux, le bailli, assura l'intérim à l'ambassade de l'Ordre à la cour de Versailles de 1775 à 1777. Emilie de Belsunce ou Belzunce, on trouve les deux orthographes, était la petite-fille de Louise d'Epinay, auteur des *Conversations d'Emilie* paru en 1782. Elle épousa quatre ans plus tard Louis-Alexandre de Roux de Bueille, et émigra en Russie. Il est probable qu'elle ait rencontré l'impératrice Catherine II (1729-1796). Nous pouvons imaginer qu'à partir de quelques éléments vraisemblables, Oscar Bouffez a construit un astucieux argument commercial.

5. Le pape Léon X (1474-1521) leva l'interdiction de disséquer les cadavres humains.

6. Vesale découvrit que Galien n'avait jamais disséqué lui-même le corps humain ; ses descriptions anatomiques correspondaient au corps du singe et non de l'homme.

13. DES HOMMES DE LEUR TEMPS

1. Ce document n'est pas mentionné dans les recueils de traités de l'Empire ottoman ; mais il existe. Se présentant comme un grand rouleau de papier crème portant la *tughra* du sultan, richement enluminé, il comprend onze lignes en écriture *taliq divani* à l'encre noir et à l'or, en alternance.

2. Titré duc de Beaufort (1616-1669), il était le fils de César, bâtard d'Henri IV et de Gabrielle d'Estrées. Il fut tué dans la nuit du 25 juin 1669, et son corps ne fut pas retrouvé.

3. Il s'agit d'une grande épée d'argent doré, et d'une espèce de bonnet en velours pourpre brodé d'or, garni d'un Saint-Esprit en perle. Deux d'entre eux sont toujours exposés, sous une vitrine, dans le vestibule du grand magistère, via dei Condotti, à Rome.

4. Jean III Sobieski (1629-1696), le roi de Pologne (1672-1696) qui délivra Vienne assiégée par le général ottoman Kamal Mustapha, en 1683, reçut les mêmes insignes.

5. Dolomieu s'était engagé dans un procès pour dénoncer les intrigues du bailli de Loras. Ce procès fut long et désordonné et ne s'acheva qu'en 1790, après que le grand maître, le pape et Louis XVI furent intervenus.

6. Les loges du siècle des Lumières étaient des cercles assez fermés, recrutant essentiellement dans les classes sociales aisées. « On se retrouvait entre hommes pour parler, boire et manger », raconte Luc Nefontaine. « A l'issue d'un banquet, poèmes et chansons maçonniques entretenaient la flamme d'une convivialité nouvelle. » La maçonnerie du XVIIIe siècle ne peut naturellement pas être comparée avec celle qui se radicalisera au XXe siècle. Il était de bon ton d'en faire partie, d'être initié et d'y échanger les idées nouvelles, elle était un phénomène de mode, voire mondain. A telle enseigne que lorsque la tourmente révolutionnaire survint, ces loges éclatèrent, et leurs membres se protégèrent selon leurs propres intérêts.

7. Le nombre des chevaliers de Malte membres d'une loge dans les années 1780 aurait été d'une cinquantaine, voire de quatre-vingts.

14. LE RETOUR AUX ORIGINES

1. Dans un discours qu'il ne put prononcer à la tribune de l'Assemblée nationale, en 1790, car il était souffrant, le bailli de Crussol, lui-même député, tenta de démontrer à ses collègues que l'ordre ne pouvait être spolié de ses biens : « ... Quoi cet Ordre, ce précieux monument de l'antique chevalerie existerait pour l'Europe et le nom français en serait effacé ! une année aurait-elle anéanti les idées, les sentiments, les habitudes qui nous ont distingués dans tous les âges ? Et ce patriotisme, que nous invoquons sans cesse et que j'invoque à mon tour, peut-il rien repousser de ce qui tient à la bravoure, à l'humanité et à l'honneur ? » écrivait-il en guise de conclusion.

2. Seuls subsista en mémoire ou en hommage, la croix à huit pointes portée par l'école des pages.

ANNEXES

I

LES CLASSES DES CHEVALIERS

Les membres de l'ordre de Malte, au nombre de quelque onze mille dans le monde, se réunissent en trois classes, elles-mêmes divisées en branches ou catégories.

Les chevaliers prononçant des vœux (première classe)

Les *chevaliers de justice* ou *profès* étaient autrefois, et jusqu'au XVIIe siècle, la seule catégorie de chevaliers. Le grand maître est toujours élu parmi les membres de cette classe. *Chevalier de justice* ou *chevalier profès* s'appliquent aux mêmes personnes, les preuves de noblesse ne sont pas aujourd'hui nécessaires pour accéder à cette catégorie. Seul le grand maître doit satisfaire aux conditions d'honneur et dévotion. Le *profès*, aujourd'hui, doit être « apte à servir les pauvres et les infirmes de Jésus-Christ, à se dédier au service de l'Eglise et du Saint-Siège suivant l'esprit de l'Ordre ». Notamment défendre la foi catholique autant que nécessaire jusqu'au sacrifice de la vie. Il prononce les trois vœux monastiques : obéissance, chasteté, pauvreté. Ce religieux, qui n'est pas tenu à la vie en commun ni de revêtir l'habit de l'ordre, doit cependant en porter, de façon visible, le distinctif. Il « doit être, dans le monde, l'Evangile vécu », dit encore le Code. Il accomplit personnellement ses œuvres de charité. On lui demande de prendre des cours de premiers secours, d'assurer un service auprès des hôpitaux dans les pèlerinages, de connaître le fonctionnement d'un hôpital, d'un ambulatoire ou dispensaire. Il devra déployer son activité d'assistance dans les organisations de l'Ordre d'un caractère principalement charitable. Un prieuré, du nom de l'ancienne entité territoriale, communauté religieuse à part entière, doit être composé d'au moins cinq chevaliers *profès*. Six grands prieurés sont aujourd'hui en activité.

Les chevaliers prononçant une promesse (deuxième classe)

Les *chevaliers en obédience* (créés en 1961) prennent l'engagement, par promesse spéciale, de mener une vie tendant à la perfection chrétienne conformément aux devoirs de leur état selon l'esprit de l'Ordre. Ces *chevaliers en obédience* peuvent s'assimiler aux « tiers ordres » monastiques. Ils se recrutent parmi les chevaliers laïcs, et aussi chez les *dames* de l'ordre (depuis 1998). Neuf *chevaliers en obédience* sont nécessaires pour former un sous-prieuré, donc une communauté religieuse dans laquelle des non-religieux sont autorisés à s'unir en une organisation au sein d'un ordre religieux exempt. Quatre sous-prieurés sont actuellement en exercice.

Des chevaliers laïcs (troisième classe)

Ils ont pour seule obligation de mener une vie chrétienne exemplaire et d'avoir une activité caritative au service de l'Ordre. Ils sont divisés en trois branches :

— Les *chevaliers* et *dames d'honneur et dévotion* trouvent leur origine dans les *chevaliers d'honneur* laïcs créés au XIXe siècle. Les candidats, en France, doivent prouver que cent ans avant la date de présentation de leur dossier, chacun de leurs huit bisaïeux (ou deux cents ans pour les quatre aïeux) était en possession d'un principe de noblesse héréditaire ou que la branche paternelle est en possession d'un principe de noblesse antérieur à 1400.

— Les *chevaliers* et *dames de grâce et dévotion*. La grâce (magistrale) s'exerce sur les quartiers de noblesse défaillants, autres que le quartier principal qui doit avoir au minimum deux cents ans (depuis 1957).

— Les *chevaliers* et *dames de grâce magistrale* (depuis le XVIIe siècle), pour lesquels aucun principe de noblesse n'est requis.

— Les *donats*, dont les trois anciennes classes ont été fondues en une seule en 1997, sont une catégorie qui permet à l'ordre de recevoir en son sein des membres qui n'ont pas à remplir les conditions requises pour être chevalier ou dame.

Les chapelains

Les chapelains, des prêtres, se dédient aux soins spirituels des membres de l'ordre. Ils se répartissent en *chapelains conventuels profès* (qui prononcent des vœux au sein de l'Ordre), *chapelains conventuels « ad honorem »* – ce dernier titre peut notamment être conféré à des évêques –, et *chapelains magistraux*.

La réception des nouveaux membres

Les membres laïcs sont « reçus » dans l'ordre. A cette occasion, le postulant entouré de ses parrains prononce la formule du serment qui va le lier à l'ordre : « Moi [...] après avoir pris connaissance des conditions requises pour être admis dans l'Ordre souverain, militaire et hospitalier de Saint-Jean-de-Jérusalem, de Rhodes et de Malte, je proclame mon désir d'y être reçu. Je m'engage avec l'aide de Dieu et la protection de saint Jean, à tendre à la perfection de la vie chrétienne conformément aux devoirs de mon état et selon l'esprit et les traditions de l'Ordre, tout en consacrant chaque fois que je pourrai mon activité à son service ainsi qu'à ses associations et à ses œuvres hospitalières, caritatives et sociales. » Celui qui le reçoit lui répond : « Puisqu'en votre âme et conscience il en est ainsi, en vertu des pouvoirs qui nous sont conférés, nous vous faisons, au nom de Son Altesse Eminentissime le prince et grand maître de l'ordre souverain de Malte et du souverain conseil, chevalier ou dame de... (catégorie du nouveau membre). » Il lui remet les insignes de l'Ordre et lui donne l'accolade. Cette cérémonie très simple se déroule au cours d'une messe ou est suivie par un office solennel.

II

LES COSTUMES

Les membres de l'Ordre possèdent deux tenues. La première est un habit de chœur, à caractère religieux.

Le grand maître porte un habit inspiré de celui de ses prédécesseurs au XVIe siècle.

Les chevaliers profès portent un manteau à col rabattu, chargé sur l'épaule gauche d'une croix blanche pleine à huit pointes. Les profès de vœux perpétuels portent en outre un long manipule brodé des instruments de la Passion, s'attachant à l'épaule droite, contournant la manche, et relevé sur l'avant-bras gauche.

Les chevaliers laïcs : une coule noire, col et rabats des manches blancs, sur la poitrine de laquelle est brodée une croix à huit pointes évidées. Elle est cantonnée de fleurs de lys pour les chevaliers d'honneur et dévotion et de grâce et dévotion. La croix est simple pour les chevaliers de grâce magistrale ; la croix est à trois branches pour les donats.

La seconde tenue est un uniforme rappelant que l'ordre fut militaire. Les cols, rabats et parements des manches sont rouges pour le grand maître, blancs pour les chevaliers profès et noirs pour les membres laïcs. Des broderies dorées caractérisent les baillis et les grand-croix. Cet uniforme comporte une épée et un bicorne à plumes noires, ou blanches pour les dignitaires et les ambassadeurs. Le pantalon est bleu foncé, orné aussi d'un galon. Le manteau ou la cape, noirs et frappés sur le côté d'une croix à huit pointes évidées, se portent sur l'uniforme.

En outre, lors du pèlerinage international de Lourdes, les membres portent une tenue de travail noire ou grise selon les associations nationales. Ils sont alors coiffés d'un béret.

Les dames portent une robe noire et un manteau noir doublé de rouge, frappé d'une croix à huit pointes, évidée. Elles sont coiffées d'une mantille noire.

III

LES INSIGNES

La croix soutenue par un ruban noir, en commanderie, n'est pas une décoration, mais un insigne d'appartenance à l'ordre. Chaque catégorie de membres se distingue par des croix surmontées d'une couronne, aux ornements différents :

La croix du chevalier profès et du chevalier d'honneur et dévotion est ornée d'un trophée comportant les grandes armes de l'ordre. Le chevalier profès porte en outre, sur le côté gauche de son uniforme, une croix simple à huit pointes émaillée de blanc.

La croix de chevalier de grâce et dévotion est surmontée d'un trophée représentant un casque et de deux épées en sautoir.

La croix de chevalier de grâce magistrale est surmontée d'un trophée représentant l'écu de l'ordre posé sur un nœud de ruban.

Les chevaliers et dames en obédience portent en outre sur leur uniforme et leur robe une croix à huit pointes émaillée de blanc, cantonnée de fleurs de lys d'or.

Les donats portent aussi, en sautoir, une croix dont la branche supérieure est remplacée par deux « D » entrelacés non émaillés, surmontée d'un trophée représentant l'écu de l'ordre posé sur un nœud de ruban.

Les dames d'honneur et dévotion portent leur croix appendue à un nœud de ruban noir et surmontée d'un trophée représentant l'écu de l'ordre posé sur un nœud de ruban. Pour les dames de grâce et dévotion, la croix est surmontée du seul écu de l'ordre ; pour les dames de grâce magistrale, la croix n'est surmontée d'aucun trophée.

Les chapelains conventuels *ad honorem* portent une croix pleine à huit pointes, surmontée de la couronne et d'un trophée représentant l'écu de l'ordre posé sur un nœud de ruban. Les chapelains conventuels portent la même croix surmontée d'une couronne, mais sans trophée et appendue à un ruban de poitrine.

Les chevaliers, dames et chapelains grand-croix portent leur croix attachée à un ruban brodé de motifs d'or selon leur catégorie.

En outre, les chevaliers grand-croix revêtus de la dignité de bailli, pour la catégorie d'honneur et dévotion, portent un grand cordon noir ; ceux de la catégorie de grâce et dévotion, un grand cordon noir à une large rayure centrale blanche ; et ceux de la catégorie de grâce magistrale, un grand cordon noir à une large rayure centrale rouge. Ils portent ce grand cordon, auquel est accrochée la croix de l'ordre, en écharpe, de l'épaule droite à la hanche gauche.

La croix Pro Merito Melitensi

L'ordre étant souverain dispose d'une décoration de mérite, *Pro Melitensi*, dont le port est reconnu par les Etats dont la France. Elle consiste en une croix pattée, émaillée de blanc, bordée d'or, portant en son centre un médaillon émaillé de rouge, et une croix à huit pointes, émaillée de blanc, bordée d'un bandeau émaillé de blanc sur lequel est inscrit en lettres d'or : MIL. ORDO EQUITUM MELIT MERENTI. Le ruban est blanc bordé de deux filets rouges, rouge bordé de deux filets blancs pour la classe militaire ou encore noir bordé de deux filets rouges pour la classe réservée aux ecclésiastiques.

Il comporte cinq catégories du chevaliers jusqu'au grand-croix, plus une grande-croix de classe spéciale, à quoi s'ajoute un collier réservé aux chefs d'Etat. L'ordre du Mérite comprend en outre trois médailles : d'or, d'argent et de bronze.

IV

LE SYSTÈME MONÉTAIRE

Les premières pièces de monnaie frappées par l'Ordre le furent dès son installation à Rhodes. Elles figurent les grands maîtres à l'avers, et la croix au revers. La croix à huit pointes n'apparaît assez bien qu'à partir des monnaies du temps du grand maître Villiers de L'Isle-Adam. Le système monétaire maltais établi par l'acte du 8 octobre 1530 comprenait des pièces en cuivre, en argent et en or. Le *zecchino* (sequin) valait quatre écus et trois *tari* d'argent. Ce système monétaire fut totalement modifié sous le règne du grand maître de Vilhena (1722-1736) qui augmenta le nombre de pièces en argent. Déjà, sous le règne d'Alof de Wignacourt (1601-1622), il avait été décidé que toutes les pièces devraient porter les armes des grands maîtres. Adrien de Wignacourt (1690-1697) fut le premier à ajouter à la seule pièce d'« un sequin » en or des pièces de « quatre sequins » en or. Le grand maître Pinto (1741-1773) fit frapper de nouvelles pièces d'or. La monnaie magistrale était (est toujours) composée du *scudo* (l'écu) divisé en douze *tari* ou en deux cent quarante *grani* (grains). Aujourd'hui, la monnaie magistrale émise n'a plus qu'un cours théorique et un usage exclusivement numismatique.

V

LE SYSTÈME PHILATÉLIQUE

Le grand maître de Mojana créa, par décret du 20 mai 1966, la *poste magistrale de l'Ordre souverain de Malte* qui émit des timbres-poste. Recherchés par les philatélistes, ils ont, désormais une réelle fonction. Grâce à un accord signé le 4 novembre 2004 avec L'Italie, le courrier affranchi par ces timbres peut être acheminé dans une cinquantaine de pays ayant conclu des conventions instituant un service postal avec l'Ordre souverain. Au grand magistère, un bureau de poste permet de recevoir les collectionneurs et aussi d'effectuer ces liaisons.

A l'exception de la première émission imprimée sur du papier non filigrané, les timbres de l'Ordre souverain possèdent un filigrane représentant un semé de croix de Malte. Le dentelé est généralement de 13 × 12 1/2-12 3/4. La valeur faciale était, jusqu'en 2004 inclus, établie en *scudo* (écu) correspondante à l'époque à quatre cent quatre-vingts lires, en *tari* à quarante lires et en *grani* (grain), à deux lires, cette valeur faciale est désormais libellée en euros : 1 *scudo* = 0,24 euro ; 1 *tari* = 0,02 euro ; 1 *grano* = 0,0010 euro.

Les timbres représentent par série des bannières de l'ordre, des portraits de grands maîtres, leurs armoiries, des scènes religieuses, des uniformes et costumes, des navires et des scènes à caractère plus moderne évoquant les œuvres hospitalières. Les derniers catalogues proposent plus de trois cents timbres différents sans compter les contremarques.

VI

LES ORDRES FRÈRES

La plupart des membres réunis au sein du Grand Baillage de Brandebourg *(Die Balley Brandenburg des ritterlichen Ordens Sankt Johannis vom Spital zu Jerusalem)* ont embrassé la religion protestante lors de la Réforme et ont pris leur autonomie par rapport à l'Ordre souverain. Ils ont constitué l'ordre Evangélique de Saint-Jean ou « Johanniterorden » qu'ils ont placé au XIXe siècle sous la protection de la Maison de Prusse. Restent rattachées au Grand Baillage de Brandebourg les commanderies allemandes ; finlandaise, le *Johanniter Riddeskapet i Finland* ; française, l'*Association Française de l'Ordre de Saint-Jean* ; helvétique, la *Genossenschaft der Johanniteritter in der Schweiz* et hongroise, le *Johannitarend Magyar Tagozata*.

Au cours du XXe siècle, certains membres du Grand Baillage de Brandebourg ont reporté leur allégeance à leur souverain.

Le *Johanniterorden i Sverige* : réformé en 1920, allégeance au roi de Suède en 1945.

Le *Johanniter Orde in Nederland* : allégeance au souverain des Pays-Bas depuis 1946. Cette dénomination date de 1958.

Il fut créé, par ailleurs, en 1831, *The Grand Priory in the British Realm of the Most Venerable Order of the Hospital of Saint John of Jerusalem*, auquel la reine Victoria octroya une charte royale en 1888 et en devint, ainsi que ses successeurs, *Sovereign Head*.

Aujourd'hui, ces différents ordres sont réunis au sein d'une « Alliance » signée le 13 juin 1961 dans l'église de Niederweisel du bailliage de Brandebourg.

Seuls les ordres indiqués ci-dessus, ainsi que l'Ordre souverain de Malte dont le magistère est à Rome, sont reconnus par les membres de l'Alliance comme ordres de Saint-Jean.

Toutes les autres dénominations qui utilisent les mots « ordre de Saint-Jean », « Jérusalem », « Malte », et se réclamant d'une branche russe, orthodoxe, de commanderies héréditaires russes ou autres, sont des associations de fantaisie.

VII

LES GRANDS PRIEURÉS ET ANCIENS BAILLIAGES

Les grands prieurés et bailliages obéissaient eux aussi à un classement hiérarchique. Celui-ci est intéressant, car il permet de dresser l'étendue géographique couverte par les Hospitaliers avant le départ de l'île de Malte. Nous devons cette liste aux travaux de René Borricand.

Grands prieurés

Grand prieuré de Saint-Gilles. Chef-lieu : Arles. Réservé au grand commandeur.

Grand prieuré d'Auvergne. Chef-lieu : Lyon.

Grand prieuré de France. Chef-lieu : Paris.

Grand prieuré d'Aquitaine. Chef-lieu : Poitiers.

Grand prieuré de Champagne. Chef-lieu : Voulaines (Côte-d'Or).

Grand prieuré de Toulouse. Chef-lieu : Toulouse. Réservé au grand commandeur.

Grand prieuré de Rome. Chef-lieu : Rome (mont Aventin) (toujours en activité).

Grand prieuré de Lombardie. Chef-lieu : Milan (toujours en activité sous le nom de grand prieuré de Lombardie et Venise).

Grand prieuré de Venise. Chef-lieu : Venise (toujours en activité sous le nom de grand prieuré de Lombardie et Venise).

Grand prieuré de Pise. Chef-lieu : Florence.

Grand prieuré de Barlette. Chef-lieu : Barletta (province de Capri).

Grand prieuré de Messine. Chef-lieu : Messine.

Grand prieuré de Capoue. Chef-lieu : Capoue.

Grand prieuré d'Emposte (châtellenie). Chef-lieu : Saragosse. Réservé au grand conservateur, s'il est aragonais.

Grand prieuré de Portugal. Chef-lieu : Crato (province d'Alentéjo).

Grand prieuré de Navarre et d'Angleterre. Chef-lieu : Pampelune.

Grand prieuré d'Hibernie. Chef-lieu : en Irlande.

Grand prieuré d'Allemagne. Chef-lieu : Heitersheim (électorat de Bade).

Grand prieuré de Bohême. Chef-lieu : Prague (toujours en activité).

Grand prieuré de Catalogne. Chef-lieu : Barcelone. Réservé aux Catalans et aux Majorquins.

Grand prieuré de Hongrie. Chef-lieu : Vienne (Autriche).

Grand prieuré de Dacie. Dignité sans titulaire depuis le XVIIIe siècle.

Grand prieuré de Bavière. Chef-lieu : Ebersberg (Haute-Bavière).

Grand prieuré de Pologne. Chef-lieu : Poznan.

Grand prieuré de Russie. Chef-lieu : Saint-Pétersbourg.

Grands prieurés au XXIe siècle

Rome ; Lombardie et Venise ; Naples et Sicile ; Bohême, à Prague ; Autriche, à Vienne ; Angleterre, à Newcastle.

Sous-prieurés au XXIe siècle

Allemand, de Saint-Michel à Bad Salzuflen ; irlandais, Saint-Olivier Plankett à Dublin ; espagnol, Saint-Georges et Saint-Jacques à Madrid.

Bailliages

Bailliage capitulaire de Sainte-Euphémie. Province de Reggio de Calabre, district de Palma.

Bailliage capitulaire de Morée. Résidence à Saint-Jean-de-Latran, à Paris.

Bailliage titulaire de Nègrepont (honorifique). Alternatif entre les langues d'Aragon et de Castille.

Bailliage capitulaire de Saint-Etienne. Siège à San Stefano, district de Bari.

Bailliage capitulaire de Sainte-Trinité de Venise. Province de Potenza, district de Melfi (Italie).

Bailliage capitulaire de Saint-Jean-de-la-Mer. Siège à Naples.

Bailliage capitulaire de Majorque. Iles Baléares.

Bailliage capitulaire de Manosque. Manosque (Alpes-de-Haute-Provence). Réservé au grand commandeur.

Bailliage capitulaire de Lyon. Siège à Lyon.

Bailliage capitulaire de Caspe. Province de Saragosse. Commun aux Aragonais et aux Valentinois.

Bailliage capitulaire de Brandebourg. Siège à Sonnenbourg (Allemagne), province de Hesse-Nassau. Réservé aux Allemands.

Bailliage capitulaire d'Aquila. En Italie, province des Abruzzes.

Bailliage titulaire de Lora (honorifique).

Bailliage capitulaire du Saint-Sépulcre de Toro. Province et diocèse de Zamora (Espagne).

Bailliage titulaire de Langos-Eleza (honorifique). Titre reporté sur Leça do Bailio, près de Porto (province du Douro, Portugal).

Bailliage capitulaire de Corbeil. Réuni à la dignité conventuelle de la Trésorerie.

Bailliage capitulaire de Turin. Siège à Turin.

Bailliage titulaire d'Acre (honorifique). Réservé aux Portugais.

Bailliage capitulaire de Novillas. Province de Saragosse.

Bailliage titulaire d'Arménie (honorifique).

VIII

LES CHARGES ANCIENNES

Au-dessous des grands officiers, comme le grand commandeur ou grand précepteur, le grand maréchal, le grand hospitalier, le drapier, l'amiral, le turcopolier, le grand bailli, le grand chancelier, l'ordre comptait d'autres officiers civils et militaires :

Le grand-maître nommait les officiers suivants

Le cavalerizze, ou grand-écuyer ; le receveur du revenu du grand-maître ; le maître-d'hôtel ; le procureur du grand-maître au trésor ; le chambrier-major ; le sous-maître d'hôtel ; le sous-cavalerizze, ou premier écuyer ; le fauconnier ; le capitaine des gardes ; trois auditeurs ; l'aumônier et quatre chapelains ; quatre chambriers ; quatre secrétaires pour les langues latine, française, italienne et espagnole ; le secrétaire ou intendant des biens de la principauté ; le crédencier ; le garde-manger ; le garde-robe.

Les conseillers du conseil complet

Quatorze conseillers tirés des sept langues. Sept auditeurs des comptes du trésor.	*A la nomination des langues, et approuvés par le conseil.*

Deux procureurs du trésor, Grand'Croix.

A la nomination du grand-maître, et approuvés par le conseil.

Le conservateur conventuel, dont nous avons parlé en traitant des Baillis conventuels.

Un prud'homme du conservateur. *A la nomination du Grand-Maître et du conseil.*

Un castellan de la Castellenie : cette charge commençait le 1er mai et durait deux ans.

Deux procureurs des prisonniers, pauvres, veuves et orphelins, *l'un chevalier, et l'autre prêtre-chapelain*, ou *prêtre d'obédience.*

Le protecteur du monastère de Sainte-Ursule.	*Grand'Croix.*
Deux prud'hommes ou contrôleurs de l'église.	1 *Grand'Croix* *et* 1 *Chevalier.*
Trois commissaires des pauvres mendiants.	*Grands'Croix.*
Deux commissaires des aumônes.	1 *Grand'Croix.* 1 *Chevalier.*
Deux commissaires des pauvres femmes malades.	*Chevaliers.*
Deux protecteurs des catéchumènes et des néophytes.	1 *Grand'Croix.* 1 *Chevalier.*
Trois commissaires de la Rédemption, au choix du Grand-Maître.	1 *Grand'Croix.* 2 *Chevaliers.*

L'Infirmier, *un chevalier de la langue de France, à la présentation du grand-Hospitalier.*

Le Prieur et le sous-prieur de l'infirmerie. L'écrivain. L'armorier.	*Présentés par le grand-Hospitalier, et approuvés par le grand-maître et le conseil.*

Deux prud'hommes, ou contrôleurs de l'infirmerie, *deux chevaliers nommés par le grand-maître et approuvés par le conseil.*

Quatre commissaires des guerres et des fortifications, *quatre Grand'Croix des quatre nations, France, Espagne, Italie et Allemagne.*

Quatre commissaires de la congrégation des galères.	4 *chevaliers des quatre nations.*
Deux commissaires pour la répartition des caravanes.	2 *Grand'Croix.*
Quatre commissaires des armées.	3 *Grand'Croix et* 1 *chevalier.*
Un président et quatre commissaires de la congrégation des vaisseaux des quatre nations.	1 *Grand'Croix et* 4 *chevaliers.*

Deux commissaires de la caisse des pavillons.	1 *Grand'Croix et* 1 *chevalier.*
Trois commissaires des novices de différentes nations.	1 *Grand'Croix et* 2 *chevaliers.*
Deux commissaires des dépouilles.	2 *chevaliers.*
Deux commissaires de la prison des esclaves.	2 *Chevaliers.*

Le Commandant de la prison des esclaves, *frère-servant, à la nomination du grand-maître.*

Deux commissaires de la monnaie.	2 *Grand'Croix.*
Quatre commissaires de la noblesse.	4 *Chevaliers des quatre nations.*
Trois commissaires des accords.	3 *chevaliers.*
Le commandeur des greniers.	1 *chevalier, à la présentation du grand-commandeur.*
Deux prud'hommes ou contrôleurs des greniers.	2 *chevaliers.*
Deux commissaires des maisons.	2 *chevaliers.*
Deux commissaires de la santé.	2 *chevaliers ; mais lorsqu'il y a soupçon d'infection, on leur joint quatre Grand'-Croix.*
Le commandeur de l'artillerie.	1 *chevalier, à la nomination du grand-commandeur.*
Deux prud'hommes de l'artillerie.	2 *chevaliers.*
Deux commissaires des soldats.	2 *chevaliers nommés par le grand-maître.*

Le fiscal. *Il est ordinairement frère d'obédience.*

Le Sous-Maître écuyer, *frère-servant, nommé par le grand-maître, mais qui en donne part au conseil.*

Le portier de La Valette, *frère-servant, à la nomination du grand-maître.*

Le commandant de l'arsenal, *chevalier, à la nomination du grand-commandeur.*

Le prud'homme de l'arsenal, *à la présentation de l'amiral.*

Sacristain. Chandelier de l'église de Saint-Jean. Campanier.	*Frères chapelains à la nomination du grand-commandeur.*

Le général des galères. *Il choisit le capitaine de la capitane, et le présente au conseil.*

Autant de capitaines et de patrons que de galères.

Le révéditeur des galères.

Le commandant des vaisseaux.

Autant de capitaines que de vaisseaux, et plusieurs officiers subalternes.

Le provéditeur des vaisseaux.

Citons encore d'autres charges, comme le bouteiller, le maître de l'ânerie (en fait celui qui percevait les impôts locaux), le maître de l'œuvre, le connétable, le commandeur des chevaliers et les châtelains. Et encore les juges de châtellenie, les receveurs du trésor, ainsi que de nombreux fonctionnaires, serviteurs et esclaves.

IX

LES PRIEURÉS DE DAMES

L'ordre eut près d'une vingtaine de prieurés de dames hospitalières :

— En France. Langue de Provence : l'hôpital de Beaulieu, aux Fieux, plus temporairement Toulouse. Nous pouvons y ajouter une maison de dames à Martel, toujours dans le Quercy, le monastère de la Vraie-Croix. Elle connut une éclipse après le passage au protestantisme de sa prieure. Mais la maison fut restaurée et fonctionnait à la Révolution. Langue d'Auvergne : Saint-Antoine-de-Viennois (au XVIIIe siècle, après la réunion des deux ordres, celui de Malte et celui de Saint-Antoine).

— En Espagne. Langue d'Aragon : le grand maître Hugues de Revel avait autorisé le châtelain d'Emposte, en Aragon, à recevoir des « Dames de vie exemplaire ». Ce fut, d'abord, le couvent de Sijena, fondé par la reine Sanca, fille du roi de Castille et femme d'Alphonse II d'Aragon, « l'empereur des Espagnes ». Cet établissement fut confirmé en 1365. Assez rapidement, ce couvent se détacha de l'autorité des grands maîtres, sous le prétexte que les religieuses ne relevaient que du pape. Davity rapporte qu'après l'élection du grand maître Pietro Cocchi del Monte San Savino, en 1568, « la Dame Hiéronyme d'Olibo, grande prieure [...] du consentement de toute sa Communauté, rentre sous le gouvernement & la discipline particulière des Grands Maîtres, dont depuis très longtemps cette Maison s'était soustraite... ». L'autre couvent, en Aragon, est celui de Tortosa.

En Catalogne, on cite Alguaire, transféré à Barcelone en 1699 ; près de Navarre, le couvent Puente la Reina.

— Langue de Castille et León, ceux de Salinas de Anana toujours actif, Zamora, Séville, Tordesillas (voir plus loin). Au Portugal : Estremoz.

— Langue d'Italie : du grand prieuré de Lombardie, Gênes ; de celui de Pise, Pise et Florence ; de celui de Rome, Penne.

— Langue d'Angleterre : Buckland (au sud de Bristol).

— Langue d'Allemagne : du grand prieuré de Bohême, Manetin, à l'est de Prague (éteint au cours du XVe siècle).

Selon l'abbé Bruno Martin, chapelain de l'ordre de Malte, ces maisons se dirigeaient, à l'origine, d'après des coutumiers locaux assez imprécis, fruits de décisions de grands prieurs ou de visiteurs ecclésiastiques. Il y eut, certes, les premiers statuts donnés par le grand maître Hugues de Revel, mais il semblerait qu'il fallût attendre le grand maître Claude de La Sengle (1553-1557), au moment du concile de Trente, pour légiférer à leur sujet, d'où le statut *Dummodo in monasteriis habitent...* qui imposait la clôture.

X

LES DAMES CHANOINESSES DE MALTE

Parmi les dames chanoinesses de Malte, nous avons retrouvé les noms de Charlotte Philippine Annette Gravier de Vergennes, Madame du Lau de La Trille, Marguerite Dunoyer de Segonzac, qui devint institutrice après 1795, Marie-Françoise-Jeanne Laurens, qui fit ses preuves en 1789, en même temps qu'était admise Henriette Aymer de la Chevalerie qui était née en 1767. « Dieu décorait ainsi sa jeunesse pour présager l'énergie de son caractère et l'héroïsme de sa foi », dira Augustin Coudrin. Cette chanoinesse sera, en effet, avec le père Pierre Coudrin, la fondatrice, en 1800, de la Congrégation des Sacrés-Cœurs de Jésus et de Marie et de l'Adoration Perpétuelle du Très-Saint-Sacrement de l'Autel, plus communément appelée ordre des Picputiens, car installée dans la rue Picpus, à Paris, dont la mission est l'enseignement, la pastorale paroissiale, également outre-mer.

Lors de sa captivité en France, le pape Pie VI logea à Romans. On raconte qu'un certain commissaire Pigeron choisit à Romans le logis du sieur Chabert, négociant, pour servir de demeure au Saint-Père. Le propriétaire offrit sa maison en disant :

« J'observerai tous les égards, toutes les règles de la bienséance, et le Pape évitera, en logeant chez moi, les désagréments qu'il pourrait s'attirer s'il était reçu chez un fanatique. » Comme cette maison était décorée de sujets fort licencieux, Mme de Chabrières, chanoinesse de Malte, du chapitre de Saint-Antoine, obtint du propriétaire, à force d'instances, de se travestir en fille de service et, aidée de quelques amies, de préparer l'appartement de Sa Sainteté et rester auprès d'Elle pendant la durée de son séjour à Romans.

Sophie de Baraudin, la sœur aînée de la mère d'Alfred de Vigny, était également chanoinesse de Malte. Elle laissa au poète, après sa mort en 1827, la propriété du Maine Giraud. Parmi les chanoinesses de Malte, on cite souvent Aglaé de Franclieu, car elle a laissé des Mémoires qui, hélas, n'évoquent pas l'ordre de Malte. Cette jeune fille très pieuse fut admise, en 1787, à l'âge de vingt-cinq ans, dans le chapitre de Malte, mais semble-t-il ne s'y rendit jamais. Elle mourut presque centenaire, en 1858.

XI

LES BIENHEUREUX ET LES SAINTS DANS L'ÉGLISE

Comme toutes les institutions religieuses, l'ordre a compté dans ses rangs des hommes et des femmes qui ont été distingués par l'Eglise et « les a fait porter sur les autels ». L'ordre compte aujourd'hui, avec Gérard, son fondateur, quinze saints et bienheureux, dont un pape, Jean XXIII (1881-1963), proclamé bienheureux en 2000 par Jean-Paul II et dont on célèbre la fête le 11 octobre, date d'ouverture du concile Vatican II. Angelo-Giuseppe Roncalli manifesta toujours beaucoup d'intérêt pour la mission humanitaire et spirituelle de l'Ordre souverain de Malte, qui lui conféra la dignité de bailli au cours de son cardinalat. Comme pontife romain, il confirma les documents institutionnels rénovés (Charte et Code). Souvenons-nous qu'il fut notamment délégué apostolique en Grèce et en Turquie (1934-1944) et nonce à Paris (1944-1953). Le 15 janvier 1953, Mgr Roncalli fut nommé cardinal et devint patriarche de Venise jusqu'au 28 octobre 1958 où il fut élu pape. Il mourut le 3 juin 1963, au Vatican.

Le *Missel de l'ordre de Malte* indique, à la date du 19 novembre, que : « Depuis son origine l'Ordre a attiré à lui un grand nombre d'hommes et de femmes. La sainteté de certains d'entre eux a laissé des traces dans l'histoire de l'Eglise. Mais à côté de ces hommes et de ces femmes "illustres", il y a de nombreux frères et sœurs inconnus qui ont donné leur vie selon la tradition de l'Ordre : *tuitio fidei et obseguium pauperum*. Ce sont tous ceux-là que nous fêtons aujourd'hui. En cette commune fête, ils nous rappellent que nous sommes tous appelés à la sainteté. »

Le frère Gérard est qualifié de bienheureux. Ce qualificatif, au XIIe siècle, signifiait la sanctification. La ferveur populaire était, par ailleurs, suffisante pour que l'Eglise acceptât cette canonisation *de facto*. A Vitrolles, dans le sud de la France, une église construite au XIIIe siècle a été consacrée à « saint Gérard Tenque ». La population locale vénère particulièrement son saint. Pas question de lui contester son nom de famille supposé. Car, en provençal, *tunc* ou *tenque* sert à désigner le pieu qui permet d'amarrer les bateaux. Un beau symbole. Dans le *Missel de l'ordre de Malte* la fête de Gérard est fixée au 13 octobre.

Le culte des saints était toujours lié, autrefois, à la présence des reliques. Depuis le XIIIe siècle, la chapelle de la commanderie de Manosque conservait celles du bienheureux Gérard. Elles furent identifiées comme telles au XVIIe siècle. Le grand maître Pinto fit transporter, en 1749, le chef à Malte. La paroisse de Martigues en avait déjà reçu, en 1728, quelques parcelles. Après recognition de la part de l'archevêque d'Aix, en 1969, elles furent remises au bailli prince Guy de Polignac, président de l'Association française des chevaliers de Malte, qui les fit parvenir à Rome, où elles reposent dans la chapelle du grand magistère, dans une châsse installée sur la gauche de l'autel, témoins de près de mille années de service et de dévotion. Il est intéressant de souligner que cette chapelle, redécorée vers 1830, est ornée de douze médaillons hexagonaux représentant des saints, saintes et bienheureux de l'ordre. Face à l'autel, sur la gauche, nous avons les portraits du bienheureux Gerland, du bienheureux Gérard, de sainte Fleur, de saint Gérard Meccati, du bienheureux Nunio Alvarez Pereira, de sainte Udalesca ; sur la droite, successivement : saint Hugues, saint Nicaise, le bienheureux Pierre Pattarini d'Imola et sainte Toscana. Au fond, figurent deux médaillons anonymes.

Saint Hugues, que l'on fête le 8 octobre, naquit vers 1160 à Alessandria dans le Piémont. Après avoir séjourné en Terre sainte, il fut nommé commandeur de Gênes, il « exerçait la religion envers Dieu et le prochain », disait-on. On rapporte qu'il fit, par la simple force de la prière, jaillir de l'eau d'une fontaine tarie, pour aider les femmes qui lavaient le linge des malades. Cette fontaine existe toujours. Il parvint aussi, toujours par la force de la prière, à calmer une tempête afin de sauver un navire du naufrage. Nicolas Pigliacaro, l'un de ses compagnons, le vit, au cours d'un déjeuner, changer l'eau en vin. Frère Hugues mourut le 8 octobre 1230 – ou 1223 –, et fut enseveli dans l'église Saint-Jean à Gênes.

Saint Gérard Meccati dit de Villamagna est né dans ce village situé à l'est de Florence, vers 1174 et mort le 13 mai 1242 ou 1245, selon les auteurs. L'histoire dit qu'il suivit son seigneur en Terre sainte et qu'il y demeura comme servant d'armes chez les Hospitaliers. La tradition veut que, de retour chez lui, il ait vécu en anachorète. Son corps est gardé à Villamagna où on l'honore chaque 18 mai.

Saint Nicaise, de la famille Camuto de Burgio, serait né en Sicile en 1130 ou 1140. Avec son frère Ferrandin, il partit pour la Terre sainte où il entra dans l'ordre des Hospitaliers. Il combattit dans la forteresse de Ptolémaïs, assiégée par les troupes de Saladin. Fait prisonnier, il fut décapité en 1187. Son culte, le 1er juillet, est toujours très suivi, notamment dans la petite ville de Caccamo, en Sicile, où son effigie en statue orne la place devant l'église, la chapelle de l'Annonciation et plusieurs autres endroits. Son image est également reproduite dans plusieurs églises de Palerme ainsi que dans celle de Saint-Jean à La Valette.

Le bienheureux **Pierre Pattarini d'Imola**, de la maison Linasi, naquit en 1250 à Imola. Il fut l'un des médiateurs, en 1287, dans la querelle qui opposait les gibelins et les guelfes, à Florence. Grand prieur de Rome, il vécut ensuite à Florence dans la commanderie de Campo Corbolini, où il fut aussi enseveli sous le maître-autel de l'église Saint-Jacques.

Le bienheureux **Gerland**, qui vécut vers 1242, était-il allemand ou polonais ? On rapporte qu'il fut envoyé par le grand maître des Hospitaliers – mais cela pourrait être celui des Templiers, disent Riley-Smith et l'abbé Bruno Martin – à Caltagirone, près de Licata, où il mourut en 1271. Il mena une vie d'abstinence et prenait en charge les pauvres, les veuves, les orphelins et tous les déshérités. Sa mort fut durement ressentie par la population locale. Ses reliques sont vénérées dans la basilique Saint-Jacques. On raconte que sa tombe avait été oubliée jusqu'à ce qu'un certain Jacques Calatasinii vît en songe saint Constantin lui révéler l'endroit où reposait le bienheureux Gerland. C'était le 18 juin 1327, quatre-vingt-six ans après la mort du saint homme ; ses restes furent alors transférés dans la basilique Saint-Jacques. Les os furent nettoyés avec du vin qui guérit quatre-vingt-quinze malades. L'histoire ne dit pas s'ils l'avaient bu où s'ils avaient appliqué le liquide sur leurs plaies ou leur mal.

Nunio Alvarez Pereira naquit à Cernache do Bonjardim, au Portugal, le 24 juillet 1360. Il fut l'un des champions de l'indépendance du Portugal, au côté du roi Joao Ier, et nommé connétable du royaume du Portugal. Après la mort de sa femme, Leonor Alvim, comtesse de Barcelone, celui qui est considéré comme l'un des premiers de la maison de Bragance entra dans l'ordre de Saint-Jean-de-Jérusalem, et en fut l'un des prieurs. A l'âge de soixante-deux ans, il demanda à être admis dans l'ordre des Carmes. Devenu le frère Nuno de Santa Maria, « il brilla d'une piété et d'une confiance admirables en la Vierge Marie, et excella par sa charité et sa générosité envers les pauvres ». Il mourut le 1er avril 1431, dimanche de la Résurrection du Seigneur. Son culte a été autorisé en 1918.

Adrien Fortescue, fils de sir John Fortescue de Punsborne, dans le comté du Herefordshire, en Angleterre, est né vers 1480. Chevalier du Bain en 1503, il avait toutes les faveurs du roi Henri VIII, participant aux guerres contre la France en 1513 et 1523. Sa piété personnelle est attestée par son livre d'heures dans lequel figurent des maximes spirituelles, écrites de sa propre main. Ce cahier fut récemment donné en présent au grand prieuré d'Angleterre par ses descendants. Sir Adrien se maria, en effet, deux fois et eut sept enfants ; il devint tertiaire dominicain à Oxford en 1533. La même année, il assista au sacre d'Anne Boleyn, sa cousine. En 1539, il fut condamné, par un acte du Parlement, sans procès, pour haute trahison, en même temps que cinquante autres personnes opposées, comme lui, à la politique religieuse du roi. Il fut décapité, le mercredi 9 juillet 1539, avec le vénérable **sir Thomas Dingley**, un chevalier de l'Ordre. L'ordre de Saint-Jean-de-Jérusalem a considéré Adrien Fortescue comme martyr et a encouragé une dévotion à son égard depuis au moins le début du XVIIe siècle, en tant que membre de l'Ordre. Léon XIII le proclama bienheureux le 13 mai 1895. Sa fête est célébrée le 8 juillet. Il est le saint patron de l'association anglaise de l'Ordre. (*Missel de l'ordre de Malte*). L'abbé Martin indique que sir Thomas Dingley, martyrisé en même temps qu'Adrien Fortescue, n'a pas encore reçu à ce jour les honneurs de l'autel.

Sir David Gunstun, Anglais, entra dans l'ordre, le 20 octobre 1533 et servit sur les galères de la Religion jusqu'en 1540, année de son retour en Angleterre. Une mauvaise année, car elle vit l'abolition de l'Ordre par décision d'Henri VIII. Le chevalier David Gunstun fut aussitôt emprisonné dans la Tour de Londres, et condamné à mort pour non-soumission à l'autorité du roi. Il fut pendu et ses membres furent écartelés, le 12 juillet 1541, sur l'emplacement où mourut saint Thomas Waterings, à Southwark. Pie XI le déclara bienheureux le 15 décembre 1929. Il est célébré le 12 juillet. (*Missel de l'ordre de Malte*).

Vilmos Apor naquit le 29 février 1892 à Segesvar en Transylvanie, dans une famille patricienne hongroise. Il passa cinq années au séminaire des Jésuites d'Innsbrück, avant d'être ordonné prêtre le 24 août 1915. Il enseigna au séminaire de Nagyvarad, puis fut curé de Gyula à partir de 1918. « Là, pendant plusieurs années, il courut toutes les misères, au point de mériter le titre de "curé des pauvres", rapporte le *Missel de l'ordre de Malte.* Evêque de Gyor en 1941, Mgr Apor, avec ses amis Mgr Mindszenty et Mgr Lzjos Shvoy, cacha des Juifs persécutés par les nazis. Le vendredi saint, 30 mars 1945, Valmos Apor refusa de livrer aux soldats russes des femmes et jeunes filles réfugiées dans son évêché. Un officier soviétique sortit son revolver et tira à plusieurs reprises sur l'évêque, qui mourut à l'aube du lundi de Pâques. Il a été béatifié le 9 novembre 1997. Mgr Apor était chapelain conventuel *ad honorem* de l'ordre, et non pas, comme cela a été écrit dans le *Missel,* bailli, titre accordé aux cardinaux. Le 2 avril, au Calendrier général de l'Eglise, étant consacré à la mémoire de saint François de Paule, fondateur de l'ordre des Minimes, la célébration du bienheureux Vilmos Apor a été fixée au 23 mai, date de la translation de son corps, précise toujours le *Missel de l'ordre de Malte.*

Alfred Ildephonse Schuster fut béatifié en 1996. Lui était bailli grand-croix. Il était abbé bénédictin de Saint-Paul-hors-les-Murs. Nommé en 1929, par Pie XI, archevêque de Milan, il est vénéré par les Milanais comme le sauveur de la cité, le 25 avril 1945. C'est ce même Mgr Schuster qui encouragea le futur grand maître de l'ordre, Angelo de Mojana, alors avocat à Milan, à se tourner vers la profession.

Charles Ier d'Autriche (1888-1922) est le dernier bienheureux ayant appartenu à l'Ordre. Il fut béatifié par Jean-Paul II en 2004. Membre de l'Ordre, marié, père de famille, il a mis son énergie à faire aboutir les propositions de paix que Benoît XV avait suscitées en 1917 ; malheureusement, le président du Conseil français Georges Clemenceau les fit échouer. Charles de Habsbourg-Lorraine est mort en exil, et est enterré dans l'église Nossa Senhora do Monte, sur les hauteurs de Funchal, sur l'île de Madère. Son cercueil est déposé dans une alcôve en dessous d'un grand crucifix. Le dernier empereur, « prince chrétien », contraint à abdiquer, avait refusé de rejoindre la crypte des Capucins à Vienne où sont inhumés tous les souverains d'Autriche.

Mathieu de Goussencourt, un religieux de l'ordre des Célestins, composa un *Martyrologe des chevaliers de Saint-Jean-de-Jérusalem* qui fut imprimé en 1643. Il contient sept cent quatre-vingts notices biographiques et généalogiques de chevaliers morts au combat ou dans les prisons barbaresques. Claude Latta, un professeur d'histoire, a étudié le contenu de ce martyrologe et noté que sur les 780 chevaliers cités, 380 sont d'origine française, 213 italienne, 158 espagnole et portugaise, 22 allemande et 7 britannique. Les bibliographes Hellwald et Saffroy indiquent, à son propos, qu'il s'y trouve beaucoup d'erreurs et de fausses citations.

Le chevalier Gabriel d'Abos de Téméricourt (né en 1646, reçu dans l'ordre en 1663) aurait pu figurer sur cette liste, si elle était bien dressée. Il était d'une folle audace, s'attaquant, à bord de son navire qu'il avait eu l'autorisation d'armer, aux escadres turques, armé seulement de deux ou trois unités maltaises, à un tel point qu'il fut surnommé par eux « le fléau des mers ». Le 28 octobre 1671, son bateau fut pris dans une tempête et se brisa sur les côtes de Tripolitaine. Les Barbaresques refusèrent toute offre de rançon car sa tête était mise à prix. Il fut envoyé à Andrinople. « Jamais on ne vit tant de majesté dans tant d'abaissement », écrivit La Magdeleine, un aventurier français qui put approcher le jeune homme dans sa prison. Le sultan lui fit les plus belles propositions : le grade d'amiral, de l'argent, une princesse ottomane. Il refusa. Il fut torturé, durant deux semaines, et décapité, en 1672, à l'âge de vingt-six ans, pour avoir refusé d'abjurer sa foi. « Ce corps prisonnier renfermait un cœur qui avait toujours méprisé la mort, et l'élut plutôt que celle de son âme », dit encore La Magdeleine. Selon C.-E. Engel, il aurait embrassé la foi protestante sous l'influence de volontaires suédois luthériens, contrairement à son frère Maximilien (né en 1643, reçu lui aussi en 1663), mort en 1669, au cours d'un combat naval. Le cénotaphe de ces deux frères a été dressé dans l'église de Théméricourt, rue... du Fléau-des-Mers. Personne n'a jamais été frappé par le fait que l'Ordre n'ait pas tenté de faire béatifier cet authentique martyr, sans doute parce qu'il s'était converti au protestantisme.

Le frère Anne de Naberat, commandeur du Temple d'Ayen, prieur de Saint-Jean-d'Aix, vicaire et visiteur général des grands prieurés de Saint-Gilles et d'Auvergne, s'est penché lui aussi sur les glorieux martyrs de l'Ordre. Mais, comme le souligne l'abbé Bruno Martin, « leurs travaux historiques semblent ne pas avoir eu beaucoup de retombées liturgiques particulières :

les saints et bienheureux de l'Ordre ne restèrent honorés que de cultes locaux, le plus souvent assez discrets ». Selon ce même auteur, l'intérêt pour le sanctoral de l'Ordre réapparut à la fin des années 1950, « au moment de *l'aggiornamento* spirituel consécutif à la grave crise qu'avait traversée l'Ordre dans ses relations avec le Saint-Siège, entre 1950 et 1958 ». Le prélat de l'ordre, Mgr Ferrero di Cavallerleone, mit en œuvre la rédaction du « Propre des saints » de l'ordre. Ce travail fut achevé en 1987 avec la parution « typique » du Missel de l'Ordre, que nous avons cité à plusieurs reprises et dont la traduction française fut réalisée en 2003.

Dans un petit livre intitulé *La Spiritualité de l'ordre de Malte*, l'abbé François Ducaud-Bourget établit une liste, restreinte, du sanctoral. Cet ecclésiastique était alors chapelain conventuel *ad honorem* de l'ordre de Malte, d'où son titre, purement honorifique, de « monseigneur » qu'il conserva bien qu'il ait été écarté de l'ordre, dans les années 1960, et avant qu'il ne devienne l'un des rouages de l'intégrisme catholique. Il nous a paru néanmoins intéressant de reprendre, et de compléter, une grande partie de cette liste : « Bien des membres de l'Ordre souverain de St-Jean-de-Jérusalem n'ont pas mérité les honneurs des autels, écrivait-il. Mais beaucoup d'entre eux ont prouvé que la valeur, le talent et la science ont leur place en cette Milice, comme la noblesse et la sainteté. Nous avons noté quelques noms susceptibles d'éclairer cet aspect de notre ordre. »

Le frère Guérin, chevalier, puis évêque de Senlis, chancelier de France, ministre de Louis VIII, mort en 1230, à soixante-dix ans.

André II, roi de Hongrie (1205-1235), après avoir visité l'hôpital d'Acre, en 1217, devint donat et prit l'habit de l'ordre, et porta la croix sur ses vêtements royaux. Il fut le père de sainte Elisabeth de Hongrie.

Le frère Jules de Médicis, qui devint le pape Clément VI (1523-1534).

Le frère Pierre Bembo (1470-1547), fameux historien. Jules II le fit commandeur de Bologne. Grand prieur de Hongrie, il devint ensuite prêtre et fut fait cardinal.

Le grand prieur Jacques de Cordon d'Evieux (1568), maréchal de l'ordre. Il mena, ensuite, une vie contemplative à la commanderie de Composières, près de Genève.

Le commandeur Noël Brûlart de Sillery (1577-1640), ambassadeur de l'Ordre en France auprès d'Henri IV, durant trois ans. Il fut ensuite nommé en Espagne et à Rome où il représenta également Marie de Médicis, en 1614. Il fut nommé bailli l'année suivante. Il se mit sous la direction spirituelle du futur saint Vincent de Paul, fut ordonné prêtre en 1634 et mourut en odeur de sainteté. Il s'est beaucoup intéressé à l'ordre de la Visitation, et son nom revient souvent dans la correspondance de sainte Jeanne de Chantal.

Le commandeur Georges Cornaro (1658-1722), grand commandeur de Chypre, frère de Jean II, doge de Venise. Il devint prêtre puis fut fait cardinal (1697).

Le commandeur Gabriel du Bois de La Ferté (1644-1702), commandeur de Thévalde et de Breil, mort en odeur de sainteté. (Raymond de Boissard lui a consacré une excellente biographie (2005), et un dossier en vue d'un procès en canonisation devrait être constitué.)

Les frères Nicolas et Jacques Zummo († 1642-1643), qui ont fondé le couvent de N.-D.-de-Toutes-Grâces de Palerme, et sont ensevelis sous le maître-autel.

Le frère Dominique Jarente de Cabanes La Brigère (1693-1765) qui mena une vie pénitente.

Le frère Annibal della Genga, futur pape Léon XII († 1829).

Le frère Joachim Portocarrero (1681-1760). Amiral de l'ordre. Ambassadeur auprès de Charles VI d'Autriche. Il fut ordonné prêtre en 1728, et fait cardinal en 1743.

Le frère Gaëtan del Balzo (1654-1738), entra dans l'ordre de Saint-François sous le nom de père Ludovic de Jésus. Sa cause est introduite en cour de Rome.

A cette liste, nous pourrions ajouter Benoît XV. Giacomo Della Chiesa (1854-1922) fut fait cardinal le 25 mai 1914 et élu pape le 3 septembre de la même année. Il était chapelain *ad honorem* de l'ordre. On sait toutes les démarches qu'il entreprit pour dénoncer la guerre et tenter d'instaurer la paix. Dans son encyclique *Pacem, Dei munus pulcherrimum* du 23 mai 1920, le Saint-Père constata que le traité de Versailles n'avait pas « extirpé les germes des anciennes discordes ». Il voyait juste, hélas.

XII

LES SAINTES

Sainte Ubaldesque ou **Ubaldesca** (en italien) Taccini naquit à Calcinaia, dans la région de Pise, en 1136. Ses parents étaient d'humbles fermiers. Agée de quatorze ans, ou de seize selon les auteurs, elle eut la vision d'un ange qui lui ordonnait d'entrer au monastère des sœurs de Saint-Jean-de-Jérusalem. Elle aurait alors répondu à l'envoyé de Dieu : « Mais, je n'ai pas de dot, et mes parents ne peuvent m'en donner ! » L'ange lui aurait dit : « La vertu remplace la dot », et le jeune fille de répliquer : « Mais, si je n'ai aucune vertu ? » L'ange aurait répondu : « L'Esprit saint y pourvoira. Il n'y a aucune femme, dans Pise, qui sera plus comblée que toi. Grâce à vos mérites, la ville sera délivrée de grands périls. » Durant plus de cinquante ans, dans l'hôpital annexe de Pise, elle exerça la charité et s'occupa des plus démunis. On la représente, d'ailleurs, portant un panier et apportant des vivres aux pauvres. Un vendredi saint, une femme épuisée par la longueur de l'office lui demanda un verre d'eau. La religieuse le lui apporta, mais la femme exigea qu'elle bénisse le liquide. Ubaldesca refusa, naturellement, mais l'autre insista tellement qu'elle esquissa un signe de croix. La femme porta la verre à ses lèvres, et s'étonna, en pleurant, de boire du vin. Ubaldesca lui fit promettre de ne rien révéler de ce prodige. Promesse que la femme ne tint pas et l'annonce de ce miracle courut à travers toute la ville. Depuis, l'écuelle bénite a été pieusement conservée. En traversant le pont de l'Epine, elle reçut une pierre sur la tête et refusa d'être soignée, la plaie s'infecta. Elle mourut le 28 mai 1206, le jour de la Sainte Trinité. Plus tard, le grand maître Loubens de Verdalle demanda à ce que plusieurs reliques de la sainte soient apportées à Malte où elles furent placées le 28 mai 1587 dans la chapelle majeure du couvent, par une permission donnée par la pape Sixte Quint. Une indulgence plénière à perpétuité fut accordée à tous les visiteurs des précieux restes. En 1636, une église consacrée en son honneur fut construite à La Valette. Ce qui demeurait de son corps à Pise fut détruit, en 1808, par les Français, en même temps que son couvent. On la fête le 28 mai.

Sainte Toscana vit le jour vers 1280, à Zevio, près de Vérone. Elle fut mariée au seigneur Alberto Canoculin, de la maison des Ochi di Cape. Devenue veuve, elle vendit tous ses biens, consacra sa vie à Dieu, et entra dans le couvent des religieuses de Saint-Jean-de-Jérusalem, où elle se rendait, depuis de longues années, « chaque jour après-dîné » pour soigner les malades. Elle obtint, dans le jardin du couvent du Saint-Sépulcre de Vérone, une petite cellule solitaire. Elle mourut en 1343 et fut enterrée dans l'église du Saint-Sépulcre à Vérone, qui fut placée, en 1612, sous le vocable de Sainte-Toscana. Les 23 et 24 juin de cette même année, ses reliques furent transportées à Zevio. A cette occasion eut encore lieu un miracle : l'eau venant à manquer aux maçons, ils en trouvèrent dans une fosse jusque-là desséchée. Elle accomplit plusieurs autres miracles et de nombreuses guérisons, surtout des fièvres. On la célèbre le 14 juillet.

Sainte Fleur ou **Flore** naquit près de Maurs dans le diocèse de Saint-Flour, en 1309, dans une fratrie de neuf enfants, issue de la maison noble de Corbie. La vie de cette religieuse inspira plusieurs auteurs, et, curieusement, les textes en furent perdus. Jacques Juillet, son dernier biographe, rapporte que la rédaction originale composée en latin par son confesseur, au XIVe siècle, a disparu. On en avait connaissance, grâce à une version réalisée en occitan, avant 1482, et dont on perdit la trace du manuscrit en 1721. Une copie en avait heureusement été faite le 14 novembre 1667. C'est à partir de celle-ci que Clovis Brunel publia, en 1946, une *Vie et miracles de sainte Fleur*. Une précieuse indication figurait sur une feuille manuscrite : « l'an 1347 trépassa Madame sainte Fleur, le onzième juin, le jour de saint Barnabé. La maison d'où elle était sortie se nommait Corbie ». Le dominicain Mesplède qui a écrit en 1625 une histoire de sainte Fleur a précisé qu'elle était, en fait, née « Pons de Corbie » et, ajouta Jacques Juillet, de « Melhors le Merle ». A l'âge de quinze ans, Fleur de Corbie souhaita entrer en religion. « Son cousin germain Aymeric de Faycelles conseilla l'Hôpital-Beaulieu tenu par les dames de Saint-Jean-de-Jérusalem, où plusieurs de ses sœurs firent également profession (...) Les sœurs n'y étaient admises que sur preuve de huit quartiers de noblesse, ce qui atteste l'origine chevaleresque des Corbie. » Fleur eut, tout au long de sa vie, de nombreuses visions, ce que nous savons grâce à son confesseur, car elle n'en faisait pas état. Le jour de la Toussaint, elle vit le bonheur des élus, et le jour de la fête de sainte Cécile, elle assista au triomphe de la sainte dans le ciel. Elle vit un jour le ciel comme un grand arbre couvert de fleurs, au haut duquel se tenait un aigle qui tenait dans ses serres une pierre précieuse. Ses sœurs en religion ne voyaient en elle que sa grande dévotion et son service pour les pauvres et les malades qu'elle soignait avec tendresse. Il semblerait qu'elle eût reçut le don de guérir, car des paralytiques et des épileptiques recouvraient la santé à son contact. Au cours de l'une de ses extases, un ange lui remit un glaive, symbole de sa puissance contre le diable qu'elle pouvait chasser de son cœur et de celui des autres ; nul ne s'approchait d'elle sans se sentir, en effet, soulagé. Elle était remarquable en tout et son confesseur pensait qu'elle n'avait jamais péché. On l'en accusa pourtant. Durant une période de famine, l'abbesse crut que la jeune sœur dérobait de la nourriture nécessaire à la communauté pour la distribuer aux indigents. Elle la suivit et la contraignit de montrer ce qu'elle portait dans les plis de son manteau. Il en jaillit des roses pourpres. La supérieure fut ainsi convaincue qu'elle ne dissipait pas les biens du couvent. Ce miracle, le plus populaire de sainte Fleur, a été démenti par le martyrologue de Chastelain, cité par l'abbé Migne, dans son *Encyclopédie théologique*. Le miracle des pains changés en roses est, en effet, attribué à l'origine à sainte Elisabeth de Hongrie (morte en 1231). Quoi qu'il en soit, Bosio, dans *Les Images des saints et des saintes de l'ordre de Saint-Jean-de-Jérusalem*, déjà cité, représente sainte Fleur agenouillée devant un ange lui tendant une couronne de fleurs. Cette image a inspiré un tableau conservé à La Valette au *collegio*, l'ancien collège des Jésuites, autour de l'église du Gesù. Epuisée par les extases et par le peu de nourriture qu'elle prenait, elle s'éteignit en 1347, probablement le 5 octobre. Son corps fut exhumé par Géraud de Lentilhac, abbé de Figeac, le 11 juin 1360, et déjà les miracles étaient nombreux. Ses reliques furent profanées et brûlées en 1793, lorsque les révolutionnaires incendièrent l'Hôpital-Beaulieu. Son crâne et un tibia furent sauvés et déposés dans l'église voisine d'Issendolus. Les ruines de la salle capitulaire, ainsi que celles du colombier et du fournil, sont toujours visibles. Jacques Juillet nous apprend encore qu'à la fin du XVIIe siècle, les chevaliers de Malte n'oubliaient jamais de l'invoquer dans les périls, sur la mer. La Sainte-Fleur est fêtée le 12 juin.

XIII

LES GRANDS MAÎTRES DE L'ORDRE DE MALTE

1. Gérard, fondateur de l'Ordre	(† 3 septembre 1120)
2. Raymond du Puy	(1120-1150/60)
3. Auger de Balben	(1158/60-1162/63)
4. Arnaud de Comps	(1162/63)
5. Gilbert d'Assailly	(1163-1169/70)
6. Gaston de Murols	(1170-1172)
7. Joubert	(1172-1177)
8. Roger des Moulins	(1177-1187)
9. Ermengard d'Asp	(1188-1190)
10. Garnier de Naplouse	(1190-1192)
11. Geoffroy de Donjon	(1193-1202)
12. Alfons de Portugal	(1202-1206)
13. Geoffroy le Rat	(1206-1207)
14. Garin de Montaigu	(1207-1227/28)
15. Bertrand de Thessy	(1228-1231)
16. Guérin Lebrun	(1231-1236)
17. Bertrand de Comps	(1236-1239/40)
18. Pierre de Vieille-Bride	(1240-1242)
19. Guillaume de Châteauneuf	(1242-1258)
20. Hugues de Revel	(1258-1277)
21. Nicolas de Lorgne	(1277/78-1284)
22. Jean de Villiers	(1284/85-1293/94)
23. Odon de Pins	(1294-1296)
24. Guillaume de Villaret	(1296-1305)
25. Foulques de Villaret	(1305-1319)

26.	Hélion de Villeneuve	(1319-1346)
27.	Dieudonné de Gozon	(1346-1353)
28.	Pierre de Corneillan	(1353-1355)
29.	Roger de Pins	(1355-1365)
30.	Raymond Béranger	(1365-1374)
31.	Robert de Julliac	(1374-1376)
32.	Juan Fernandez de Heredia	(1376-1383)
33.	Riccardo Caracciolo	(1383-1396)
34.	Philibert de Naillac	(1396-1421)
35.	Antonio de Fluvian de La Rivière	(1421-1437)
36.	Jean de Lastic	(1437-1454)
37.	Jacques de Milly	(1454-1461)
38.	Raimundo Zacosta	(1461-1467)
39.	Giovanni Battista Orsini	(1467-1476)
40.	Pierre d'Aubusson, cardinal	(1476-1503)
41.	Emery d'Amboise	(1503-1512)
42.	Guy de Blanchefort	(1512-1513)
43.	Fabrizio del Carretto	(1513-1521)
44.	Philippe Villiers de L'Isle-Adam	(1521-1534)
45.	Pietrino del Ponte	(1534-1535)
46.	Didier de Tholon Saint-Jalle	(1535-1536)
47.	Juan de Homedes y Coscón	(1536-1553)
48.	Claude de La Sengle	(1553-1557)
49.	Jean de La Valette Parisot	(1557-1568)
50.	Pietro Cocchi del Monte San Savino	(1568-1572)
51.	Jean l'Evesque de La Cassière	(1572-1581)
52.	Hugues Loubens de Verdalle, cardinal	(1581-1595)
53.	Martin Garzès	(1595-1601)
54.	Alof de Wignacourt	(1601-1622)
55.	Luis Mendes de Vadconcellos	(1622-1623)
56.	Antoine de Paule	(1623-1636)
57.	Jean-Baptiste de Lascaris-Castellar	(1636-1657)
58.	Martin de Redín y Cruzat	(1657-1660)
59.	Annet de Clermont de Chattes Gessant	(1660)
60.	Rafael Cotoner y de Oleza	(1660-1663)
61.	Nicolás Cotoner y de Oleza	(1663-1680)
62.	Gregorio Carafa Della Roccella	(1680-1690)
63.	Adrien de Wignacourt	(1690-1697)
64.	Ramón Perellós y Rocafull	(1697-1720)
65.	Marcantonio Zondradi	(1720-1722)
66.	Antonio Manoel de Vilhena	(1722-1736)

67. Ramón Despuig y Martinez de Marcilla	(1736-1741)
68. Manuel Pinto da Fonseca	(1741-1773)
69. Francisco Ximenez de Texada	(1773-1775)
70. Emmanuel de Rohan-Polduc	(1775-1797)
71. Ferdinand von Hompesch zu Bolheim	(1797-1799)
72. Paul Ier, empereur de Russie *(de facto)*	(1798-1801)
73. Giovanni Battista Tommasi de Crotone	(1801-1805)
74. Giovanni Battista Ceschi a Santa Croce	(1879-1905)
75. Galeas von Thun und Hohenstein	(1905-1931)
76. Ludovico Chigi Albani Della Rovere	(1931-1951)
77. Angelo de Mojana di Cologna	(1962-1988)
78. Andrew Bertie	(1988-)

Lieutenants du grand magistère

Innico Maria Guevara Suardo	(1805-1814)
Andrea di Giovanni y Centelles	(1814-1821)
Antonio Busca	(1821-1834)
Carlo Candida	(1834-1845)
Filippo di Colloredo-Mels	(1845-1864)
Alessando Borgia	(1865-1871)
Giovanni Battista Ceschi a Santa Croce	(1871-1879)
Antonio Hercolani Fava Simonetti	(1951-1955)
Jean-Charles Pallavicini *(ad interim)*	(janvier-avril 1988)

Lieutenants du grand maître

Pio Franhi de Cavalieri	(1929-1931)
Ernesto Paterno Castello di Caraci	(1955-1962)

XIV

L'ORDRE AUJOURD'HUI

6 grands prieurés
4 sous-prieurés
46 associations nationales réparties dans 42 pays
Services auxiliaires dans 11 autres pays
Ambassades dans 93 pays
Membres de l'ordre : 11 000 environ
Bénévoles permanents : 80 000 environ
Donateurs réguliers : 1 000 000 environ
Personnes engagées dans les œuvres d'assistance · 11 000 environ
Personnes assistées : plus de 15 millions
Formation/éducation : 280 000 personnes
Hôpitaux : 20
Cliniques : 40 et dispensaires : 50
Structures pour les malades en phase terminale · 7
Structures pour les toxicomanes : 2
Maisons et écoles pour les enfants : 12
Maisons pour les handicapés : 12
Laboratoires pour les handicapés : 3
Maisons pour les personnes âgées : 44
Structures pour les sans-abri : 28
Centres sociaux et postes de secours : 600
Camps et structures pour les réfugiés : 6.

XV

LE CHEVALIER ET LE DRAGON

Non loin de Philerme, dans une grotte située aux abords d'un marécage, vivait un dragon qui tuait ceux qui l'approchaient. Le grand maître avait interdit aux chevaliers d'aller le combattre. Ce qui ne faisait pas l'affaire de quelques-uns parmi les plus jeunes, à la recherche d'exploits. Dieudonné de Gozon passa outre. Il observa le « dragon », étudia ses comportements, ses défenses et ses faiblesses. Il obtint, sous un prétexte familial, l'autorisation de rentrer en France. Chez lui, en Auvergne, il fit exécuter une maquette du monstre, dressa ses chiens à l'attaque, particulièrement du ventre de l'animal, et, lorsqu'il se sentit prêt, rentra à Rhodes. Là, avec ses deux molosses, il partit à l'attaque de l'animal – sans doute un crocodile rapporté d'un voyage et abandonné par son maître. Le combat fut rude et le jeune chevalier faillit périr, mais finalement le vainquit. On imagine les ovations dont il fit l'objet après un tel exploit. Friedrich von Schiller s'est emparé de cette histoire et en a composé un récit, inséré dans un lied. Le chevalier de Gozon était brave, mais comme le lui signifia le grand maître : « Tu as agi comme un héros, lui dit-il ; la bravoure honore les chevaliers, et tu en as fait preuve... Dis-moi, cependant, quel est le premier devoir de celui qui combat pour le Christ et qui se pare d'une croix ? » Tous les assistants pâlirent ; mais le jeune homme s'inclina en rougissant, et répondit avec une noble contenance : « L'obéissance est son premier devoir, celui qui le rend digne d'une telle distinction. – Et ce devoir, mon fils, répond le grand maître, tu l'as violé, quand ta coupable audace attaqua le dragon, au mépris de mes ordres. – Seigneur, jugez-moi seulement d'après l'esprit de la loi, car j'ai cru l'accomplir ; je n'ai pas entrepris sans réfléchir une telle expédition, et j'ai plutôt employé la ruse que la force pour vaincre le dragon...

[...]

« Tu as [reprit le grand maître après que la foule eut réclamé que l'on décernât une couronne au héros] frappé d'une main courageuse le dragon qui dévastait ces campagnes ; tu es devenu un dieu pour le peuple... mais, pour notre ordre, un ennemi ! et tu as enfanté un monstre bien autrement fatal que n'était celui-ci..., un serpent qui souille le cœur, qui produit la discorde et la destruction, en un mot, la désobéissance. Elle hait toute espèce de subordination, brise les liens sacrés de l'ordre, et fait le malheur de ce monde.

« Le Turc est brave comme nous... C'est l'obéissance qui doit nous distinguer de lui : c'est dans les mêmes lieux où le Seigneur a descendu de toute sa gloire à l'état abject d'un esclave, que les premiers de cet ordre l'ont fondé afin de perpétuer un tel exemple : l'abnégation de toutes nos volontés, devoir qui est le plus difficile de tous, a été la base de leur institution ! Une vaine gloire t'a séduit... Ote-toi de ma vue... Celui qui ne peut supporter le joug du Seigneur n'est pas digne de se parer de sa croix. »

Gozon se dépouilla en silence de l'habit de l'ordre, baisa la main sévère du grand maître, et s'éloigna. Plus tard, devenu lieutenant général, il fut élu grand maître le 8 mai 1346. Il fut, notamment, le défenseur du royaume d'Arménie.

XVI

SARCOPHAGES DE GRANDS MAÎTRES AU MUSÉE DE CLUNY (PARIS)

La dalle funéraire du tombeau du grand maître Gozon se trouve au musée de Cluny à Paris. Il n'en subsiste que la partie droite de l'épitaphe, en langue d'oc. Le texte, selon l'hypothèse de restitution, fait état de ses « faits d'armes », notamment la fameuse chasse au dragon. Cette dalle était installée dans l'église Saint-Jean de Rhodes et fut achetée en 1877 par Edmond du Sommerard, le premier conservateur du musée de Cluny, au consul italien à Rhodes, avec les fragments de quatre autres tombeaux de grands maîtres. Tandis que le sarcophage de celui du grand maître Pierre de Corneillan (1533-1535) est resté sur l'île, le couvercle fait partie du lot. Il repose, la tête et les pieds appuyés sur un coussin. Il est enveloppé de son grand manteau, la croix à huit branches de l'ordre cousue sur la poitrine. Le visage est mutilé, mais on remarque la qualité d'exécution de la sculpture. De la tombe de Robert de Julhiac, trente et unième grand maître de l'ordre (1374-1376), il reste le sarcophage sans son couvercle. Les trous percés dans sa partie inférieure indiquent qu'il fut utilisé comme fontaine. « Ce sarcophage de marbre blanc est un remploi d'un sarcophage antique. Sur les parois latérales se lisent en effet des épitaphes en grec : le tombeau fut celui d'un certain Jason de Nysiros et de sa fille Erato », indique la notice du musée. Le deuxième gisant est celui de Jacques de Milly, trente-septième grand maître (1454-1461). Il appuie sa tête sur un coussin dont la forme épouse celle d'une arcature gothique. Le visage et les mains sont aussi mutilés, mais « l'impression qui s'en dégage est celle d'une grande élégance, due notamment au mouvement des liens du manteau qui se croisent puis viennent s'enrouler en spirales asymétriques aux pieds du gisant ». Ce tombeau fut réutilisé pour abriter la dépouille d'un infant de la maison de Savoie, prince d'Antioche († 1464). Le cinquième tombeau est celui d'un Italien, Jean-Baptiste des Ursins, trente-neuvième grand maître (1467-1476). Sur la face avant du sarcophage, une longue inscription en vers latins fait son éloge.

XVII

LE CHEVALIER DE MALTE DANS LA LITTÉRATURE, LA MUSIQUE ET À L'ÉCRAN

La littérature s'est peu inspirée de l'histoire de l'Ordre. La figure du chevalier de Malte traverse romans et récits comme un personnage indispensable, mais jamais de premier plan. Dans les *Lettres persanes*, Montesquieu signale brièvement l'ordre de Malte en faisant dire à son Persan : « On dit qu'une poignée de chevaliers sortis d'un rocher font suer les Ottomans et fatiguent leur empire. » L'ordre de Malte fit sa véritable entrée dans la littérature avec *Le Chevalier de Malte* de Beaumont et Fletcher, vers 1618. Le héros du drame est un chevalier espagnol, Gomera, qui sauve puis épouse Oriana de La Valette, la sœur du grand maître, calomniée par un chevalier félon qui conspire avec les Turcs. *Les Illustres Françaises*, un roman à tiroir de Robert Challes, un avocat voyageur né en 1659, resté aussi longtemps inconnu que *Hattigué ou les Amours du roi Tamaran* par Samuel de Brémond. Ce dernier roman, paru, en 1676, sans nom d'auteur, mêle un chevalier de Malte à l'histoire pastichée des amours de Charles II d'Angleterre et de milady Castlemaine, duchesse de Cleveland.

Et parut, en 1731, *Manon Lescaut*, sous la plume de l'abbé Prévost. Le chevalier des Grieux, amant de Manon, appartient à l'Ordre : « L'Ordre auquel mes parents me destinaient... Ils me faisaient déjà porter la croix avec le nom de chevalier des Grieux. » A la fin du livre, le jeune chevalier part pour Malte. Il semblerait que l'abbé Prévost, pour nommer son personnage, ait imité le nom du véritable chevalier de Grieu. Celui-ci était peu recommandable, il fut placé en retraite à vie à l'abbaye de Saint-Victor, pour avoir commis de graves irrégularités dans la gestion des finances du grand prieuré de France. L'abbé s'inspira plusieurs fois de Malte dans ses livres. L'*Histoire d'une Grecque moderne* (1740) est aussi intéressante sinon plus que *Manon.* L'année suivante il publiait les *Mémoires pour servir à l'histoire de Malte ou Histoire de la jeunesse du commandeur de...* Prévost était exilé à Bruxelles lorsque ce roman, également brillant, parut.

Moins connu est Jean-Baptiste de Boyer, marquis d'Argens (1704-1771), auteur de l'*Histoire de l'esprit humain, ou Mémoires secrets et universels de la République des lettres* (Berlin, 1765, 14 volumes), qui a laissé une production abondante. Son *Mentor cavalier*, imprimé à Londres en 1736, ne s'écarte pas trop de la vie quotidienne des chevaliers de Malte. Il est vrai que le marquis était bien renseigné, son frère étant membre de l'Ordre. Anne-Claude Philippe de Tubières, comte de Caylus (1692-1765), se rendit à Malte deux fois. Ce qui lui permit de glisser dans ses *Soirées du Bois de Boulogne* (1742) un récit, pour une fois édifiant : l'*Histoire du commandeur de Hautpré.* Cet ouvrage sera réédité dans un format de poche par l'éditeur Cazin, en 1782. De son côté, Jean-François Marmontel (1723-1799), dans ses *Contes moraux* (1761), n'a pas manqué de placer une galère de Malte, sur laquelle navigue le plus aimable des chevaliers qui sauve l'héroïne enlevée en mer par les Turcs. Il existe une édition illustrée par des gravures de Gravelot (1765). N'oublions pas le chevalier d'Anceny des *Liaisons dangereuses* de Pierre Choderlos de Laclos, publié pour la première fois en 1782. Après son duel avec Valmont, le chevalier proclame : « J'irai finir à Malte avec plaisir et y garder religieusement des vœux qui me séparent d'un monde dont, jeune encore, j'ai déjà eu tant à me plaindre. J'irai enfin chercher à perdre sous un ciel étranger l'idée de tant d'horreurs accumulées et dont le souvenir ne pourrait qu'attrister et flétrir mon âme. » Dans un autre registre sont *La Grande Prieure de Malte* par Stephen de La Madelaine, publié en 1833, et *La Chevalière de Malte*, un « roman héroïque » par Georges G.-Toudouze (Tallandier, 1952) qui se déroule durant la dernière guerre et qui n'a rien à voir avec l'Ordre.

Le père de Théodore de Foudras, revenu d'exil en 1803, fit installer dans sa demeure une plaque de cheminée à ses armes et ornée d'une croix de Malte. Le jeune Théodore avait un oncle, Jacques, qui avait été commandeur de Thor, en Champagne. Il lui servit de modèle pour écrire son roman *Un amour de vieillard* (1854) dans lequel son héros, Hubert de Courcenay – du nom d'une branche des Foudras –, vit retiré dans sa commanderie de Rochemaine dans le Vivarais. Quelques années auparavant, en 1846, Eugène Sue avait fait paraître *Le Commandeur de Malte*, un roman d'aventures qui se déroule sous le ministère de Richelieu et entraîne le lecteur sur les galères de Malte. Jean Lorrain fait dire à *La Dame turque*, dans un curieux ouvrage illustré de photographies d'après nature, paru en 1898 : « ... car Malte est jaune, jaune comme de l'or même sous les ciels gris, les ciels gros d'ondées et les ciels de plomb des jours de tempête. » Ce que n'avait pas vu Andersen, qui visita lui aussi Malte, et en laissa un commentaire dans ses « Voyages en Orient », inédits en français, dans lesquels il magnifie la clarté du ciel. Un chevalier de Malte inattendu se révèle encore dans l'un des plus importants monuments de la littérature française : *A la recherche du temps perdu*, de Marcel Proust ! Dans *Sodome et Gomorrhe*, l'auteur décrit M. de Charlus dans le monde, admire son élégance et précise qu'il porte « suspendue à un large cordon au jabot de l'habit, la croix en émail blanc, noir et rouge, de chevalier de l'Ordre religieux de Malte ».

L'Ile aux cent gloires est un roman daté de 1930 et signé par P. de Joannis, qui met en scène un jeune couple en voyage à Malte. Le héros du roman prépare une thèse sur les chevaliers, ce qui permet à l'auteur de glisser de nombreuses informations sur l'ordre. En 2004, Louis-Gilles Pairault a utilisé un procédé semblable en racontant l'histoire d'un étudiant envoyé sur l'île sous prétexte de recherches historiques. Il rencontrera une belle Maltaise, sur fond de roman d'espionnage. *Sous le signe de la croix blanche*, par Michel Evin (1941), rapporte le sacrifice d'un jeune chevalier, en Normandie, durant la Révolution. A l'aube du XIXe siècle, après la chute de l'île de Malte, le chevalier Théodore Lascaris de Vintimille choisit de partir en mission en Asie Mineure pour le compte de Bonaparte. Lamartine évoque son histoire, Audriant l'a racontée (1940) ; elle fut reprise sous forme de roman par Jean Soublin (1983). Jean de La Varende fut, sans doute, celui qui exalta le mieux l'esprit chevaleresque des membres de l'ordre. Tout son style traduit le sentiment de l'honneur, le panache et l'élégance des « Messieurs de Malte », comme il les nommait, notamment dans plusieurs nouvelles composant *Des marins, de l'honneur et des dames* (1970) dans, justement, *Les Chevaliers de Malte* (1970). Le personnage du commandeur de Galard (le nom complet de l'écrivain est Mallard de La Varende apparaît souvent dans ses œuvres.

Citons enfin *Les Chevaliers de Malte* par Roger Peyrefitte. Le grand maître de Mojana se plaisait à dire que tout était vrai, dans cet ouvrage, à une exception près : le cardinal Canali ne portait pas de perruque ! On s'est longtemps demandé comment l'écrivain avait pu paraître si bien renseigné sur les événements qui marquèrent les différends alimentés par le grand prieur de Rome et grand maître de l'ordre de Saint-Sépulcre, contre l'Ordre. Nous savons depuis qu'il s'agissait d'un employé qui travaillait au grand magistère. Il fournissait des renseignements à un ancien ambassadeur, ami de Roger Peyrefitte.

Nicolas Saudray, enfin, a composé deux romans qui se suivent, *Dieu est-il gentilhomme ?* (1986) et *Chevalerie du soir* (1987), en fait une biographie déguisée du commandeur de Dolomieu et surtout une description magistrale de la vie quotidienne des chevaliers à la fin du XVIIIe siècle.

Au cinéma, les chevaliers de Malte sont quasiment absents. Nous en apercevons deux, dans un *Angélique*, qui ne peuvent malheureusement la racheter aux Turcs. Un des personnages de *Mission*, le film de Roland Joffé (1986), porte malencontreusement une croix appendue à un ruban noir autour du cou. Sans doute une fantaisie d'un costumier qui l'avait prise pour une quelconque décoration. Le chevalier d'Anceny, dans *Valmont*, le film de Milos Forman (1989), surgit, en compagnie d'un second chevalier, enveloppé dans une ridicule petite cape mauve, frappée de la croix blanche. Reste le fameux *Faucon maltais* (1941) de John Huston, qui met aux prises Humphrey Bogart, Mary Astor et Peter Lorre, dans une sombre histoire de récupération d'une statuette qui se révélera être un faux. Ce film est tiré d'un roman policier de Dashiell Hammett, paru en 1929. Il en a été réalisé une première adaptation dès 1931, par Roy Del Ruth avec Ricardo Cortez ; puis une autre, dans le genre de la comédie, en 1936, par William Dieterle toujours sous le même titre, en français, *Le Faucon maltais* également, mais *Satan Met a Lady*, en anglais. Une dernière version a été tournée en 1969, par Roger Corman, sous le titre, *Target : Harry*. Tous ces faucons-là n'ont évidemment aucun point commun avec l'histoire de l'ordre.

XVIII

CHRONOLOGIE

637	Le calife Omar s'empare de Jérusalem.
800	Instauration de l'empire d'Occident par Charlemagne.
1050	Des marchands italiens d'Amalfi reçoivent l'autorisation de créer un hospice pour soigner et héberger les chrétiens devant la porte du Saint-Sépulcre.
1076	Jérusalem aux mains des Seldjoukides.
1095	Urbain II prêche la première croisade à Clermont-Ferrand.
1097	Les croisés pénètrent en Asie Mineure.
1098	Les Fatimides prennent Jérusalem. Les croisés s'emparent d'Antioche.
1099	Godefroy de Bouillon délivre Jérusalem. Des « moines habillés de noir » dirigés par le frère Gérard soignent les malades et les pèlerins à l'hôpital de Saint-Jean.
1100-1118	Baudouin Ier, roi de Jérusalem.
1108	Louis VI le Gros, roi de France.
1113	Bulle du pape Pascal II, approuvant l'hôpital de Saint-Jean.
1117	Mise en place du grand prieuré de Provence.
1118	Fondation des « Pauvres chevaliers du Christ », les Templiers.
1118-1131	Baudouin II, roi de Jérusalem.
1119	Raymond du Puy élu grand maître des hospitaliers de Saint-Jean.

1130	Approbation de la bannière de l'ordre, rouge à la croix de Saint-Georges blanche.
1137	Foulques Ier roi de Jérusalem confie aux Hospitaliers le castel Gibelin.
	Raymond du Puy élabore une nouvelle règle.
	Louis VII, roi de France.
1142	Le krak des Chevaliers est confié aux Hospitaliers.
1144	Chute d'Edesse.
1147	Reconnaissance des Templiers.
1146-1149	Deuxième croisade. Louis VII.
1153	Approbation par le pape Eugène III de la règle des Hospitaliers.
	Prise d'Ascalon par Baudouin III avec l'aide des Hospitaliers.
1160	Mort de Raymond du Puy, élection d'Auger de Balben.
1162-1174	Amaury Ier, roi de Jérusalem.
1178	Fondation du grand prieuré de France.
1180	Philippe Auguste, roi de France.
1181	Premiers statuts sur l'accueil des malades.
1187	Défaite des Francs à Hittin. Prise de Jérusalem par Saladin.
1188-1192	Troisième croisade. Frédéric Barberousse, Philippe Auguste, Richard Cœur de Lion.
1199-1204	Quatrième croisade.
1217-1221	Cinquième croisade.
1227-1229	Sixième croisade. – Frédéric II d'Allemagne.
1238	Installation de dames hospitalières dans le haut Quercy.
1248-1254	Septième croisade. Saint Louis.
1250	Fondation du grand prieuré d'Allemagne.
1267	Le titre de grand maître est accordé aux maîtres des Hospitaliers.
1270-1271	Huitième croisade. Saint Louis meurt à Tunis.
1282	Henri II de Chypre devient roi de Jérusalem.
1291	Prise d'Acre par Khalil, fin des royaumes francs.
	Les Hospitaliers quittent la Terre sainte et s'établissent à Limassol, à Chypre.
1292	Composition du Code vatican latin par le commandeur de Chypre.

1305	Foulques de Villaret élu 25e grand maître des Hospitaliers.
1306	Le pape Clément V autorise les Hospitaliers à armer des navires.
1307	Philippe le Bel décide l'arrestation des Templiers.
	Débarquement des Hospitaliers à Rhodes.
1310	Les hospitaliers de Saint-Jean s'établissent à Rhodes.
1311	Construction d'un premier hôpital à Rhodes.
1312	Bulle du pape Clément V supprimant le Temple. Ses biens sont dévolus en grande partie aux Hospitaliers de Saint-Jean.
1325	Nouveau Code des Hospitaliers.
1327	Le chapitre de Montpellier décide la division de l'ordre en langues.
1337	Début de la Guerre de Cent Ans.
1344	Conquête de Smyrne par les Hospitaliers (jusqu'en 1402).
1357	Victoire navale de l'Ordre au large de Mégare.
1393	Chute du siège de Nicopolis.
1440	Premier siège de Rhodes par le sultan d'Egypte. Construction de la « grande infirmerie » de Rhodes.
1444	Deuxième siège de Rhodes par le sultan d'Egypte.
1453	Chute de Constantinople, fin de l'Empire byzantin chrétien.
1461	Louis XI, roi de France.
1462	Subdivision de la langue d'Espagne en langue d'Aragon et langue de Castille.
1476	Election du grand maître Pierre d'Aubusson.
1480	Troisième siège de Rhodes par le sultan Mehmet II.
	Pierre d'Aubusson est fait cardinal par le pape Eugène IV.
1497	Réforme des statuts de l'Ordre.
1521	Election du grand maître Philippe Villiers de L'Isle-Adam.
1522	Quatrième siège de Rhodes par Soliman le Magnifique.
1523	1er janvier. Les hospitaliers de Saint-Jean quittent Rhodes avec les honneurs de la guerre.

	L'ordre s'établit à Civitavecchia, à Viterbe puis à Nice, en 1528, conservant tous ses privilèges et droits souverains.
1530	26 octobre. Les Hospitaliers prennent possession de l'île de Malte.
1532	Construction d'un premier hôpital à Malte.
1540	Dissolution de la langue d'Angleterre.
1541	Perte de Tripoli.
1550	Institution à Malte de la médecine d'urgence.
1557	Election du grand maître Jean de La Valette.
1565	15 mai. Le « grand siège ». Les Ottomans sont repoussés.
1566	Pose de la première pierre de ce qui sera La Valette.
1571	La Valette, capitale de Malte, achevée.
	Bataille de Lépante.
1575	Construction de la « Sacrée Infirmerie ».
1582	Confiscation des possessions de l'ordre en Angleterre.
	Le grand maître Hugues de Loubens de Verdalle est fait cardinal par le pape Sixte V.
1595	Institution du service effectif des « quatre caravanes ».
	Fondation de l'Ecole de médecine de Malte.
1625	Réunion des prieurés de dames hospitalières à Toulouse.
1676	Création d'une Ecole d'anatomie et de chirurgie.
1679	Création d'une Ecole de pharmacie à Malte.
1687	Fondation de la bibliothèque médicale de Malte.
1771	Fondation de l'université de médecine de Malte.
1774	Avènement de Louis XVI.
1175	Election du grand maître Rohan-Polduc.
1781	Fondation de la langue anglo-bavaroise.
1782	Promulgation du « Code Rohan ».
	Création de l'Ecole de mathématiques et de sciences nautiques, au sein de l'université de Malte.
1791	Suppression en France des ordres de chevalerie.
1792	19 septembre. Mise sous séquestre et vente des biens de l'ordre de Malte en France.
1793	Tentative de révolte à Malte, fomentée par des espions de la Convention.
1794	Création d'une chaire de dissection à l'université de Malte.

1797	Constitution du grand prieuré russe (15 janvier). Ferdinand von Hompesch élu grand maître.
1798	10 juin. Bonaparte s'empare de l'île de Malte. Paul Ier de Russie se fait – illégalement – élire grand maître.
1800	Prise de Malte par les Anglais.
1801	Election du grand maître Tommasi. Le traité d'Amiens prévoit la restitution de l'île de Malte à l'ordre.
1816	La Chambre des députés (France) reconnaît la souveraineté de l'ordre.
1822	Le congrès de Vérone reconnaît la légitimité des réclamations de l'ordre.
1827	Le pape Léon XI accorde à l'ordre un couvent et une église à Ferrare.
1834	L'Ordre prend ses quartiers définitifs « dans » Rome.
1859	Fondation d'un hôpital à Naples.
1860	Lancement d'un service sanitaire durant la campagne d'Italie.
1864	Fondation de l'association de Rhénanie-Westphalie.
1876	Fondation de l'association britannique.
1877	Installation des premiers trains-hôpitaux.
1879	Restauration de la grande maîtrise. Frà Jean Ceschi a Santa Croce est élu 74e grand maître.
1881	Fondation de l'association d'Espagne.
1891	Formation de l'Association française.
1892	Création d'un dispensaire à Montmartre.
1911	Préparation d'un hôpital auxiliaire pour temps de guerre.
1914	Hôpital de l'ordre sur la ligne de Saint-Mihiel à Verdun, puis transfert à Châlons-sur-Marne.
1927	Création des Œuvres hospitalières françaises de l'ordre de Malte.
1936	Approbation des « Constitutions » de l'Ordre.
1956	Intervention de l'ordre en Hongrie.
1961	Approbation de la « Charte constitutionnelle ».
1962	Election du grand maître Angelo di Mojana di Cologna.
1966	Approbation du Code de l'Ordre.
1966	Approbation du Règlement de l'Ordre.
1969	L'Ordre intervient au Biafra.

1988 Election du grand maître Andrew Bertie.

1997 Rénovation de la Charte constitutionnelle et du Code.

1998 L'Ordre retrouve la jouissance du fort Saint-Ange à La Valette, après un accord signé avec la république de Malte.

BIBLIOGRAPHIE

L'histoire de l'Hôpital, de *la Religion* comme on le nommait dans les textes anciens, s'étend donc sur neuf siècles. Les archives sont nombreuses et... éparpillées. Le fonds du gouvernement central de l'Ordre, éprouvé par la perte de Jérusalem en 1187, par celle d'Acre en 1291, par celle de Rhodes en 1522, par l'occupation française de Malte en 1798, est conservé à la Bibliothèque nationale de Malte à La Valette. Ce fonds, composé de sept mille manuscrits datés de 1107 à 1798, forme un des plus beaux ensembles d'Europe, mais il est l'un des moins exploités. Il convient, toutefois, de noter deux travaux importants extrêmement utiles, pour l'histoire des archives tant centrales que locales. Celui, d'abord, de R. Hiestand, *Päpsturkunden für Templer und Johanniter. Archivberichte und Texte* (1972) et, ensuite, la publication générale, entreprise par l'université de Malte sous la direction du révérend Joseph Mizzi, d'un *Catalogue of the Records of the Order of St. John of Jerusalem in the Royal Malta Library*, en treize volumes. Aux archives du Vatican, on compte deux cents volumes provenant de l'*Inquisitione di Malta* (1572-1797) ; le grand magistère, dans Rome, ne conserve que les archives modernes. En France, les Archives de France ont recueilli le fonds du grand prieuré de France (M 1 à 29 et MM 1 à 192) remontant au XIe siècle, tenu à jour et conservé jusqu'en 1792 dans la tour du Temple de Paris qui, rappelons-le, en fut débarrassée pour accueillir Louis XVI et sa famille. Les archives départementales du Rhône conservent encore un fonds très important de la langue d'Auvergne qui fut la plus importante pour les admissions dans l'ordre. Les archives du ministère des Affaires étrangères gardent plus de trente volumes contenant les correspondances entre le ministre français et les ambassadeurs auprès du grand maître, du XVIe au XVIIIe siècle. Toutes ces archives doivent être complétées par des sources anglaises, espagnoles, belges, néerlandaises et surtout russes, étudiées par le vénérable bailli Frà Cyril Toumanov. A toutes ces pièces « officielles », il conviendrait d'ajouter celles conservées dans les familles et chez les amateurs. On le voit, la masse d'informations sur l'ordre est considérable et loin d'être entièrement répertoriée.

Quant aux publications, elles sont également très nombreuses. La première tentative de bibliographie est celle de la bibliothèque spécialisée réunie en 1781 par le commandeur Smitmer. Après lui, le chevalier de Boisgelin esquissa une *Bibliothèque historique et critique* parue en 1804. Le document le plus important est la *Bibliographie méthodique* du chevalier de Hellwald, parue à Rome en 1885, complétée par les *Aggiunte* d'E. Rossi, parues en 1924 et en 1929, puis par les *Saggi di una bibliografia di Malta*, de T. Guarnaschelli et E. Valenziani, parus en 1938. Bruno Neveu, directeur d'études à l'Ecole pratique des hautes études, disparu en 2004, considérait en 1977 que le meilleur instrument de travail dont on disposait était l'ouvrage du révérend Joseph Mizzi. Depuis, un chercheur américain, Lynn Melvyl Nelson, a donné dans sa *Bibliographie des croisades* (Kansas, 1992) des indications bibliographiques plus récentes sur l'histoire de l'ordre. N'y apparaissent pas toutes les publications françaises sur les commanderies locales, qui sont, certes, à manipuler avec précaution, car un grand nombre de leurs auteurs mélangent allègrement Hospitaliers et Templiers, ni même les travaux d'historiens espagnols, italiens, et même maltais qui sont fort nombreux, et, le plus souvent, remplis d'informations inédites. La bibliographie des soixante-dix dernières années du XXe siècle reste à dresser.

Sinon, les histoires générales de l'ordre composées avant 1798 ne sont guère nombreuses et sont les seules disponibles pour suivre l'évolution de l'ordre. Le premier ouvrage, en dehors des Statuts, racontant l'histoire de l'ordre de Malte est celui de Giacomo Bosio, intitulé *Istoria della Sacra Religione ed illustre milizia di S. Gio. Gerosolimitano*, imprimé à Rome de 1594 à 1602. Nous en préférons la seconde édition de 1621-1629. La plupart des auteurs, surtout Vertot, s'inspireront en partie de ces écrits. Notamment Pierre de Boissat : *Histoire des chevaliers de l'Ordre de S. Jean de Hierusalem contenant leur admirable institution & la suite des guerres de la Terre Saincte où ils se sont trouvez...*, imprimé à Lyon, par Roville, en 1611-1612, dont il existe six éditions. Leur description n'est pas facile, car elles ont connu des modifications et des ajouts. Ainsi, la quatrième (à Paris chez Jacques d'Allin, en 1643), que l'on peut rencontrer reliée avec les *Statuts* étudiés par A. de Naberat (1626), qui lui-même avait augmenté cette histoire dans l'édition de 1629 (à Paris chez Soly, Billaine, Alliot). Cet ouvrage, largement inspiré par celui de Bosio, comporte de nombreuses inexactitudes quant aux noms, chiffres et dates. La bibliothèque des Arts décoratifs à Paris conserve un exemplaire de l'édition de 1629, somptueusement relié aux armes du grand maître Antoine de Paule (1551-1623-1636). Suit l'*Historia della Sacra Religione...* de Bartolomeo Del Pozzo, publiée en 1703-1715, qui conduit l'histoire de l'ordre jusqu'en 1688.

L'ouvrage le plus célèbre sur l'ordre est l'*Histoire des chevaliers Hospitaliers de Saint Jean de Jérusalem appelés depuis chevaliers de Rhodes et aujourd'hui chevaliers de Malte*, publiée en 1726. Son succès tient pour la plus grande part à sa qualité d'exécution, son format, in-quarto, aux soixante et onze portraits de grands maîtres gravés par J.-F. Cars et à ses six cartes doubles, répartis sur les quatre vol. in-quarto, sans oublier le portrait de l'auteur en frontispice. On l'appelle communément « le Vertot » du nom de son auteur. L'abbé René Aubert de Vertot (1655-1735) s'est lui aussi inspiré de Bosio. D'abord capucin puis prémontré, prieur de Joyenval puis curé de Croissy-la-Garenne, près de Marly, secrétaire de l'abbé Colbert, général de l'ordre des Prémontés, il devint en 1715 l'historiographe de l'ordre de Malte. La reine Marie Leczinska possédait un exemplaire du « Vertot », relié à ses armes. Il est passé plus tard dans la bibliothèque de la princesse Amédée de Broglie. Sur la fin de sa vie, l'abbé de Vertot a été nommé par le duc d'Orléans secrétaire des commandements de la duchesse son épouse.

Selon le bibliographe Ferdinand de Hellwald, cette « Histoire de Malte se distingue plus par un style élégant, que par son exactitude, qui est quelquefois douteuse ». Cette appréciation viendrait de la réponse que fit l'abbé de Vertot à l'un de ses correspondants qui lui apportait des précisions sur le siège de Rhodes, alors que sa relation était déjà rédigée : « Mon siège est fait », et qui est devenue un proverbe. Cette phrase serait, pour quelques auteurs, dont le professeur C. Volpilhac-Auger, de l'université Stendhal à Grenoble, apocryphe. Elle aurait été rapportée pour la première fois par d'Alembert, dans ses *Réflexions sur l'Histoire*, lues en séance publique à l'Académie française, le 19 janvier 1761 : « Il écrivit l'histoire du siège, moitié d'après le peu qu'il en savait, moitié d'après son imagination ; et par malheur les détails qu'il en donne sont pour le moins aussi intéressants que s'ils étaient vrais ; les mémoires arrivèrent enfin ; *j'en suis fâché*, dit-il, *mais mon siège est fait.* C'est ainsi qu'on écrit l'histoire, et la postérité croit être instruite. » Mais ce qui incite le plus à remettre en cause cette tradition, assure C. Volpilhac-Auger, c'est la version trouvée dans une édition tardive, de 1842, de l'*Histoire de Malte*, complétée par A.M.L. de Bussy. L'anecdote se rapporterait au siège de Candie (1670), et non au siège de Rhodes (1522). « Le point est d'importance, car il s'agirait alors d'un fait d'histoire relativement récent (cinquante ans), pour lequel les intérêts sont loin d'être éteints et négligeables. » Il reste que si les nombreux travaux historiques de l'abbé avaient été contestés par ses contemporains, nous l'aurions su, et ses ouvrages n'auraient pas connu autant de rééditions. Il y en eut au moins une quinzaine. Parmi elles, la plus intéressante est celle de 1761, car elle est la première augmentée des Statuts de l'ordre et d'une liste – incomplète – des noms des chevaliers. Imprimée pour Babuty, elle est en sept volumes. Il en existe deux abrégés, destinés à la jeunesse. Le premier publié par Mame en 1837, orné de quatre gravures sur acier, connaîtra treize rééditions ; le second fut imprimé pour Barbou à Limoges en 1842. Ces deux éditions sont généralement présentées sous un cartonnage attrayant. « Le Vertot » a certainement plus fait pour la renommée de l'ordre que bien des actions diplomatiques et politiques.

Pour le XVIIIe siècle, reste le *Memorie de' Gran Maestri del Sacro Militar Ordine Gerosolimitano*, par Paolo Maria Paciaudi, de 1780.

Les histoires générales modernes des XIXe et XXe siècles sont nombreuses, mais souvent peu critiques. Joseph Delaville Le Roux en 1883, et Claire-Eliane Engel, en 1957 et 1968 exclusivement, ont eu recours aux sources et analysent les archives disponibles, comme le fit, essentiellement pour le XVIIIe siècle, Alain Blondy, dont la thèse fut publiée en 2002 et présente une critique acerbe des chevaliers. Les travaux des baillis Thierry et Géraud Michel de Pierredon, retraçant l'histoire politique et diplomatique de l'ordre depuis 1798 à nos jours, sont encore des plus précieux.

Nous ne pouvons pas, naturellement, citer tous les ouvrages dans lesquels courent des informations pas toujours vérifiables. Les articles, notamment ceux parus dans la *Rivista del Sovrano Ordine Militare di Malta* (1937-1952), la *Revue de l'Ordre souverain et militaire de Malte* (1958-1959), les *Annales de l'Ordre souverain militaire de Malte* (1960), et dans le *Bulletin de la Société de l'histoire et du patrimoine de l'ordre de Malte* sont également précieux, ainsi que les articles de Michel Fontenay, professeur à Paris-III, et de Nicolas Vatin, directeur de recherches au CNRS, tous deux spécialistes de la course en Méditerranée et des relations entre les hospitaliers et les Ottomans, et encore l'ouvrage d'Alfonso de Ceballo-Escalera qui rapporte l'histoire de l'ordre en Espagne de 1802 à 2002. Pour des sujets plus spécialisés, comme l'héraldique, les travaux d'Hervé Pinoteau apportent des précisions particulièrement précieuses sur cette histoire passionnante.

Alliance internationale, ordre de Saint-Jean-de-Jérusalem, Kunfig, Genève, 1964.

ALPHANDÉRY (Paul), DUPRONT (Alphonse), *La Chrétienté et l'idée de croisade*, Albin Michel, 1954, 1959, réédité en 1995.

ANTOCHE (Emmanuel C.), « Les Expéditions de Nicopolis (1396) et de Varna (1444) », *Clouds Magazine*, printemps 2004.

AQUIN DE SAINT-JOSEPH (Thomas d'), *Histoire de la vie et des vertus de la vénérable Mère Galiote de Sainte Anne de la très illustre maison des comtes de Vaillac, religieuse de l'ordre de Saint-Jean-de-Jérusalem, prieure du monastère de l'Hôpital-Beaulieu en Quercy, réformatrice de son ordre*, Paris, Sébastien Hure, 1663.

AUBIGNY (Gilles), CAPO (Bernard), *Les Hospitaliers de Malte, neuf siècles au service des autres*, Œuvres Hospitalières de l'ordre de Malte, 1999.

AURIANT, *La Vie du chevalier Théodore Lascaris, ou l'Imposteur malgré lui*, Gallimard, 1940.

BACQUÉ-GRAMMONT (Jean-Louis), KUNERALP (Sinan), HITZEL (Frédéric), *Représentants permanents de la France en Turquie (1536-1991) et de la Turquie en France (1797-1991)*, Istanbul-Paris, éditions Isis, 1991.

BEAUCAGE (Benoît), *Visite générale des commanderies de l'ordre des Hospitaliers dépendant du grand prieuré de Saint-Gilles (1338)*, Aix-en Provence, Publications de l'Université de Provence, 1982.

BEAUDOUIN (I.), *Histoire des chevaliers de l'Ordre de S. Jean de Hierusalem*, Paris, 1659.

BELLORI (Giovani Pietro), *Vie du Caravage*, 1991 (traduction de l'édition de 1672).

BELTJENS (Alain), *Aux origines de l'ordre de Malte*, chez l'auteur, 1995.

BELTJENS (Alain), « Le Récit d'une journée au grand hôpital de Saint-Jean de Jérusalem sous le règne des derniers rois latins ayant résidé à Jérusalem ou le Témoignage d'un clerc anonyme conservé dans le manuscrit CIM 4620 de Munich », in *Bulletin de la Société de l'histoire et du patrimoine de l'Ordre de Malte*, n° 14, spécial, Paris, 2004.

BESSEY (Valérie), « Les Commanderies de l'Hôpital en Picardie (XIe siècle-début XVIe siècle) », thèse de doctorat (inédite), université Paris-IV, Sorbonne, décembre 2001 (citée par Alain Demurger).

BLONDY (Alain), *Le Gallicanisme et l'Ordre de Saint-Jean*, L'Alliance française de Malte, 1992.

BLONDY (Alain), *L'Ordre de Malte au XVIIIe siècle, des dernières splendeurs à la ruine*, Bouchène, 2002.

BLONDY (Alain), *Le Commerce des oranges entre Malte et la France au XVIIIe siècle*, d'après la correspondance entre Joseph Savoye, épicier à Paris et son fils, l'abbé Louis Savoye, chapelain conventuel de l'Ordre de Malte, Introduction par Salvino Busuttil, Bouchène et Fondation de Malte, La Valette, 2003.

BOISSAT (Pierre de), *Histoire des chevaliers de l'Ordre de S. Jean de Hierusalem contenant leur admirable institution & la suite des guerres de la Terre Saincte où ils se sont trouvez...*, Lyon, Roville, 1611-1612.

BORGIA (Papas Vito), *Notre Dame de Damas, l'histoire d'une icône*, traduit en français par Désirée Le Roux, Veritas Press Malta, 2003.

BORRICAND (René), *Histoire de l'ordre de Malte, ordre militaire et souverain des Hospitaliers de Saint-Jean-de-Jérusalem, de Rhodes et de Malte*, Borricand, 1968, réimprimé en 1981.

BOSIO (Giacomo), *Istoria della Sacra Religione ed illustre milizia di S. Gio. Gerosolimitano*, 2e éd., Rome, 1621-1629.

BRAUDEL (Fernand), *La Méditerranée et le monde méditerranéen à l'époque de Philippe II*, A. Colin, 1966.

BRAUDEL (Fernand), *Autour de la Méditerranée*, P.L.G.F., 1998.

BRÊME (Dominique), « Le Génie tragique du Caravage », in *Dossiers de l'art*, Malte, 1997.

BRÊME (Dominique), « Malte, dans la tourmente caravagesque », in *Dossiers de l'art*, Malte, 1997.

BRICE (Germain), *Description nouvelle de la vile de Paris, et recherche des singularitez les plus remarquables qui se trouvent à présent dans cette grande ville*, P. N Le Gras, 1706.

BROGINI (Anne), « L'Esclavage au quotidien à Malte au XVIe siècle, in *Les Cahiers de la Méditerranée*, vol. 65, déc. 2002.

BUHAGIAR (Mario), *For a History of the Icon Before its Recent Rediscovery*, J. Azzopardi (ed.).

BUSSY (A.M.L. de), VERTOT (Abbé de), *Histoire des chevaliers Hospitaliers de Saint-Jean de Jérusalem, appelés depuis chevaliers de Rhodes, et aujourd'hui chevaliers de Malte*, revue et continuée jusqu'à nos jours par... Lyon, Paris, Périsse, 1842.

BUTLER (Lionel), *The Port of Rhodes under the Knights of St John (1309-1522)*, in Recueil de la Société Jean Bodin pour l'histoire comparative des institutions XXXII (Les grandes escales I), Bruxelles, 1974 (cité par Nicolas Vatin).

CALVET (Antoine), *Les Légendes de l'Hôpital de Saint-Jean de Jérusalem*, Presses universitaires de Paris-Sorbonne, Ceroc n° 11, 2000.

CAOURSIN (Guillaume), *Obsidionis Rhodiae urbis descriptio*, Ulm, 1496, orné de 36 gravures sur bois. (Cet ouvrage a été imprimé pour la première fois (en gothique) à Padoue, en 1480.)

CASSAR (Paul), *Medical History of Malta*, Londres, 1964.

CAYWOOD (Desmond), *Freemasonry and the Knights of Malta*, Ars Quatuor Coronatorum, Londres, vol. 83, 1970, p. 71-95.

CHARLES-VALLIN (Thérèse), *Les Aventures du chevalier géologue Déodat de Dolomieu*, Presses universitaires de Grenoble, 2003.

COSTE (Hilarion de), *Les Eloges et les vies des reynes, des princesses, et des dames illustres en pieté, en Courage & en Doctrine, qui ont fleury de nostre temps, & du temps de nos Peres. Avec l'explication de leurs Devises, Emblémes, Hieroglyphes, Divisez en deux tomes et dediez à la Reyne Regente*, Paris, Sébastien Cramoisy et Gabriel Cramoisy, 1647.

CRÉHANGE (Dr P.-A.), *Les Livres anciens de médecine et de pharmacie, promenade à travers la médecine du passé*, Editions de l'Amateur, 1984.

[CRUSSOL (BAILLI DE)], *Opinion du bailli de Crussol, député à l'Assemblée nationale sur l'Ordre de Malte*, Paris, Pain, 1790.

DELAVILLE LE ROULX (J.), *Cartulaire général de l'ordre de l'Hôpital de Saint-Jean-de-Jérusalem, 1100-1310*, Paris, 1894.

DELAVILLE LE ROULX (J.), *Les Hospitaliers en Terre sainte et à Chypre*, Paris, 1904.

DEMURGER (Alain), *Les Templiers, une chevalerie chrétienne au Moyen Age*, Le Seuil, 4e éd., 2005.
DEPASQUALE (Carmen), *Le commandeur dans sa famille, comédie en 3 actes de Joseph de Passion de Sainte-Jav*, Agenda, Malte, 2005.
DEPEYRE (Michel), *L'Ordre de Malte et la marine française (XVIIe-XVIIIe siècle*, Actes du colloque de Montbrison (4-5 avril 2003), Publications de l'Université de Saint-Etienne, 2004.
DEPEYRE (Michel), *Le Père Paul Hoste, fondateur de la pensée navale moderne*, in *L'Evolution de la pensée navale*, Institut de stratégie comparée, 1994.
DU BOURG (Antoine), *Histoire du Grand-Prieuré de Toulouse*, 1883.
DUBY (Georges), *Guerriers et Paysans, VIIe-XIIe siècle, premier essor de l'économie européenne*, Gallimard, 1973.
DUROV (Valery), *The Orders of Russia*, Bystrov et Shpikalova, Moscou, 1993.

ELMALAN (Serge), *Nicolas de Villegagnon ou l'Utopie tropicale*, Favre, 2002.
ENGEL (Claire-Eliane), *Histoire de l'ordre de Malte*, Nagel, 1968.
ENGEL (Claire-Eliane), « Les Origines de la croix de Malte », in *Historia*, n° 322, septembre 1973.
EVEN (Michel), *Sous le signe de la croix blanche*, Lib. Gabriel Enault, 1941.

FIORINI (Stanley), *Santo Spirito Hospital at Rabat, Malta*, Department of Information, Malta, 1989.
FONTENAY (Michel), *L'Empire ottoman et le risque corsaire au XVIIe siècle*, Actes du IIe colloque international d'histoire, économies méditerranéennes, équilibres et intercommunications, XIIIe-XXe siècle, Athénat, 1985.
FONTENAY (Michel), *De Rhodes à Malte : l'évolution de la flotte des Hospitaliers au XVIe siècle*, Genève, Civico Instituto Colombano, 1987.
FORTI GRAZZINI (Nello), « Les Indes maltaises », in *FMR*, n° 74, juillet 1998.
FOUGEYROLLAS (Claude-André), *L'Héraldique dans l'ordre de Saint-Jean-de-Jérusalem*, chez l'auteur, 1994.
FRANCLIEU (Aglaé), *Mémoires de la chanoinesse de Franclieu*, publiés par Jean Marchand, Lib. de Paris, Firmin-Didot, 1930.
FRELLER (Thomas), *Knights, Corsairs and Slaves in Malta*, P.I.N, Malta, 1999.

GABRIEL (Albert), *La Cité de Rhodes, 1) Architecture civile et religieuse 2) Topographie Architecture militaire*, Paris, E. de Boccard, 1921-1923.

GALIMARD FLAVIGNY (Bertrand), « Les Chevaliers de Malte », *Historia* spécial, n° 403 *bis*, 1980.

GALIMARD FLAVIGNY (Bertrand), *Ordres et contre-ordres de chevalerie*, Mercure de France, 1982 (avec la collaboration d'Arnaud Chaffanjon).

GALIMARD FLAVIGNY (Bertrand), « L'Ordre de Malte, Etat souverain », *Historia*, 1987.

GALIMARD FLAVIGNY (Bertrand), « Trésors de Malte », *Dossiers de l'art*, 1997 (collectif).

GALIMARD FLAVIGNY (Bertrand), *Les Chevaliers de Malte, des hommes de fer et de foi*, Découvertes Gallimard, 1998.

GANADO (Albert). *Valletta Città Nuova. A Map History (1566-1600)*. Publishers Enterprises Group (PEG) Ltd, Malta, 2003.

GARNIER (François), *Le Journal de la bataille de Lépante*, Editions de Paris, 1956.

GAUDART DE SOULAGES (Michel), LAMANT (Hubert), avec la collaboration de Karl-Heinz HOFFMEISTER, *Dictionnaire des francs-maçons européens*, Dualpha, 2005.

GENNES (Jean-Pierre de), *Les Chevaliers du Saint-Sépulcre de Jérusalem*, t. I, Hérault, 1995 ; t. II (2 vol.), Histoires et documents, 2004.

GIORGIO (Roger de), *A City by an Order*, Malte, 1985.

GOBRY (Yvan) *Le Procès des Templiers*, Paris, Perrin, 1995.

GODECHOT (Jacques), *Histoire de Malte*, PUF, Que Sais-je ?, 1952.

GOODALL (John A.), *The Origin of the Arms and Badge of the Order of St. John of Jerusalem*, *The coat of arms*, Londres, t. 5, janvier 1958.

GUADALUPI (Gianni), « Les Faucons maltais, le rempart de l'Europe », in *FMR*, n° 22, octobre 1989.

GUADALUPI (Gianni), « L'Ordre de marbre, une forteresse baroque », in *FMR*, n° 28, octobre 1990.

GUADALUPI (Gianni), « Outre-mer, fresques de Naples », in *FMR*, n° 76, novembre 1998.

GUADALUPI (Gianni), « La Mort maltaise, les mausolées de Malte », *FMR*, mai 1999.

GUIZOT (F.), *Histoire des croisades par Jacques de Vitry*, « Collection des mémoires relatifs à l'histoire de France », Paris, 1825.

GUTTON (Francis), *Sous l'emblème de la croix de Jérusalem*, 1980.

HELLWALD (Ferdinand de), *Bibliographie méthodique de l'ordre souv. de St Jean de Jérusalem*, Rome, 1885, réimprimé par Gregg Internation Publishers, 1968, complété par Ettore Rossi, *Aggiunta alla Bibliographie méthodique...* Rome, 1924.

HEERS (Jacques), *Les Barbaresques, la course et la guerre en Méditerranée, XIVe-XVIe siècle*, Paris, Perrin, 2001.

– *Histoire universelle depuis le commencement du monde ; composée en anglais par une société de gens de lettres, nouvellement traduite en français... Histoire moderne contenant l'Histoire de l'ordre de S. Jean de Jérusalem, ou des Chevaliers de Malte jusqu'en l'année 1725*, Paris, Moutard, 1784.

HUBERT-BONAL (Alain), *A Malte*, guides Hachette Visa, 1990.

JARDIN (Prosper), *Les Chevaliers de Malte, une perpétuelle croisade*, Perrin, 1974, réédition par Philippe Guyard, Perrin, 2002.

JARRY (Madeleine), « The "Tentures des Indes" in the Palace of the Grand Master of the Order of Malta », in *The Burlington Magazine*, n° 666, septembre 1958.

JOANNIS (P. de), *L'Ile aux cent gloires*, Eugène Fuiguière, 1930.

JUILLET (Jacques), *Commanderies du Haut-Quercy, sur le chemin de Rocamadour*, s.l.n.d. [Saint-Yrieix-la-Perche, imp. Fabrègue, 1975].

JUILLET (Jacques), *Sainte Fleur, dame hospitalière de l'Ordre de Saint-Jean de Jérusalem*, Paris, Société de l'histoire et du patrimoine de l'ordre de Malte, 1997.

JULLIEN DE POMMEROL (Gérard), « Chateaubriand et l'ordre de Malte », Société Chateaubriand, *Bulletin* n° 47, année 2004, La Vallée aux Loups, 2005.

KING (colonel Edwin-James), *The Knights Hospitaliers in the Holy Land*, Londres, 1931.

KING (colonel Edwin-James), *The Rule, Statutes and Customs of the Hospitaliers. 1099-1310. With Introductory Chapters and Notes*, Londres, 1934.

KIRCHNER (Heinz), TRUSZCZYNSKI (Georg von), *Ordeninsignien und Auszeichnungen des Souveränen Malteser-Ritterorden*, Köln, Malteser-Hilfsdienst EV, 1974.

LA BRIÈRE (L. de), *L'Ordre de Malte, le passé, le présent*, Paris, 1987.

LACROIX (A.), *Déodat Dolomieu, membre de l'Institut national (1750-1801). Sa vie aventureuse. Sa captivité. Ses œuvres. Sa correspondance*, Paris, Librairie académique Perrin, 1921.

LA GRAVIÈRE (amiral Jurien de), *Les Derniers Jours de la marine à rames*, Paris, Plon, 1885.

LA GRAVIÈRE (amiral Jurien de), *Les Chevaliers de Malte et la marine de Philippe II*, Paris, Plon, 1887.

LAPIERRE (Jean Pie), *Règles des moines*, Points-Sagesse, 1982.

LA RONCIÈRE (Charles de), *Histoire de la marine française*, Plon-Nourrit et Cie, 1899-1920.

LA ROQUE (Louis de), *Catalogue des chevaliers de Malte*, supplément au *Bulletin héraldique* d'avril 1891.

LA SALLES (Claude de), (Bertrand GALIMARD FLAVIGNY), *Neuf siècles d'histoire de l'ordre souverain militaire et hospitalier de Saint-Jean de Jérusalem de Rhodes et de Malte*, La Tradition vivante, 1989, 1992.

LATTA (Claude), *Autour d'un ouvrage de la bibliothèque de la Diana : Matthieu de Goussencourt et le Martyrologue des chevaliers de Malte*, Actes du colloque de Montbrison (4-5 avril 2003), Publications de l'Université de Saint-Etienne, 2004.

LA VARENDE (Gabriel de), *L'Ordre du Temple*, inédit.

LA VARENDE (Jean de), *La Phoebé ou les derniers galériens*, Lausanne, La Guilde du Livre, 1939.

LA VARENDE (Jean de), *Chevaliers de Malte*, Paris, Pour les amis de La Varende, 1970.

LA VIGERIE (Olivier de), *L'Ordre de Malte*, Paris 1889, Laffitte reprints 1979, avec une préface de Jean-Pierre Lasalle.

LECLERC (Lucien), *Histoire de la médecine arabe*, Paris, Ernest Ledoux, 1876.

LE GRAND (Léon), « La Prière des malades dans les Hôpitaux de Saint-Jean de Jérusalem », in *Bibliothèque de l'Ecole des chartes*, LVII, Paris, 1896.

LEMAIRE (Gérard-Georges), *L'Univers des orientalistes*, Ed. Place des Victoires, 2000.

LE SAIGE (J.), *Voyage de Douai à Rome, N.-D. de Lorette, Venise, Jérusalem et autres saincts lieux*, Douai, 1851.

LESURE (Michel), *Lépante, la crise de l'Empire ottoman*, Julliard, 1972.

LISBONNE (E.), *La Navigation maritime, marines de guerre et de commerce, navigation de plaisance*, s.d., Collection des sciences et de l'industrie.

LONGHI (Roberto), *Le Caravage*, traduit par Gérard-Julien Salvy, Ed. du Regard, 2004.

LUCQUET-JUILLET (Jacquette), *Madame de l'Hôpital : Galiote I de Genouillac-Vaillac*, in *Bulletin de la Société d'histoire et du patrimoine de l'ordre de Malte*, n° 15, Paris, 2004.

MAISONNEUVE (M. de), *Annales historiques de l'Ordre Souverain de St Jean de Jérusalem depuis l'année 1725 jusqu'au moment présent, Saint-Pétersbourg*, Imprimerie impériale, 1799.

MALLIA-MILANES (Victor), *Venise, l'Ordre de St Jean de Jérusalem et Malte (1530-1798)*, conférence prononcée en anglais à la Sorbonne (Paris IV) le 25 novembre 1999.

MANNIER (Eugène), *Ordre de Malte, les commanderies du grand prieuré de France, d'après les documents inédits conservés aux Archives nationales à Paris*, A. Aubry, 1872 ; Gérard Montfort éditeur, 1998.

MARTIN (Bruno), *La Spiritualité de l'ordre de Malte, à travers son sanctoral*, in *Histoire et archéologie de l'ordre militaire des hospitaliers de Saint-Jean-de-Jérusalem*, Actes du colloque de Montbrison (4-5 avril 2003), Publications de l'Université de Saint-Etienne, 2004.

MEYER (Jean), ACERRA (Martine), *Marines et Révolution*, Paris-Rennes, Ouest-France, 1988.

[Missel] *Proprium Missarum una cum lectionario Ordinis Sancti Johannis Hierosolymitani*, Rome, Editio Typica, 1987.

Missel de l'ordre de Malte, Ed. typtique francophone, 2002.

MIZZI (Pawlu), *The Grand Masters of Malta, from the Origins to Modern Times*, Malte, Midsea Books, 2000.

MONTAGNAC (Elizé de), *Histoire des chevaliers de Saint-Jean de Jérusalem*, 1863.

MUNROE (Dane), *The most beautiful Floor in the World*, Malte, 2005.

NASALLI ROCCA DI CORNELIO (Emilio), *Origine et évolution de la Règle et statuts de l'Ordre hiérosolymitain*, Annales de l'Ordre souverain de Malte, 1961.

NEFONTAINE (Luc), *La Franc-maçonnerie, une fraternité révélée*, Découvertes Gallimard, 1994.

NIEPCE (Léopold), *Le Grand Prieuré d'Auvergne*, Lyon, 1883 ; Laffitte reprints, 1978.

OLLIVIER (Albert), *Les Templiers*, le Seuil, 1958.

ORCEL (Michel), *Voyage dans l'Orient prochain*, Collection L'Ecrivain voyageur, La Bibliothèque, 2004.

PAIRAULT (Louis-Gilles), *Le Voyage de Malte*, L'Etoile du Sud, 2004.

PERNOUD (Régine), *Pour en finir avec le Moyen Age*, Points Histoire, 1972.

PERNY (Guy), *Les Origines lorraines et alsaciennes de l'Ordre de Saint-Jean-de-Jérusalem dit de Malte*, Société de l'histoire de l'Ordre de Malte, 1980.

PÉTILLOT (Anne), FESSY (Georges), *Patrimoine hospitalier*, Paris, Scala, 2004.

PEYREFITTE (Roger), *Les Chevaliers de Malte*, Flammarion, 1957.

PIERREDON (comte Michel de), *L'Ordre souverain et militaire des hospitaliers de Saint-Jean de Jérusalem (Malte), son histoire, son organisation ses insignes et ses costumes*, Paris, 1925.

PIERREDON (comte Michel de), *Histoire politique de l'ordre souverain de Saint-Jean de Jérusalem (ordre de Malte) de 1789 à 1955*, t. I, 1956 ; t. II, 1963 ; t. III, 1990 ; t. IV, 1995.

PIERREDON (bailli Michel de), *Ordre souverain de Saint-Jean de Jérusalem, la vocation hospitalière des œuvres françaises (1927-1998)*, Biarritz, Atlantica, 1999.

PINOTEAU (Hervé), *L'Héraldique de Saint Louis et de ses compagnons*, « Les Cahiers nobles » 27, Paris, 1966.

PINOTEAU (Hervé), *La Date de la cassette de Saint Louis : été 1236*, *Cahier d'héraldique*, IV, Paris, 1983.

PINOTEAU (Hervé), *Les « Drapeaux » des ordres militaires*, As Ordens Militâtes e as Ordens de Cavalaria na Construçûo do Mundo Ocidental – Actas do IV Encontre sobre Ordens Militaires, Lisboa, Ediçôes Colibri / Câmara Municipal de Palmela, 2005 (colloque janvier/février 2002).

PIRO (Nicolas de), CILIA (Daniel), *The Temple of the Knights of Malta*, Miranda Publications, 1999.

PLAISSE (André), *Le Rouge de Malte*, Ouest-France université, 1991.

PLANHOL (Xavier de), *L'Islam et la mer, VIIe-XXe siècle*, Paris, Perrin, 2000.

POUSSART (A.), *Dictionnaire des termes de marine, marines à voile et à vapeur*, P. Garnier, s.d. [1880].

Provence (La) et l'ordre de Malte, catalogue de l'exposition, Palais de la Bourse, Marseille, musée de Gap, 1981.

RAYBAUD (J.), *Histoire des grands prieurs et du prieuré de Saint-Gilles*, C. Nicolas, 1904.

RILEY-SMITH (Jonathan), *Les Croisades*, Paris, Pygmalion, 1990.

ROSSI (Ettore), *Aggiunta alla Bibliographie méthodique de l'ordre souv. de St Jean de Jérusalem de Ferdinand de Hell-*

wald, Rome, 1924. Les deux ouvrages réimprimés par Gregg International Publishers, 1968.

SAIGE (Gustave), *De l'ancienneté de l'hôpital de Saint-Jean de Jérusalem*, Bibliothèque de l'Ecole des chartes, m. 1864.
SAUDRAY (Nicolas), *Dieu est-il gentilhomme ?*, Le Seuil, 1986.
SAUDRAY (Nicolas), *La Chevalerie du soir*, Le Seuil, 1987.
SAUGEY (J. G. de), *Histoire abrégée des chevaliers de Saint-Jean-de-Jérusalem*, Paris, 1838.
SAVONA-VENTURA (Dr Charles), *Knight Hospitaler Medicine in Malta (1530-1798)*, P.E.G. Malta, 2004.
SCHILLER (Friedrich von), *Le Dragon de Rhodes*, in *Lieder*, La Délirante, 1994.
SCICLUNA (sir Hannibal), *The Order of St. John of Jerusalem, A Brief Account of its Origin, Organization and History*, Malta, 1929.
SCICLUNA (sir Hannibal), *The Church of St. John in Valletta*, Private Print, Casa M. Danesi, Rome, 1955.
SCICLUNA (sir Hannibal), *The Order of St John of Jerusalem and Places of Interest in Malta and Gozo*, Empire Press Catholic Institute, Floriana, Malta, 1969.
SERROU (Robert), *L'Ordre de Malte*, Ed. Guy Victor, 1963.
SEVESTRE (Bernard), *Histoire de la commanderie de Saint-Jean de Latran*, Revue *Hospitaliers*, n° 58, 61, 63, 64.
SIRE (H.J.A), *The Knights of Malta*, Yale University Press, New Haven, London, 1994.
SOUBLIN (Jean), *Lascaris d'Arabie*, Le Seuil, 1983.
SPIKE (John T.), *Le Triomphe du Baptiste, Mattia Preti à Malte*, *FMR*, n° 80, juillet 1999.
Les Statuts de l'Ordre de l'Hôpital, Paris, Bibliothèque de l'Ecole des Chartes, 1887.

TAILLEMITE (Etienne), *Dictionnaire illustré de la Marine*, P. Seghers, 1962.
TAILLEMITE (Etienne), *L'Histoire ignorée de la marine française*, Perrin, 1988.
TATE (Georges), *L'Orient des croisades*, Découvertes Gallimard, 1991.
TOULGOËT-TREANNA (comte de), *Les Commanderies de Malte en Berry* extrait des Mémoires de la Société des Antiquaires du Centre, Bourges, 1909.
TOUMANOFF (Frà Cyrille), *L'Ordre de Malte hier et aujourd'hui*, Rome, Palazzo di Malta.

TOUSARD (Antoine-Etienne de), « Mémoires », inédits.

The Treasure of the Knight Hospitaliers in 1530 Reflections and Art Historical Considerations From Peregrinationes, Accademia Internazionale Melitense.

TRUC (Louis), *MM. De Vendôme ou les pourceaux d'Epicure*, Paris, La Librairie française, 1956.

TUCOA CHALA (P.) et PINZUTI (N.), *Le Voyage de Pierre Barbatre à Jérusalem en 1480*, Paris, Klincksieck, 1974.

VATIN (Nicolas), *L'Ordre de Saint-Jean-de-Jérusalem, l'Empire ottoman et la Méditerranée orientale entre les deux sièges de Rhodes (1480-1522)*, Paris-Louvain, Peeters, 1994.

VATIN (Nicolas), *Sultan Djem. Un prince ottoman dans l'Europe du XVe siècle d'après deux sources contemporaines : Vâki'ât-i Sultân Cem, Œuvres de Guillaume Caoursin*, Ankara, 1997.

VATIN (Nicolas), *Rhodes et l'ordre de Saint-Jean-de-Jérusalem*, CNRS éditions, 2000.

VATIN (Nicolas) et VEINSTEIN (Gilles), *Le Sérail ébranlé, essai sur les morts, dépositions et avènements des sultans ottomans, XIVe-XIXe siècle*, Fayard, 2003.

VERTOT (abbé de), *Histoire des chevaliers Hospitaliers de Saint-Jean de Jérusalem, appelés depuis chevaliers de Rhodes, et aujourd'hui chevaliers de Malte*, Paris, 1726.

[VILLIERS DE L'ISLE-ADAM] *De Rhodes à Malte, le grand maître Philippe Villiers de L'Isle-Adam (1460-1434) et l'ordre de Malte*, Musée d'art et d'histoire Louis-Senlecq/Somogy, 2004.

VISSER (Mario de), *I sigilli del savrano militare ordine di Malta*, Milan, 1942,

VITRY (Jacques de), *Histoire des croisades*, Collection des mémoires relatifs à l'histoire de France, par F. Guizot, P. J.-L. J. Brière, 1825.

VOLPILHAC-AUGER (C.), *« Mon siège est fait » ou la méthode historique de l'abbé de Vertot*, Cromohs, 2, 1997.

WALDSTEIN-WARTENBERG (Berthold), *Die Vassallen Christi*, 1998.

WISMES (Armel de), *Les Chevaliers de Malte*, France-Empire, 1972.

WISMAYER (capt. Joseph M.), *The Fleet of the Order of St. John (1530-1798)*, Midsea Books Ltd, Malta, 1997.

ZAMMIT (William), *Printing in Malta during the seventeenth and eighteenth centuries*, National Library of Malta, 1992.
ZEININGER (Henri Charles de), « Au sujet de l'héraldique de l'Ordre de St-Jean », *Revue d'histoire ecclésiastique suisse*, 1945.
ZEININGER (Henri Charles de), « Numismatique de l'Ordre de Saint-Jean », *Revue d'histoire ecclésiastique suisse*, 1953.

REMERCIEMENTS

Je voudrais, d'abord, adresser au bailli Géraud de Pierredon un hommage particulier, car c'est lui qui le premier m'a confié la rédaction d'un petit livre consacré à l'ordre souverain de Malte. Ces *Neuf siècles d'histoire de l'ordre souverain militaire et hospitalier de Saint-Jean de Jérusalem de Rhodes et de Malte* (La Tradition vivante, 1989, réédité en 1992) ont été le point de départ de plusieurs publications et études sur l'ordre jusqu'à celui-ci.

Toute ma reconnaissance va à frà Pierre de Bizemont qui a pris la peine de relire tous les chapitres de ce livre et y apporter toute sa science de l'Ordre, et aussi à Pascal-Raphaël Ambrogi qui a traqué mes errements grammaticaux, et encore à Régis Déroudille qui m'a donné les détails historiques qui me faisaient défaut ; ainsi qu'à Thierry de Beaumont-Beynac, Jean-Pierre Mazery et à Alain de Tonquedec, qui m'ont conseillé et suivi dans mes recherches, comme à mon éditeur, Mary Leroy.

Mes remerciements vont aussi à tous ceux qui ont bien voulu répondre à mes questions, avec courtoisie, spontanéité, curiosité et beaucoup d'amitié : Gilles d'Aubigny, Abil Bices, Raymond de Boissard, Marie-Pierre Bouqueau, conseillère de l'Hospitalité de Notre-Dame de Lourdes, S.E. Salvino Busuttil, ancien ambassadeur de la république de Malte à Paris, Maroma Camilleri, conservateur à la Bibliothèque nationale de Malte, Alfonso de Ceballos-Escalera de Foresta, Anne de Chefdebien, conservateur du musée de la Légion d'honneur et des ordres de chevalerie, le bâtonnier André Damien de l'Institut, lieutenant de France de l'ordre du Saint-Sépulcre, frà Elie de Comminges, Jean-Claude Dey, expert en ordres et décorations, le père Dominique Dye o.p., Grégoire Eldin, conservateur aux archives du ministère des Affaire étrangères, Gérard Jullien de Pommerol,

Dominique de La Rochefoucauld-Montbel, président de l'Association française des membres de l'ordre de Malte, le Pr Jean-Pierre Lasalle, Valeria Maria Leonardi, bibliothécaire de la bibliothèque du grand magistère de l'ordre souverain de Malte à Rome, Hugues Lépolard, conservateur de la bibliothèque de la Société d'histoire de l'ordre de Malte, l'abbé Bruno Martin, Domenic Micellef, Jérôme et Valentine del Moral, Carlos Morenés del Borghetto, Michel Moulierac, Zeynep Oral, essayiste turque, Philippe Palasi, héraldiste, le baron Pinoteau, Arnauld de Rudder, François Sourd, chef de cabinet du grand chancelier de la Légion d'honneur, Adrian Strickland, héraldiste, le Pr Nicolas Vatin, ottomaniste, Dermot Verschoyle-Campbell.

Un dernier geste, enfin, envers ceux qui ont montré toute leur patience en m'écoutant et me soutenant, tout au long de la rédaction de ce livre : en premier, Claire, ma femme, puis Valérie Boccara, Olivier Delcroix, Emmanuelle Filiberti, Claude Godfryd et Céline Sobolenski.

INDEX

Adrien VI, pape : 124, 125.
Agnès sœur abbesse : 132.
Albert Ier de Brandebourg : 92.
Alexandre de Vendôme : 104.
Alexandre Ier, tsar de Russie : 41, 253.
Alexandre III, pape : 141.
Alexandre IV, pape : 31.
Alexandre VI Borgia : 122, 144.
Alexandre VII, pape : 231.
Allemand de La Rochechenard Charles : 210.
Alphandéry Paul, historien : 95.
Alphonse de Portugal : 30, 32, 55, 66.
Amaral André, chancelier : 123.
Amaury, roi de Jérusalem : 62, 63.
Amboise Emery d', grand maître : 85, 101, 104, 111, 122, 128, 145.
André II, roi de Hongrie : 33, 39, 83, 92.
Aramon Gabriel d', ambassadeur : 194.
Arena Giuseppe d' : 203.
Arenghieri Nicolas, chevalier : 205.
Arnaud de Comps, chevalier : 30.
Aspe Ermengard d', grand maître : 66.
Aubusson Pierre d', grand maître : 56, 104, 112, 113, 119, 121, 122, 127, 128, 133, 144, 173, 210.
Auger de Balbon, maître : 63.
Augustin, saint : 25.
Auriol Vincent : 260.
Aux de Lescout Mathurin d', chevalier (voir Romegas, chevalier de)
Azopardi Francesco : 202.

Baïbars, sultan mamelouk : 69, 70.
Bailleul : 239.
Bajazet Ier, sultan ottoman : 88, 89, 110, 115, 116, 128, 144.
Bajazet II, sultan ottoman : 120 à 122.
Balzac : 206.
Barascon de Thémines, chevalier : 135.
Barbatre, abbé : 147.
Barberousse, corsaire : 160 à 162, 175.
Barcelone Pierre de : 25.
Barres Bertrand de, prieur : 67.
Barth Giuseppe : 213, 224.
Barthélemy Michel, peintre : 106.
Baudouin II, roi de Jérusalem : 26, 27.

Baudouin III, roi de Jérusalem : 37, 63.
Baudouin IV, roi de Jérusalem : 63, 64.
Bauffremont Pierre de : 90.
Baux Bernardin de, chevalier : 189.
Beaucage Benoît : 95.
Beauclerc de, chevalier : 209.
Beaudouin, historien : 142, 145, 150.
Beaujeu Guillaume de, grand maître : 70.
Beaumont Antoinette de, prieure : 135.
Bellori Giovani Pietro : 202.
Beltjens Alain : 16, 24, 25, 76 à 78, 84.
Benoît XIII : 231.
Benoît, saint : 32.
Béranger Ier Raymond, grand maître : 19, 56, 143.
Bernard, abbé de Clairvaux : 27, 28.
Berthollet : 237.
Bertie Andrew Frà, grand maître : 130, 132, 252, 268.
Bessey Valérie : 95.
Bichat François-Xavier, docteur : 49.
Bladio Antoine, imprimeur : 57.
Blanchefort Guy de : 122.
Blondy Alain : 240, 241.
Bocage du, chancelier : 223.
Boisgelin de Kerdu Louis de, chevalier : 222.
Boissat Pierre de : 133.
Bonamico Gian Francisco : 223.
Bonaparte Napoléon : 107, 197.
Bonaparte : 237 à 250.
Bongianni-Giantigliazzi, chevalier : 171.
Boniface IX, pape : 89, 115, 144.
Boniface VIII, pape : 55, 72, 73.
Bortfeld Gebhart von : 53.
Bosio Jacques, historien : 57, 71, 115, 121, 142, 144, 146 à 148, 159.
Bosio Thomas, Mgr : 160.
Bosredon-Ransijat de, chevalier : 137.
Bouchard Jean-Jacques : 196.
Boucicaut de, chevalier : 116.
Bouffez Gustave : 217.
Bourbon, Bâtard de Jacques : 210.
Bourdin Michel : 92, 103.
Boyant Roger ou frère Roger : 24, 25.
Boyer d'Argens Luc de, chevalier : 226.
Brantôme, mémorialiste : 164, 166.
Braudel Fernand, historien : 156.
Bréa Louis : 127.
Brême Dominique, historienne : 203.
Breydenbach Bernard de : 112.
Brienne Jean de, roi de Jérusalem : 67.
Brillanne de, bailli : 244.
Briset Jordain : 91.
Brogini Anne, historienne . 169-171, 176.
Broglie : 166.
Broglio, commandeur : 166.
Bruges Roman de, hospitalier : 67.
Brulart de Sillery Noël, chevalier : 172, 196.
Buonvicino Della Riva, confrater : 33.

Busca Antoine, commandeur : 255, 256.
Butler Lionel, historien : 143.
Buzzaccatini Gonzaga Massimiliano, commandeur : 229.

Caissac, maréchal de : 44.
Calamia Johannes : 211.
Callixte II, pape : 21.
Canali, cardinal : 59, 60, 265.
Caoursin, vice-chancelier : 22, 56, 88, 120, 126, 210.
Caracciolo Richard, grand maître : 133, 240.
Carafa Gregorio, grand maître : 131.
Caravage : 201 à 205.
Carissimi Giacomo : 202.
Cassar Girolamo : 198, 200.
Cassar Paul : 214, 222.
Castries, maréchal de : 193.
Catherine II de Russie : 243, 247, 252.
Caylus, duc de : 261.
Célestin V, pape : 72.
Cervantès Saavedra Miguel : 151, 177.
Ceschi a Santa Croce Jean, grand maître : 259.
Chambray Jacques François de : 181 à 183.
Chandon de Briailles, comte : 261.
Charlemagne : 15, 46.
Charles de Valois : 104.
Charles Quint : 113, 125, 127, 147, 158, 159, 162, 195.
Charles Ier d'Anjou : 69.
Charles IV le Bel, roi de France : 98.
Charles IV, roi de Bohème : 36.
Charles V, roi de France : 102.
Charles VIII, roi de France : 122, 189.
Charles X, roi de France : 107.
Charles-Vallin Thérèse : 236.
Charlot de, commandeur : 180.
Chateaubriand : 255 à 258.
Chateauneuf Guillaume de, grand maître : 69.
Châtillon Renaud de, prince d'Antioche : 63 à 65.
Chaulieu, abbé de : 105.
Chefdebien d'Armissan François de : 239.
Chigi Constantin, chevalier : 209.
Chigi Della Rovere Albani, grand maître : 265.
Chigi Della Rovere Lodovico, grand maître : 59, 60.
Chosroês II, roi de Perse : 15.
Chrestien Dr : 251.
Clément IV, pape : 50.
Clément V, pape : 73, 75, 96, 98, 142.
Clément VI, pape : 114, 143.
Clément VII, pape : 125, 149.
Clément XI : 231.
Clément XII : 239.
Clément XIV : 231.
Coëtlogon Emmanuel de, maréchal : 190.
Coiro Fernand de, chevalier : 179.
Colbert : 191, 193, 196.
Coligny Gaspard de, amiral : 195.
Colombier du La Salle Claude de, commandeur : 171.
Colombier du La Salle Jean de, chevalier : 166.
Comennico d'Alamanga Francesco : 87.
Condulmer, bailli : 240.

Conon de Montaigu, chevalier : 30.
Constantin de Tourville Anne-Hilarion : 190, 191.
Constantin XI, empereur byzantin : 118.
Corneillan Pierre de, grand maître : 56.
Corogna Antonio : 240.
Corte Hilarion de : 134, 135.
Cosme Ier de Médicis, grand-duc de Toscane : 175.
Cotoner Nicolas, grand maître : 131, 192, 199, 201, 224.
Cotoner Rafael, grand maître : 211.
Couderc de Vassal Antoinette de, Sœur : 136.
Coulomb Blaise : 178.
Courtenay Agnès de : 63.
Craywood Desmond : 238.

Dallier Jean : 154.
Davity, historien : 142.
Davy d'Amfreville François : 190.
De Troy Jean-François : 204.
Deguiral René : 42.
Delaville Le Roux : 55, 76.
Delci, Mgr : 223.
Demarco Joseph : 224, 225.
Demurger Alain : 28, 73, 96.
Depeyre Michel : 175, 184.
Desétangs : 240.
Despuig, grand maître : 230.
Diedo Girolamo : 154.
Dolomieu Déodat de Gratet de Dieudonné, commandeur : 235 à 239.
Donnadieu Auguste, historien : 19.
Doria Andrea, amiral : 149, 151, 152, 162.
Doublet Pierre Jean Louis Ovide : 240, 251.
Dragut, corsaire : 150, 163, 164, 165, 175, 220.
Duby Georges, historien : 28.
Dupont Alphonse : 95.
Durant de Villegagnon Nicolas : 162, 163, 194, 195.
Dürer : 102.
Dusina Pietro : 230.

Edouard Ier d'Angleterre : 70.
El Ashraf-Khalil, sultan d'Egypte : 70.
Eleymon Jean : 16, 17.
Elisabeth de Thuringe (sainte Elisabeth de Hongrie) : 83.
Elisabeth Ière, reine d'Angleterre : 61, 162, 166.
Empereur Jean-Yves : 112.
Engel Claire-Eliane : 21, 30, 31, 41, 67, 113, 120, 176, 177, 180, 184, 192, 193, 212, 238.
Erardi Stefano et Alesio : 203.
Ernoul, chroniqueur : 23, 26.
Escrainville d', chevalier : 176.
Esparbès-Lussan Jean-Jacques d' : 21.
Estrées Jean d', maréchal : 190.
Eugène III, pape : 25.
Eugénie, impératrice des Français : 140.
Euldj-Ali : 175.
Expilly, abbé : 19.

Fasson de Saintejay, commandeur : 208.
Favray Antoine de : 204, 205.
Ferdinand II, empereur d'Autriche : 259.
Ferrette, bailli : 254.
Fluvian Antoine de, grand maître : 56, 87, 111, 117

Fontenay Michel, historien : 72, 146 à 148, 175, 177.
Forbin Lambesc de, bailli : 189.
Fortescue Adrian, bienheureux : 53.
Fouilles d'Escrainville Jacob de : 192.
Foulques Ier, roi de Jérusalem : 35.
Franchiers J. de, commandeur : 113.
François Ier, roi de France : 125.
François II d'Autriche : 252.
François-Joseph, empereur d'Autriche : 259.
Franklin Benjamin : 196.
Frédéric Ier Barberousse, empereur germanique : 67.
Frédéric II, empereur germanique : 67, 68, 73.
Fresenet, chevalier : 180.
Freslon de, bailli : 222.

Gabriel Albert : 112.
Gafia Melchiorre : 201.
Galien : 218.
Galiote II, prieure : 137.
Gall Phil. Th. : 58.
Gallien de Châblons Magdeleine de, grande prieure : 137.
Gap, vicomte de : 19.
Garagogna Bartolomeo : 203.
Garcia de Toledo don, vice-roi de Sicile : 166.
Garden de Saint-Ange, historien : 82.
Garin de Montaigu, grand maître : 33.
Garnier de Naplouse, grand maître : 67.
Garnier François : 155.
Garon de, chevalier : 240.
Garzès Martin, grand maître : 34, 184.
Gastineau, chevalier : 145.
Gaucourt, chevalier : 180.
Gazan, Khan : 73.
Geoffroy d'Anjou : 22.
Georges III, roi d'Angleterre : 54, 243.
Gérard des Pins Mathilde, comtesse : 140.
Gérard, bienheureux : 13, 17 à 20, 24, 28, 51, 77.
Ghislieri Antoine, cardinal d'Alexandrie (voir Pie V)
Girardin Emile de : 49.
Godefroy de Bouillon : 18, 20, 28.
Godefroy Théodore, historien : 116.
Gourdon de Genouilhac de Vaillac Galiote de (dite sœur Galiote de Sainte Anne) : 135 à 137.
Gourdon de Genouilhac Louis de : 136.
Gournay, chevalier de : 240.
Gouttes Philippe des, commandeur : 189.
Goya Francisco : 206.
Gozlan Léon : 206.
Gozon Dieudonné de, grand maître : 56, 114, 115, 143.
Grasse-Tilly, maréchal : 190.
Grégoire le Grand, pape : 15.
Grégoire IX, pape : 68, 239.
Grégoire XI, pape : 99, 114.
Grégoire XIII, pape : 172, 223, 230.
Grima Michel-Ange : 209, 224.
Guérin de Tencin Louis, bailli : 207, 208.
Guérin ou Guarin Lebrun, grand maître : 68.

Guigues, comte : 20.
Guillaume de Cireza, donat : 33.
Guillaume, archevêque de Tyr : 18, 26.
Guillaume, chevalier : 141.
Gustave IV, roi de Suède : 254.

Hagen Jean de : 19.
Haitze Pierre-Joseph de, historien : 20.
Hakem Biamrillah, calife : 15.
Hakim, calife : 16.
Haroun al-Rashid, calife : 15, 80.
Haussonville d', commandeur : 245.
Hélion de Villeneuve, grand maître : 50, 114.
Hellwald Ferdinand de, bibliographe : 20.
Henin Gabriele : 224.
Henri d'Angoulême : 105.
Henri Ier, roi d'Angleterre et Duc de Normandie : 46.
Henri II, roi d'Angleterre : 128, 195.
Henri II, roi de France : 172.
Henri III de Lusignan : 69, 71, 73.
Henri IV, roi de France : 83, 107.
Henri VIII, roi d'Angleterre : 53, 54, 61, 92, 162, 176.
Heredia Juan Fernandez de, grand-maître : 53, 56, 111, 113.
Hesse-Armstadt, prince de : 180.
Hocquincourt d', chevalier : 181.
Homedes y Coscon, grand maître : 127, 149, 162, 163, 194, 195.
Hompesch von, grand maître : 128, 239, 240, 247 à 252.
Honoré III, pape : 33.
Hubsch Serge de, bailli : 260.
Hugues Capet, roi de France : 20.
Hugues : 19.
Hymmen von : 239.

Ibelin Jean d', comte de Jaffa : 69.
Ibrahim, sultan : 180, 181, 227.
Ignace de Loyola, saint : 35.
Inglott Peter : 202.
Ingres : 206.
Innocent II, pape : 35.
Innocent III, pape : 66.
Innocent IV, pape : 69, 83.
Innocent IX, pape : 157.
Innocent VIII, pape : 57, 122.
Isabelle, reine d'Espagne : 139.
Isoard Ier, évêque : 19.
Ittard Stefano : 207.

Janus de Lusignan, roi de Chypre : 117.
Jardin Prosper : 221.
Jarry Madeleine, historienne : 207.
Jean l'Aumonier (voir Eleymon Jean)
Jean le Baptiste, prophète : 16, 17.
Jean XXII, pape : 109.
Jean XXIII, pape : 265.
Jean-Paul II, pape : 140.
Jean-Philippe d'Orléans, prince de Vendôme : 106.
Joannis F. de : 212.
Joinville, prince de : 111.

Juan d'Autriche don, chevalier : 151 à 153.
Julliac ou Julhiac Robert de, grand maître : 104.
Jullien de Pomerol Gérard : 255, 257.
Jumièges Guillaume de : 46.
Junot, général : 249.
Jurien de la Gravière, amiral : 185, 187.

Kalaoun, sultan d'Egypte : 70.
Kedar Benjamin Z., universitaire : 77.
Kolowrat-Krakowski Henri de, grand prieur : 240.
Köppen Friedrich von : 239.

L'Evesque de la Cassière, grand maître : 164, 199, 201, 230.
La Brosse Adrienne de, prieure : 135.
La Fay Jean de, chevalier : 222.
La Fontaine Pierre de : 101.
La Mottraye M. de : 234.
La Porte Amador de, grand prieur : 92, 188, 189.
La Roncière Charles de : 188.
La Roque Louis de : 140.
La Sangle Claude de, grand maître : 57, 163, 209, 220.
La Tour du Pin de, chevalier : 209, 240.
La Trémoville Guy de : 90.
La Valette Jean de : 248.
La Valette Parisot Jean de, grand maître : 58, 163 à 169, 171, 248.
Lacépède : 237.
Lallemand de Château-Noir Albert : 96, 99.
Laparelli Francesco, architecte : 167, 198.
Laparelli Jérôme, prieur : 254.
Lascaris Jean-Paul de : 124, 137, 172.
Lascaris-Castella Jean-Baptiste, grand maître : 181, 196, 231.
Lastic Jean de, grand maître : 56, 84, 85, 112, 113, 117, 121.
Lastic Louis de, commandeur : 163.
Latouche-Tréville, amiral : 246.
Lavigerie Olivier de : 246, 254.
Lavirotte : 46.
Le Blond Etienne : 207.
Le Botigella : 194.
Le Grand Léon, chartiste : 86.
Le Rat Geoffroy : 66.
Le Tonnelier, chevalier : 209.
Leclerc Lucien : 80.
Lemaire Gérard-Georges, historien : 204.
Léon IX, pape : 20.
Léon XII, pape : 256.
Léon XIII, pape : 259.
Litta Giulio : 247.
Loconan Giorgi Giovan : 224.
Longvilliers de Poincy Philippe de, commandeur : 195, 196.
Loras de, bailli : 222, 239.
Lorgne Nicolas de, grand maître : 31, 55, 70.
Loubens de Verdalle, grand maître : 58, 172, 173, 209.
Louis IX (voir Saint Louis)
Louis VII, roi de France : 47, 82, 100.
Louis VIII, roi de France : 39.
Louis X le Hutin, roi de France : 98.
Louis XI, roi de France : 113.
Louis XIV, roi de France : 105, 173, 176, 189-190, 193, 196, 227.

Louis XV, roi de France : 106, 233.
Louis XVI, roi de France : 103, 244.
Louis XVIII, roi de France : 254, 258.
Louis-Antoine de Bourbon, duc d'Angoulême (voir Charles X)
Louis-François de Bourbon, prince de Conti : 106, 107.
Lucchiali, corsaire : 179.
Lusignan Guy de, roi de Jérusalem : 63, 65.

Ma'ad al-Mustansir Billah, calife : 15.
Maffei Scipione : 234.
Mainardi : 240.
Malik al-Kamil, sultan : 68.
Mallia Giovanni : 59, 209.
Mallia-Milanes Victor : 228, 229.
Mannarino Gaetano, abbé : 240.
Mannier Eugène : 41, 45, 99, 98.
Manuel II Paléologue, empereur byzantin : 116.
Marescotti Galeazzo, Mgr : 228.
Marguerittes, général de : 263.
Marie de Médicis, reine de France : 108.
Marie Stuart, reine d'Ecosse : 128, 162.
Marie Tudor : 61.
Martel Damien de, chevalier : 190.
Marulli Geronimo, commandeur : 223.
Masson, éditeur : 217.
Mathilde de Toscane, comtesse : 20.
Mauros, chevalier : 180.
Maurtithasala Nocher, ingénieur : 160.
Mazarin : 227.
Mazzuoli Guiseppe : 201.
Mehemet, pacha : 233.
Mehmet Effendi : 177.
Mehmet II, sultan ottoman : 117 à 120, 128, 144.
Méliacin, maître : 209.
Miari Antoine, commandeur : 254.
Michel le Syrien : 26.
Mignard Pierre : 206.
Milly Jacques de, grand maître : 86.
Milton John : 209.
Misach né Michel Paléologue : 119.
Mohamed, sultan : 232.
Mojana di Cologna Angelo de, grand maître : 60, 269, 294.
Molay Jacques de, grand maître des Templiers : 73.
Mondragon Elizien de, hospitalier : 94.
Monspey : 240.
Mons-Savasse Félicien de, chevalier : 44.
Montagnac Elizé de : 140, 258, 261.
Montaigu Garin de : 66.
Monte Pietro del, grand maître : 131.
Montferrat Conrad de : 65.
Montfort Philippe de, seigneur de Tyr : 69.
Montmagny de, chevalier : 195.
Morel Pierre : 87.
Mûrad II, sultan ottoman : 117.
Mustapha, pacha de Rhodes : 232, 233.

Naberat Anne ou Antoine, frère : 134, 136, 138.
Nagu Roger de, marquis de Varenne : 227.
Naillac Philibert de, grand maître : 56, 88 à 90, 111, 112, 116, 144.
Napoléon Ier : 256.
Nasalli Rocca di Corneliano Emilio, historien : 55 à 57, 86.
Nassau Jean-Maurice de : 207.
Nattier J.-M. : 206.
Necker : 244.
Nevers Jean de, « Sans Peur » : 90, 115.
Nicolas II, tsar de Russie : 129, 260.
Noailles François de, évêque de Dax : 155, 156.
Nur ed-Din, sultan : 63.

Odi, Mgr : 231.
Oral Zeynep, historienne : 154, 155.
Orcel Michel, islamologue : 64.
Orkhân ou Ohrhan Ier, émir turc : 110, 111.
Osasque, bailli : 240.
Ottomano, père : 181.
Oulouch Ali, vice-roi d'Alger : 151, 153 à 155.

Paganac Maurice de : 109, 110.
Paoli Pascal : 232.
Paresi Pietro, Dr : 219, 220.
Parisot de La Valette, grand-maître : 194, 202.
Pascal II, pape : 13.
Pascal III, pape : 46.
Paterno Castelli di Caraci Francesco, bailli : 272.
Patrocinio Chilida Manes, dona, religieuse : 139.
Paul Ier, tsar de Russie : 128, 247, 248, 252, 253.
Paul, chevalier : 189.
Paule Antoine de, grand maître : 58, 136, 189, 230.
Payns Hugues de : 26, 27.
Perellos, grand maître : 207, 223.
Perez d'Aessio Matteo, peintre : 33, 199.
Pernes Gaspard de, commandeur : 216.
Perny Guy, historien : 20.
Petrucci, chevalier : 123.
Pfÿffer, chevalier : 209, 240.
Philippe Auguste, roi de France : 67.
Philippe d'Artois : 115.
Philippe de Vendôme : 105.
Philippe le Bel, roi de France : 42, 72, 96 à 99, 101.
Philippe III le Hardi, roi de France : 100.
Philippe V le Long, roi de France : 98.
Piccolomini Sylvius : 205.
Pie IV, pape : 167.
Pie IX : 251.
Pie V, pape : 135, 150, 151, 169.
Pie VI, pape : 59, 137, 252, 253.
Pie VII : 254.
Pie XI, pape : 59.
Pie XII, pape : 60.
Pierredon Géraud, comte de, bailli : 90, 214 à 216, 219.
Pignatelli François de, prince Strongoli : 239.
Pinoteau Hervé, héraldiste : 23, 36.

Pins Gérard de, lieutenant général de l'ordre : 109 à 111.
Pins Roger de, grand maître : 56, 86.
Pinto de Fonseca Manuel, grand maître : 21, 106, 173, 201, 204 à 209, 223, 229, 232 à 234, 239, 293.
Pinturicchio : 205.
Piranèse : 203.
Planhol Xavier de : 144.
Poincy de, chevalier : 196.
Polastron la Hillière Denys de, chevalier : 136.
Portocarrero Joachim, cardinal : 207.
Potocki Jean : 41.
Poussielgue : 248, 249.
Pradal, commandeur de : 44.
Predal Alonso : 211.
Prégent de Bidoulx, grand prieur : 123.
Preti Mattia : 200, 203.
Probus, moine : 15.
Puget Pierre : 21.
Puget-Chasteuil Jean-François de, bailli : 20.
Purcell Henry : 202.
Puy Raymond du : 21, 24, 25, 28, 30, 35, 37, 56.

Raybaud J. : 69.
Raymond de Saint-Gilles : 36.
Raymond II, comte de Tripoli : 36.
Raymond III, comte de Tripoli : 65.
Razilly Isaac de, chevalier : 189, 195.
Redin Martin de, grand maître : 231.
Revel Hugues de, grand maître : 30, 55, 70, 133.
Richard Cœur de Lion, roi d'Angleterre : 67.
Richard Ier, roi d'Angleterre : 39.
Richelieu, cardinal de : 187 à 189, 195, 255.
Rideford, grand maître : 65.
Rigaud Philippe, historien : 147.
Righi Tommaso : 202.
Riley-Smith Jonathan, historien : 67.
Rodolphe II, empereur du Saint-Empire : 172.
Roger des Moulins, grand maître : 30, 36, 55, 65.
Rohan Camille de, grand prieur : 254.
Rohan de, grand maître : 54, 196.
Rohan-Polduc Emmanuel de, grand maître : 58, 209, 221, 239, 241 à 248, 252.
Rohberg-Herr de Vuassenville : 209.
Romegas de, chevalier : 164, 179.
Roquelaure, chevalier : 179.
Rosso Paolo del, chevalier : 58.
Rousselet de Châteaurenault, maréchal : 190.
Royas Martin, Mgr : 229, 230.
Royer Gabriel de, commandeur : 240.
Rubens Pierre-Paul : 205.
Ruspoli Barthélemy, bailli : 253.

Saige Gustave, chartiste : 76.
Saint-Aubin de, chevalier : 179.
Saint-Bernard Joseph de : 136.
Saint-Clément, général des galères : 151, 179.

Saint-Didier de, chevalier : 209.
Sainte-Croix de Mirandol Françoise de : 136.
Saint Louis : 39, 66, 69, 83.
Saint-Simon, duc de : 105.
Saladin (Salah ed-Din) : 63 à 65, 69, 71.
Sales Charles de, chevalier : 196.
Salzmann Auguste : 78.
San Stefano Guillaume de, commandeur de Chypre : 55.
Sanguesse Gaspard de, commandeur : 158.
Sarriet Jacques de, commandeur : 146.
Saudray Nicolas : 249.
Saugey J. G. de : 258.
Saussure Nicolas de : 237.
Savary de Brèves François : 156.
Savignac de, chevalier : 162
Savona-Mentura, Dr : 222.
Schiller : 202, 321-323.
Schmidt Félix alias frère Félix Faber : 146.
Schwarzburg Albert de : 111.
Seignelay, marquis de : 191, 192.
Selim Ier le Féroce : 123.
Selim, sultan : 253.
Sevestre Bernard, historien : 48.
Shirkuh, émir kurde : 63.
Sigismond, roi de Hongrie : 89, 115.
Sixte Quint, pape : 58, 172.
Sixte IV, pape : 119.
Sogramosso de, bailli : 242.
Soliman le Magnifique : 123, 124, 161, 164, 165, 169, 194.
Souvré Jacques de, grand prieur : 101.
Spinola, bailli : 181
Strickland Adrian, héraldiste : 22, 23.
Strozzi Léon, prieur de Capoue : 127, 149, 163, 164, 189, 194.
Suffren Pierre-André de, bailli : 193.

Taillemite Etienne : 188.
Tamerlan (Timour Lang), souverain mongol : 116.
Téméricourt Gabriel de : 192.
Thémines Aygline : 134, 135.
Thémines Guibert de : 134.
Thessy Bertrand de : 67.
Thévet, moine . 195.
Thun Galeas von, grand maître : 59, 130.
Titien : 205.
Tommasi de Crotone Jean de, grand maître : 253.
Tommasi Jean-Baptiste, grand maître : 239, 254, 259.
Toulgoët-Treanna, comte de : 44.
Toumanoff Cyrille, bailli : 268.
Tousard Antoine-Etienne de, commandeur : 247, 248.
Toustain de Billy, historien : 47.
Tozzi Vincento : 202.
Troy Jean-François de : 204.
Truguet, amiral : 246.

Urbain II, pape : 16.
Urbain VIII, pape : 230, 259.
Usson Louis d', marquis de Bonac : 178, 179.

Valbelle Jean-Baptiste de : 190.
Vallier de, commandeur : 194, 195.

Vasconcellos, grand maître : 201.
Vatin Nicolas, historien : 115, 120 à 122, 142, 146.
Veinstein Gilles, historien : 118, 120.
Veltronium Ptolémée, frère 58.
Vendôme François de, duc de Beaufort : 227.
Vertot, abbé de : 29, 32, 38, 39, 50, 109, 119, 142, 143, 150, 180, 181, 223, 230, 231.
Vesale André : 218.
Vienne Gérard de, grand prieur de France : 47.
Vienne Jean de : 88.
Vigée-Lebrun Elisabeth : 206.
Vilhena Manoel de, grand maître : 19, 177, 180, 207, 231, 233, 234, 243.
Villafranca, princesse de : 222.
Villaret Foulques de, grand maître : 73, 74, 87, 101, 109, 110, 113.
Villaret Guillaume de, grand maître : 56, 72, 74, 134, 135.
Villaret Jourdane de, prieure : 135.
Villiers de l'Isle-Adam, grand maître : 91, 92, 104, 123 à 125, 127, 129, 131, 158, 160, 194, 201, 209 à 211, 293.
Villiers Jean de, grand maître : 55, 70, 71, 104, 141.
Vintimille Pierre de, chevalier : 197.
Virieu de, commandeur : 240.
Visitaçion Soli Invern, dona, religieuse : 139.
Vitry Jacques de, chroniqueur : 17, 132.
Viviani Andrée, abbesse : 133.
Viviers Guillaume Clément : 191, 192.
Voltaire : 218.

Waldstein-Wartenberg Berthold : 77.
Wereberg Hermann von : 53.
Wignacourt Alof de, grand maître : 172, 202, 205, 220, 221, 293.
Würtzburg Jean de, pèlerin : 77.

Ximenes François, grand maître : 186, 231, 240, 241.

Zacosta, grand maître : 52, 60.
Zizim, prince ottoman : 119 à 122, 128.

TABLE

Introduction 9

CHAPITRE 1. La fondation 13
CHAPITRE 2. Un modèle d'organisation 38
CHAPITRE 3. Un royaume en Orient 62
CHAPITRE 4. « Nos seigneurs, les malades » 76
CHAPITRE 5. Les biens des Templiers 93
CHAPITRE 6. Rhodes, nouveau bastion de la Chrétienté 109
CHAPITRE 7. Saintes et dames 126
CHAPITRE 8. Les galères de la Religion 141
CHAPITRE 9. Menaces sur Malte 158
CHAPITRE 10. La première école navale de l'Europe 174
CHAPITRE 11. Prouesses de l'art 198
CHAPITRE 12. Une médecine inventive 211
CHAPITRE 13. Des hommes de leur temps 226
CHAPITRE 14. Le retour aux origines 242
Au service des malades et des déshérités 265

Notes 275

ANNEXES

I. Les classes des chevaliers 285
II. Les costumes 288
III. Les insignes 289
IV. Le système monétaire 291
V. Le système philatélique 292
VI. Les ordres frères 293
VII. Les grands prieurés et anciens bailliages 295
VIII. Les charges anciennes 298
IX. Les prieurés de dames 302
X. Les dames chanoinesses de Malte 304
XI. Les bienheureux et les saints dans l'Eglise 306
XII. Les saintes 314
XIII. Les grands maîtres de l'ordre de Malte 317
XIV. L'Ordre aujourd'hui 320
XV. Le chevalier et le dragon 321
XVI. Sarcophages de grands maîtres au musée de Cluny 323
XVII. Le chevalier de Malte dans la littérature, la musique et à l'écran 325
XVIII. Chronologie 329

Bibliographie 335
Remerciements 351
Index 353

Cet ouvrage a été composé par
Nord Compo (Villeneuve-d'Ascq)
et imprimé par **Bussière**
à Saint-Amand-Montrond (Cher)
pour le compte des Éditions Perrin
76, rue Bonaparte
Paris 6e

Achevé d'imprimer en décembre 2005.

N° d'édition : 2082. – N° d'impression : 054744/1.
Dépôt légal : janvier 2006.

Imprimé en France